"十二五"职业教育国家规划教材

经全国职业教育教材审定委员会审定

高职高专**市场营销专业**
▼**工学结合**规划教材▲

市场营销
原理与实务

（第二版）

胡德华　夏　凤　编著

清华大学出版社

北京

内 容 简 介

本书依据一线营销职业岗位群对营销知识和技能的需求,采用"基于工作过程导向——工作过程系统化课程"设计方法,以培养学生综合素质为目标,以能力为本位,以就业为导向,进行工作过程系统化课程设计。全书以"项目导向、任务驱动"的模式展开,共分 8 个项目:市场营销的基础工作、市场营销环境与购买行为分析、市场细分与目标市场定位、营销产品研发决策、营销产品价格决策、营销产品渠道决策、营销产品销售决策和营销实务文书写作。每个项目根据职业需要筹划相关任务,每项任务都以"成果展示与分析→任务工作流程→基本知识和技能→课堂活动演练→实例专栏与分析"的逻辑思路组织内容,同时在基本知识和技能中贯穿了较多同步实务内容,以达到"边做边学、先做后学"的效果。

在设计工作任务及其理论知识时,既贯彻先进的高职教育理念,又注重教材的理论性和完整性,以使学生在市场营销方面具备一定的可持续发展的能力,较好地解决和实现了高职教材一直提倡但又难以解释和实现的"理论必需、够用"的问题和要求。

本书既可作为高职高专经济管理类、外贸商务类专业的教材,也可作为社会培训教材、职业资格考试和自学用书。

图书在版编目(CIP)数据

市场营销原理与实务/胡德华,夏凤编著. --2 版. --北京:清华大学出版社,2014(2019.1 重印)
高职高专市场营销专业工学结合规划教材
ISBN 978-7-302-35508-3

Ⅰ. ①市… Ⅱ. ①胡… ②夏… Ⅲ. ①市场营销学－高等职业教育－教材 Ⅳ. ①F713.50

中国版本图书馆 CIP 数据核字(2014)第 032457 号

责任编辑:左卫霞
封面设计:傅瑞学
责任校对:袁 芳
责任印制:丛怀宇

出版发行:清华大学出版社
      网　　　址:http://www.tup.com.cn,http://www.wqbook.com
      地　　　址:北京清华大学学研大厦 A 座　　　邮　编:100084
      社　总　机:010-62770175　　　　　　　　邮　购:010-62786544
      投稿与读者服务:010-62776969,c-service@tup.tsinghua.edu.cn
      质 量 反 馈:010-62772015,zhiliang@tup.tsinghua.edu.cn
      课 件 下 载:http://www.tup.com.cn,010-62795764
印 装 者:北京国马印刷厂
经　　销:全国新华书店
开　　本:185mm×260mm　　印　张:19.25　　字　数:464 千字
版　　次:2011 年 1 月第 1 版　2014 年 8 月第 2 版　　印　次:2019 年 1 月第 5 次印刷
定　　价:46.00 元

产品编号:057215-02

高职高专市场营销专业工学结合规划教材
编委会名单

主　　任：胡德华（丽水职业技术学院）

编委会成员：李祖武（安徽工商职业学院）

　　　　　　庞岳红（湖州职业技术学院）

　　　　　　阮红伟（青岛大学高等职业技术学院）

　　　　　　王培才（丽水职业技术学院）

　　　　　　徐汉文（无锡商业职业技术学院）

　　　　　　于翠华（齐齐哈尔大学应用技术学院）

　　　　　　赵　　轶（山西省财政税务专科学校）

　　　　　　钟立群（唐山职业技术学院）

秘　书　组：左卫霞（zuoer_2002@163.com）

我们正面临的是一个快速变化的新营销时代,今天的成功经验还没来得及总结,可能已成为明天进步的障碍。"微利时代"给企业营销提出了新的挑战。

几乎所有的营销者都希望能像阿里巴巴一样,站在一个宝藏库的门前,念一句"芝麻开门",就能不费吹灰之力得到里面的"真金白银"。为此,他们也确实下了不少苦功去寻找和学习这种本领,然而,无论学习的是菲利普·科特勒和阿尔·里斯的"咒语",还是大卫·艾克的"法术",最后大多数人都以失望而告终。因为无论那些"咒语"和"法术"如何精妙灵验,如果没有与企业自身的营销实践相结合,没有运用科学的营销方法与策略,也都百无一用。

因此,所有的营销者都不应忘记,市场上的宝藏有很多,但是在使用那些灵验的"咒语"之前,先要找到适合自己和企业的营销理论、方法与策略。只有这样,才能确保行走在营销大道上的营销者穿越无数可能使他们迷失方向的迷雾与陷阱,最终在市场营销的秘密处所运用自己学到的"咒语"和"法术"打开成功营销的大门。

随着我国社会经济又好又快地发展,社会对市场营销人才的需求日益扩大,与此同时,企业在市场上的营销竞争也愈加激烈。因此,能否培养出不仅数量足够,而且素质和技能较高的、能够充分适应和满足企业市场营销需要的营销专业人才,已成为当前我国高职高专院校和市场营销业界必须思考和解决的一个既重要又迫切的问题。

要培养出一支高素质、高技能的市场营销人才队伍,关键要编写出一套体系科学、内容新颖、切合实际、操作性极强的市场营销专业教材。正是基于这样的需要,我们在广泛征求全国高职高专院校市场营销专业的教授、专家、学者、学生,以及企业营销业界专业人士对市场营销专业教材建设的意见与建议的基础上,成立了高职高专市场营销专业工学结合规划教材编写委员会,采用课题研究方式,通过走访企业和多次召开教材编写研讨会,对教材的编写原则、体系架构、编写大纲和基本内容进行了充分的探讨和论证,最后确定了一支由直接从事市场营销专业一线教学和科研工作,既具有丰富的市场营销教学科研经验,又拥有丰富的企业营销实践技能的专家、教授、学者和"双师型"教师的编写队伍。

高职高专市场营销专业工学结合规划教材的编写原则与特色是:

1. 与时俱进,工学结合。 本系列教材在充分贯彻和落实教育部[2011]12号文件精神及2014年2月26日国务院常务会议部署加快发展现代职业教育的基础上,注重市场营销新理论、新方法和新技巧的运用,充分体现了前沿性、新颖性、丰富性等特点。同时又根据高职高专市场营销专业学生毕业后就业岗位群的实际需要来调整和安排教学内容,充分体现了"做中学、学中做",方便"工学结合",满足学生毕业与就业的"零过渡"。

2. 注重技能,兼顾考证。本系列教材根据营销职业岗位的知识、能力要求来确定教材内容,着重理论的应用,不强调理论的系统性和完整性。既细化关键营销职业能力和课程实训,又兼顾营销职业资格的考证,并通过大量案例体现书本知识与实际业务之间的"零距离",实现高职高专以培养高技术应用型人才为根本任务和以就业为导向的办学宗旨。

3. 风格清新,形式多样。本系列教材在贯彻知识、能力、技术三位一体教育原则的基础上,力求在编写风格和表达形式方面有所突破,充分体现"项目导向、任务驱动"和"边做边学、先做后学"。在此基础上,运用图表、实例、实训等形式,降低学习难度,增加学习兴趣,强化学生的素质和技能,提高学生的实际操作能力。同时,力求改善教材的视觉效果,用新的体例形式衬托教材的创新,便于师生互动,从而达到优化学习效果的目的。

由于编者的经验有限,高职高专市场营销专业工学结合教材对我们来说还是首次探索,书中难免存在不妥、疏漏甚至错误之处,敬请营销业界的同行、专家、学者和广大读者批评与指正,以便我们能够紧跟时代步伐,及时修订和出版更新、更优的教材。

高职高专市场营销专业工学结合规划教材
编写委员会

《**市**场营销原理与实务》自 2011 年 1 月出版以来，以其体例新颖、内容实用、技能性强、工学结合紧密而广受读者欢迎。全国诸多中、高职院校的市场营销专业选用该书作为教学用书，从使用反馈的信息来看，效果较好。同时已被教育部评为"十二五"职业教育国家规划教材立项选题，并荣获丽水市 2010—2011 年度社会科学优秀成果奖二等奖。

本教材依据第一线的营销职业岗位群对营销知识和技能的需求，以营销活动流程为主线，进行工作过程系统化课程设计。为了更好地满足实际教学需求和提高教学效果，第二版教材从体例设计、内容编排和项目确定等方面展开修订，突出职业技能训练。

第二版教材具有如下特色。

1. 吸收教改成果，锤炼精品。在第二版教材中，及时引入教改中取得的研究成果，同时，对于理论要求难的知识点或专业性太强的内容进行了一定的调整，以避免教材内容过广、程度过深的不足，力求锤炼精品。

2. 兼顾职业"学历"，创新资源。本教材贯彻理论实践一体化的教学思想，兼顾"职业知识"、"职业能力"和"职业道德"等高等职业教育"职业学力"的基本内涵。并有效整合"理论"、"实务"、"案例"和"实训"诸教学环节，依照"原理先行、实务跟进、案例同步、实训到位"的原则，循序渐进地展开。

3. 企业专家把脉，产教结合。在教材修订过程中充分参考不同领域市场实战专家的建议，从而保证教材知识与技能的新颖性和实战性，使学习与职业能力和岗位要求密切融合，真正体现"校企合作、工学结合"。

4. 整合教学方法，"双证沟通"。关注"工学结合型教育"所要求的"双证沟通"与互补。把市场营销职业资格融入课程标准，并导入"学导式教学法"、"互动式教学法"、"案例教学法"、"项目教学法"、"工作导向教学法"等先进教学方法，将其充分运用和体现于相关教学与训练及功能性专栏的设计中。

5. 符合教改要求，体现标准。现代高职高专教育的课程观念认为：高职高专教育课程教学是职业导向的动态发展过程，也是职业综合能力获取的过程，其强调的是职业所需技能与知识的掌握及职业精神的不断锤炼。本教材正是基于这样的指导思想展开，其内容适应高职高专教学改革方向，体现时代精神和高职教育的特点与规律。

参加第二版教材修订的人员有胡德华、夏凤。全书根据胡德华教授拟定的写作思路、设计的创新体例进行，由胡德华、夏凤编著，杨雪

第二版前言

莲、季芳参加编写工作,最后由胡德华总纂、定稿。

　　由于作者水平有限,第二版教材必定还有不足之处,敬请同行及读者一如既往地予以支持,并提出宝贵意见,以便第三版时更加完善。

胡德华

hudehua0001@126.com

2014 年 1 月

营销无处不在、无时不在。它正在改变着社会中的每一个人，影响着人们工作和生活的方式。在世界经济不断变化和市场竞争不断升级的过程中，市场营销观念和策略在更广阔的范围内受到重视，各类企业要求提高和改善市场营销管理水平的迫切性表现得更加突出。事实上，越来越多的企业确立了营销观念，并走向健康发展的快车道。而失败的企业往往忽视了市场营销，并因此吞下苦果。为此，我们按照教育部有关高职高专课程改革和建设的基本要求，结合高职高专的教学实际，组织了部分长期从事市场营销教学、研究与实践的专家、学者、教授编写了这本《市场营销原理与实务》教材。

现代高职高专教育的课程观认为：高职高专教育课程教学是职业导向的动态发展过程，也是职业综合能力获取的过程，强调的是职业所需技能与知识的掌握，以及职业精神的不断锤炼。正是本着这样的指导思想，我们依据一线的营销职业岗位群对营销知识和技能的需求，基于营销工作过程，以营销活动流程为主线，进行工作过程系统化课程设计，系统地阐述了市场营销的基本理论、基本方法和实战技术。全书共分8个项目，具体包括：市场营销的基础工作、市场营销环境与购买行为分析、市场细分与目标市场定位、营销产品研发决策、营销产品价格决策、营销产品渠道决策、营销产品销售决策、营销实务文书写作。

本教材适应高职高专教学改革的方向，体现时代精神和高等职业教育的特点和规律。与同类型教材相比，其主要特色与创新体现在以下几个方面。

第一，学习项目导向，目标明确。对市场营销工作过程体系进行项目式导向，在每个项目中明确知识目标、技能目标、训练路径和教学建议，改变了传统教材的理论式灌输，使学生首先明确在该学习项目中的技能要求，从而有目标、有方向、有针对性地展开学习。

第二，学习任务驱动，体系严密。本书的编写从市场营销的企业工作过程出发，按照在做好市场调查等市场营销准备工作的基础上，展开消费者购买行为分析，然后进行营销策略决策。同时，补充了市场营销常用实务文书的写作内容，以保障营销活动的顺利开展。

第三，成果展示引导，资源丰富。每个学习任务之前的成果展示与分析以某一文件性成果或企业经营的典型案例展开，引导出该学习任务的内容。同时，在相应的知识模块中，提供丰富的教学资源，有利于学生对知识的运用。

第四，同步实务分析，激发兴趣。在技能要求的知识点中，设置相应的同步实务，要求学生及时进行实务分析与操作，达到理论与实践的统一，并通过操作有效激发学生的学习兴趣。

第五，任务演练操作，强化技能。每一个学习任务后都配有任务演练操作题，要求学生在相应的背景下运用所学知识展开实际操作，这既是对任务知识的运用,也是对业务技能的训练,能有效强化学生的实务技能。

第六,实训考核独特,全程量化。传统职业教材虽然也强调实训考核,但不够全面,缺乏系统性。只注重业务技能考核,忽视职业核心能力和职业道德素质的考核。本书作者深入研究,将实训考核首先分为"活动过程考核"和"实训课业考核"两部分,再将活动过程考核分为"职业核心能力"、"职业道德素质"和"教师评语"三方面;将实训课业考核分为"课业评估指标"、"教师评语"和"学生意见"三方面。整个实训考核新颖独特,全面系统,结合考证,全程量化,具有极强的指导性、实用性和可操作性。

本书由胡德华教授等著。全书根据胡德华教授拟定的写作思路、设计的创新体例进行,并由胡德华、夏凤共同起草大纲,最后由夏凤统稿,胡德华教授反复总纂后定稿。各项目人员及分工如下:丽水职业技术学院胡德华、河南机电高等专科学校杨雪莲负责项目1和项目4;丽水职业技术学院夏凤负责项目2和项目3;胡德华、福建交通职业技术学院季芳负责项目5至项目8。

本书在编写过程中,参考和借鉴了大量的国内外同类著作、文献,以及报刊资料,值此出版之际,特向这些作者表示诚挚的感谢!同时,清华大学出版社职业教育分社的相关工作人员为本书的出版做了大量的工作,在此一并深表谢意。

由于作者水平有限,书中错误与疏漏之处在所难免,敬请有关专家、学者、教授和广大读者批评与指正,以便再版时予以完善与纠正。

胡德华

hudehua0001@126.com

2010 年 10 月

目 录

288 **参 考 文 献**

项目 ❶

市场营销的基础工作

1.1 市场营销概念的认知

1.1.1 成果展示与分析

在"穷人"身上打主意

从常识的观点来看,有钱人才买得起东西,因此,厂商们的眼光都盯着"有钱一族"。穷人,当然是社会上消费能力最弱的一群,企业通常不会选择他们作为目标市场。但这正好是一个遗漏,有人就抓住这个遗漏大做文章,竟也发了财。

　　在娱乐界声誉卓著的英商桑恩集团设在美国的一家子公司专门以穷人为推销对象,通过满足这一批人的特殊需要大发横财。这个专找穷人推销的企业究竟是什么行业呢? 说穿了也不足为奇:只是一种兼具分期购物性质的租赁业。这个取名为"租物中心"的租赁连锁商,把电器、家具、钻戒和多种其他物品出租给城市和乡间贫民,租赁户每个星期支付租金,通常连续支付 78 周之后,租户就能取得租赁物品的所有权。

　　从形式上看,这一租物中心能满足穷人这一特定消费群体的特殊需要。但事实上,这绝不是什么慈善事业机构。他们索取的租金相当高昂,以一台零售价289.98 美元的普通三洋录放机为例,中心每周索取的租金竟高达 12.77 美元,总计 78 周下来,租户需付出996.06 美元的代价才能取得录放机的所有权。看上去并不起眼的租物中心,一年的营业额竟达7 000 万美元,令他人不敢小视。

　　许多厂商都把目光盯着有钱人的口袋,以为只有那里才有油水,对于穷人,则不屑一顾。这样一来,就形成了一种格局——贫穷者消费群体成了一个被遗忘的目标市场。英商桑恩集团发现了这一市场空白点,挖空心思在里面大做文章,结果发了一笔不小的财。该案例给我们的启示是,当寻求市场机会时,应树立正确的营销理念,以满足顾客需求为中心,视野放得更开阔一些,发现潜在的顾客群。不一定非得把目光盯在市场热点上,还需把更多的注意力放在市场空白点上。这样,可避开竞争,取得丰厚利润,并可进一步扩大自己的市场领域。

1.1.2　任务工作流程

　　要开展市场营销工作,首先应该清楚市场营销的一些基本工作,包括明确理论与实战层面的营销概念,把握市场营销观念的深化过程和理论,并奠定成功营销的基石,具体如图 1-1 所示。

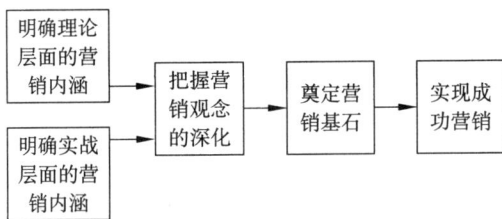

图 1-1　市场营销工作的基础

1.1.3　基本知识和技能

1.1.3.1　理论与实战层面的营销概念

　　在市场营销学的发展历程中,对"市场营销"曾有过无数的定义和阐释。然而,要给"市场营销"准确地下定义并不容易。因为,在微观层面,市场营销涉及买卖双方的交换过程;在一个组织中,涉及组织的管理活动和营销活动的管理过程;从管理决策来看,它又涉及一系列有关市场的和营销的策略问题;而在更高的层面上——社会经济系统,还涉及市场营销的社会过程。我们通过探讨营销专家对市场营销下的定义,从理论与实战层面来阐述营销概念。

1. 理论层面的营销概念

从管理的角度来看,营销经常被描述为"推销产品的艺术"。然而,推销只不过是营销冰山的一角。

著名管理学家彼得·德鲁克(Peter Drucker)曾经这样说:

可以设想,某些推销工作总是需要的。然而,营销的目的就是要使推销成为多余。营销的目的在于深刻地认识和了解顾客,从而使产品或服务完全适合他的需要而形成产品自我销售。理想的营销会产生一个已经准备来购买的顾客,剩下的事就是如何便于顾客得到这些产品或服务。

以下是著名的营销理论家斯亚多·列为非常精辟的阐述:

商业的目的就是创造和维持顾客。要做到这一点,就必须生产和提供人们想要的产品和合理的价格,相对于其他人提供的条件更吸引大多数顾客,而且这种价格和条件是可能的。

菲利普·科特勒认为,营销是个人和集体通过创造,提供出售,并同别人自由交换产品和价值,以获得其所需之物的一种社会过程。

可见,营销绝不是简单的推销,它以顾客为中心,把满足顾客需要作为企业营销活动的基本点和出发点,通过比竞争者更好地服务来产生利润。

美国市场营销协会(AMA)(1995年)给出的营销的定义是:营销是计划和执行关于商品、服务和创意的观念、定价、促销和分销,以创造符合个人和组织目标交换的一个过程。

美国市场营销协会关于营销的定义可以从以下几个角度来理解。

首先,营销是一组活动的总合,而不是一项单一的活动,它包括产品、定价、促销和渠道的设计和规划。这就是市场营销学里的一个重要概念——营销组合策略(或4Ps),包括产品策略、定价策略、促销策略和渠道策略。

其次,营销活动是指向一定的目标的,这个目标就是顾客。因此,以上营销组合策略的设计必须能够影响经营渠道和顾客的购买行为。

此外,营销是一个过程,并且都是在一定的环境中进行的,因此,企业的营销活动除了考虑顾客的需要和购买决策行为之外,还要考虑环境和竞争对手的影响。道理很简单,不同的经营环境和不同的竞争对手决定了企业应该采用不同的营销战略和策略。

如上所述,企业的营销活动要从顾客的需要出发,因此,企业首先要研究顾客,以了解顾客的需要。顾客都生活在一定的社会环境中,顾客的购买行为受各种环境因素、自身特征因素和竞争对手的产品的影响,因此,企业首先要分析宏观环境、顾客购买行为和竞争对手,以确定企业的营销机会之所在。这个过程称为分析营销机会。发现了市场机会以后,企业就需要制定有效的营销战略来利用这个市场机会。然而,营销战略还只是方向性的框架,企业要想把市场机会转变成实实在在的利润,还需要把营销战略具体化,把营销战略具体为营销策略,该过程称为制定营销策略。企业制定并实施营销策略后,能不能达到预期的目标还需要对营销活动进行有效的管理,包括营销活动的计划、组织、评价和控制等。

2. 实战层面的营销概念

从市场营销的实战角度来理解市场营销的概念,本书作者认为可以从以下三个方面去认识。一是什么叫市场营销？所谓市场营销就是"高级的小偷"。因为当今市场竞争已处于白热化状态,"皇帝女儿不愁嫁"的传统营销已经不复存在,做好营销靠的是科学的方法和手段,"上帝"是不会把钱乖乖地送给你的。二是衡量一个营销人员功底深浅的标准是什么？关键是看他(她)能否推销营销思想。营销人员始终要记住:贩卖一种商品比传播一种思想更困难。在市场上,营销人员如果能够把自己或企业的营销思想推销给对方并让对方接受,其实对方也就接受了你的营销品。三是做营销怎样才算达到了最高境界？那就是"不销而销"。在当今,"王婆卖瓜自卖自夸"已经行不通了,而应该通过巧妙的营销方法和手段,让对方在不知不觉中接受你的营销品。如果能够达到这样的境界,那你也就算是一个营销高手了。

1.1.3.2　营销观念的深化

市场营销观念是企业领导人在组织和谋划企业的营销管理实践活动时所依据的指导思想和行为准则,是其对于市场的根本态度和看法,是一切经营活动的出发点,也是一种商业哲学或思维方法。简而言之,市场营销观念是一种观点、态度和思想方法。

营销观念的形成是企业经营哲学的重大变化,它科学地阐明了企业经营成功的要旨:以满足顾客的需求为中心。随着企业经营实践进一步的发展和市场环境条件进一步的变化,企业的营销观念也在不断地发展和变化,其在适应新的市场环境和经营实践的过程中不断得到充实和完善。市场营销观念的发展大体上经历了以下几个阶段。

1. 生产观念

生产观念(producing concept)是指导卖者行为的最古老的观念。生产观念认为,消费者总是喜欢那些可以随处得到的、价格低廉的产品。企业经营活动的重点是以生产为中心,尽可能地增加产量、降低成本、提高利润。

在西方,生产观念盛行于19世纪末20世纪初。当时,西方国家处于工业化初期,生产力水平比较低,市场需求旺盛,产品供不应求。企业只要提高产量,降低成本,就可以获得丰厚的利润。其实质内容是:"我们会生产什么,就卖什么。"

生产观念是一种重生产、轻市场的经营哲学。在这种观念的指导下,生产和销售的关系必然是"以产定销"。在短缺经济年代生产观念也许能够创造辉煌,但随着供求形势的变化,持有这种观念必然使企业陷入困境。

2. 产品观念

产品观念(product concept)认为,消费者喜欢高质量、多功能和有特色的产品。奉行产品导向的企业总是致力于生产优质产品,并不断改进完善,甚至精益求精。

如果说生产观念强调"以量取胜,以廉取胜",则产品观念强调的是"以质取胜,以优取胜"。奉行产品观念的管理者,十分迷恋自己的产品,坚信消费者能够鉴别出产品优异的质量和功能,并且愿意出高价购买质量上乘的产品。

产品观念和生产观念几乎在同一时期流行。两者的相同之处为都是对顾客需求视而不见;不同之处在于:一个侧重生产,一个侧重品质。但因为产品观念更注重对高质量产品的追求,奉行产品观念容易患"营销近视症"。

3. 推销观念

推销观念(selling concept)认为,消费者通常有一种购买惰性或抗拒心理,如果任其自然,他们就不会大量购买。因此,企业管理的重点必须是积极推销和大力促销。奉行推销观念的厂商特别注重运用推销术和广告术,激发现实的和潜在买主对产品的兴趣和购买欲望,促使其购买。这种观念的实质内容是:"我们卖什么,就让人们买什么",就是不问消费者是否真正需要,通过采取各种推销活动,把商品推销给消费者。

在西方,推销观念盛行于20世纪30～40年代。由于科技进步、科学管理和大规模生产技术的推广,商品供给形式增加,导致供过于求,企业间的竞卖日益激烈。特别是1929年发生的严重的经济危机,历时5年,堆积如山的货品卖不掉,许多厂商纷纷倒闭。这一现实使许多企业的经营者认识到,企业不能只集中力量发展生产,必须加强销售,并利用各种推销和促销手段刺激需求,争取顾客,扩大销售。

4. 市场营销观念

市场营销观念(marketing concept)认为,企业的一切经营活动应该以顾客为中心,正确地界定目标市场,比竞争者更有效地去组织研发、生产和营销,更有效地满足顾客的需求和欲望。企业考虑问题的逻辑不是从既有的生产或产品出发,而是从目标顾客的需求出发。和以卖主为中心的传统经营观念相比,营销观念则是以买主为中心,这被称为"营销革命"。

市场营销观念形成于20世纪50年代。第二次世界大战后,科技革命进一步兴起,大量军工企业转为民用,生产效率大大提高,生产规模不断扩大,社会产品供应量剧增;高工资、高福利、高消费政策导致消费者购买力大幅度提高,需求和欲望不断发生变化;企业间的竞争进一步加剧。营销观念正是在这种环境下应运而生的。

市场营销观念的实质内容是:"市场需要什么,就生产和推销什么","能卖什么,就生产什么"。这就使得企业的一切行为都要以市场的需要作为出发点,而又以满足市场的需要为归宿。

5. 生态学营销观念

生态学营销观念(ecological marketing concept)是强调市场需求与满足需求的资源相一致的经营指导思想。其借鉴了生态学中"适者生存"的原理,自然界中的各种生物如果能根据自身的生存能力,各取所需地寻找到所适应的生存环境和生存方式,就能生存下来,并得到持续发展;而那些无法寻找到所适宜的生存环境和生存方式,又不能调整自己的生存能力的生物,则最终会被淘汰。在企业的经营活动中同样如此。无论是大企业还是小企业,只要能根据自己的资源和能力去寻找适合自己进入的目标市场,就有可能获得成功。

6. 社会营销观念

社会营销观念(societal marketing concept)即企业在其经营活动中必须承担起相应的社会责任,保持企业利益、消费者利益同社会利益的一致性。企业是一种营利性组织,处于经济循环系统之中;然而企业又不可避免地属于社会生活的一员,处于整个社会系统之中。

因此,企业的经营活动不仅要受到经济规律的制约,而且也会受到社会规律的制约。随着企业经营活动的发展,企业行为对于社会的影响会变得越来越大。首先是企业的产品服务及其宣传直接影响着社会的生活方式和思想意识;其次是企业生产经营行为所产生的一些污染会对社会环境产生影响;再次是企业在国民经济中所发挥的作用会给整个社会发展带来影响。因此企业在其经营活动中必须同时兼顾企业的利益、顾客的利益和社会的利益,谋求企业同社会的共同发展。

7. 整合营销观念

20世纪90年代后半期,"整合营销"(integrated marketing)开始成为企业的一种新的营销观念。整合营销是指企业必须调动其所有的资源,并有效地协调各部门的工作来提高对顾客的服务水平和满意度。当满足顾客的需要成为企业全部经营活动的中心之后,企业内部资源的协调配置就成为提高企业经营效益的重要问题。我们经常会发现,由于企业内部各部门在为顾客提供利益满足的认识和行为上的不一致,导致企业的营销目标无法顺利实现。如产品设计和生产部门会抱怨销售部门过于迁就顾客的利益而不顾公司的利益;各地销售部门为了完成销售指标而相互"窜货",破坏企业的统一价格政策等。整合营销强调两个方面:一是企业的各部门必须围绕企业总体的营销目标加强彼此的协调;二是各部门(不仅是营销部门)的人员都必须确立为顾客利益考虑的思想观念。

8. 关系营销观念

关系营销(relationship marketing)观念强调企业的营销活动不仅是为了实现与顾客之间的某种交易,而且是为了建立起对双方都有利的长期稳定的关系。"关系营销"观念主要致力于实行顾客关系管理,通过发展长期稳定的顾客关系来建立顾客忠诚,提高企业的市场竞争力。关系营销观念的提出和发展使市场营销哲学有了很大的发展,其突破了交易营销的思想局限,把企业在市场上竞争制胜的焦点着眼于忠诚顾客的培养和关系资产的积累。

1.1.3.3　成功营销的四块奠基石

对于一个企业而言,营销是否成功始终是一个企业能否顺利发展和壮大的关键,它对企业有着极其重要的战略地位,是现代企业发展的命脉。毫不夸张地说,企业没有了成功的营销就等于失去了发展的潜力与动力。

企业要想实现成功营销,所要做的就是密切关注不可控制的外部环境的变化,恰当地组合"4Ps",千方百计使企业可控制的变数(4Ps)与外部环境中不可控制的变数迅速相适应,这也是企业经营管理能否成功、企业能否生存和发展的关键。由此可见,4Ps是企业成功营销的四块奠基石。4Ps是英文Product、Price、Place和Promotion这四个单词的首字母的组合,由于是复数所以加了s。其具体意思是产品、价格、渠道和促销。这是企业可以操控的四个方面,通过恰当地组合可以达到很好的销售效果。

4Ps营销组合理论是指企业以消费者的需求和欲望为依据,开发和生产产品,制定其可以接受的价格,设计分销渠道以便顾客能够买到产品,通过多种形式的促销,使顾客了解产品和购买产品。其中,产品决策涉及产品开发、品牌、包装、标签,产品组合策略和产品生命周期的营销策略。定价决策应考虑多重目标,支持产品的营销策略,实现组织的财务目标,适应市场环境现实。分销决策反映营销者为顾客创造时间、地点和所有效用的能力,其中还涉及物流管理。促销决策是公司将其营销策略的有关信息传达给渠道成员和最终顾客,以协助和促进产品的销售;促销组合包括广告、人员推销、公关宣传和销售促进等。

1.1.4　课堂活动演练

如何使产品销售做到淡季不"淡"

背景资料

在世界上大部分地区,夏季都是巧克力的销售淡季。澳大利亚夏季漫长,气候炎热,这对巧克力的销售当然更不利。巧克力商们发现,在夏季,巧克力的销售量通常要下降60%左右。是不是夏天人们不喜欢吃巧克力?马氏公司经过调查发现,问题不是出在夏天巧克力的味道,而是人们觉得夏天巧克力会融化,吃起来黏黏糊糊的,很麻烦,而且夏天巧克力也难以保存。

演练要求

(1)通过讨论得出启发,如何使产品销售做到淡季不"淡"?

(2)各组学生以恰当的市场营销观念谈谈夏天巧克力的市场推广思路。

演练条件

(1)事先对学生按照3~4人进行分组。

(2)假设你是马氏公司营销部的经理。

(3)假设该巧克力为中低档产品。

(4)具有可上网的实训室。

1.1.5　实例专栏与分析

红米手机的营销之道

2013年9月,许多网友的QQ空间出现了被红米刷屏的情况。在QQ空间竞猜到预约的一周时间里,红米手机不仅引发业界热议,还吸引了广大消费者的眼球。

短短3天,QQ空间上预约资格码已被疯抢500万,与此相比,该机8月12日首批发售仅为10万台。不少业内人士都为QQ空间惊人的社会化营销能力感到"我和我的小伙伴们都惊呆了"。事实证明小米的平台选择很有技巧。小米发行新款手机,如果要利用社交平台进行宣传合作,可以有微博、微信、QQ空间、人人网等选择,为什么是QQ空间呢?

在这里,我们稍微分析一下就可以知道,QQ空间的用户特点能有效地为小米实现精准营销。第一,QQ空间用户的核心人群符合红米手机消费用户的定位,低价而不低端,张扬个性的一群少年;第二,目前只有QQ产品养成的付费用户最多,也正是集中在这个人群里,不用做市场调查,有很大的消费能力;第三,QQ空间覆盖的是中国大部分互联网网民,主营销人群跟弱营销人群都在,可谓是一箭双雕。

1.2 营销调研的内涵和程序

1.2.1 成果展示与分析

阻碍韦尔公司燕尾服零售增长的原因调查

韦尔公司是一家出租和销售燕尾服的零售连锁店,有自己的韦尔商店,它占有50%的燕尾服租赁市场份额和不到10%的燕尾服零售份额。公司决定加大燕尾服零售的促销力度,打出了非常诱人的价格,并通过广告告知潜在的购买者。然而,经过一番努力之后,燕尾服零售量仅略有增长。一家调研公司受其委托进行焦点小组访谈,做出的假设是:韦尔租赁燕尾服的印象已深入人心,以至于公司的广告也无法使人们相信在这里还能购买到燕尾服。

由过去6个月内买过燕尾服的10位男士组成了访谈小组。在询问他们是在何处购买的燕尾服时,了解到其中4位是在韦尔商店买的,其他6位是在别处买的。当问及这6位中的一位"是否知道韦尔商店也出售燕尾服"时,他回答:"知道。"在问及"为什么不在韦尔商店购买呢?"他说:"我不想买被别人穿过的燕尾服。"而其他几人也点头赞同。在对"你是否认为韦尔商店在销售已穿过的燕尾服"进行举手表决时,竟有8人赞同,包括在韦尔商店买燕尾服的两个人。当询问其中一位"你的确认为韦尔商店是在出售已穿过的燕尾服吗?""当然。要不然价格不会这么低。我并不在意燕尾服是否穿过,它们看起来还不错,因此我决定省钱。"

阻碍燕尾服零售增长的原因找到了。韦尔公司接受了建议,广告语改为"韦尔商店出售全新的燕尾服!"接下来燕尾服的销售量理所当然地成倍增长。

韦尔公司在寻找阻碍公司燕尾服零售增长的原因时,委托营销调研公司,通过运用焦点小组访谈的方法,成功地找到了问题的根源。原来由于韦尔公司是一家出租和销售燕尾服的零售连锁店,其销售的燕尾服价格低廉,使部分顾客误认为是别人穿过的,直接影响了销量。通过调查找到原因后,调整营销策略,将广告语改为:"韦尔商店出售全新的燕尾服!"这样给顾客一个暗示,我们销售的产品虽然价格便宜,但绝不是别人穿过的,是全新的,达到了很好的效果。可见,当企业遇到营销问题时,可选择合适的营销调研方法,找到问题的根源,并据此调整相应的营销策略,会对企业大有帮助。

1.2.2 任务工作流程

第一步　确定市场营销活动面临的决策问题;

第二步　根据决策问题,确定市场信息调研的内容;

第三步　选择市场信息调研的方法;

第四步　确定市场调研信息的来源；

第五步　做好市场信息调研的准备工作；

第六步　实施市场信息调研工作；

第七步　对市场信息调研工作进行整理分析。

1.2.3 基本知识和技能

1.2.3.1 营销调研的内涵

1. 营销调研的含义

营销调研是指系统地、客观地收集、整理和分析市场营销活动的各种资料或数据，用以帮助营销管理人员制定有效的市场营销决策。"系统"指的是对市场营销调研必须有周密的计划和安排，使调研工作有条理地开展下去；"客观"指对所有信息资料，调研人员必须以公正和中立的态度进行记录、整理和分析处理，应尽量减少偏见和错误；"帮助"指调研所得的信息以及根据信息分析后所得出的结论，只能作为市场营销管理人员制定决策的参考，而不能代替他们去做出决策。

营销调研是企业营销的前提和出发点，能够帮助企业发现消费者的需求，发现营销机会和问题。由于企业每一决策都对信息有不同的要求，在营销调研中收集的信息能成为制定相关营销战略的依据，比如我们应当从事什么业务？我们如何开展竞争？企业的目标是什么？换句话说，就是发现营销问题和解决营销问题。这一目标成功与否，在很大程度上依赖于营销调研活动的开展。

2. 营销调研的内容

（1）市场需求容量（the market needs）调研。该调研主要包括：市场最大和最小需求容量；现有和潜在的需求容量；不同商品的需求特点和需求规模；不同市场空间的营销机会以及企业和竞争对手的现有市场占有率等情况的调查分析。

（2）可控因素（the controllable factor）调研。该调研主要包括对产品、价格、销售渠道和促销方式等因素的调研，具体包括以下几类。

① 产品调研，包括有关产品性能、特征和顾客对产品的意见和要求的调研；产品寿命周期调研，以了解产品所处的寿命期的阶段；产品的包装、品牌、外观等给顾客的印象的调研，以了解这些形式是否与消费者或用户的习俗相适应。

② 价格调研，包括产品价格的需求弹性调研；新产品价格制定或老产品价格调整所产生的效果调研；竞争对手价格变化情况调研；选样实施价格优惠策略的时机和实施这一策略的效果调研。

③ 销售渠道调研，包括企业现有产品分销渠道状况；中间商在分销渠道中的作用及各自实力；用户对中间商尤其是代理商、零售商的印象等内容的调研。

④ 促销方式调研，主要是对人员推销、广告宣传、公共关系等促销方式的实施效果进行分析、对比。

（3）不可控制因素（the uncontrollable factor）调研，具体包括以下几类。

① 政治环境调研，包括对企业产品的主要用户所在国家或地区的政府现行政策、法令及政治形势的稳定程度等方面的调研。

② 经济发展状况调研，主要是调查企业所面对的市场在宏观经济发展中将产生何种变化。调研的内容包括各种综合经济指标所达到的水平和变动程度。

③ 社会文化因素调研，调查一些对市场需求变动产生影响的社会文化因素，诸如文化程度、职业、民族构成，宗教信仰及民风，社会道德与审美意识等方面的调研。

④ 技术发展状况与趋势调研，主要是为了了解与本企业生产有关的技术水平状况及趋势，同时还应把握社会相同产品生产企业的技术水平的提高情况。

⑤ 竞争对手调研，在竞争中要保持企业的优势，就必须随时掌握竞争对手的各种动向，在这方面主要是关于竞争对手数量、竞争对手的市场占有率及变动趋势、竞争对手已经并将要采用的营销策略、潜在竞争对手情况等方面的调研。

1.2.3.2　营销调研的方法

要进行有效的市场调研必须掌握市场调研的方法。常见和常用的调研方法主要有观察法、实验法、访问调查法、定性调研法、文献调查法、网络调查法和抽样调查法等。

1. 观察法

所谓观察法，就是调查者在调查现场有目的、有计划、系统地对调查对象的行为、言辞、表情进行观察、记录，以取得第一手资料的方法。观察法最大的特点是在自然条件下进行的，所得材料真实、生动，但也会因所观察对象的特殊性而使得观察结果过于片面。在科学技术高度发展的今天，已无须一定要亲临现场、进行面对面式的调查，可借用照相机、录像机、录音笔等现代化仪器设备加以记录。

在市场调查中，观察法可用以下 4 种形式来进行。

（1）直接观察法。直接观察法就是调查者亲临购货点，通过观察消费者对商品的反映以及成交额，来了解消费者对该产品的需求、态度和市场供求趋势。或是到同行业的购货点，观察他们的经营品种、经营方式、经营特色和成交率等。它往往被用于加深对调研行为和相关问题的理解。

（2）人为观察法。人为观察法可以被当作是行为投影测试，也就是说，在一个人为制造出来的观察环境中，人们的反应能揭示出其潜在的信仰、态度和动机等各个方面。对货架空间、产品风味和陈列地点等的变动进行的测试就属于这类观察法。

（3）内容分析法。内容分析法是一种观察技术，它采用谨慎适用的法则，将书面材料解析成一些有意义的单元。这种技术最重要的特点是对沟通中的明示内容进行客观、系统和定量的描述，它包括观察，也包括分析。这类方法在营销调研中的应用包括观察和分析广告的内容或所传送的消息、报纸上的文章、电视和广播节目等。比如，日本三菱重工财团就曾通过对 1964 年《中国画报》的封面刊出的"铁人"王进喜的照片预测出中国大庆将要出大油田，设计出适合中国大庆油田的采油设备，赚取一笔可观的利润。

（4）实物痕迹测量指标法。实物痕迹测量指标法指的是记录各种行为的天然"残迹"。

这些测量指标之所以用得很少,是因为使用它们需要高超的技巧。比如有一家博物馆测量了展品前的木地板条的磨损程度以及展品陈列玻璃窗下鼻尖留下的污迹数量,以此判断每个展品的受欢迎程度。

2. 实验法

实验法是指有目的地控制一定的条件或创设一定的情境,以引起实验对象一定的反应或行为的一种研究方法。该方法的主旨在于,通过小规模的实验,并对实验结果进行分析,从而得出结论是否值得大面积推广。实施这种方法的基本要素是确定实验组和控制组,对实验因子予以严格控制,对实验组与控制组各自的变化详细记录并精确计算,最后得出实验结果。在市场营销中,实验法的应用范围十分广泛。凡是商品在改变品种、包装、价格、商标、广告等时,实验法都有用武之地。

3. 访问调查法

访问调查法也称访问法、访谈法,就是指调查者通过口头交谈、电话交谈或书面方式向被调查者提出询问,从而获得所需资料的一种实地调查方法。

访问调查法的最大特点在于,整个访谈过程是访问者与被访问者互相影响、互相作用的过程,整个访谈过程不是单向传导过程,而是双向传导过程。主要包括以下几种常用的访问调查法。

（1）入户访问。入户访问是指调查员到被调查者的家中或工作单位进行访问,直接与被调查者接触。然后利用访问式问卷逐个问题进行询问,并记录对方的回答;或是将自填式问卷交给被调查者,讲明方法后,等对方填写完毕再回来收取问卷的调查方式。入户访问方式,由于是面对面的访谈,比较容易沟通,能够直接得到反馈,可以对复杂的问题进行解释,并对受访者进行启发。但是,治安问题和犯罪问题致使入户调查拒绝率呈上升趋势。

（2）街头拦截式访问。拦截访问是指在某个场所拦截在场的一些人进行面访调查。拦截访问通常采用配额抽样获得样本,一般使用问卷进行调查。与入户访问相比,省去了采用随机抽样选定住户的过程,省时省钱。但是,无论如何控制样本及调查的质量,收集的数据都无法证明对总体有很好的代表性。

（3）电话调查。电话调查是指调查人员借助电话工具向被调查者询问,了解意见和看法的一种方法。在电话调查中,调查人员以电话簿为基础,进行随机抽样。采用电话调查法取得市场调查第一手资料的主要优点是可以节省调查时间,取得调查结果快,并可节省费用支出。但电话调查也不容易得到被调查者的合作。

（4）邮寄调查。邮寄调查是指将事先拟订好的调查问卷邮寄给被调查者,由被调查者根据要求填写后寄回的一种调查方法。邮寄调查的主要好处是:调查的空间范围大,可以不受调查者所在地区的限制,只要是通邮的地方,都可以被选定为调查对象;样本的数目较多,而费用支出较少;而且被调查者有充裕的时间来考虑、回答;同时还可以避免面谈中受到调查人员倾向性意见的影响。邮寄调查的主要缺点是回收率低,因而容易影响样本的代表性,并且需要花费较长的时间才能取得调查的结果。

同步实务 1-1

确定车载儿童坐椅市场的调查方法

　　近些年来,家用轿车的购买量与日俱增,其中也不乏为了自己的宝宝而购车的家长一族。但是,在这些家长中,有多少家长为宝宝购买了车载儿童坐椅?又有多少家长知道车载儿童坐椅对宝宝安全的重要性呢?假设你是一车载儿童坐椅的销售商,欲调查车载儿童坐椅的市场需求量,你将用到哪些调研方法?

　　业务分析:结合企业实际,通过分析各种调查方法的优劣,选择相应的调查方法。

　　业务程序:因为车载儿童坐椅的目标顾客是家有儿童的有车一族,因此,企业可以在各大商场、超市、公园等目标顾客可能出现的场所,首先运用观察法,找到符合要求的调查对象,再采用拦截访问的形式调查;为了更进一步了解消费者的消费心理,可采用发放调查问卷的方法,对消费者对车载儿童坐椅的认知度、他们所关心的产品的价格、安全性、使用方法等问题做进一步的了解。

　　业务说明:此次调查的目的是预测车载儿童坐椅的市场,在调查之前,应明确调查的对象,调查的范围,最终确定对企业切实有效的调查方法。

---

4. 定性调研法

定性调研法包括以下几种。

（1）焦点小组访谈。焦点小组访谈又称专题小组讨论,一般由 8～12 人组成,在主持人的引导下就某一主题进行讨论。通过对主题充分和详尽的讨论,来了解受访者对某种产品、观念、创意或假设的想法和具体原因。焦点小组访谈属于小样本的定性调研,参与者应该从公司营销活动的潜在相关者中抽取。访谈一般持续两小时,主持人必须引导参与者说出他们的真实想法,鼓励他们陈述与别人不同的观点。

（2）深度访谈法。深度访谈是指在访问者与受访者之间就拟定的主题所进行的非结构化的询问调查,以鼓励受访者说出真实的想法,或发掘受访者在接收某一刺激后反射出的心理感受。简单的形式就是一对一的访谈调查,如经理访谈。

（3）投射调查法。投射调查法简单地说就是让被调查者画图,讲故事,完成句子,或者把公司与动物、地点、不同风格的音乐进行匹配,以便了解他们内心对产品、品牌的潜在态度。

5. 文献调查法

文献调查法是指根据调研目的,收集、查阅和利用企业内部和外部各种现有信息资料,对调查内容进行分析研究的一种间接调查方法。这种调查方法具有历史性,它是对人类以往所获得的知识的调查;具有间接性,它的调查对象大都是间接的第二手资料,收集已经加工过的次级资料,而不是对原始资料的收集,资料来源一般是已经公开发表的或者是行业部门整理加工后的信息;具有无反应性,它不直接接触被调查者,在调查过程中不存在与被调查者的人际关系问题,不会受到被调查者反应性心理或行为的干扰。

文献调查法所需资料包括企业的内部资料和外部资料。内部资料主要是企业内部各种业务、统计、财务及其他有关资料。外部资料主要是指企业外部单位所持有的资料,传统的有图书馆及各类情报单位的文案,现代的有在线数据库等。

6. 网络调查法

网络调查法是指在互联网上针对特定的问题进行的调查设计、收集资料和分析等活动。网络调查法主要有两种方式:一是站点法,把调查问卷做成网页放在网站上,访问该网站的用户可自愿参与调查;二是用 E-mail 将问卷发送给被调查者,感兴趣者可填写问卷,将填写结果发送到指定的邮箱。后者相对来说回收率要低。

网络调查的优点是:回收速度快,可即时统计调查结果,成本低,隐匿性好,具有互动性。最主要的缺点是:目前上网的人群并不能代表所有人口;无限制样本问题,如果一个人在网上重复填写多份问卷,调查结果就失去价值了。

7. 抽样调查法

抽样调查是一种从全体调查对象(调查总体或总体)中抽取部分对象(样本)进行调查,用所得结果说明总体情况的调查方法。调查的结果实际上只是取决于样本的抽取。如果样本有所偏差,那么结果也不能认为对受众有代表性,而且对调查结果的分析也将是超出调整范围的误导性结论。

抽样调查分为随机抽样和非随机抽样两类。随机抽样是按照随机的原则来抽取样本,使总体中的任何单位都有同等的机会被选进样本,即样本中的每一个人都有可能被抽作样本。一些随机样本抽取对样本中的某些子群或部分给予更多的权重。然而,当样本中有部分成员没有机会被选中时,是属于非随机抽样。非随机抽样不遵循随机的原则,而是从方便出发或根据主观的选择来抽取样本。

1.2.3.3　营销调研的程序

营销调研是一项有序的活动,它包括调研准备阶段、调研实施阶段和调研总结阶段 3 个部分。

1. 调研准备阶段

该阶段主要是确定调研目的、要求及范围并据此制订调研方案。该阶段包括以下 3 个工作步骤。

(1) 调研问题的提出。营销调研人员根据决策者的要求或由市场营销调研活动中所发现的新情况和新问题,提出需要调研的课题。

(2) 初步情况分析。根据调查课题,收集有关资料作初步分析研究。许多情况下,营销调研人员对所需调研的问题尚不清楚或者对调研问题的关键和范围不能抓住要点而无法确定调研的内容,这就需要先收集一些有关资料进行分析,找出症结,为进一步调研打下基础,通常称这种调研方式为探测性调研(exploratory research)。探测性调研所收集的资料来源有:现有的资料、向专家或有关人员作调查所取得的资料。

(3) 制订调研方案。调研方案中确定调研目的、具体的调研对象、调研过程的步骤与时间等,在这个方案中还必须明确规定调查单位的选择方法、调研资料的收集方式和处理方法等问题。

2. 调研实施阶段

该阶段的主要任务是根据调研方案,组织调查人员深入实际收集资料,包括两个工作步骤。

(1)组织并培训调研人员。企业往往缺乏有经验的调研人员,要开展营销调研首先必须对调研人员进行一定的培训,目的是使他们对调研方案、调研技术、调研目标及与此项调研有关的经济、法律等知识有一个明确的了解。

(2)收集资料。收集的资料中有一类是第二手资料(secondary data),也称次级资料。其来源通常为国家机关、金融服务部门、行业机构、市场调研与信息咨询机构等发表的统计数据,也有些发表于科研机构的研究报告或著作、论文。这些资料的收集方法比较容易,而且花费也较少。另一类是通过实地调查收集到的第一手资料,即原始资料(primary data)。这时就应根据调研方案中已确定的调查方法和调查方式,选择调查单位,先一一确定每一被调查者,再利用设计好的调查方法与调查方式来取得所需的资料。本章所讲的营销调研方法、技术等都是针对收集第一手资料而言,也即介绍如何进行实地调研。

3. 调研总结阶段

营销调研的作用能否充分发挥,和做好调研总结的两项具体工作密切相关。

(1)资料的整理和分析。通过营销调查取得的资料往往相当零乱,有些只是反映问题的某个侧面,带有很大的片面性或虚假性,所以对这些资料必须做审核、分类、制表工作。审核即去伪存真,不仅要审核资料正确与否,还要审核资料的全面性和可比性;分类是为了便于资料的进一步利用;制表的目的是使各种具有相关关系或因果关系的经济因素更为清晰地显示出来,便于作深入地分析研究。

(2)编写调研报告。它是调研活动的结论性意见的书面报告。编写原则应该是客观、公正、全面地反映事实,以求最大限度地减少营销活动管理者在决策前的不确定性。调研报告包括的内容有:调研对象的基本情况、对所调研问题的事实所作的分析和说明、调研者的结论和建议。

1.2.4　课堂活动演练

做出是否接手某儿童游泳馆的决策

背景资料

某经营儿童游泳馆的老板因家中有事,欲将游泳馆转让。该游泳馆地理位置一般,面积大约为50平方米,有儿童游泳用的木桶、热水器、柜式空调、桌椅等资产,转让费为10万元。假设你是一投资商,面对这样一个项目,你愿意接手吗?

演练要求

学生通过调研儿童游泳市场现状,做出是否接手这一游泳馆的决策。在调研的过程中,充分运用所学的知识,为获取相关信息,可以用到哪些调研方法?

演练条件

(1)事先对学生按照5~6人进行分组。

(2)教师帮助学生明确市场营销调研的各种方法。

（3）学生掌握目前儿童游泳市场的信息。

（4）具有可上网的实训室。

● 1.2.5　实例专栏与分析

美国航空公司关于在飞机上向乘客提供电话服务的市场信息搜集活动

美国的航空客运业一直存在着激烈的竞争,美国航空公司虽然是全美最大的航空公司之一,但是也必须为获取优势而不断地提供服务新招来满足航空旅客的需要。为此,管理者们聚在一起出谋划策,其中一位经理建议在离地面 30 000 英尺高度的飞机上向乘客提供电话服务。

针对这一构想,公司展开了市场信息搜集工作。提出此建议的营销部经理先进行了一些初步的市场信息搜集,从一家大型电信公司那里获悉每一航程此项装置的成本约 1 000 美元。如果每次通话收费 25 美元,则每次航程起码要有 40 人利用机上电话,航空公司才能达到盈亏平衡点。接下来,营销部门的任务就是调查旅客对这项新服务的反映。

首先要根据调查目的提出要获取的市场信息的内容。市场信息的内容既不能太宽,也不能太窄,营销人员通过调查,确定要搜集以下市场信息。

（1）乘客在飞机上使用电话的原因是什么?

（2）哪类乘客最有可能在飞行中打电话?

（3）在波音 747 的一次飞行中有多少乘客可能会打电话? 他们受价格的影响程度如何?

（4）此项新服务会吸引多少额外的乘客?

（5）这项服务对公司的长期信誉和形象有多大帮助?

（6）电话服务与其他服务项目相比相对重要性如何?

根据这些问题已大致知道需要哪些信息,并据此确定资料来源。营销调研人员要搜集大量有关航空客运市场的二手资料,这些资料来自民航局的出版物、美国空运协会的图书馆、旅行社等。仅有二手资料显然是不够的,营销部门还必须着手进行一手资料的搜集。接下来要做的就是确定资料搜集方法:观察法——可以派专业人员在机场、航空公司办公室、旅行社等处来回走动,听取旅客的意见;或者搭乘竞争者的班机,观察其机上服务及旅客意见。焦点小组法——选取 6～10 人组成焦点小组,在有经验的访谈主持者引导下讨论有关营销问题。问卷调查法——向居民发放问卷,问及有关问题。实验法——选取实验组和对照组进行实验,在其他变量保持不变的情况下研究某一变量对结果的影响。例如,选取两组航班,保持每次乘客人数相同,只改变电话收费价格,可以假定打电话人数的明显变化是与收费高低相关的。各种方法的成本不同,对总体的代表性也不相同,一般需要综合运用各种方法,才能获得较好效果。

如果采用问卷调查,则必须进行抽样设计,即确定抽样单位、样本大小和抽样方法。营销部门的人员可以在专业调查人员的协助下完成抽样设计。接着便是资料搜集工作的正式展开,这时计算机和电子技术为营销人员带来极大的便利。然后,调查人员对资料进行分析研究,利用先进的统计技术和决策模式,得到有价值的调查结果。最后,营销人员要做的不是将一大堆数字罗列给管理当局,而是需要提出分析报告,将这些数字转化成定性的、描述性的信息,这对决策者来说才更有价值。

下面是美国航空公司经过分析获得的主要结果。

(1) 使用机上电话的主要原因是紧急情况、紧急商业买卖、飞行时差的混乱等,极少有人会在飞机上打电话闲聊天。电话使用者大部分是用报销单的商人。

(2) 大约每200名乘客中有5人愿支付25美元电话费,约12人愿支付15美元;但电话收益(25美元以下,25×5=125(美元);15美元下,15×12=180(美元))都大大低于1 000美元的盈亏平衡点。

(3) 机上电话服务会为每航班多吸引两名乘客,带来650美元纯收入,仍无法达到损益平衡。

(4) 此项服务会加强公众心目中美国航空公司是一个革新性、创造性公司的形象,但公司为此每航程约支付170美元[1 000-(650+15×12)]。

由此看来,在飞机上提供电话服务似乎只增加了成本,而不大会增加长期收入,故在现阶段建议暂不实施飞机上的电话服务项目。

1.3 营销调研问卷的设计

◉ 1.3.1 成果展示与分析

关于芝麻油消费者行为研究的问卷

(受访者尊称)或_____女士/先生:

您好! 我是××大学营销专业的学生,我叫_____(访问者报出自己的姓名)。我们利用暑假开展大学生社会实践活动,正在本地进行一项有关芝麻油购买和消费情况的研究。我们很想听听您和您家人的宝贵意见。

这是一点小礼品(拿出礼品),希望您能喜欢。耽搁您一些时间,可以吗?

SECTION A 甄别问卷

S1 请问,包括您在内,您家中现在有几个家庭成员? _____人[填空]

S2 受访者的实际年龄。[单选]

1. 20 岁以下[终止]	2. 20~25 岁[终止]	3. 26~30 岁
4. 31~35 岁	5. 36~40 岁	6. 41~45 岁
7. 46~50 岁	8. 51~55 岁	9. 56~60 岁
10. 61~65 岁	11. 65 岁以上[终止]	12. 拒答[终止]

S3 受访者性别_____ 1. 男性 2. 女性

S4 请问,您或您的家人是否有人从事以下工作?

1. 广告公司[终止]   2. 市场研究公司[终止]

3. 油脂产品的生产厂家、批发零售机构[终止] 4. 报纸、杂志、电台、电视台[终止]

5. 以上都没有[继续]

S5 请问您在过去的 3 个月内有无接受任何 20 分钟以上的市场研究访问?

1. 有[终止]　　　　　　　　2. 无[继续]

SECTION B　芝麻油购买和消费形态

C1 在您的家里,芝麻油最主要的食用方法有哪些?[多选]

1. 凉拌菜品　　　　　　　　2. 制作各种汤类

3. 炒菜　　　　　　　　　　4. 拌馅料

5. 制作各种点心　　　　　　6. 制作各种调味品

7. 其他_____　　　　　　8. 拒答

C2 请问在最近的 6 个月中,您或您的家人是否购买过芝麻油?[单选]

1. 没有买过　　　　　　　　2. 买过

C3 请问在最近 6 个月中,您或您的家人一般是在哪些地点购买芝麻油?[多选]

1. 社区商店　　　　　2. 便利店　　　　　3. 超市

4. 大商场的量贩卖场　5. 批发市场　　　　6. 粮油店

7. 制油作坊　　　　　8. 其他_____　　9. 拒答

C4 您或您的家人一般每次购买多少芝麻油?[单选]

1. 一小瓶　　　　　　　　　2. 一大瓶

3. 更多_____　　　　　　4. 拒答

C5 请您回答出您比较熟悉的 3 个芝麻油品牌:

品牌 1_____　品牌 2_____　品牌 3_____

C6 您家大约多长时间购买一次芝麻油?[单选]

1. 1 个月　　　2. 2 个月　　　3. 3 个月　　　　4. 4 个月

5. 5 个月　　　6. 6 个月　　　7. 其他_____　8. 拒答

C7a 在选购芝麻油时,您或您家人比较注重产品本身的哪 3 个因素?[多选]

1. 品牌　　　　　　　2. 油料种类　　　　3. 品质纯正

4. 制油工艺　　　　　5. 出产地　　　　　6. 香味

7. 色泽　　　　　　　8. 其他_____　　9. 拒答

C7b 在选购芝麻油时,您或您家人比较关注哪 3 个营销因素?[多选]

1. 购买便利　　　　　2. 价格　　　　　　3. 优惠券

4. 打折　　　　　　　5. 赠品　　　　　　6. 广告

7. 品尝　　　　　　　8. 其他_____　　9. 拒答

C8 您知道下列品牌的芝麻油吗?[多选]

1. 福临门　　　　2. 淘大　　　　3. 李锦记　　　4. 一滴香

5. 太太乐　　　　6. 华康　　　　7. 爱厨　　　　8. 滴滴香

9. 正道　　　　　10. 乡巴佬　　　11. 春芝　　　12. 富味香

13. 金龙鱼　　　14. 口福　　　　15. 鲁花　　　16. 华阳

17. 无品牌散装芝麻油　　　　18. 其他_____　　19. 拒答

C9 您购买过下列品牌的芝麻油吗?[多选]

1. 春芝　　　　　　2. 口福　　　　　3. 鲁花　　　　4. 滴滴香

5. 福临门	6. 淘大	7. 爱厨	8. 一滴香
9. 太太乐	10. 金龙鱼	11. 正道	12. 乡巴佬
13. 华阳	14. 李锦记	15. 华康	16. 富味香
17. 无品牌散装芝麻油 18. 其他_____		19. 拒答	

C10 您如何评价现在市场上销售的芝麻油?

品质优良—品质较好—品质一般—品质低劣

价格偏高—价格适中—价格偏低

没有假货—少量假货—假货多

品牌形象好—品牌形象较好—品牌形象一般—品牌形象差

促销少—促销适中—促销多

食用安全—食用安全度一般—食用不安全

C11 下面是一些有关芝麻油的陈述,您对这些陈述有何评价或持何种态度?

1. 非常不同意　　2. 不同意　　3. 无所谓　　4. 同意　　5. 非常同意　　6. 拒答

( )① 市场上出售的芝麻油品质纯正可靠。

( )② 纯正芝麻油存放 1 年以上也不会变味。

( )③ 应该购买品牌信誉好的芝麻油。

( )④ 我几乎不买芝麻油,因为有朋友给。

( )⑤ 只要品质纯正,价格高的芝麻油也会买。

( )⑥ 芝麻油可有可无,因此很少吃。

( )⑦ 我能区分小磨香油和压榨芝麻油。

( )⑧ 价格高的芝麻油,品质会更好。

( )⑨ 芝麻油用量少,应该买品质有保证的。

( )⑩ 我听说过劣质芝麻油里含有香油精。

( )⑪ 芝麻油中含有芝麻素,对身体健康有益。

( )⑫ 我通常在加工芝麻油的小店里买。

( )⑬ 每斤超过 20 元的芝麻油,我不会购买。

C12 在 8~31 元的整数价格区间内回答下列问题。

在什么价格以下你开始怀疑其产品质量,而不会购买? _____元

在什么样的价格你会认为是便宜而不是劣质产品? _____元

在什么样的价格你会认为是贵,但是却值得购买? _____元

在什么价格以上你会认为价格过高,无论质量再好? _____元

您最可能接受的价格是多少? _____元

SECTION C　基本资料

F1 请问您的婚姻状况属于哪一种?［单选］

1. 未婚　　　　　　2. 已婚无孩子　　　3. 已婚有孩子

4. 离婚　　　　　　5. 丧偶　　　　　　6. 拒答

F2 请问您的受教育程度属于下列哪一种?［单选］

1. 初中及以下　　　　　　2. 高中、中专、技校

3. 成人教育大专或本科　　4. 统招全日制大专　　5. 统招全日制本科

6. 研究生　　　　　　　　7. 拒答

F3 请问您的职业属于下列哪一种？［单选］

1. 政府或社会管理人员　　2. 经理　　　　　　　3. 私营企业主

4. 专业技术人员　　　　　5. 办事员　　　　　　6. 个体工商户

7. 农业劳动者　　　　　　8. 离退休人员　　　　9. 无业、失业或半失业

10. 在校学生　　　　　　 11. 其他_____　　　 12. 拒答

F4 您个人的月收入属于哪一档？［单选］

1. 无收入　　　　　　　　2. 200 元以下　　　　 3. 200～299 元

4. 300～399 元　　　　　 5. 400～499 元　　　　 6. 500～599 元

7. 600～699 元　　　　　 8. 700～799 元　　　　 9. 800～899 元

10. 900～999 元　　　　 11. 1 000～1 199 元　　 12. 1 200～1 399 元

13. 1 400～1 599 元　　　 14. 1 600～1 799 元　　 15. 1 800～1 999 元

16. 2 000～2 199 元　　　 17. 2 200～2 399 元　　 18. 2 400～2 599 元

19. 2 600～2 799 元　　　 20. 2 800～2 999 元　　 21. 3 000～3 499 元

22. 3 500～3 999 元　　　 23. 4 000～4 499 元　　 24. 4 500～4 999 元

25. 5 000～5 999 元　　　 26. 6 000～6 999 元　　 27. 7 000～7 999 元

28. 8 000～8 999 元　　　 29. 9 000 元以上　　　 30. 拒答

F5 您家庭的月收入属于哪一档？［单选］

1. 400 元以下　　　　　　2. 400～599 元　　　　 3. 600～799 元

4. 800～999 元　　　　　 5. 1 000～1 199 元　　 6. 1 200～1 399 元

7. 1 400～1 599 元　　　 8. 1 600～1 799 元　　 9. 1 800～1 999 元

10. 2 000～2 499 元　　　 11. 2 500～2 999 元　　 12. 3 000～3 499 元

13. 3 500～3 999 元　　　 14. 4 000～4 499 元　　 15. 4 500～4 999 元

16. 5 000～5 499 元　　　 17. 5 500～5 999 元　　 18. 6 000～6 999 元

19. 7 000～7 999 元　　　 20. 8 000～8 999 元　　 21. 9 000～9 999 元

22. 10 000～14 999 元　　 23. 15 000～19 999 元　 24. 20 000～24 999 元

25. 25 000～29 999 元　　 26. 30 000 元以上　　　 27. 拒答

该问卷以调查消费者对芝麻油的购买和消费行为为目标，综合运用了各种问卷题目类型，如单项、多项选择题，Likert 量表，语义差别量表等形式，结构较全面和合理，可以作为问卷设计的范例，供营销专业学生设计问卷时参考。

在调查研究中，问卷法是一种最常用的调查方法，而问卷是收集资料的重要工具。问卷质量的优劣，直接影响调查结果的可靠性和有效性。因此，对问卷的设计是营销人员普遍关注的重要问题。

● 1.3.2　任务工作流程

调查问卷又称调查表，是调查者根据一定的调查目的精心设计的一份调查表格，是调查中用于收集资料的一种最为普遍的工具，是一组用于从调查对象处获取信息的格式化的问

题。问卷可以是表格式、卡片式或簿记式。要做好问卷设计工作,应首先把握基本工作原则和问卷结构,再开展具体的设计工作,如图 1-2 所示。

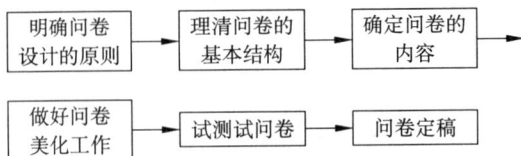

图 1-2　调查问卷设计工作

1.3.3　基本知识和技能

完美的问卷必须具备两项功能,即能将问题传达给被问的人和使被问者乐于回答。要完成这两项功能,问卷设计时应当遵循一定的原则和程序,运用一定的技巧。

1.3.3.1　问卷设计的原则

问卷设计应当遵循以下原则。

(1) 有明确的主题。根据调查主题,从实际出发拟题,问题目的明确,重点突出,没有可有可无的问题。

(2) 结构合理、逻辑性强。问题的排列应有一定的逻辑顺序,符合应答者的思维程序。一般是先易后难、先简后繁、先具体后抽象。

(3) 通俗易懂。问卷应使应答者一目了然,并愿意如实回答。问卷中语气要亲切,符合应答者的理解能力和认识能力,避免使用专业术语。对敏感性问题采取一定的技巧调查,使问卷具有合理性和可答性,避免主观性和暗示性,以免答案失真。

(4) 控制问卷的长度。回答问卷的时间控制在 20 分钟左右,问卷中既不浪费一个问句,也不遗漏一个问句。

(5) 便于资料的校验、整理和统计。

1.3.3.2　问卷的基本结构

问卷的基本结构一般包括 7 个部分,即标题、说明信、调查内容、分类信息、结束语、调查作业记载和编码。其中调查内容是问卷的核心部分。

(1) 标题。问卷要有一个标题,以表明这份问卷的调查目的是什么。

(2) 说明信。说明信是调查者向被调查者写的简短信,主要说明调查的目的、意义、选择方法以及填答说明等,一般放在问卷的开头。说明信要强调为调查者保密,不会花太多的时间,如有礼品也要在此说明。

(3) 调查内容。问卷的调查内容主要包括各类问题,问题的回答方式及其指导语,这是调查问卷的主体,也是问卷设计的主要内容。

问卷中的问答题,可分为开放式、封闭式和混合式三大类。开放式问答题只提问题,不给具体答案,要求被调查者根据自己的实际情况自由作答;封闭式问答题则既提问题,又给出若干答案,被调查者只需在选中的答案中打"√"即可;混合式问答题又称半封闭问答题,是在采用封闭型问答题的同时,最后再附上一项开放式问题。

至于指导语,也就是填答说明,用来指导被调查者如何填写问卷的,主要是指导被调查者填答问题的各种解释和说明。

(4)分类信息。分类信息也称调查对象的背景资料。当以个人为调查对象时,分类信息涉及性别、年龄、民族、文化程度、职业、收入、所在地等项目;当以家庭为调查对象时,分类信息包括家庭人口数量、收入、家庭成员及其关系等项目。分类信息主要用来从总体上了解研究对象的基本情况和分布,并通过分类分组、频数分布、交叉分析等,提供市场细分的数据。

(5)结束语。结束语一般放在问卷的最后面,用来简短地对被调查者的合作表示感谢,也可征询被调查者对问卷设计和问卷调查本身的看法和感受。

(6)调查作业记载。涉及调查、审核、录入等环节的作业记载,它是为了明确责任,对调查进程的各个步骤加以控制而专门设计的。

(7)编码。编码一般应用于大规模的问卷调查中。因为在大规模问卷调查中,调查资料的统计汇总工作十分繁重,借助于编码技术和计算机,则可大大简化这一工作。

编码是将调查问卷中的调查项目以及备选答案给予统一设计的代码。编码既可以在问卷设计的同时就设计好,也可以等调查工作完成以后再进行。前者称为预编码,后者称为后编码。在实际调查中,常采用预编码。

1.3.3.3 问卷设计的过程

问卷设计的过程一般包括以下几大步骤。

1. 确定所需信息

问卷的设计目的是弄清楚到底要从每个被调查者那里收集到什么信息。这一阶段,如果判断力欠佳或缺乏缜密思维,要么意味着调查结果与调研目的无关,要么意味着结果不完整,这样会严重削弱调查的价值。因此,调研人员必须明确"我们将来要怎样使用这条信息?"还要预见到将来要进行的具体分析有哪些。这就要求提出明确的调研目标,尽可能完整地描述决策者信息,以及调研的范围等。

2. 确定问卷的类型

影响问卷选择的因素很多,而且研究课题不同,调查项目不同,主导制约因素也不一样。在确定问卷类型时,必须先综合考虑相应的制约因素,如调研费用、时效性要求、被调查对象、调查内容,从而确定是邮寄式问卷、报刊式问卷、人员访问式问卷或者其他类型。

3. 确定问题的内容

确定问题的内容似乎是一个比较简单的问题。然而事实上不然,这其中还涉及一个个体的差异性问题,也许在你认为容易的问题在他人却是困难的问题;在你认为熟悉的问题在他人却是生疏的问题。因此,确定问题的内容,最好与被调查对象联系起来,分析被调查者群体。

4. 确定问题的类型

问题的类型主要分为 5 种:自由问答题、两项选择题、多项选择题、顺位式问答题和量表,其中后四类均可以称为封闭式问题。

(1)自由问答题也称开放式问答题,只提问题,不给具体答案,要求被调查者根据自身实际情况自由作答。如:你的职业是什么? 自由问答题的主要优点是其对答案的倾向性影响较小,并且被调查者的观点不受限制,便于深入了解被调查者的建设性意见、态度、需求问题等。该方式的主要缺点是访谈人员的偏见较高,无论逐字地记录回答还是只写下要点,所得的数据都取决于访谈人员的技术;其另一个缺点是难于编码和统计,而且调查对象往往在写的时候比说的时候更为简略。

(2)两项选择题只有两个答案选项,如"是"与"否"、"有"与"没有"、"同意"或"反对"等。经常也用一个中立的选项来对两个选项进行补充,比如"没有意见"、"不知道"、"都是"或"都不是"等。

两项问题设计的关键是是否包括一个中立的答案选项,如果不包括,调查者将被迫在"是"与"否"之间选择,即使他们认为无所谓。另一方面,如果包括了一个中立的选项,调查对象可以避免在这一问题上持有立场,因而使结果产生了偏差。因此,如果预计有大比例的调查对象是中立的,就包括一个中立的选项;如果预计中立的调查对象比例很小,就避免有中立的选项。

两项选择题的优点是简单明了,最容易编码和分析;缺点是所获信息量太小,两种极端的回答类型有时往往难以了解和分析被调查者群体中客观存在的不同态度层次。

(3)多项选择题是调研人员提供答案的选项,要求调查对象在选项中选出一个或多个答案。它是各种调查问卷中采用最多的一种问题类型。

答案选项应该包括所有可能的选择。通常的原则是列出所有重要的选项,并且包括一个"其他(请详细说明)"的选项,答案选项之间应该互不重叠。

多项选择题的优点是便于回答,数据的编码和处理所需的成本和时间较少;缺点主要是问题提供答案的排列次序可能引起偏见。因此在设计多项选择题时,还要注意顺序或位置偏差的问题。顺序或位置偏差指的是调查对象仅仅因为一个选项占据了某一位置,或者以某一顺序列出就在上面打钩的倾向。调查对象往往在一列中的第一个或最后一个陈述上打钩,尤其是第一个。对于一列数字(数量或价格)而言,通常会偏向于中间的数值。为了控制顺序偏差,应该准备几种问卷表格,各表格之间选项列出的顺序各不相同,每一选项应该在每个极端位置上出现一次,在中间位置出现一次,在其他位置上出现一次。

(4)顺位式问答题又称序列式问答题,是在多项选择的基础上,要求被调查者对询问的问题答案,按自己认为的重要程度和喜欢程度顺位排列。

(5)量表又称标度、计量,涉及产生一个将被测物体定位的连续统一体。如"对百货商店的态度"这一特性来设计一个定位消费者的量表。每个消费者被分配给一个序号,表示一种不喜爱的态度(用 1 测量)、一种中性的态度(用 2 测量),或者一种喜爱的态度(用 3 测量)。常用的量表主要有 Likert 量表和语义差别量表等。

Likert 量表项目有 5 个反应类别,从"强烈反对"、"反对"、"既不同意也不反对"、"同意"到"强烈赞成"。其优点是易于理解,适用于邮件访谈、电话访谈或人员访谈;缺点是花费时间较长,因为被调查者必须阅读每个陈述。

语义差别量表是一个 7 级评分量表,两端由极端的词组构成。如在评价某百货商店时,可以用此方法描述。

　　不可信的：____；____；____；____。可信的：____；____；____；____。

　　冰冷的：____；____；____；____。温暖的：____；____；____；____。

　　在现实的调查问卷中，往往是几种类型的问题同时存在，单纯采用一种类型问题的问卷并不多见。

5. 确定问题的措辞

　　问题措辞指的是将想要问的问题的内容和结构，翻译成调查对象可以清楚而轻松地理解的用语。确定措辞可能是设计一张问卷时最关键的，同时也是最困难的任务。很多人可能不太重视问题的措辞，而把主要精力集中在问卷设计的其他方面，这样做的结果有可能降低问卷的质量或遭到拒答。为了避免这些问题，在措辞方面，我们提供的指导方针是：问题的陈述应尽量简洁，使用通俗易懂的语言，避免提带有双重或多重含义的问题，避免诱导性问题，避免隐含选择，避免推论和估计，避免隐含假设，避免带有否定含义的问题。

─ **同步实务 1-2** ─

判断问卷问题的可行性

　　在对购买轿车的消费者进行调查时，如果想了解其对购买进口轿车的看法，这样提问可以吗？

　　"如果购买进口轿车会使中国的工人失业，您认为爱国的中国人应该购买进口轿车吗？"

　　应该_____不应该_____不知道_____

　　业务分析：结合问卷设计过程中"确定问题的措辞"这一项，应避免诱导性问题的出现。

　　业务程序：如果这样问会诱导大多数调查对象选择"不应该"的回答。毕竟，爱国的中国人怎么能让中国工人失业呢？因此，这个问题对确定中国人在进口轿车和国产轿车之间的偏好没有帮助，应做修改。

　　业务说明：为避免诱导性问题对问卷提供信息所带来的误差，应将这一问题重新设计为：

　　您认为中国人应该购买进口轿车吗？

　　应该_____不应该_____不知道_____

6. 确定问题的顺序

　　问卷中的问题应遵循一定的排列次序，问题的排列次序会影响被调查者的兴趣、情绪，进而影响其合作积极性。所以一份好的问卷应对问题的排列做出精心的设计。

　　问卷的开头部分应该有趣、简单，给被调查者一种轻松、愉快的感觉，以便于他们继续答下去。询问调查对象的观点是很好的开头问题，因为大多数人喜欢表达他们的观点。如在对百货商店项目的调查中，第一个问题是"您家中谁到百货商店中购物最多"。中间部分最好安排一些核心问题，即调查者需要掌握的资料，这一部分是问卷的核心部分，应该妥善安排。困难的或者敏感的、复杂的、无趣的问题应该放在靠后的位置,以减少被调查者的抵触心理。结尾部分可以安排一些背景资料,如职业、年龄、收入等。个人背景资料虽然也属事实性问题,也十分容易回答,但有些问题,诸如收入、年龄等同样属于敏感性问题,因此一般安排在末尾部分。当然在不涉及敏感性问题的情况下也可将背景资料安排在开头部分。并且,要注意问题的逻辑顺序,即使打破上述规则,有逻辑顺序的问题一定要按逻辑顺序排列。

7. 问卷的排版和布局

问卷的设计工作基本完成之后,便要着手问卷的排版和布局。问卷排版和布局总的要求是整齐、美观,便于阅读、作答和统计。

8. 问卷的试测试

问卷的初稿设计工作完毕之后,不要急于投入使用,特别是一些大规模的问卷调查,应先组织问卷的试测试,即为了识别并消除可能存在的问题,对一个小样本的调查对象进行问卷的测试。问卷的所有方面都应该经过测试,包括问题的内容、措辞、顺序、排版和布局、问题难度以及指示说明。如果第一次测试后有很大的改动,可以考虑是否有必要组织第二次测试。

9. 问卷的定稿

当问卷的试测试工作完成,确定没有必要再进一步修改后,可以考虑定稿。问卷定稿后就可以交付打印,正式投入使用。

10. 问卷的评价

问卷的评价实际上是对问卷的设计质量进行一次总体性评估。对问卷进行评价的方法很多,包括专家评价、上级评价、被调查者评价等。

(1)专家评价一般侧重于技术性方面,比如对问卷设计的整体结构、问题的表述、问卷的版式风格等方面进行评价。

(2)上级评价则侧重于政治性方面,比如在政治方向方面、在舆论导向方面、可能对群众造成的影响等方面进行评价。

(3)被调查者评价可以采取两种方式:一种方式是在调查工作完成以后再组织一些被调查者进行事后性评价;另一种方式则是调查工作与评价工作同步进行,即在调查问卷的结束语部分安排几个反馈性题目,比如,"您觉得这份调查表设计得如何?"

● 1.3.4 课堂活动演练

设计某果汁饮料的市场调查问卷

背景资料

某消费品公司的营销经理发现公司经营的一种果汁饮料销售出现了下滑,这让他很头痛。他想通过消费者问卷调查的方式收集一些信息,用来制定营销决策,改善公司目前这种不良的销售状况。现在,请你来为他设计该营销调研的调查问卷。

演练要求

(1)根据背景资料,设计一份完整的调查问卷。

（2）要求问卷结构规范、内容完整，便于进行营销 4Ps 决策。

（3）教师对各问卷做出点评修改，小组间交流并完善。

演练条件

（1）事先对学生按照 5～6 人进行分组。

（2）学生可自由选择具体的某一果汁饮料，并收集所选消费品的相关信息。

（3）教师帮助学生明确市场调查问卷的类型、基本结构及设计步骤。

（4）具有可上网的实训室。

● 1.3.5 实例专栏与分析

关于水果消费情况的调查

亲爱的先生/女士，我们是×××水果卖场的销售员，为了更好地制订水果卖场的营销计划，我们希望通过这次调查了解水果市场的消费状况。我们采取问卷调查方式，您被抽选为调查对象，希望您能真实反映情况，谢谢您的配合！

（本次问卷如无特别注明，均为单选，请将您认为合适的选项填在题后的小括号中）

1. 您喜欢吃水果吗？（　　）

    A. 喜欢　　　　　B. 还行　　　　　C. 不喜欢

2. 您喜欢在什么季节吃水果？（　　）（多选）

    A. 春天　　　　　B. 夏天　　　　　C. 秋天　　　　　D. 冬天

3. 您经常购买的水果是（请在下面的空白处写出）

_____

4. 您认为吃水果有哪些好处？（　　）（多选）

    A. 有益健康　　B. 可以美容　　C. 解渴　　　D. 可以解馋　　E. 其他

5. 您在购买水果时注重的是（　　）。（多选）

    A. 新鲜度　　　B. 价格　　　　C. 个人喜好　　D. 营养价值　　E. 其他

6. 您喜欢哪种类型的水果吃法？（　　）（多选）

    A. 鲜榨果汁　　B. 水果沙拉　　C. 直接食用　　D. 水果拼盘

7. 您一般会去什么地方购买水果？（　　）（多选）

    A. 校外超市　　B. 流动摊点　　C. 菜市场　　　D. 其他

8. 您购买水果的频率是（　　）。

    A. 1～2 天　　　B. 3～4 天　　　C. 一个星期

    D. 一个星期以上　　　　　　　E. 吃完就买

9. 您每次购买水果的大概消费额是（　　）。

    A. 3 元以下　　B. 3～6 元　　C. 6～10 元　　D. 10 元以上

10. 您认为水果的价格应该（　　）。

    A. 便宜实惠　　　　　　　B. 合理适中，新鲜为宜

    C. 较高，勉强接受　　　　D. 其他

11. 您觉得市场上水果在哪些方面不满足您的要求？（　　）

    A. 价格　　　B. 新鲜程度　　C. 方便程度　　D. 其他

12. 您在哪些方面对水果销售服务最不满意?(　　)(多选)

　　A. 品种偏少　　B. 价格太贵　　C. 水果不够新鲜

　　D. 缺斤短两　　E. 购买不方便

13. 您能接受的鲜榨果汁价格是(　　)。

　　A. 1~2 元　　B. 2~3 元　　C. 3 元以上

14. 您吃过水果沙拉吗?(　　)

　　A. 吃过　　　　B. 没吃过

15. 您觉得水果沙拉的味道如何?(　　)

　　A. 好吃　　　B. 普通,一般般　C. 不好吃　　　D. 不清楚

16. 您觉得水果沙拉与其他食品的区别在哪?(　　)

　　A. 营养健康　　　　　　　B. 一次可以吃到多种水果

　　C. 组合变化多样　　　　　D. 好看　　　E. 其他

17. 您希望在水果沙拉中加入什么?(　　)(多选)

　　A. 蜂蜜　　　B. 牛奶　　　C. 酸奶　　　D. 果酱

　　E. 葡萄干　　F. 花生碎　　G. 其他

18. 您能接受什么价位的水果沙拉?(　　)

　　A. 1.5~2.5 元　　　　　　B. 2.5~3.5 元

　　C. 3.5~4.5 元　　　　　　D. 4.5 元以上

19. 如果您想吃水果沙拉,您会(　　)。

　　A. 买水果自己回寝室做　　　B. 买现成的　　　C. 无所谓

非常感谢您在百忙之中抽出宝贵的时间,参加我们的问卷调查活动,祝您在今后的工作生活中,心情愉快! 步步高升!

调查部门:×××

2013 年 11 月

1.4　营销调研报告的撰写

1.4.1　成果展示与分析

消费者对芝麻油的购买和消费行为调查报告

1. 调查设计

　　本次调研开展于 2006 年,利用学生暑假及"十一"长假期间,采用随机抽样、定额抽样以及入户访问相结合的方式展开问卷调查。此次调查由工商学院在校本科生协助完成,共发放调查问卷 2 400 份,收回问卷 2 200 份,其中有效问卷 1 659 份,问卷有效率达 75.4%。这是由于问卷题量偏大,部分受访者不能有效完成问卷,给问卷结果的分析带来了一定的影响。调查范围涉及城乡、农村;河南省内各地市,以及安徽、山西、陕西、河北、山东、云南等省部分地区;以郑州市为主(占到 45.5%),向周边地区辐射,整个河南省占到总调查对象的92%,调查范围较广,具有一定的代表性。

2. 芝麻油的购买和消费行为特征

（1）芝麻油购买者群体分类

一般而言，目前烹饪油的购买群体按家庭类型主要有以下几类：单身家庭只有本人去购买；新婚家庭中的男性和女性；有子女家庭中女性购买较多，男性有时也参与购买活动；子女已成家的两代家庭或子女已分离出去的家庭中，女性为主要购买者，男性很少参与；30～60岁的女性是食用油的主要购买群体。这几类购买者同时也是芝麻油的决策者和购买者。

（2）芝麻油的使用量

经过对调查数据的分析，由消费者通常购买食用油的间隔时间平均，得出消费者的平均购买周期为4.8个月，而由每次购买量的平均可以得出平均购买量为1.4斤，进而可以计算出消费者家庭每月对芝麻油的消费量为0.29斤左右。有关数据显示，中国人均年食用油消费量将近20斤，按每个家庭三口人计算，每个家庭食用油每月的消费量为5斤左右，由此得出芝麻油与食用油消费比率＝5/0.29＝17.24。

（3）芝麻油的使用方法特征

消费者对芝麻油常用的使用方式是凉拌菜品和制作汤类，所占比例分别为90.8%和58.2%；其他两种主要使用方式为拌馅料和制作调味品，所占比例分别达到了51.2%和30%。用芝麻油来炒菜的受访者所占比例也不小，达到了20.1%，而且多以农村受访者为主，他们多为自给自足型，如图1-3所示。据调查，目前知道芝麻油可以用来炒菜的人还很少。

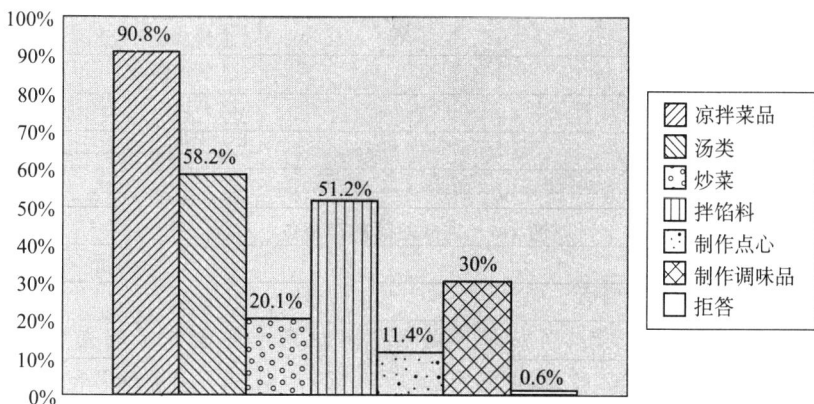

图 1-3 芝麻油的主要使用方法

（4）芝麻油的购买率

图1-4为被调查者6个月来芝麻油购买情况统计结果。有79%的受访者在最近6个月购买过芝麻油，有18%的受访者未购买过。在对不购买者的追问中，回答有以下几种：自制、从老家带、单位发和别人送。这与河南省是油料作物加工和生产大省有很大关系，同时也有芝麻油平均消费量低的原因，有的消费者两次购买之间的时间间隔很长，甚至达到一年。

（5）芝麻油的购买地点特征

如图1-5所示，在芝麻油的销售终端中，超市仍然是消费者的首选，选择率达到51.5%，其次是粮油店，选择率达30%，排名第三的是便利店24.1%，与食用油购买地

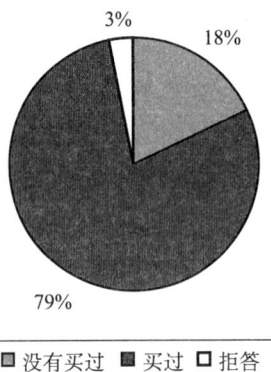

图 1-4　芝麻油的购买情况

点的分布呈现出不同的局面。这与当前无品牌自制散装芝麻油仍占据相当大的市场份额是相联系的。

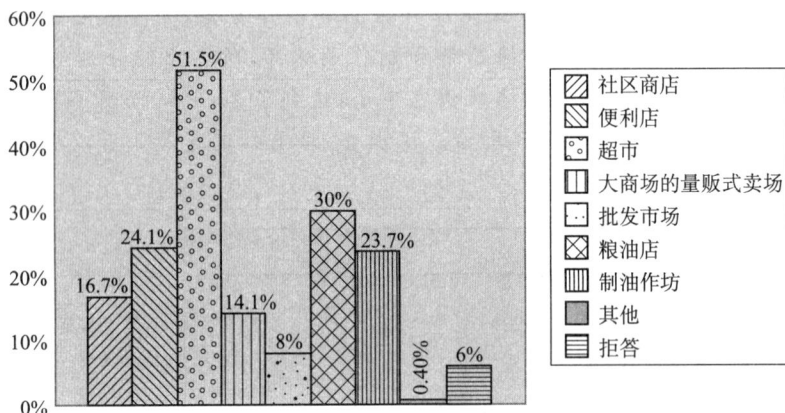

图 1-5　芝麻油的购买地点

（6）影响芝麻油的购买因素

在芝麻油的购买因素方面,仍然将产品和营销这两个方面作为调查重点。如图 1-6 所示,从总体上看,消费者比较注重芝麻油产品"品质纯正"、"香味"和"油料种类"这 3 个方面的因素,而男性则更注重品牌,这与男性与女性之间的购物习惯差别有一定关系,男性在产品质量分辨上的能力要弱于女性,所以一般从品牌的好坏来判断产品质量的高低。

在芝麻油的营销方面,消费者注重"价格"、"购买便利"和"品尝"这 3 个因素,而广告所占的比重也较大,达到了 24.7%,如图 1-7 所示。在前 3 个因素具备的条件下,做好广告宣传,扩大产品知名度,是商家在做促销时不可忽视的一个重要方面。

（7）芝麻油市场的产品品牌现状

在问卷中对各个品牌知名度也进行了调查,一共列出了消费者通常能接触到的 17 个品牌,调查消费者的品牌接触情况。

如图 1-8 所示,在给出的选项中,排名依次为福临门、金龙鱼、鲁花、一滴香、散装无品牌油、滴滴香,接下来是太太乐、爱厨、春芝和口福。在芝麻油市场出现一种与食用油

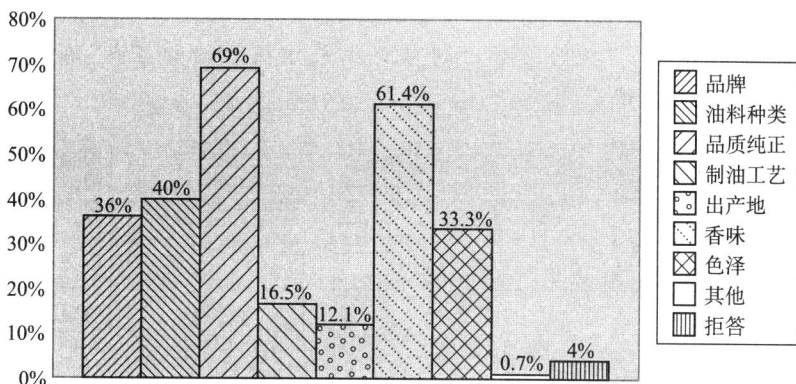

图 1-6　影响芝麻油购买的产品因素

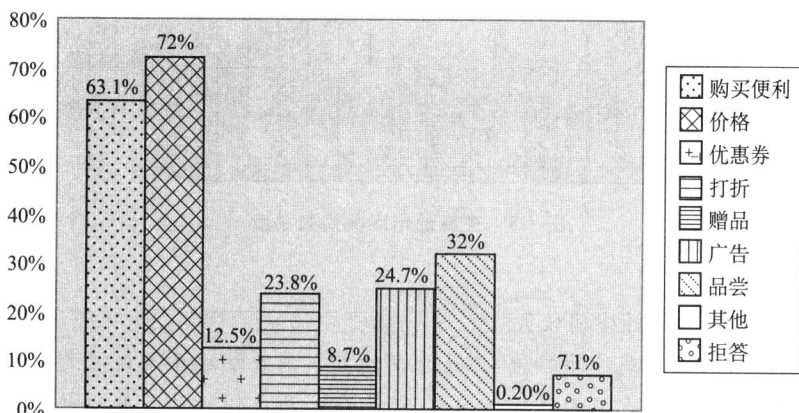

图 1-7　影响芝麻油购买的营销因素

市场情况相似的情况,三大食用油品牌的知名度依然很高,但我们也看到,随后的一滴香、滴滴香、春芝等品牌均为郑州的地方性品牌,另外还有散装无品牌香油,所占的比重也较大。

但是,在购买率上,排名则出现了变化,依次为无品牌散装油、一滴香、滴滴香和金龙鱼并列第三,接下来是李锦记、爱厨、福临门和鲁花。在芝麻油市场出现一种与食用油市场情况截然不同的情况,鲁花、福临门和金龙鱼三大食用油厂商的影响力并不强,反而是一些无品牌产品和地方性小品牌在占据市场,但是包括无品牌产品在内,芝麻油市场上仍然缺少主导性品牌产品。这与我们调查中问到"选购芝麻油时,面对品牌和价格,你更注重哪一个?"时,除了70%的拒答者,有17.5%的人选择了价格。可见,面对品牌,价格更有说服力。

(8) 有关生轧芝麻油的调查

在此次调查中,我们曾让受访者谈谈对"生轧芝麻油"的看法或想法。通过调查,发现仅有极少数的受访者听说过这种油,部分受访者认为:"人们购买芝麻油就是因为它有独特的香味,在烹饪菜肴时用来提香的,没有香味的芝麻油生产成本高,又不实用,如果没有香味,用来炒菜,还不如用其他食用油,人们感到更安全可靠,由于缺乏了解,不愿尝试。"也有人认为:"生轧芝麻油由于采用低温炒制,可以保留其中的一些营养物质,更有益健康,只要价格合理,品质好,愿意尝试使用。"还有一些受访者谈道:"一般不买陌生品牌的食用油。""我们没有看到电视上关于这种油的宣传,在超市也没有见过,如果看到则可能会尝试。"

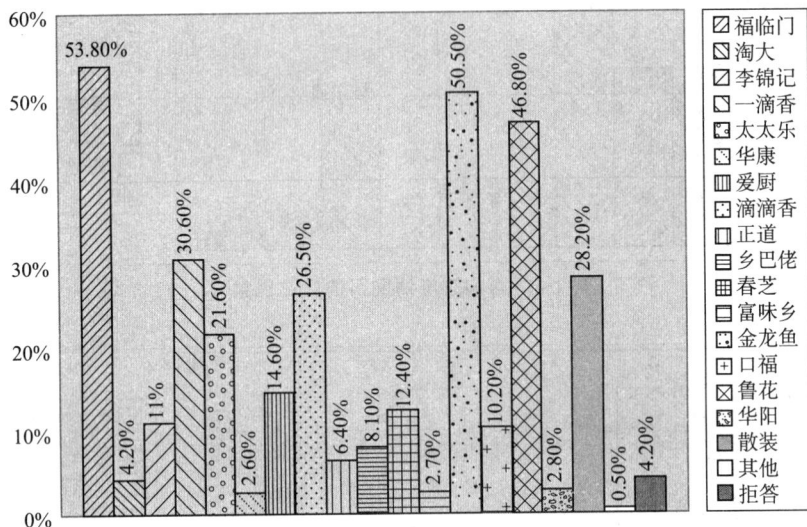

图 1-8　芝麻油市场品牌知名度

3. 结论

(1) 芝麻油的市场提升空间较大

虽然市场上存在大量芝麻油品牌,但是食用油整体消费量逐年呈递增趋势,多数消费者认为当前市场上对芝麻油产品的品牌认同度不高,各厂商促销活动开展的也较少,相当一部分消费者对现有品牌产品的质量产品也表示担心,芝麻油企业的市场提升空间仍然很大。企业应加强产品的品牌建设,选择合适的定位,采取有针对性的营销策略,以占领市场。

(2) 生轧芝麻油有一定的市场潜力

广大消费者对生轧芝麻油缺乏了解,不太接受这种产品,但部分年轻消费者求新意识较强,通过适当的引导,他们能够接受用生轧芝麻油做烹饪油的观点。并且,随着人们生活水平的提高,老年人也更加注重健康,通过适当的媒介进行宣传,结合有效的营销策略,生轧芝麻油还是有一定的市场潜力的。

4. 不足之处

(1) 调查对象的范围有待扩大

由于时间有限,调查对象除了家庭个人消费者外,未对芝麻油消耗量较大的饭店、餐馆等作为研究对象,相信餐饮业对芝麻油的需求量一定很大,芝麻油的市场潜力还是很大的。

(2) 数据的统计方面有待改进

由于研究方法和变量的选择,可能会导致研究结果中出现各种偏差。报告在数据的统计分析上还有待进一步的改进。

(3) 研究方法上有待探讨

本文只是对调查数据进行了一定的量化分析,还缺乏对消费者行为方面的定性分析,希望能够找到合适的研究方法,建立一定的数学模型,对消费者行为进行更深层次的定性研究。

以上是有关消费者对芝麻油的购买和消费行为的调研报告。它通过对问卷数据的整理分析,以图表的方式清晰地展现出各选项所占的百分比状况,从中总结出了消费者对芝麻油购买和消费行为的特点。在对生轧芝麻油的讨论中,使用了开放式的提问方式,也获得了一些对企业来说有价值的信息,为从事芝麻油生产经营的企业提出了一些建议。

1.4.2　任务工作流程

调研报告是整个调查工作,包括计划、实施、收集、整理等一系列过程的总结,是研究人员劳动与智慧的结晶。它是一种沟通、交流形式,其目的是将调研结果、战略性的建议以及其他结果传递给管理人员或其他担任专门职务的营销人员。做好调研报告的撰写的工作有如下步骤。

第一步　做好分析调研数据的准备工作;

第二步　展开调研资料的分析;

第三步　明确调研报告的基本格式;

第四步　撰写调研报告;

第五步　修改并完善调研报告。

1.4.3　基本知识和技能

1.4.3.1　营销调研资料的分析

1. 为分析做好数据上的准备

数据准备过程主要包括以下5个步骤。

(1)检查问卷的可用性。数据准备过程的第一步是检查问卷的可用性,检查所有问卷填写的完整性和数据质量,通常这种检查应该在现场实施过程中进行。现场收回的调查问卷可能出现的问题主要是:问卷的某些部分填写不完整;调查对象的回答表明他没有弄清楚问题的含义或没有阅读说明,如有些问题他不必回答但回答了;调查对象的回答差异性不大;返回的问卷本身丢失了几页;问卷回收超过了时限;问卷填写人不符合调查要求。如果出现上述抽样问卷没有满足要求的情况,则应该在数据编辑之前采取适当的行动,如进行额外的调查等。

(2)数据编辑。数据编辑是为了提高问卷数据的准确性和精确性而进行的再检查,目的是筛选出问卷中看不清、不完整、不一致或模棱两可的答案。如果问卷记录不佳,就会导致一些答案字迹模糊,尤其是当问卷中有大量非结构性问题时很容易发生这种状况。要想对数据进行正确的编码,首先数据必须十分清晰。同样,问卷也可能存在不同程度的不合格性,一些问题可能没有得到回答。

(3)处理不合格问卷。对于不合格的问卷,可以采取以下措施:返回现场,由访谈人员与调查对象重新联系。这种方法适合样本容量比较小,调查对象比较容易确认的情况。如果无法把问卷返回调查现场,编辑人员也可以考虑填补不合格问卷中的缺失值。这种方法适用于：有缺失值的问卷较少，每份有缺失值的问卷中缺失值所占的比例较小，有缺失值的变量不是关键变量。当不合格问卷比例小时(不超过10%)，抽样数量很大，每份不合格问卷中不合格答案所占比重较大时，或关键变量值缺失时，可以考虑丢弃不合格问卷。

(4) 数据编码。数据编码是为每个问题的每种可能的答案分配一个代码，通常是一个数字。代码包括所占的栏数和位置(字段)。例如，调查对象性别的编码可能是女为1，男为2，字段就是1栏，代表性别。一个记录由一些相关的字段组成，比如性别、婚姻状况、年龄、家庭成员、职业等。有关调查对象的人口统计特征和个性特征的数据可能都包含在一条记录中。如果问卷中全部都是结构性问题，或者非结构性问题很少，那么实际上问卷本身已经预告编码了。如果问卷中包含非结构性问题，则编码要在问卷回收之后进行。

(5) 数据转录。数据转录涉及通过键盘录入把编码数据从问卷或转录纸转移到磁盘或计算机内。

2. 营销调研资料的分析

准备好数据之后，数据分析的第一步通常是分析每个问题或测量指标本身。这项工作可以通过数据的制表来完成，制表只是要数出各个答复类别里含有多少个个案。接下来，要对数据进行交叉制表，弄清两个(通常情况下)名义变量之间是否存在关联关系。另外，还可以借助统计技术更进一步地分析各变量存在的各种关系，为进一步分析问题提供依据。

(1) 频率分布

频率分布报告的只是每个问题收到的答复有多少个，这是确定变量经验分布的最简单的方法。频率分布能把数据组织成各个档，即取值的分组，并且表示出数据集里的观察值落入各档的分别有多少个。常用的表现频率分布的方法有两种：一种是各种答复类别的百分比细目分类，百分比往往比实际数字更容易解释(由于四舍五入的关系，百分比的总和不是100%)；另一种方法是视觉柱状图表示法，称为"直方图"。频率分布情况可使用Excel等电子表格类软件来帮助处理。

描述性统计量指的是通常与频率分布相联系的统计量，它有助于总结频率表里显示的信息。常用的统计量为均值和百分比：样本均值就是平均数，即对该问题的答复的总和除以样本容量；百分比指的是对问题提供了某种特定回答的人所占比例乘以100%。

(2) 交叉制表

研究两个或两个以上变量间关系时使用的统计分析技术称为交叉制表。这种技术又称交叉分类和列联表分析。采用交叉制表法时，样本要被分为若干组，以便了解不同组的因变量有何不同。

(3) 统计技术的使用

统计技术可以分为单变量和多变量分析技术。单元统计技术适用于样本中每个元素都是单一衡量尺度的情况，或者每个元素有多种衡量尺度，但每个变量单独做分析时。多元统计技术则适用于分析每个元素有多种衡量尺度以及同时分析多个变量时。

在计算机技术日益发展的今天，市场上提供了大量功能齐全的计算软件，使得数据分析变得更加简单、方便。统计分析类软件有SPSS、TSP和STATA3等。

1.4.3.2　营销调研报告的撰写

在对市场调研的资料进行整理和分析后,下一步就是写出调研报告供委托者或企业领导者作为决策的参考。营销调研报告的撰写是营销调研过程中的重要组成部分,调研报告撰写的内容、质量,决定了企业领导据此决策行事的有效程度。

1. 营销调研报告的格式

营销调研报告的格式主要包括 3 个部分:前言部分、主体部分和结尾部分。

(1) 前言部分

① 封面。封面应包括调研报告的题目,调研人员或组织的相关信息(姓名、地址和电话)、营销调研单位的名字和报告完成日期。报告的题目应指明调研项目的性质。

② 目录。目录将营销调研报告的内容大纲按其出现的情况准确列出,并标明其出现的页码。在许多报告中除了内容目录,紧随其后还会有表目录、图目录、附件目录和展示目录。这些都是为了方便决策者找出调研报告中各种信息的具体位置。

③ 委托信。委托信是客户在调研项目正式开始之前写给调研人员或机构的。它具体表明了客户对调研的总体安排与要求。

④ 摘要。摘要是调研报告中极其重要的部分,因为高层管理人员通常只阅读报告的这一部分。它是整个营销调研报告的"骨架",是营销调研中最有用信息的综合,应尽可能精确地表述,篇幅不宜过长。摘要部分主要包括调研的对象、调研的范围、调研的方法、调研的结论和建议等内容。

(2) 主体部分

主体部分可以说是一篇完整的市场调研报告,应依据调查内容充分展开,是营销调研报告中篇幅最长的部分,具体包括以下 7 个主要部分。

① 调研问题。该部分提供有关所调研的问题的背景,强调与决策者和行业专家进行的讨论,并讨论二手数据分析和定性分析的结果及被考虑的各个因素。另外,该部分还应清楚地阐述管理层进行决策的问题和营销调研问题。

② 调研方法。该部分应讨论解决所调研问题的概括性方法,还应包括对指导这一研究的理论基础、所采用的分析模型、研究问题、研究假设和影响研究设计的因素的描述。

③ 调研设计。该部分应详尽说明研究是如何进行的。它包括所采用的调研设计的性质、所需的信息、二手数据和原始资料收集、量表技术、问卷设计和试填、抽样技术和实地调研。应尽量采用一种非技术的、易于理解的方式阐述这些问题,技术性的细节可包含在附录中。该部分应证实所选择的特定方法是合理的。

④ 数据分析。该部分应描述数据分析方案并证实所采用的数据分析策略和技术是合理的。应使用简单、非技术性的语言对数据分析技术进行描述,可运用一些可视图来有效地表达数据资料,清晰、简洁地表述报告所要传达的信息。一般可视图包括表格、饼形图、线形图、柱状图,以及流程图等。

⑤ 研究结果。该部分通常是一个报告中最长的部分,可能由几章组成。

⑥ 研究局限和忠告。由于时间、预算和其他组织约束,所有的营销调研项目都带有一些局限性。另外,研究设计可能由于各种误差的存在而有所局限,有些误差可能是很严重

的,必须加以讨论。

⑦ 结论和建议。研究者应根据所研究的问题,利用研究结果得出主要的结论,并在研究结果和结论的基础上,向决策制定者提出建议。

（3）结尾部分

结尾部分又称附件。市场调查报告的附件往往较多,用以专门地说明某一个技术性问题,包括读者进一步研读所需要的,但对报告数据并非必要的附加信息,如表格、图形、附加读物、技术性描述、数据收集表、统计资料原稿、访问者约会记录、参考资料目录等。该部分由附录组成,并列入目录中。

2. 撰写调研报告需要注意的问题

（1）读者。调研报告应该写给特定的读者,即那些使用研究结果的营销管理者。应该考虑读者的技术水平,他们对调研项目的兴趣,他们在什么情况下阅读报告,以及他们如何使用报告。

（2）调研报告要易于理解。报告应该在结构上具有逻辑性并且叙述清楚,所使用的语言应该正好能够表达研究者希望传达的东西,避免晦涩的词语、术语和陈词滥调。

（3）调研报告要客观、准确。客观是指导报告撰写的重要准则,其所用数据必须真实可靠。报告应准确地叙述调研项目所采用的方法、研究结果和结论,不应该歪曲研究结果以迎合管理层的期望。

（4）用图表来加强正文。用图、表和其他视觉工具来加强正文中的关键信息是非常重要的。它们可以在很大程度上促进信息的传达并提高报告的明晰度和影响力。

（5）调研报告要简洁。报告要简明扼要,突出重点,任何不必要的东西都应该去掉,但是报告的简要性不应该以损害报告的完整性为代价。

1.4.4 课堂活动演练

撰写某果汁饮料的市场调查报告

背景资料

生产某种消费品的公司的营销经理发现产品销售出现了下滑,他想通过消费者问卷调查的方式收集一些信息,用来制定营销决策,改善公司目前这种不良的销售状况。现在,请你根据1.3中设计的调查问卷开展调查,并撰写调查报告。

演练要求

（1）根据1.3的要求,确定调查对象,运用所设计的调查问卷开展调查。

（2）对回收的问卷进行整理分析,撰写一份调查报告,为公司决策提供依据。

（3）要求调研报告结构规范、内容翔实,并具有一定的建设性意见。

演练条件

（1）事先对学生按照5~6人进行分组。

（2）教师帮助学生明确营销调研数据的分析方法及报告撰写的格式。

（3）学生将所收集的问卷进行整理、编码,运用相关的软件帮助分析数据。

（4）具有可上网的实训室。

1.4.5 实例专栏与分析

2013 年 9 月 中国液晶电视市场分析报告

前言

2013 年 9 月的大陆液晶电视市场中有超过 2 000 款以上的在售机型,并分属 30 余家厂商。其中韩系品牌依然占据主导地位,但关注度出现下滑趋势,日系品牌依然疲软。国产新品牌凭借超一流的性价比还是俘获不少消费者。

国产品牌猛发力

9 月液晶电视市场品牌关注比例如图 1-9 所示。

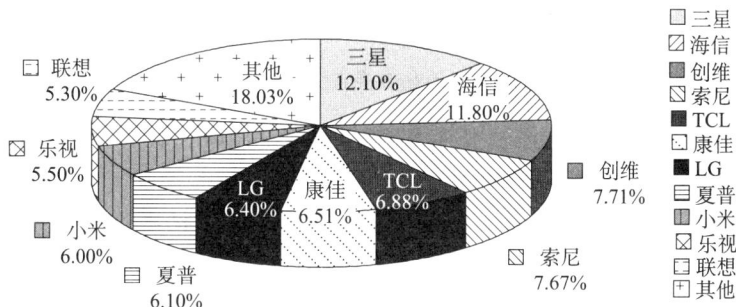

图 1-9　9 月液晶电视市场品牌关注比例

同往年数据相比发现,传统电视品牌的关注度都出现一定程度下降,特别是三星、索尼及夏普等传统电视巨头。而小米与乐视等新入行的品牌却以低价大屏备受关注,特别是每周的抢购活动更是成为行业内的热门话题。

热门机型排行

9 月液晶电视型号关注排行如图 1-10 所示。

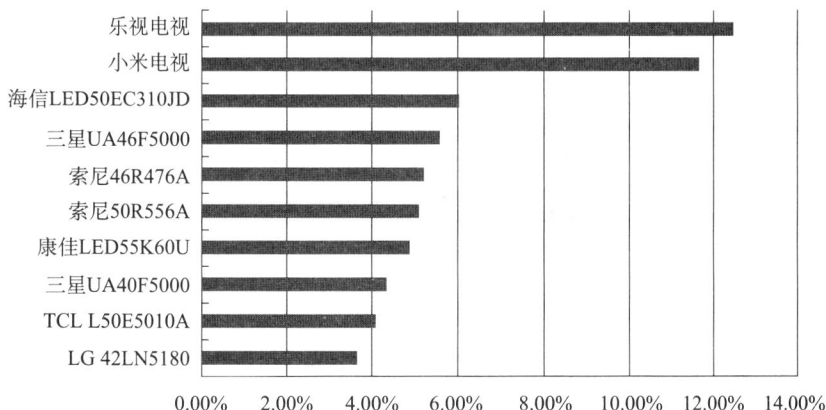

图 1-10　9 月液晶电视型号关注排行

最热型号出现一骑绝尘局面,以低价大屏著称的小米与乐视电视斩获 10% 以上的关注度,而第二名的海信尽管关注度也接近 6%,但与乐视、小米相比差距甚大。这说明大陆液晶电视市场价格大战已经拉开帷幕,而传统电视品牌将面临行业变革的冲击。

价格关注区间

9月液晶电视市场价格关注比例如图 1-11 所示。

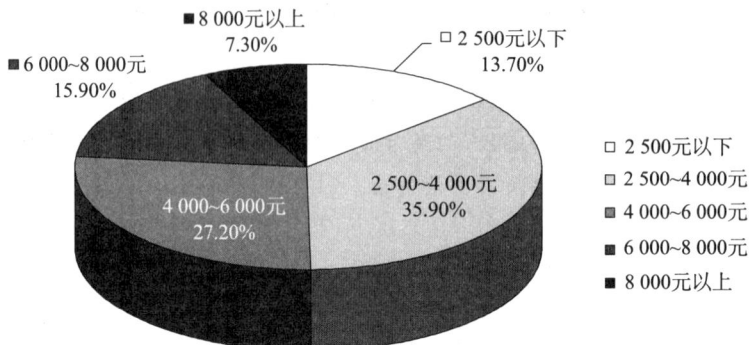

图 1-11　9 月液晶电视市场价格关注比例

2013 年 9 月,中国内地液晶电视市场中,2 500～4 000 元产品关注度高达 35.9％,此价位内可选择机型可以买到的机型从 32～50 英寸,可选择余地极大。但通常情况下主流选择偏向于 42～46 英寸,而智能与 3D 也是该价位电视中通常被选择的主要因素之一。

4 000～6 000 元价位排行第二,关注度超 1/4。6 000～8 000 元也有 15.9％的关注比,说明现在的消费者在购买电视时的预算还是比较充裕的。2 500 元以下产品关注度不足 15％,此价位内机型主要以 32 英寸及入门级小电视为主,无法撼动主流市场。但从结果来看,液晶电视的价格关注情况正在整体走低,这意味着今后 42～50 英寸的低价大屏电视将很有看头。

背光与尺寸关注度分析

9月液晶电视背光类型关注比例如图 1-12 所示。

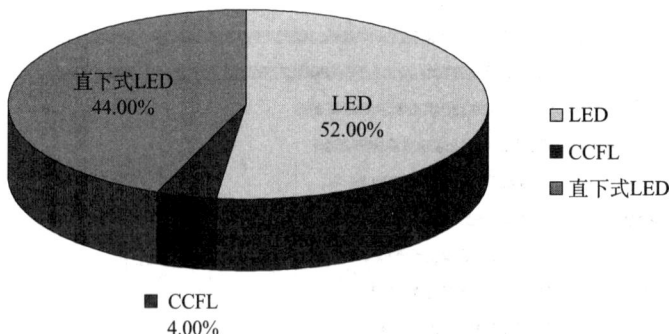

图 1-12　9 月液晶电视背光类型关注比例

背光方面 LED 无疑成绝对主流,特别是在功耗和亮度方面较传统 CCFL 有很大优势。而直下式 LED 作为 LED 背光中的新成员,虽然成本较高但局域光控能力更好,随着各大品牌厂商的加大投入,直下式 LED 产品关注度也呈现快速上升。但由于成本和超薄机身原因,直下式 LED 暂不能完全取代普通 LED 背光。

9 月液晶电视尺寸关注比例如图 1-13 所示。

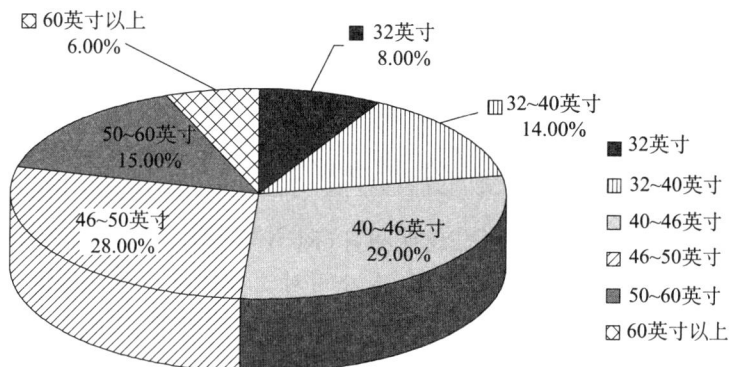

图 1-13 9 月液晶电视尺寸关注比例

尺寸方面,40～50 英寸是目前最热门的尺寸,细分后可以看到 40～46 英寸关注度为 29%,46～50 英寸关注度为 28%,两者相差很小但却涵盖近六成份额,50～60 英寸产品关注度为 15%,略高于 32～40 英寸,这说明大尺寸电视并非没人关注,只是更多地受制于价格因素而已。

重点概括

- 营销是计划和执行关于商品、服务和创意的观念、定价、促销和分销,以创造符合个人和组织目标交换的一种过程。
- 一定的市场营销观念是一定社会经济发展的产物。市场营销观念的发展大体上经历了以下几个阶段:生产观念、产品观念、推销观念、营销观念、生态学营销观念、社会营销观念、整合营销观念、关系营销观念等。
- 按照收集资料的方式不同,市场调查方法可以分为直接市场调查和间接市场调查。常见和常用的调研方法主要有观察调查法、实验法、访问调查法、定性调研法、文献调查法、网络调查法和抽样调查法等。
- 根据市场调查中使用问卷方法的不同,可将调查问卷分成自填式问卷和访问式问卷两大类。根据问卷发放方式的不同,可将调查问卷分为送发式问卷、邮寄式问卷、报刊式问卷、人员访问式问卷、电话访问式问卷和网上访问式问卷 6 种。
- 问卷的基本结构一般包括 7 个部分,即标题、说明信、调查内容、分类信息、结束语、调查作业记载和编码。其中调查内容是问卷的核心部分。
- 问卷设计的过程主要包括以下步骤:确定所需信息;确定问卷的类型;确定问题的内容;确定问题的类型;确定问题的措辞;确定问题的顺序;问卷的排版和布局;问卷的试测试;问卷的定稿和问卷的评价。
- 营销调研报告的格式主要包括 3 个部分:前言部分、主体部分和结尾部分。撰写调研报告需要注意的问题是:读者;调研报告要易于理解;调研报告要客观、准确;用图表来加强正文;调研报告要简洁等。

综合实训

▪ 案例技能题 ▪

案例分析　　　　　RCA 公司为何横遭厄运

经过一番紧张的筹划之后,美国无线电公司(RCA 公司)于 1981 年 2 月正式开始在美国市场上销售影碟机。在投放市场之前,RCA 公司对这种新产品的销售前景极为乐观。为促进影碟机的销售,RCA 公司不仅拿出 2 200 万美元的广告经费,而且还专门组建了一个由 5 000 余个经销网点组成的庞大行销网络。RCA 公司对市场的调查结果表明,约有 240 万人会购买影碟机,预计在投入市场第一年,影碟机的销量会达到 20 万台。为此,RCA 公司特别建造了年产能力为 500 万台影碟机的生产设施,而且预测不会出现产大于销的现象。

但是,产品投放市场之后的销售结果却偏偏事与愿违,在影碟机投放市场近一年之后,RCA 公司总共只销出 6.5 万台影碟机,远远低于 RCA 公司的预期销量。虽然影碟机的销售价格一降再降,但仍销售不畅。无奈之下 RCA 公司在 1984 年 4 月宣布停止生产影碟机,并宣称从此退出影碟机市场。据测算,在影碟机的生产、销售过程中,RCA 公司累计亏损数额达 5.8 亿美元。

问题

(1) 导致 RCA 公司巨额亏损的根本原因是什么?

(2) 衡量成功营销调研的标准是什么?

(3) 通过该案例,你从中得到什么启示?

分析要求

(1) 学生分析案例提出的问题,拟出《案例分析提纲》。

(2) 小组讨论,形成小组《案例分析报告》。

(3) 班级交流,教师对各小组《案例分析报告》进行点评。

(4) 在班级展出附有"教师点评"的各小组《案例分析报告》,供学生比较研究。

决策设计

某非织造布有限公司,现有纺粘生产线和水刺生产线各一条,无论是生产速度还是自动化程度均为国内一流,能满足客户不同用途的各种定制产品需求。并且,公司具有自营进出口权,以一流的产品品质、完善的售后服务赢得了国内外客户的广泛认可。

但是,面对目前非织造布企业大型化发展的趋势,该公司仅有两条生产线,生产规模小,生产能力有限,年产量无法与国内的大企业相提并论。面对国内外市场规模的不断扩大,以及行业竞争的日益加剧,公司面临着重大抉择,是进一步通过多渠道融资来增加生产线扩大规模,还是走纵向一体化,建立制品车间。

设计要求

(1) 学生分析该非织造布有限公司应做出何种决策,拟定《决策设计提纲》。

(2) 小组讨论,形成小组《决策设计方案》。

（3）班级交流，教师对各小组《决策设计方案》进行点评。

（4）在班级展出附有"教师点评"的各小组《决策设计方案》，供学生比较研究。

▪ 单元实训 ▪

实训题 1	"调查问卷设计"业务胜任力训练

【实训目标】

引导学生参加"'调查问卷设计'业务胜任力"的实践训练；在切实体验调查问卷的设计活动中，培养相应专业能力与职业核心能力；通过践行职业道德规范，促进健全职业人格的塑造。

【实训内容】

以了解当代大学生的旅游市场现状为调研目标，设计调查问卷。

【实训时间】

在讲授本实训时选择周末休息日。

【操作步骤】

（1）将班级每10位同学分成一组，每组确定1～2人负责。

（2）要求学生根据调研目标设计调查问卷，注意问卷的整体结构，问题设计的类型、数量、整个问卷的布局以及措辞等。

（3）问卷设计完成后，各组在班级进行交流、讨论，进一步完善问卷。

（4）小规模开始试测试，如有问题，及时进行修改。

（5）定稿打印。

【成果形式】

实训课业：设计出一份完整的调查问卷。

实训题 2	"市场调研"业务胜任力训练

【实训目标】

引导学生参加"'市场调研'业务胜任力"的实践训练；在切实体验《市场调研报告》的准备与撰写等有效率的活动中，培养相应专业能力与职业核心能力；通过践行职业道德规范，促进健全职业人格的塑造。

【实训内容】

在当地的大学生中开展调研，了解当代大学生的旅游市场现状，帮助企业决策提供依据。

【实训时间】

在讲授本实训时选择周末休息日。

【操作步骤】

（1）将班级每10位同学分成一组，每组确定1～2人负责。

（2）要求学生将设计好的调查问卷打印出来，每人20份。

（3）学生按组进入当地各大高校发放问卷进行调查，并收回问卷。

（4）运用所学方法对调查的数据进行整理分析。

（5）写出调研报告。

(6) 各组在班级进行交流、讨论。

【成果形式】

实训课业:撰写《市场调研报告》,以 PPT 形式汇报调研结果。

实训考核	"活动过程考核"与"实训课业考核"相结合

【活动过程考核】

根据学生参与实训题 1 与实训题 2 全过程的表现,就表 1-1 中各项评估指标与评估标准,针对其职业核心能力与职业道德素质的训练效果,评出个人分项成绩与总成绩,并填写教师评语。

表 1-1　活动过程成绩考核表　　实训名称:实训题 1 和实训题 2

评估指标		评估标准	分项成绩
职业核心能力(70分)	自我学习(10分)	人力资源和社会保障部:《职业核心能力培训标准》中的相应规定,由授课教师结合本实训设计要求自行拟定	
	信息处理(10分)	人力资源和社会保障部:《职业核心能力培训标准》中的相应规定,由授课教师结合本实训设计要求自行拟定	
	数字应用(10分)	人力资源和社会保障部:《职业核心能力培训标准》中的相应规定,由授课教师结合本实训设计要求自行拟定	
	与人交流(10分)	人力资源和社会保障部:《职业核心能力培训标准》中的相应规定,由授课教师结合本实训设计要求自行拟定	
	与人合作(10分)	人力资源和社会保障部:《职业核心能力培训标准》中的相应规定,由授课教师结合本实训设计要求自行拟定	
	解决问题(10分)	人力资源和社会保障部:《职业核心能力培训标准》中的相应规定,由授课教师结合本实训设计要求自行拟定	
	革新创新(10分)	人力资源和社会保障部:《职业核心能力培训标准》中的相应规定,由授课教师结合本实训设计要求自行拟定	
职业道德素质(30分)	职业观念(5分)	对职业、职业选择、职业工作、营销人员职业道德和企业营销伦理等问题具有正确的看法	
	职业情感(5分)	对职业有愉快的主观体验、稳定的情绪表现、健康的心态、良好的心境,具有强烈的职业认同感、职业荣誉感和职业敬业感	
	职业理想(5分)	对将要从事的职业种类、职业方向与事业成就有积极的向往和执著的追求	
	职业态度(5分)	对职业选择有充分的认知和积极的倾向与行动	
	职业良心(5分)	在履行职业义务时具有强烈的道德责任感和较高的自我评价能力	
	职业作风(5分)	在职业实践和职业生活的自觉行动中,具有体现职业道德内涵的一贯表现	
总成绩(100分)			
教师评语		签名:　　　　　年　月　日	

【实训课业考核】

根据实训题 1 和实训题 2 所要求的学生实训课业完成情况,就表 1-2 和表 1-3 中各项课业评估指标与课业评估标准,评出个人和小组的分项成绩与总成绩,并填写教师评语与学生意见。

表 1-2　实训课业成绩考核表　　课业名称:《调查问卷设计》

课业评估指标	课业评估标准	分项成绩
1. 问卷的基本结构(30 分)	(1) 标题 (2) 说明信 (3) 调查内容 (4) 分类信息 (5) 结束语 (6) 调查作业记载和编码	
2. 问卷问题的措辞(20 分)	(1) 语言是否模棱两可 (2) 问题是否带有倾向性 (3) 语言是否专业、生僻 (4) 语言是否婉转、有效	
3. 问卷问题的顺序(20 分)	(1) 问题的逻辑性 (2) 问题的连贯性	
4. 问卷问题的类型(20 分)	(1) 问题是否便于数据分析 (2) 问题的数量是否合理	
5. 问卷版面设计(10 分)	(1) 是否具有美观性 (2) 是否便于回答	
总成绩(100 分)		
教师评语		签名: 　年　月　日
学生意见		签名: 　年　月　日

表 1-3　实训课业成绩考核表　　课业名称:《市场调研报告制作》

课业评估指标	课业评估标准	分项成绩
1. 调研报告的格式(30 分)	(1) 前言部分 (2) 主体部分 (3) 结尾部分	
2. 调研报告的数据分析(30 分)	(1) 数据分析的客观性 (2) 数据分析的准确性 (3) 数据分析的有效性	
3. 调研报告的结论(40 分)	(1) 结论是否鲜明 (2) 结论是否客观 (3) 结论是否有意义 (4) 结论的针对性	
总成绩(100 分)		
教师评语		签名: 　年　月　日
学生意见		签名: 　年　月　日

思考练习

名词解释

市场营销　市场营销观念　营销调研　描述性调研　调查问卷　焦点小组访谈　抽样调查

选择题

单项选择题

1. 在访问法进行的调研中,(　　)获得的信息量最大。
    A. 面谈调查　　　　B. 邮寄调查　　　　C. 电话调查　　　　D. 留置调查
2. 以下不属于定性调研法的是(　　)。
    A. 焦点小组访谈　　B. 深度访谈法　　　C. 投射调查法　　　D. 抽样调查法
3. 以下不属于网络调查的优点是(　　)。
    A. 成本低　　　　　B. 隐匿性好　　　　C. 无限制样本问题　D. 具有互动性

多项选择题

1. 在确定调研类型时,需要考虑的因素有(　　)。
    A. 调研费用　　　　B. 调研团队　　　　C. 被调查对象
    D. 调查内容　　　　E. 时效性要求
2. 以下属于入户访问方式的优点的是(　　)。
    A. 比较容易沟通　　B. 能够直接得到反馈　C. 成本低
    D. 对访问员的素质要求高　　　　　　　E. 合格的潜在受访者减少
3. 一份好的调查问卷应(　　)。
    A. 版面整齐、美观、便于阅读和作答
    B. 问题具体、表述清楚、重点突出、整体结构好
    C. 确保问卷能完成调查任务与目的
    D. 便于统计整理
    E. 问题尽可能详细、全面

判断题

1. 市场调研就是问卷调查。　　　　　　　　　　　　　　　　　　　　(　　)
2. 根据问卷发放方式的不同,可将调查问卷分成自填式问卷和访问式问卷两类。(　　)
3. 实物痕迹测量指标法,指的是记录各种行为的天然"残迹"。这些测量指标之所以用得很少,是因为使用它们需要高超的技巧。　　　　　　　　　　　　　　(　　)
4. 营销调研报告写得越长越好。　　　　　　　　　　　　　　　　　　(　　)

简答题

1. 简述营销观念的新发展。
2. 根据不同的分类方法,市场调研可以分为哪几种类型?
3. 简述问卷设计的过程。

项目 ②

市场营销环境与购买行为分析

知识目标

1. 理解市场营销环境的概念和构成内容。
2. 明确消费者需要特征与购买动机类型。
3. 掌握消费者购买行为类型。

技能目标

1. 能运用基本策略分析市场营销环境。
2. 能熟悉并判断消费者需要和类型。
3. 能分析消费者购买行为决策的过程。

训练路径

1. 走访知名企业,请实战专家介绍营销环境对企业营销影响的成功经验和失败教训。
2. 在切实体验市场营销环境分析矩阵图、购买行为模拟等有效率的活动中,培养专业能力与职业核心能力。
3. 深入超市、百货大楼或走访客户,通过个别访问或召开座谈会的方法对顾客的心理做出分析。

教学建议

1. 本项目的内容较为抽象,建议采用讲授与案例分析、做小实验相结合的教学方式,实务训练可以分小组共同完成。
2. 这一项目个别内容需要在营业现场进行,教师必须提前确定好教学场地和走访的企业或客户。

2.1 市场营销环境的构成

◯ 2.1.1 成果展示与分析

默多克集团之中国攻略

世界 500 强之一的媒体帝国——默多克新闻集团由传媒大亨鲁伯特·默多克

(Rupert Murdoch)担任董事长兼首席执行官,控股电视、电影、书籍、杂志、网络以及报纸等多种行业,共拥有175种报纸、5家杂志和23家电台,电视网横跨南北美洲、大洋洲、欧洲和亚洲,是当今世界上规模最大、国际化程度最高的综合性传媒公司之一,净资产超过470亿美元。

其实,从20世纪80年代中期开始,默多克已开始把他的触角向中国延伸。默多克第一次访问中国自称是以旅游者的身份,但事实上他的首次访华便促成了新闻集团与中国的第一次合作,新闻集团旗下的21世纪福克斯公司向中国中央电视台提供了包括《音乐之声》、《巴顿将军》等在内的50多部影片。现在,21世纪福克斯公司摄制的《泰坦尼克号》、《星球大战》等影片早已为中国观众所熟悉。近几年,新闻集团在中国的发展步伐明显加快。1999年3月,新闻集团北京代表处成立,同年12月,新闻集团亚洲全资子公司星空传媒在上海设立了代表处。

新闻集团在中国的营销是很注重环境的,其中最重要的一点就是他针对中国市场的政治环境,坚持互信互利的原则,寻找与中国政府的共同点,力求在长期的合作中建立良好的信任关系。"与中国政府合作,关键是要互信和互利",或者说新闻集团的成功秘诀就是"寻找双方的共同点,在长期的合作中建立良好的信任关系"。新闻集团一位人士说。事实证明,这种方式是有效的。星空传媒及其所属频道与中国30多个省市的有线台合作编播音乐、体育和人文地理节目,其中《神奇的地球》、《全球华语音乐榜中榜》等节目为广大观众所熟知。可以说,星空传媒已经被公认为深入中国市场最有效,与中国政府关系最好的国际传媒巨头。

如今,针对技术环境的快速变化,新闻集团密切关注大陆"数字化"动向,关注中国数字电视的推广,以寻找更大的商机。随着国内居民生活水平的不断提高,数字收费电视在我国将有很广阔的发展前途。同时,中国发展数字电视的时间表已经相当明确:2005年全国1/4的电视台将发射和传输数字电视信号;2008年北京奥运会上向全世界传输数字高清晰电视节目;2010年主要大城市全面实现数字广播电视、东部相对发达地区普及数字电视;2015年停止播出模拟广播电视。对星空传媒来说,将是难得的发展机遇。在这方面,新闻集团也可谓是行家里手,其经营的天空电视台是全世界最成功的收费电视台,而旗下的NDS有限公司则是世界领先的数字压缩和加密技术、互动电视技术、电视有条件接收系统的供应商。据报道,2002年NDS公司已经与四川省广播电视网络公司合作,推出中国首例大范围用户的数字互动电视服务。除了技术上的优势,向来崇尚内容的新闻集团在内容提供上也已经有了良好的积累,星空传媒集团拥有全球最大的当代华语电影片库,收集逾千部汉语(包括粤语)影片,并已同多家优秀的汉语制片商,以及众多好莱坞大制片集团商签约长期订购影片,享有独家首轮播放权。

我们知道,传媒行业壁垒是个难题,但是随着中国市场化程度的不断提高,市场机遇还是很大的。默多克新闻集团进入中国市场,寻找与中国政府的共同点,主动、正面地与中国政策对接,以国际化的视野做地地道道的本土化节目。默多克的行动揭示了企业的市场营销活动脱离不了市场环境。市场环境、消费者购买行为都影响和制约着市场营销策略的制定。在此,我们将客观地分析市场营销环境的基本内容与消费者购买行为。

2.1.2　任务工作流程

营销环境是指企业营销活动有潜在关系的内部和外部因素的集合,在市场营销环境分析中应该做到的工作如图2-1所示。

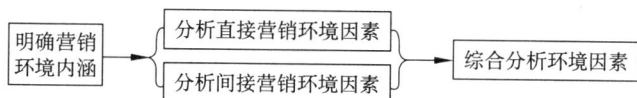

```
明确营销      分析直接营销环境因素
环境内涵                                 综合分析环境因素
              分析间接营销环境因素
```

图2-1　市场营销环境的构成

2.1.3　基本知识和技能

2.1.3.1　市场营销环境的内涵

环境是指事物外界的情况和条件。所谓市场营销环境,是指与企业市场营销有关的,影响产品的供给与需求的各种外界条件和因素的综合。根据营销环境对企业营销活动产生影响的方式和程度,可以将市场营销环境大致分为两大类,即直接营销环境和间接营销环境。

直接营销环境是指与企业紧密相连,直接影响企业为目标市场顾客服务能力和效率的各种参与者,包括企业内部营销部门以外的企业因素、供应商、营销渠道企业、目标顾客、竞争者和公众;间接营销环境是指那些作用于直接营销环境,并因而造成市场机会或环境威胁的主要社会力量,包括人口、自然、经济、科学技术、政治法律和社会文化等企业不可控制的宏观因素。这两种环境因素之间不是并列关系,而是包容和从属关系。直接环境受间接环境的大背景制约,间接环境借助于直接环境发挥作用(见图2-2),因此,前者也称微观环境,后者也称宏观环境。

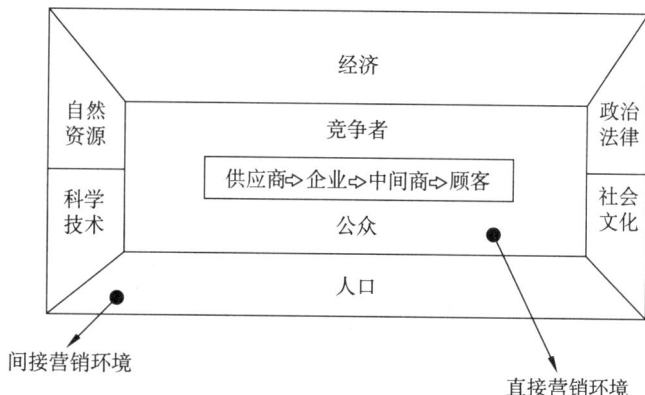

图2-2　营销活动与营销环境

企业市场营销环境具有以下特征。

1. 客观性

企业市场营销环境不以营销者一直为转移地客观存在着,有着自己的运行规律和发展趋势。企业的营销活动能够主动适应和利用客观环境,但不能改变或违背。主观臆断营销环境及发展趋势,必然导致营销决策的盲目与失误,造成营销活动失败。

2. 关联性与相对分离性

关联性表明市场营销环境各因素都不是孤立的,而是相互联系、相互渗透、相互作用的。如一个国家的体制、政策与法律总是影响着该国的科技、经济的发展速度和方向,继而改变社会习惯;同样,科技、经济的发展,又会引起政治、经济体制的相应变革。这种关联性,给企业营销带来了复杂性。同时,在某一特定时期,环境中某些因素又彼此相对分离。各因素对企业活动影响大小不一样。如在政局稳定的和平时期,经济、科技、自然因素对企业营销影响的作用不大;而在战争时期,则军事、政治因素的影响强烈。此外,不同的环境因素对不同的营销活动内容影响重点不同。营销环境因素的相对分离性为企业分清主次环境提供了可能。

3. 变化性与相对稳定性

环境的变化性主要体现在两个方面:一是由于相关性影响,一种环境因素的变化会导致另一种环境因素随之变化;二是每种环境内部的子因素(如文化中的宗教文化)变化也会导致环境因素的变化。因此,市场营销环境总是处于不断变化的动态过程中。

4. 不可控性与可影响性

一般来说,宏观营销环境是企业无法控制的,因为企业不能改变人口因素、政治经济制度、社会文化因素等。因此,企业应努力适应营销环境的要求以求生存与发展。应当指出的是,尽管宏观营销环境是不可控的,但并不意味着只能被动地适应环境,企业可以通过改善自身的条件和调整经营策略,对营销环境施加一定的影响,积极促进某些营销环境朝着有利于企业营销的方向转化。

┌─ 同步实务 2-1

分析诺基亚在中国市场的环境

在市场调研企业 Gartner 公布的 2009 年一季度全球手机市场分析报告中指出,诺基亚虽然稳坐全球第一大手机厂商交椅,但份额已经从 39.1% 下降到 36.2%,销量从 1.15 亿台下降到 9 740 万台,这是诺基亚季度销量自 2007 年一季度以来首次跌破 1 亿台。请以诺基亚为例,分析其在中国市场中遇到的环境变化。

业务分析: 对手机市场环境进行分析应理清分析思路及切入点,紧密结合中国的市场环境展开,并注意某些要素的变化,如消费者个性的增强、3G 牌照的发放、竞争者的发力等。

业务程序: 第一步,分析中国手机市场的宏观环境,包括政治环境、经济环境、技术环境、法律环境等;第二步,分析中国手机市场的微观环境,包括消费者特征、供货商经营能力、竞争者实力等;第三步,总结诺基亚手机在变化的中国市场环境中的营销策略。

业务说明: 对手机市场环境变化的分析应从多角度进行,除了业务程序中提到的分析要素外,当然还包括诺基亚自身市场状态的分析。

2.1.3.2　直接营销环境

直接营销环境一般由 6 个要素构成,即企业、供应商、营销渠道企业、目标顾客、竞争者和公众(见图 2-3)。

1. 企业

每个企业都有其生产经营目标,有其具体明确的生产经营任务。为了实现其目标或完成其工作任务,必须依据企业生产经营条件和市场需求开展某些企业业务活动,如生产、采购、新产品研究与开发、财务管理、市场营销等。企业要开展市场营销活动必须注意各部门间的协调配合,使营销管理工作得到内部的大力支持。企业内部的环境力量如图 2-4 所示。

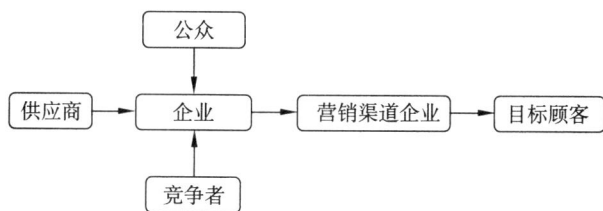

图 2-3　直接营销环境系统

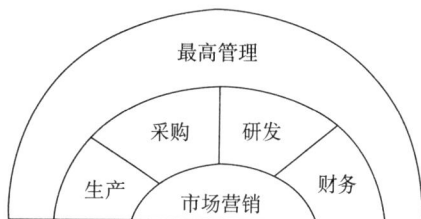

图 2-4　企业内部的环境因素

2. 供应商

供应商是向企业供应生产或经营特定产品和劳务所需要的各种资源的企业或个人。供应商对企业的营销活动的影响主要表现在:第一,资源供应的可靠性,即资源供应的保证程度,这将直接影响到企业产品的销售量和交货期;第二,资源供应的价格及其变动趋势,这将直接影响到企业产品的成本;第三,供应资源的质量水平,这将直接影响到产品的质量。正是资源供应对企业营销活动所起的重要作用,因此企业要重视与供应商的合作和采购工作。其主要策略是可采取一体化经营策略和多渠道采购策略,以增强企业营销工作的主动性。

3. 营销渠道企业

营销渠道企业主要是指协助本企业产品销售给最终购买者的所有中介机构。营销渠道企业包括:商人中间商,即从事商品购销活动,并对所经营的商品拥有所有权的中间商,如批发商、零售商等;代理中间商,即协助买卖成交,推销产品,但对所经营的产品没有所有权的中间商,如经纪人、制造商代表等;营销服务机构(广告公司等)和金融中介(银行、保险公司等)。这些都是市场营销过程中不可缺少的中间环节。各生产企业的营销活动需要营销中介的保证来顺利进行。企业在产品营销过程中,必须处理好行业内外部各种营销中介机构的关系。

4. 目标顾客

目标顾客是企业产品购买者的总称。企业营销者通常把企业产品的顾客群体称为市场。它包括以下内容。

(1)消费者市场。它是指个人或家庭为了生活消费而购买或租用商品或劳务的市场。

(2) 生产者市场。它是指生产者为了进行再生产而购买产品(主要是生产设备和材料)的市场。

(3) 社会集团市场。它是指政府机关、社会团体、部队、企业、事业单位及各种集体组织,用国家拨付的经费或集体资金,购买公共消费品(主要是办公用品和设施)的市场。

(4) 中间商市场。它是指批发商、零售商等转卖者为了把货物转卖或出租给他人以取得利润而购买商品的市场。

(5) 国家市场。它是指把产品卖给国外的消费者、生产者转卖者和政府机构等形成跨国性市场。企业应明确其产品市场的主要类型,以便针对目标市场顾客的特点,制定适宜的营销策略。这是扩大销售、提高市场占有率的根本措施。

5. 竞争者

企业产品进入一定的市场范围,其销售量大小和市场占有率的高低,不仅取决于自身产品的适销程度,而且取决于其他企业向该市场投入的同类产品和替代产品的适销程度,即哪个企业产品更适合市场需要,更具有顾客让渡价值,或对顾客更具有吸引力,这就是竞争。

从顾客做出购买决策过程以及消费需求来分析,任何企业向目标市场销售其产品时,都面临以下类型的竞争者。

(1) 欲望竞争者。它是指消费者想要满足的各种目前欲望。

(2) 一般竞争者。它是指购买者能满足其某种欲望的种种方法。

(3) 产品形式竞争者。它是指能满足购买者的某种欲望的各种产品型号。

(4) 品牌竞争者。它是指能满足购买者的某种欲望的同种产品的其他品牌。

6. 公众

公众是指对本企业实现其营销目标的能力具有实际或潜在的影响力的群体。企业公众的内涵相当广泛,主要包括以下 6 类。

(1) 政府公众。政府公众指的是有关政府部门。企业营销的成败在一定程度上取决于政府的支持。因此,企业在制订营销计划时,必须考虑各级政府的方针与政策,妥善处理好与各级政府的关系。

(2) 媒介公众。媒介公众指的是报纸、杂志、电台、电视台等大众传播媒介。这些团体对企业声誉的正反面宣传有着举足轻重的作用。

(3) 金融公众。金融公众指的是可能影响企业获得资金能力的银行、保险公司、投资公司、证券公司等。

(4) 群众团体。群众团体指的是各种保证消费者权益的组织、环境保护组织、少数民族组织、未成年人保护组织等。他们是企业必须重视的力量,因为他们在社会中具有相当的影响力。

(5) 社区公众。社区公众指的是企业所在地附近的居民和社区组织。企业在营销活动中要避免同周围的公众利益发生冲突,应指派专人负责处理社区关系,并努力为公益事业作出贡献。

(6) 一般公众。企业的"公众形象"是一个企业在一般公众心目中的形象,它对企业的经营发展是至关重要的。企业必须了解一般公众对它的产品和活动的态度,争取在公众心目中建立良好的企业形象。这对于搞好企业营销是非常有帮助的。

现代企业是一个开放的系统,上述公众都与企业的营销活动有着直接或间接的关系,企业及其营销人员务必要妥善处理好与各类公众的关系。

同步实务 2-2

寻找碳酸饮料市场中的品牌竞争者

根据消费者的需求,判断碳酸饮料市场中的品牌竞争者。

业务分析: 消费者需求的差异性,表达了对产品的不同需求。因此,企业可根据消费者的需求来划分竞争者。

业务程序: 我们从欲望竞争者的角度出发分析品牌竞争者,如图 2-5 所示。

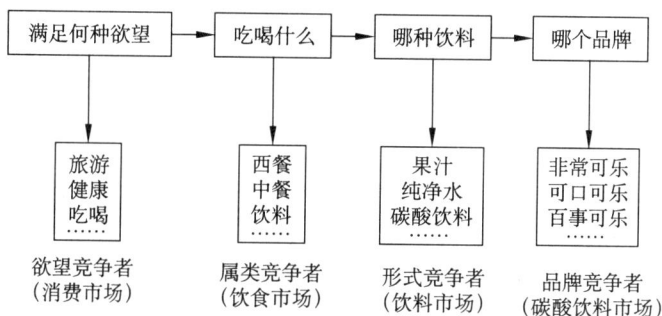

图 2-5 碳酸饮料的品牌竞争者

业务说明: 企业通过分析消费者如何做出购买决策,理解什么是主要竞争者,从而采取有针对性的营销对策,以求在市场竞争中取胜。

2.1.3.3　间接营销环境

通过对间接营销环境的分析,能增强企业对营销环境的能动性适应,有助于提高营销活动的效率与效益。

1. 人口环境

人口环境是指人口规模、人口的地理分布与密度、年龄、性别、家庭、人口地区的流动性以及其他因素。

(1)人口规模。人口规模是指某一市场范围内人口的综合。某一市场范围内的总人口基本上反映了该消费市场生活必需消费品的需要量。在其他经济和地理条件不变的情况下,总人口越多,市场容量越大,企业营销的市场就越广阔。

(2)人口的地理分布与密度。农村与城市、东部与西部、南方与北方、热带与寒带、山区与平原等不同地理环境的人口由于自然条件、经济、生活习惯等差异,其消费需求方面有着显著的区别,从而要求企业根据不同地域的消费差别,提供不同的产品和服务。与人口的地理分布相联系的人口密度同样是影响企业营销的重要因素。一般来说,人口密度越大,顾客越集中,营销成本相对较低;相反,营销成本就高。

（3）年龄。不同年龄阶段的人有不同的消费需要。企业营销者不仅要研究人口总量，还要研究人口年龄的结构，并针对人口年龄结构特点，开展企业营销活动。

（4）性别。由于男女性别上的差异，往往导致消费需求、购买习惯与行为有很大的差别。

（5）家庭。家庭包括家庭数量、家庭人口、家庭生命周期、家庭居住环境，这些都与生活消费品的数量、结构密切相关。比如单身家庭和单亲家庭数量的增加，必然带动较小公寓、便宜的较小的家具、陈设、家庭器皿以及分量较小的包装食品需求量的上升。

（6）人口地区的流动性。在市场经济条件下，会出现地区间人口的大量流动，对营销者来说，这意味着一个流动的大市场。而人口流动的总趋势是人口从农村流向城市、由城市流向市郊、从非发达地区流向发达地区、由一般地区流向开发开放地区。企业营销者应及时注意人口流动的客观规律，适时采取相应的对策。

（7）其他因素。其包括人口的出生率、增长率、职业、籍贯、民族等，都对消费行为产生很大影响。

2. 经济环境

（1）经济发展阶段。就消费品市场而言，处于经济发展水平较高阶段的国家和地区，在市场营销方面，强调产品款式、性能及特色，侧重大量广告及促销活动，其品质竞争多于价格竞争；而处于经济发展水平较低阶段的国家和地区，则侧重于产品的功能及实用性，其价格因素重于产品品质。就生产资料市场而言，处于经济发展水平较高阶段的国家和地区，着重资本密集型产业的发展，需要高新技术、技能良好、机械化和自动化程度较高的生产设备；而处于经济发展水平较低阶段的国家和地区，以发展劳动密集型产业为主，侧重于多用劳动力而节省资金的生产设备，以适应劳动力低廉和资金缺乏的现状。

（2）地区发展阶段。我国各地区经济发展不平衡，在东部、中部、西部三大地带之间，其经济发展水平客观上存在着东高、西低的总体区域趋势。同时在各地带的不同省市，还呈现着多极化发展趋势。这种各地区经济发展的不平衡发展，给企业的投资方向、目标市场及营销战略制定等带来巨大影响。

（3）产业结构。它是各产业部门在国民经济中所处的地位和所占的比重及相互之间的关系；一个国家的产业结构可以反映该国的经济发展水平。产业结构的演变表现在两个方面：一方面是随经济的发展和人均国民收入水平的提高，劳动力不断地从第一产业中分化出来，向第二、三产业转移；另一方面是随科学技术的发展，工业企业先由粗加工工业向精加工工业转化，再向技术集约化方向发展。所以企业只有针对其变化趋势，制定相应的策略，才能处于主动地位。

（4）货币流通状况。它是指纸币发行流通量与商品流通所需的金属货币量的适应协调状况。如纸币发行过多，会导致通货膨胀，影响物价稳定，从而既增加了企业生产要素成本，又扰乱了市场正常秩序，造成了虚假市场机会，增加了营销的风险性和威胁性。同时利率的高低对企业营销也有一定影响，当银行利率低，市场价格波动又大时，消费者就会少进行储蓄，而把收入的大部分用于消费。因此，企业在营销活动中，必须分析和研究货币的流通状况，主要是货币的供应量和银行利息率。

（5）收入因素。收入因素同人口因素一样，是构成市场的重要因素，甚至是最为重要的因素。因为市场容量的大小,归根结底取决于消费者购买力大小,一个消费者的需要能否得到满足,以及怎样得到满足,主要是取决于其收入的多少。从市场营销的角度计算消费者收入,通常从国民收入和居民收入水平两个方向进行分析。居民收入水平的分析,着重于区别"个人收入"、"个人可支配的收入"和"个人可任意支配的收入"。

(6) 消费结构。消费结构是指消费者各种消费支出的比例及相互关系。居民个人收入与消费之间存在一个函数关系,而且在不同的国家和地区,个人收入与消费之间的函数关系是不同的。经济学家凯恩斯提出边际消费倾向理论,德国统计学家恩格尔提出著名的"恩格尔定律"认为:当家庭收入增加时,只有一部分用于购买食物;用于衣服、房租和燃料方面的支出变动不大;但用于教育、医药卫生与闲暇娱乐活动方面的支出则增加较多。人们根据恩格尔论述的消费支出与总支出之比关系,把它称为"恩格尔系数"。恩格尔系数越小,表明生活质量越高;反之,则生活质量越低。企业从恩格尔系数可以了解目前市场消费水平、变化趋势及对营销活动的影响。

3. 自然环境

企业营销的自然环境是指影响企业生产和经营的物质因素,如企业生产需要的物质资料、生产过程中对自然环境的影响等。自然环境的发展变化会给企业造成一些"环境威胁"和"市场机会"。所以,企业营销活动不可忽视自然环境的影响作用。工业污染日益成为全球性的严重问题,要求控制污染的呼声越来越高。这对那些污染控制不力的企业是一种压力,它们得采取有效措施治理污染;另外,又给某些企业或行业创造了新的机会,如研究开发不污染环境的包装、妥善处理污染物等。由于生态平衡被破坏,国家立法部门、社会组织等提出了"保护大自然"的口号。一些绿色产品被开发出来,营销学界也提出了"绿色营销"观念。企业营销活动必须考虑生态平衡要求,以此来确定自己的营销方向及营销策略。从自然资源的拥有现状来看,对市场营销来说,面临两种选择:一是科学开采,综合利用,减少浪费;二是开发新的替代资源,如太阳能、核能。

4. 科学技术环境

科学技术是企业将自然环境转化为符合人们需要的物品的基本手段,是第一生产力。人类社会的文明与进步是科学技术发展的历史,是科学革命的直接结果。科学技术对企业市场营销的影响是多方面的。

(1) 每一种新技术一旦与生产相结合,都会直接或间接地带来国民经济各部门的变化和发展,带来产业部门间的演变与交替。随之而来的是新产业的出现,传统产业的改造,落后产业的淘汰。

(2) 科学技术的发展为市场营销管理提供了更先进的物质技术基础。如电子计算机、传真机、办公自动化等提高了信息接收、分析、处理、存储能力,从而有利于营销决策。

(3) 科学技术发展为消费者提供大量的新产品。同时,使现有产品在功能、性能、结构上更趋于合理和完善,满足了人们的更高要求。

(4) 科学技术发展影响到企业营销策略的制定,新材料、新工艺、新设备、新技术使产品生命周期缩短,企业需要不断研制开发新产品;先进通信技术、多媒体传播手段使广告更具影响力;商业中自动售货、邮购、电话订购、电子商务、电视购物等引起了分销方式的变化;科技应用使生产集约化和规模化、管理高效化,这些导致生产成本、费用大幅度降低,为企业制定理想价格策略提供了条件。

（5）科学技术发展直接引起了自然因素的变化。科学技术应用使人类提高了对资源勘探、开采和综合利用的能力，减少了浪费；科学技术还有助于人类开发替代资源，以弥补稀有资源的不足，如太阳能、地热能、火山温泉、核能等。

5. 政治法律环境

政治法律主要是指国家的政治变动引起经济势态变化及政府通过法律手段和各种经济政策来干预社会的经济生活。它往往是市场营销必须遵循的准则。该类环境包括以下内容。

（1）国家经济体制。它是一个国家组织整个经济运行的模式，是该国基本经济制度的具体表现形式。

（2）政治形势。该项内容包括政治稳性、社会治安、政府更替、政府衔接、政府机构作风、政治透明度等。

（3）执政党和政府的路线、方针、政策。它根据政治形势及其变化的需要而制定，往往带有扶持或抑制、扩张或控制、提倡或制止等倾向性特点，直接或间接影响企业营销活动。

（4）政治团体和公众团体。政治团体如工会、共青团、妇联组织；公众团体如中国消费者协会、企业家协会、个体劳动者协会、残疾人协会等。这些团体通过影响国家立法、方针、政策、社会舆论等，对企业营销活动施加影响。

（5）政策和法规。为了保护本国经济的良好运行，各国都颁布了相应的经济法律和法规来制约、维护、调整企业的活动。我国目前的主要经济法律、法规有：《经济合同法》《商标法》《专利法》《产品质量法》《反不正当竞争法》《消费者权益保护法》《广告法》《票据法》《全民所有制工业企业法》《公司法》《破产法》等。对于企业营销活动而言，国家的法律、法规既规范了企业行为，又保护了企业的合法权益。国家要求企业以法律、法规为准绳，奉公守法，并学会用法律保护自己。

6. 社会文化环境

市场营销的社会文化环境是指对企业可能产生影响的各种社会人文及文化因素。文化是影响人们欲望和行动（包括顾客购买行为）的重要因素之一。每个人都在一定的社会文化环境中生活，不同社会文化环境下的人们有着不同的认识事物的方式、行为准则和价值观念。例如，汉族视农历春节为最重要的节日，贴春联、办年货等独具特色，市场营销就要考虑并利用这一特点。西方人在圣诞节，寄圣诞卡、买圣诞礼物、欢度圣诞节等另有特色，这显然也影响着西方国家的市场营销。

企业在进行市场营销考虑文化环境时，应注意以下几个方面。

（1）民风习俗和礼仪交往的不同，影响营销方式的选择。

（2）不同民族有不同的文化传统和民风习俗、礼仪。

（3）宗教信仰的不同，会导致文化倾向、禁忌的不同。

（4）不同职业、不同阅历的人，在购买倾向上有不同的态度。

企业在开展市场营销时，必须深入分析上述差别，区别不同的情况，采用不同的营销策略与方式。

● 2.1.4　课堂活动演练

分析某一连锁超市的市场营销环境

背景资料

2007 年连锁业在业态模式和经营方式上的全新优势而取得了对传统零售业的全面优势并实现了高速发展。与此同时当中国的连锁业刚刚开始发展的时候国际连锁各巨头就纷纷进入,国内零售业投资也迅速地向连锁业集中,因此中国连锁业在发展初期遇到的就是国内市场的国际性竞争和聚集性竞争,关注竞争对手更要倍加关注我们的顾客是中国连锁业最值得反思的,当前要实现这种转变首要的是连锁企业观念的转变,其次是服务于连锁企业的 IT 行业要改变服务的方式提升服务技术的针对性,突破技术上的瓶颈。

超市成为中国零售业中的第一主力业态只花了约 6 年的时间,2007 年超市业在中国主要的一线城市相对地进入了饱和期,大型综合超市由于消费者热情的减退、同一业态的恶性竞争、其他零售业态发展对连锁超市的反击,开始出现向下的拐点。虽然大型综合超市在中国的一线大城市中其生命周期已走上了峰顶,但在中国的二、三线城市还处在导入或成长期,它的发展能走的路还很长,在不断的竞争中它的转型和创新将会持续地进行。

演练要求

(1) 以学校所在城市的某一连锁超为例,分析其宏观、微观市场营销环境。

(2) 运用市场营销宏观环境分析的知识就选择好的市场进行分析,并制作相应的分析报告。

(3) 对分析报告进行说明,并制作调研报告的 PPT 形式,课上主讲并与班级同学讨论。

(4) 要注意市场营销环境的完整性、分析要素的准确性、分析报告制作的规范性、分析讨论的逻辑性等。

演练条件

(1) 教师帮助学生选择某一恰当市场,例如,能提供支持的专业实训基地。

(2) 事先对学生按照 5～6 人进行分组。

(3) 教师对市场营销环境的要素为学生进行详细讲解。

(4) 具有可上网的实训室。

● 2.1.5　实例专栏与分析

某化妆品的市场营销环境分析

某化妆品公司在中国经过 9 年的发展,现已在全国主要省会城市建立起 65 个专柜,这些专柜大部分集中在北京、上海、杭州、广州、深圳等经济发达的城市。目前,该化妆品公司的主要市场还是集中在沿海地区,主要的促销活动也多是在这些地区开展。2009 年以后,该化妆品公司加强了终端促销活动,并通过大量的广告进行营销沟通,使各地的专柜都取得了较好的业绩。据 2010 年 7 月的统计数据,该化妆品公司的护肤品在上海、武汉、广州的销量排名为第 20 位,彩妆的排名为第 17 位,香水的排名为第 12 位。

市场营销宏观环境分析:

(1) 人口环境,据国家统计局 2010 年《中国统计年鉴》的相关数据表明:在未来一年里,中国人口总数仍将增加,增长率将持续下降,人口将保持低增长的势态。

（2）经济环境,根据《中国统计年鉴》数据,2010 年全国城镇居民恩格尔系数为37.9%,农村居民恩格尔系数为 43.7%。根据国际上的 30%～40% 为富裕的标准我国城镇居民的生活水平已经处于富裕阶段。由此可知我国人民生活水平较为富裕,经济持续向好,人们的购买力不断增强,这无疑促进了化妆品市场的扩大。

（3）社会文化环境,中国城市居民时尚意愿很强,时尚素养较低,时尚行为较高,可以通过时尚教育来提高他们的时尚素养;中国城市居民时尚认知度浅,时尚产品消费频率高,变化快;中国的奢侈品消费高速增长。

市场营销微观环境分析:

（1）企业自身,悠久的历史,极高的品牌知名度;拥有一套完整的、优秀的研发生产体系;产品价格较高,市场难以扩大;公司服务体系非常不完善。

（2）消费者,大多数化妆品消费者的年龄在 18～34 岁;相对于中、低端化妆品消费者,高端人群对精神生活有着更高的要求;消费者个性、生活方式、价值观直接影响消费者的产品选择;职业环境对消费者的化妆品消费提出了较高的要求。

（3）竞争对手,该化妆品公司的主要目标顾客群体为企业家、高级白领、部分普通白领,在这一市场的主要竞争品牌为兰蔻、雅诗兰黛和香奈儿。兰蔻自创建以来,一直在塑造细腻、优雅、浪漫的品牌形象,而雅诗兰黛把自己定位为奢华、优雅的大家闺秀品牌形象,香奈儿的品牌形象为自信、独立和现代,象征着摆脱传统束缚的现代女性。

（4）供应商,与供应商已建立战略性联盟合作关系,并为各供应商量身定做了相应的产品达标手册,同时也作好储备供应商的合作关系。

2.2 市场营销环境的分析

2.2.1 成果展示与分析

空调市场的营销环境分析与对策

企业在复杂的环境中,面对的机会和威胁也是复杂的。某一空调生产厂商通过其某市场营销信息系统和市场营销研究了解到以下能影响其业务经营的环境动向。

（1）为保护大气环境,国家将颁布法令,完全禁止使用氟利昂制冷技术。

（2）据专家预测,全球气候变暖,夏季持续高温天数将越来越多。

（3）消费者收入水平普遍提高,空调已逐渐改变奢侈品形象,成为生活必需品。

（4）企业科技人员有望成功地开发无氟制冷技术。

（5）竞争者开发出节能空调。

（6）由于能源紧张,电费将大幅度提高。

显然,在这些环境动向中,（1）、（5）、（6）造成威胁,（2）、（3）、（4）带来机会。对企业而言,每一种威胁的危害力和每一种机会的吸引力不尽相同。我们用出现危害的可能性和潜在严重性来评价环境威胁,如果可能性和严重性都很大,则构成主要威胁,企业必须重视。在上述三个威胁中,（5）、（6）是主要威胁力量,（1）虽然严重性高,但在目前可能性不大,企业应继续监视。同理我们用成功的可能性和潜在的吸引力来评价环境变化带来的市场机会,如果两个指标都高,则是企业理想的市场机会如上述三个机会中的(2)、(3)、(4)的潜在吸引力大,但成功的可能性小。可见,高明的营销者总是严密地监视和及时预测相关环境的发展变化,善于分析、评价和鉴别由于环境变化造成的机会和威胁,以便采取相应的态度和行为。

2.2.2　任务工作流程

对企业营销环境的分析和评价,始终是营销者制定营销战略、策略和计划的依据。市场营销环境分析的基本工作如图 2-6 所示。

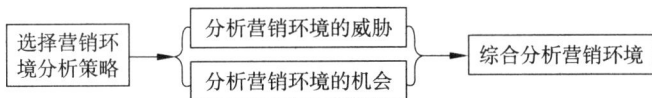

图 2-6　市场营销环境分析的基本工作

2.2.3　基本知识和技能

2.2.3.1　营销环境分析的策略

市场营销环境的动态性,使企业在不同时期面临不同的市场营销环境;而不同的市场营销环境,既能给企业带来机会,也可能给企业带来威胁。一般来说,企业营销者对环境分析的基本策略有以下两种类型。

1. 消极适应型

消极适应即认为环境是客观存在、变幻莫测、无规律可循的,企业只能被动地适应而不能主动利用。因此,企业只能根据变化了的环境来制定或调整营销策略。持这种态度的营销者忽视人和组织在营销环境变化中的主观能动性,而始终跟在环境变化的后面走,维持或保守经营,缺乏开拓创新精神,故而难以创造显著的营销业绩,容易被竞争激烈的市场所淘汰。

2. 积极适应型

积极适应即认为在企业与环境的对立统一中,企业既依赖于客观环境,同时又能够主动地认识、适应和改造环境。营销者积极能动地适应环境,主要表现在三个方面:一是认为不可控的营销环境的发展变化是有规律可循的,企业可以借助科学的方法和现代营销研究手段,提示环境发展变化规律,预测其趋势,及时调整营销计划与策略;二是把适应环境的重点放在研究环境发展的变化趋势上,根据环境变化趋势制定营销战略,使得环境发生实际变化时,企业不至于措手不及,也不会跟在变化了的环境后头而被动;三是通过各种宣传手段,如广告、公共关系等,来创造需求,引导消费需求,以影响环境、创造环境,促使某些环境因素向有利于企业实现及营销目标的方向发展变化。

2.2.3.2　营销环境威胁分析

环境的发展变化给企业营销带来的影响大致可分为两大类,即环境威胁和市场机会。

分析研究营销环境,目的在于抓住和利用市场机会,避免环境威胁。

所谓环境威胁是指营销环境中对企业营销不利的各项因素的总和。企业面对环境威胁,如果不果断地采取营销措施,避免威胁,其不利的环境趋势势必伤害企业的市场地位,甚至使企业陷于困境。因此,营销者要善于分析环境趋势,识别环境威胁或潜在的环境威胁,并正确认识和评估威胁的可能性和严重性,以采取相应的对策措施。

营销者对环境威胁的分析主要从两方面考虑:一是分析环境威胁对企业的影响程度;二是分析环境威胁出现的概率大小,并将这两方面结合在一起,如图 2-7 所示。

在图 2-7 的 4 个象限中,第 1 象限是企业必须高度重视的,因为它的危害程度高,出现的概率大,企业必须严密监视和预测其发展变化规律,及早制定应变策略;第 2 象限和第 3 象限也是企业所不能忽视的,因为第 2 象限虽然出现概率低,但一旦出现给企业营销带来的危害就特别大,第 3 象限虽然对企业的影响不大,但出现的概率却很大,对此企业也应该予以注意,准备应有的对策措施;对第 4 象限主要是注意观察其发展变化,是否有向其他象限发展变化的可能。

图 2-7　威胁分析矩阵

营销对环境威胁分析,目的在于采取对策,避免不利环境带来的危害。企业对环境威胁,一般采取 3 种不同的对策:①反抗策略,即企业利用各种不同手段,限制不利环境对企业的威胁作用或者促使不利环境向有利方面转化。②减轻策略,即调整市场策略来适应或改善环境,以减轻环境威胁的影响程度。③转移策略,即对于长远的、无法对抗和减轻的威胁,采取转移到其他的可以占领并且效益较高的经营领域或干脆停止经营的方式。

> **同步实务 2-3**
>
> ### 超市营销经理如何应对环境威胁
>
> 　　某日,一超市服务台前人声嘈杂,围满了观看的人群。经了解,是一位老年顾客拿着没有购物小票的台灯要求退货。尽管超市内部并没有出售该型号的台灯,但营销部经理在知道并了解情况后,对营销人员提出了批评,并向顾客表示道歉。此时,该顾客得到了满意的答复,其他围观的顾客也平静地离开。营销经理对环境威胁采取了何种策略,为什么?
>
> 　　**业务分析:**顾客对营销人员不满,显然是企业环境威胁因素。因此,应依据企业对环境威胁一般采取的三种不同对策进行分析。
>
> 　　**业务程序:**分别将企业应对环境威胁一般采取的三种不同对策列出,即反抗策略、减轻策略和转移策略。并分析各种策略的特点,从而得出结论是该营销部经理采取了减轻策略。
>
> 　　**业务说明:**因为顾客是企业的"上帝",营销经理向顾客道歉,目的在于得到顾客谅解,从而减轻或化解所产生的环境威胁。

2.2.3.3　营销环境机会分析

所谓市场机会是指营销环境中对企业市场营销有利的各项因素的总和。有效地捕捉和利用市场机会,是企业营销成功和发展的前提。企业只要密切注意营销环境变化带来的市场机会,适时做出适当评价,并结合企业自身的资源和能力,及时将市场机会转化为企业机会,就能开拓市场,扩大销售,提高企业产品的市场占有率。

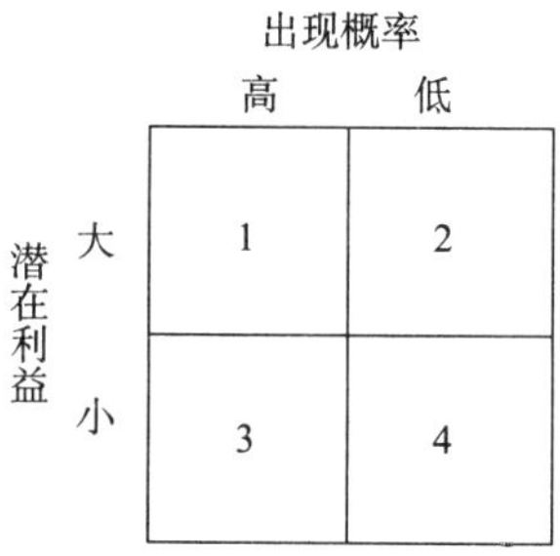

分析评价市场机会主要有两个方面:一是考虑机会给企业带来的潜在利益的大小;二是考虑机会出现概率的大小,如图 2-8 所示。

在图 2-8 中的 4 个象限中,第 1 象限是企业必须重视的,因为它潜在利益和出现概率都很大;第 2 象限和第 3 象限也是企业不容忽视的,因为第 2 象限虽然出现概率低,但一旦出现会给企业带来很大的潜在利益,第 3 象限虽然潜在利益不大,但出现的概率则很大,因此,需要企业注意,以便制定相应对策;对第 4 象限主要是观察其发展变化,并依据变化情况及时采取相应措施。

图 2-8　机会分析矩阵

2.2.3.4　综合环境分析

在企业实际面临的客观环境中,单纯的威胁环境和机会环境是少有的。一般情况下的营销环境都是机会与威胁并存,利益与风险结合在一起的综合环境。根据综合环境中威胁水平和机会水平的不同,形成如图 2-9 所示的矩阵。

1. 面临冒险环境应采取的策略

由图 2-9 可见,冒险环境是机会和威胁同在,利益与风险并存。在有很高利益的同时存在很大的风险。面对这样的环境,企业必须加强调查研究,编写研究报告,进行全面分析,发挥专家优势,审慎决策,以降低风险,争取利益。

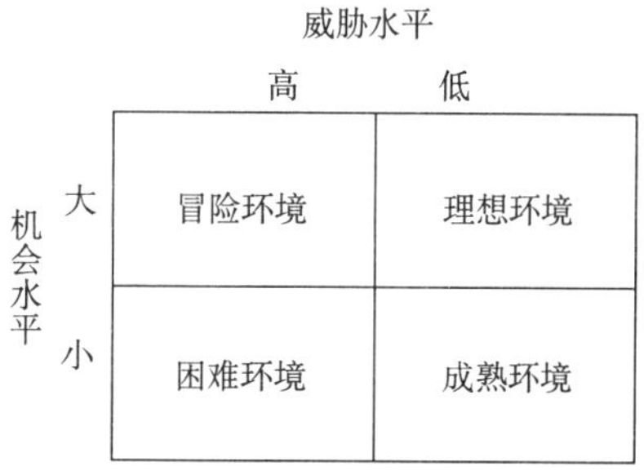

2. 面临理想环境应采取的策略

图 2-9　综合环境分析矩阵

理想环境是机会水平高,威胁水平低,利益大于风险。这是企业难得遇上的好环境。企业必须抓住机遇,开拓经营,创造营销佳绩,万万不可错失良机。

3. 面临困难环境应采取的策略

困难环境是风险大于机会,企业处境已十分困难。企业面对困难环境,必须想方设法扭转局面。如果大势已去,无法扭转,则必须采取果断决策,撤出在该环境中经营,另谋发展。

4. 面对成熟环境应采取的策略

成熟环境是机会和威胁水平都比较低,是一种比较平稳的环境。面对这样的环境,企业一方面按常规经营,规范管理,以维持正常运转,取得平均理论;另一方面积蓄力量,为进入理想环境或冒险环境做准备。

◯ 2.2.4　课堂活动演练

设计个人的就业环境威胁与机会分析图

背景资料

2008年12月15日下午,"2009年《社会蓝皮书》发布暨中国社会形势报告会"在北京举行。会中,就业问题研究专家陈光金指出,大学生的失业率是12%多,是登记失业率的3倍左右。大学生就业问题还是比较大的问题。大学生的就业问题是社会上下关注并亟待解决的问题。

对此,陈光金在发言时分析,到年底,有150万大学生不能实现就业,其原因有三个:第一,高校毕业生毕业规模在扩大,导致就业压力越来越大;第二,2007年大学毕业生未能如期就业的有很多,所以对2008年毕业生形成空间挤压;第三,金融危机的冲击也是影响他们就业的因素。这是最近四年中国大学毕业生的增长情况,大家可以看到从2006年的413万,增长到2009年的611万,这对经济增长是一个很大的压力。

演练要求

(1)要求学生运用市场环境分析的方法完成自身的就业环境威胁与机会分析图的设计。

(2)要求学生根据环境分析的结果制定相应的发展策略。

(3)注意就业目标的合理性、就业环境因素的科学性、环境分析图的准确性及发展对策的可行性等。

演练条件

(1)在任课教师或职业生涯设计教师的指导下,学生应首先明确就业目标。

(2)教师对市场环境的威胁与机会分析内容给学生详细讲解,让学生十分清楚。

(3)具有可上网的实训室。

◯ 2.2.5　实例专栏与分析

指南针地毯的问世

指南针和地毯本是风马牛不相及的两件东西,比利时一个商人却把它们结合起来,从而赚了大钱。

这个比利时商人是专门做地毯生意的,叫范德维格。一次,他到阿拉伯国家去推销地毯,到那里一看,发现阿拉伯的穆斯林教徒每天都准时地跪在地上,朝着圣城麦加的方向祷告——他灵感来了,这就是商机!

他赶紧坐飞机回比利时,马上开发出一种特别有指明方向功能的祈祷地毯。在一块方便携带的地毯上,镶嵌一个类似指南针的指针,能指示方向,它不指南也不指北,只指向圣城麦加!

所以,穆斯林教徒只要买一块这样的地毯,不管你在那个角落,把地毯一铺,一下子就可以找到麦加的方向,跪下来祷告就可以了!

这种地毯,十分方便,这对穆斯林教徒来说,仿佛是真主赐给他们的圣物,所以在阿拉伯一上市,立刻成了抢手货!

这本来是一块平常的地毯,但范德维格只稍做加工,把它的价值与穆斯林这个特定的人群以及朝拜这个特定的方向关联起来,马上就不一样了,地毯也风光了一把,像"麻雀飞上枝头变凤凰"一样,身价倍增了!

2.3　消费者购买需要与行为分析

2.3.1　成果展示与分析

老年人定制服装市场营销措施

某服装企业在为老年人提供服装时采用了以下一些营销措施:①在广告宣传策略上,着重宣传产品的大方实用,易洗易脱,轻便、宽松;②在媒体的选择上,主要是电视和报纸杂志;③在信息沟通的方式方法上主要是介绍、提示、理性说服,避免炫耀性、夸张性广告,不邀请名人明星;④在促销手段上,主要是价格折扣,展销会;⑤在销售现场,生产厂商派出中年促销人员,为老年消费者提供热情周到的服务,为他们详细介绍商品的特点和用途,若有需要,就送货上门;⑥在销售渠道的选择上,主要选择大商场,靠近居民区,并设立了老年专柜或老年店中店;⑦在产品的款式、价格、面料的选择上,采用了以庄重、淡雅、民族性为主,以中低档价格为主,以轻薄、柔软为主,适当地配以福、寿等喜庆寓意的图案;⑧在老年顾客的接待上,厂家再三要求销售人员在接待过程中要以介绍质量可靠、方便健康、经济实用为主,在介绍品牌、包装时注意顾客的神色、身体语言,适可而止,不硬性推销。

某一天,在老年服装店里来了四五位消费者,从他们亲密无间的关系上可以推测出这是一家子,并可能是专为老爷子来买衣服的。老爷子手拉一位十来岁的孩子,走在前面,后面是一对中年夫妇。中年妇女转了一圈,很快就选中了一件较高档的上装,要老爷子试穿,可老爷子不愿意,理由是价格太高、款式太新,中年男子说反正是我们出钱,您管价钱高不高呢。可老爷子并不领情,脸色也有点难看。营业员见状,连忙说,老爷子您可真是好福气,儿孙如此孝顺,您就别难为他们了。小男孩也摇着老人的手说这件好。老爷子说小孩子不懂什么好坏,但脸上已露出了笑容。营业员见此情景,很快将衣服包好,交给了中年妇女,一家人高高兴兴地走出了店门。

现代市场营销的基本特征,是以满足顾客需求为导向,而企业对顾客需求的了解则是建立在研究购买行为的基础上。购买行为研究的核心是主体如何选择、购买和使用特定产品来满足自己的需要和欲望。理解顾客购买行为或者说"了解顾客"并非易事,因为任何购买行为都受到社会和个体本身等各方面因素的影响。

上述成果资料中的老爷子、中年夫妇、小孩都参与了购买的决策过程,在此过程中各自又都有不同的购买需要和动机,也有不同的购买行为。正是该老年服装店的销售员在把握他们不同购买动机和行为的基础上,展开恰到好处的营销手段,从而顺利实现交易活动。

● 2.3.2 任务工作流程

市场营销活动以消费者需要为出发点,只有在对消费者需要有充分认识的基础上,才有可能制定出与消费者需要相一致的营销策略,使企业的营销活动满足消费者需要,并在其满足的过程中取得良好的营销绩效。

第一步 通过认识消费者需要的不同特征,能对不同消费者的需要做出准确的判断;

第二步 通过认识消费者购买动机的特征和类型,能正确把握消费者的购买动机;

第三步 通过认识消费者的不同购买行为类型,能正确把握消费者在购买产品中体现出来的不同购买行为;

第四步 能通过相应的营销策略促进消费者购买行为的实现。

● 2.3.3 基本知识和技能

2.3.3.1 消费者的需要

消费者需要是指消费者在一定的社会经济条件下,为了自身生存与发展而对商品的需求和欲望。消费者需要通常以对商品的愿望、意向、兴趣、理想等形式表现出来。企业的营销活动对消费者个体的影响,首先表现在需要既是营销活动的出发点,又是营销活动转化为购买活动的中介。当某种主观需要形成后,在其他相关因素的刺激下,就会激起购买动机,从而产生购买行为的一种内驱力。所以,需要在营销活动转化为行为动机的过程中起了基础和中介的作用,没有消费者,营销活动与消费者购买的内在动机之间就没有必然的直接联系。

消费者由于不同的主观原因和客观条件,对商品或劳务有不同的需要,而且这些需要随着人们物质文化生活水平的不断提高而日益多样化。但是,无论消费者需要如何千变万化,他们都具有以下共同特征。

1. 复杂性和多变性

由于消费者的生活需要多种多样,吃、穿、用缺一不可,而且消费者的年龄、性别、民族、地理区域、教育程度、性格等情况的不同,形成了对商品的不同需要,所以消费品也就种类繁多。还应注意的是,消费者对生活资料的需要不是静止不变的,而是动态的、发展的,它将随着生产力的发展而不断提高。例如,我国过去的所谓几大件是指手表、自行车、缝纫机,现在的几大件是指电视机、录音机、电冰箱、洗衣机、照相机、录像机,甚至小轿车等。即使在一定时期内,人们对消费品的需求,也会因各种因素的影响而经常发生变化。企业应当经常调查和研究消费品需求的构成及发展变化趋势,做到产销对路,保证市场需要。既要研究消费者的共性,又要注意需要的经常变动性;既要做到花色、品种、档次齐全多样,又要不断更新换代,保持产品的适销率。

2. 可诱导性

一方面,消费者需求的产生,有些是本能的,即受内在生理因素影响的,但大部分是与外界的刺激诱导有关的。大多数消费者缺乏专门的商品知识,属非专家购买,容易受广告、商品的包装、新奇特点、降价、商店的营销气氛、营销人员的劝告等外在因素的影响,购买时情愿和印象的支配作用很大,易导致冲动性购买。另一方面,消费者对购买的商品带有极强的感情色彩,喜欢的商品愿意重复购买,不喜欢的商品从来不买。因此,要求市场营销人员不仅要满足消费者的需求,而且应该通过促销途径,正确地影响和引导消费者,使人们的潜在需求变为现实需求,未来的需求提前实现。

3. 需求弹性

所谓需求弹性是指商品的需求量对于价格变动的反应灵敏程度。消费者对商品的价格极为敏感。消费者购买商品的数量、品种等往往随购买力的变化和商品价格的高低而变化。在常规情况下,中、高档商品的需求弹性较大,而低档生活必需品的需求弹性较小。当商品价格上升时,商品的需求量会明显下降;当商品价格下降时,商品的需求量就会明显上升。这是消费者求廉心理需求的反映。因此,企业必须根据消费者针对同类商品的价格反应,制定出自己商品的合理价格,并适时、适度地进行调整。

4. 零星购买和重复购买

消费品的购买多属于零星购买,即消费者每次购买的数量不多,金额不大。例如,牙膏、香皂等消费品,一般只买少量,用完再买,因此需要经常购买、反复购买,购买频率很高。该类商品的供给通常大于需求,消费者不需要积存这类商品。这就要求企业在网点设置、经营方式、营业时间等方面要适应这一特点,尽可能使消费者购买方便。为此,企业应采取灵活多样的售货方式和服务方式,不断提高为消费者服务的质量。企业有计划地组织生产和销售,并要不断提高产品质量和商品信誉,争取消费者在重复购买时继续购买自己的产品。

5. 关联性和替代性

各种消费需要之间往往具有一定的关联性。消费者为满足需要在购买某一商品时往往顺便购买相关的商品,如购买一套西服,可能顺便购买衬衫、领带、皮鞋等;而购买皮鞋,又可能顺便购买鞋带、鞋油、鞋刷等。因此,企业在确定经营商品的范围和结构时要充分考虑到消费需求的关联性,甚至店址的选择都要考虑到相邻企业的经营品种和服务项目。

不仅如此,消费者需要还具有相互替代性。这种替代性使消费品市场常常出现某种(某类)商品销售量的增长,而另一种(一类)商品销售量减少的现象。例如,消费者对洗衣粉的需要增加,对肥皂的需要相对减少。

6. 相对满足性和周期性

需要的相对满足性是指需求在某一具体情况下所达到的标准。从现实来讲,消费需求的相对满足程度取决于消费者的消费水平。消费水平低,需求容易满足;反之,则不易满足。

需要的周期性,特别是基本需要,往往有较强的周期性,旧一轮需要满足了,又会产生新一轮需要,周而复始。例如,食品吃完了,又需要去购买。

7. 时代性

消费者需要常受时代精神、风尚、环境等因素的明显影响,时代不同,消费者的需求和爱好也会不同。消费者市场上总有能够反映时代特征的产品,备受购买者喜爱。

同步实务 2-4

分析病人对医院服务的需要

患者是医院的顾客,请根据顾客需要的特征分析病人对医院服务的需要。

业务分析: 产生消费者行为的最基本的内在原因是消费者需要,在分析时应注意病人作为顾客的独特性。

业务程序: 把病人对医院服务的特殊需要进行归类,形成以下几类。

- 安全。看好病,无并发症和后遗症。
- 完整。诊断治疗全面,需要多科配合。
- 连续。相关疾病诊疗过程最好由一个医生负责。
- 经济。费用合理,少花钱又看好病。
- 便捷。等候时间少,看病环节少,后勤便民服务。
- 病人的体会。烦、累、怕——人性化服务,便民措施。

业务说明: 医院只有在对消费者需要有充分认识的基础上,才有可能制定出与消费者需要相一致的营销策略。对病人的需要进行分析时,还可以先对病人做出划分,如分为门诊病人和住院病人等。

2.3.3.2　消费者的购买动机

1. 消费者购买动机的特征

所谓消费者购买动机,是指消费者为了满足自己一定的需要而引起购买行为的愿望或意念,它是能够引起消费者购买某一商品或劳务的内在动力。消费者购买动机是一个复杂的体系。尽管这一体系随着消费者需要的变化和外部环境的刺激而不断变化,却有以下共同的特征。

(1) 复杂性

消费者购买动机是很复杂的。一种购买行为往往包含若干个购买动机,不同的购买动机可能表现出同样的购买行为,相同的购买动机也可能表现出不同的购买行为。消费者复杂而多样的购买动机往往以其特定的相互联系构成动机体系。在消费者的购买动机体系中,各种动机所占的地位和所起的作用是不同的。较强烈而稳定的动机称为优势动机,其余的则称为劣势动机。一般来说,优势动机具有较大的激活作用,在其他因素相同的情况下,消费者个人的行为是同优势动机相符合的。

(2) 转化性

消费者的优势动机和劣势动机不仅相互联系,而且可以相互转化,当一个消费者的购买行为在多种购买动机驱使形成的过程中,优势动机往往起关键作用。但是,如果在决策或选购商品的过程中,出现了较强的外部刺激,如购买现场的广告宣传,或发现钱不够,或近期某种商品的价格调整,或售货员态度恶劣使人难以忍受等,迫使消费者购买的优势动机被压抑,而优势动机就可能向劣势动机转化。

（3）公开与内隐的并存性

在消费者多种多样的购买动机中,有些是有意识的公开的动机,即完全知道行为背后的动机,而有些则是无意识的内在隐藏着的动机。由于消费者的有些购买行为是在潜意识的支配下进行的,或者是许多动机交织在一起,有时连消费者本人也说不清楚。例如,某一位年轻妇女在购买一件花衬衣的过程中,既可能是为了增加自己的青春风采,也可能是希望得到周围朋友的羡慕,还有可能是为了炫耀自己是一位精于选购商品的消费者,但究竟哪一种动机起了决定购买的作用,她也不太明白。此外,有意识地隐藏真正动机的行为也是很多的。如有的人在家里铺了地毯,其优势动机是为了显示优越感,但别人问起为什么买地毯时,却回答是为了居家清爽少尘。

同步实务 2-5

分析购买凯迪拉克轿车的行为

根据购买动机公开与内隐并存性的特征分析购买凯迪拉克轿车的行为。

业务分析: 购买动机是产生购买行为的直接驱动力,在分析时应准确判断哪些动机是明确、公开的,哪些动机是内隐性的。

业务程序: 首先列出消费者购买凯迪拉克轿车的动机,然后进行分类,如图 2-10 所示。

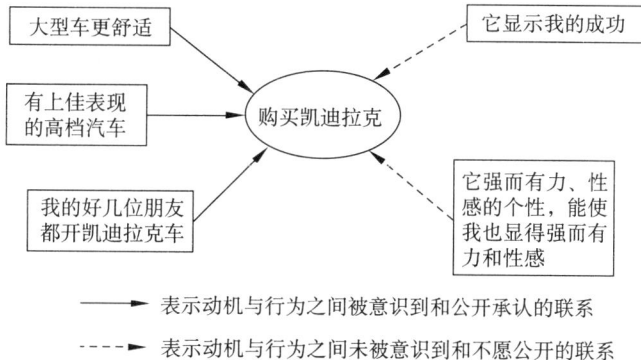

图 2-10　购买凯迪拉克轿车的动机分析

业务说明: 不同消费者购买凯迪拉克轿车的动机是多样性、复杂性的,可根据实际情况进行多角度的分析,但公开性与内隐性的动机应较好地区分开来。

（4）冲突性

消费者多种多样的购买动机相互联系、相互影响,形成动机体系。在各种动机之间,有时也出现相互冲突或抵触,使消费者在购买商品时内心出现矛盾、左右为难的情形。当消费者的购买动机发生冲突和斗争时,消费者应该理智地对待。要在内心的矛盾冲突中实现购买决策,可以采用的办法有:在双趋式(即正正)冲突的情况下,采取趋大利的选择,即"两利相权取其重";在双避式(即负负)冲突的情况下,可采取避大害的选择,即"两害相权取其轻";在趋避式(即正负)冲突的情况下,可采取趋利避害式选择;在难辨利弊的情况下,可采取随机选择的方法,即依据自己的喜好程度、经济能力而定。应该指出,在消费者动机相互冲突的情况下,企业营销人员应该抓住这种机会及时指导和引导,促使消费者做出购买决策。

（5）指向性

消费者购买动机具有指向性,即方向性、目的性,它能使购买行为保持一定的方向和目的。因此,动机从总体上来说是自觉的。同时,由于动机是一个内在的心理过程,属于主观范畴,这种心理过程本身是看不见、摸不着的,只能从动机所推动的行为来分析它的内容和特征。因此,动机与实践有着密切的关系。消费者的任何行为或活动总是由动机所支配的,研究消费者动机,就是要把握消费者购买动机发展变化的规律,根据其指向性的特征,组织企业营销活动。

2. 消费者购买动机的分类

消费者需要与刺激因素的多样性,决定了消费者购买动机的复杂性。据有些心理学家分析,驱使人们行为的动机有约 600 种之多,这些动机按照不同的方式组合和交织在一起,相互联系、相互制约,推动着人们沿着一定的方向行动,演奏出丰富多彩的人类社会生活的交响曲。尽管如此,我们仍然可以把消费者的购买动机分为生理性购买动机、心理性购买动机和社会性购买动机。

（1）生理性购买动机

生理因素是引起消费者生理性购买动机的根源。消费者生理本能引起,旨在购买满足其生理需要的商品而形成的动机,称为生理性动机。生理性动机又可分为维持生命的动机、保护生命的动机、延续生命的动机和发展生命的动机等几种。

由生理性因素引起的购买动机,是消费者本能的、最能促成购买的内在驱动力,其购买的商品也是生活必需品,需求弹性比较小,一般应该比较明显稳定,具有经常性、普遍性、重复性、习惯性和主导性等特点。随着生产力的提高和广大消费者物质生活、精神生活条件的改善,消费者的购买行为单纯受生理性动机驱使的情况已经不多,即使是购买食物充饥往往也混合着非生理性动机,如对食品的色、香、味、形的要求,就体现了消费者的表现欲、享受欲和审美欲等。因此,企业的营销人员组织满足消费者生理性需要的商品或提供劳务时,要注重商品和劳务的实用价值,强调商品的内在质量,力求物美价廉;同时,也要考虑消费者在满足生理性需要的购买行为中所渗透的非生理性动机,使消费者在一次性购买行为中,其需要得到更多、更好的满足,从而在消费者中建立良好的企业信誉。

（2）心理性购买动机

消费者个体心理因素是引起其心理性购买动机的根源。消费者由于认知、情感和意志活动过程而引起的行为动机,称为心理性动机。心理性动机比生理性动机更复杂多样。特别是当经济发展到一定水平,社会信息传播技术越现代化,消费者与社会的联系越紧密,激起人们购买行为的心理性动机就越占有重要地位。从引起消费者心理性购买动机的主要因素来分析,心理性购买动机又可分为感情动机、理智动机和惠顾动机等。

① 感情动机。感情动机是由消费者的情绪和情感两个方面所引起的购买动机。消费者的需要是否得到满足,会引起他对事物的好恶态度,从而产生其肯定或否定的感情体验,如求新求美、好胜求名动机等。

② 理智动机。消费者在对商品的分析、比较基础上所产生的购买动机称为理智动机,如求实求廉动机等。在消费者队伍中,有相当一部分消费者的购买行为是以理智为主、感情为辅的。这类消费者在采取购买行为之前,喜欢根据自己的经验和对商品的认识,收集商品有关信息,了解市场行情,经过周密的分析和思考,做到对商品特性心中有数。其选择商品时,比较注重商品的实质,讲究实用、耐久、可靠、使用方便、价质相宜、设计科学、有效率和辅助服务等,正是理智的本质决定了有理智的消费者常常具有客观性、周密性和控制性等特点。

③ 惠顾动机。惠顾动机是消费者根据感情和理智上的经验,对待定的商品或商店产生特殊的信任和偏好,形成习惯、重复光顾的购买动机。产生惠顾动机的原因很多,如商店地点便利、售货迅速、服务周到、秩序良好、陈设美观、品种齐全、质量可靠、价格适宜和环境优美等。由于惠顾动机是以信任为基础的,因而其具有经常性和习惯性特点。

（3）社会性购买动机

社会性购买动机是指由社会性因素引起的消费者购买商品的动机。众所周知,每一个消费者都在一定的社会环境中生活,并在社会教育和影响下成长,其购买和消费商品必然受到所处地理环境、风俗习惯、科学文化、经济状况、阶层群体的影响和制约,都会产生激励其购买满足社会性需要的商品的动机。

消费者的社会性购买动机是在后天社会因素的影响下形成的,一般可分为基本的社会性动机和高级的社会性动机。由社会交往、归属、自主等意念引起的购买动机,属于基本的社会性购买动机;由成就、威望等意念引起的购买动机,属于高级的社会性购买动机。随着社会经济的不断发展、消费者经济收入和支付能力的逐步提高,社会性购买动机对消费者购买行为的支配也逐渐明显,成为对某些消费者起主导作用的购买动机。企业重视和研究消费者社会性购买动机,采取适当的营销策略,对于满足消费者需要,提高经济效益是十分重要的。

2.3.3.3　消费者购买行为的类型

所谓行为,就是有机体在外界环境的影响和刺激下,所引起的内在生理和心理变化的外在反应。消费者购买行为,就是指消费者个人或家庭为了满足自己物质和精神生活的需要,在某种动机的驱使和支配下,用货币换取商品或劳务的实际活动。消费者的购买行为,总是以购买动机为先导,没有动机,就不会产生行为。研究消费者动机,主要是解决消费者为何购买的问题;而研究消费者购买行为,则是明确消费者的分类、购买习惯和购买过程,目的在于揭示消费者购买行为的规律。

同步实务 2-6

捕捉消费者的心理信息

看到朋友手里拿着一款新型的 4G 手机,刚好正是你喜欢的那种,你会产生什么想法? 这些心理信息对营销活动有什么影响?

业务分析:每个人的心理活动都是复杂的。从市场营销的角度来看,这些心理活动在一定程度上影响消费者的购买行为。面对朋友的新款手机,不同的心理信息带来不同的营销信息。

业务程序:尽可能地罗列出你看到朋友的手机时产生的不同念头,如为她感到高兴,她的表情使你感到高兴;很想下午就去购买这款手机;因为她在炫耀,而产生一种厌恶的感觉;决心不买这款手机,因为你不想与她相同;有点自卑,因为自己还没有能力购买;对自己的男友不满,因为他没有送给自己这款手机……

业务说明:人类的行为可以简单归纳为刺激与反应的过程,作为最高等生物的人类,具有最复杂的刺激与反应系统。上面描述的心理反应与过程发生的时间仅为 0.2~1 秒。作为营销者,你的使命就是捕捉消费者的心理信息,通过刺激引导其做出购买。

研究消费者购买行为,需要按照不同的标志,将消费者购买行为划分为一定的类型,归类进行研究,揭示不同类型的消费者购买行为的特点,从而有针对性地开展市场营销活动。

1. 按照消费者购买目的的选定程度划分

(1) 确定型购买行为。此类消费者在购买商品之前,已经将要购买商品相关的信息进行了比较系统的收集,对各种牌号的商品和商店作了比较分析,确定了明确的购买目标,包括商品名称、商标、型号、规格、样式、颜色、质量、价格等都有明确的要求,在哪家商店购买也胸有成竹。这类消费者进入商店后,一般都是有目标的购买,对购买商品的要求明确、态度积极,只要营销人员服务热情,提供的商品符合消费者意愿,就能迅速成交。

(2) 半确定型购买行为。此类消费者在购买商品之前,已有大致的购买目的,但具体要求不明确,最后购买决定是在购买现场经过比较后做出的。比如购买彩电,消费者在事前已经打算购买,但购买什么品牌的,在哪家商店购买,却未拿定主意,需要在购买过程中做出最后决定。这类消费者进入商店后,往往首先对商店陈列的同类商品细心观察,再向营销人员询问不同品种、规格、型号商品的质量、性能、价格等,经过分析比较后付款购买。营销人员对半确定型消费者,不仅要接待热情周到,而且要耐心细致,熟悉所经销商品的性能特点,及时准确回答消费者提出的各种问题,解除消费者的疑虑,促使消费者购买行为由半确定型向确定型转化。

(3) 不确定型购买行为。此类消费者在进入商店前没有明确和坚定的购买目标,甚至进入商店只是为了参观游逛和消遣而已。他们之所以会在事先没有购买目标的前提下产生购买欲望,做出购买决策,完全取决于商店购货环境的刺激。在商店的消费者流量当中,不确定型消费者占 80% 左右,能否吸引住这类消费者,使其产生现实的或潜在的购买行为,是企业营销能否成功的关键所在。因此,在企业要着力优化营销环境,使消费者在优雅舒适的环境中,接受营销人员主动、热情、周到、优质的服务。只要不确定型消费者对企业的产品产生了好感,就会激起其购买欲望,在漫无目的的参观、游逛中产生购买行为。

2. 按照消费者购买态度和要求划分

(1) 习惯型购买行为。此类消费者是根据过去的购买经验和使用习惯从事购买活动,其购买行为是建立在消费者对商品认识或信任的基础上的。由于这类消费者对商品的性能比较了解,牌号比较熟悉,体会比较深刻,且所购商品多为日常生活用品,因此,他们在购买时一般不假思索,不经过挑选,购买决策快、时间短,购买行为比较容易实现。对这类购买者,营销人员应尽量简化购买手续,缩短消费者的购买时间。

(2) 斟酌型购买行为。此类消费者对购买行为的选择比较慎重,实现购买行为往往要经过一段时间的仔细斟酌、考虑和分析比较,特别是对高档消费品的购买,更是慎而又慎。他们往往对所购商品需要进行反复比较、挑选,权衡利弊后再做最后决策,因而,其购买决策速度慢、时间长,购买行为的实现也比较困难。对这类购买者,企业营销人员要以耐心的态度积极配合,协助和促进消费者完成购买行为。

(3) 冲动型购买行为。此类消费者的个性心理反应敏捷,情绪容易冲动,易受商品外观质量、广告宣传和营业推广的影响,新产品、时尚品对其吸引力较大。在购买商品时,他们很少认真考虑商品的性能和质量,也不愿做反复的选择比较,只要接受了外界刺激物的刺激,引起了心理的指向,就会毫不迟疑地做出购买决策。针对这类消费者,企业在组织市场营销时,要注意不断推出新产品,讲究商品的造型和款式,强化广告宣传等促销措施,充分发挥环境的刺激作用促使消费者做出购买决策。

(4) 情感型购买行为。此类消费者具有个性心理特征,兴奋性比较强,情感体验深刻,想象力与理解力丰富,审美感较强,因而在购买行为上容易受感情影响,也容易受广告宣传及其他促销手段的诱导。企业在组织商品时,应根据这类消费者购买行为的特点,注意外表造型、色彩和命名,所采取的各种营销策略都要有利于引起消费者的想象。对情感型购买者来说,只要商品的品质符合其感情需要,就会做出购买决策。

(5) 疑虑型购买行为。此类消费者的个性心理特征具有内倾性,表现在购买行为上善于观察细小事物,行动谨慎、迟缓,体验深而疑虑大。他们选购商品从不冒失仓促地做出决定,在听取营销人员介绍和检查商品时往往小心谨慎,疑虑重重;挑选商品动作迟缓、费时较多,还可能因犹豫不决而中断;实行购买需"三思而后行"、购后还会疑心受骗上当。企业营销人员接待这类购买者时,要实事求是地宣传介绍商品,主动热情地解答疑问和提供服务,及时解除购买者后顾之忧,使其购之放心。

3. 按照消费者在购买现场的情感反应划分

(1) 沉稳型购买行为。此类消费者由于神经活动平衡而灵活性低,反应比较缓慢而沉着,外界环境刺激对其影响不大,对所选购商品的性能、价格心中有数,购买时往往不动声色,态度持重,交际适度,不愿和营销人员多谈与商品有关的问题,只要营销人员介绍的商品符合自己的购买意向,就会当即买下;反之,也不作争论,便悄然离去。

(2) 温顺型购买行为。此类消费者由于神经过程比较薄弱,在生理上不能忍受神经紧张,对外界的刺激很少在外表上表现出来,但内心体验较持久。这种心理特征表现在购买行为上,一般称为温顺型或谦顺型。此类消费者购买商品时往往缺乏主见,愿意遵从营销人员热情接待,实事求是地说明商品性能特点,一般都能促使这类消费者实现购买行为。

(3) 健谈型购买行为。此类消费者由于神经活跃而平衡灵活性高,能很快接受新事物,适应新的环境,但情感易变、兴趣广泛、活泼好动。这种心理特征表现在购买行为上,就是健谈型或活泼型。这类消费者在购买商品时,愿意与营销人员侃侃而谈,开开玩笑,甚至海阔天空,忘乎所以。营销人员接待这类消费者时,要注意抓住促销机会,在融洽的气氛中提醒消费者的购买目的,推销相应的商品。

(4) 反抗型购买行为。此类消费者在个性心理特征上具有高度的情绪易感性,对于外界环境的细小变化都能有所察觉,现实性格怪癖、多愁善感。这种心理特征表现在购买行为上,就是反抗型或反感型。此类消费者在购买商品时,对营销人员的介绍和推荐特别小心或警觉,以怀疑的态度去对待营销人员,并且反复检查商品的各个方面,想方设法挑毛病,寻找一些与营销人员介绍不相符的地方,不容易接受他人和广告宣传的介绍。因此,营销人员对待这类消费者要热情接待且言语恰如其分,让消费者自主选购。

(5) 激动型购买行为。此类消费者由于具有强烈的兴奋过程和比较弱的抑制过程,因为情绪易于激动、暴躁而有力,在言谈举止上和表情神态上都有狂热的表现。这种心理特征表现在购买行为上,就是激动型和傲慢型。此类消费者在购买商品时傲气十足,自以为自己经济上富有,对商品品质认识深刻,掌握知识全面,于是选购商品时对营销人员的服务态度和服务质量要求极高,容不得营销人员的不同观点和意见,甚至说话都是命令式的,稍有不合意,就与营销人员发生争吵,暴躁狂热而不能自制,这类消费者虽然为数不多,但接待不好,若发生冲突,影响极大。因此,营销人员遇上这类消费者一定要耐心、细致、热情、集中精力接待,务必避免与其发生冲突。

2.3.3.4 消费者购买行为的实现

1. 消费者的购买决策

消费者在占有一定市场信息的基础上,从实现购买目的的若干购买方案中选择一种最优的方案,据此做出的决定就是消费者的购买决策。购买决策是消费者心理变化的最高阶段,它表现为权衡购买动机、确定购买目的、选择购买方式方法、制订购买计划等方面,是消费者在购买前的准备阶段。

消费者购买决策所包括的内容很多,但概括起来,主要有以下 6 个方面问题。

(1) 为什么买,即权衡购买动机和原因。任何一个消费者在一定时期内的消费需要都是多种多样的,驱动满足需要,产生购买动机和原因同样存在多样性。在诸多的甚至彼此间存在矛盾的购买动机和原因中,消费者首先要进行权衡,做出选择。比如某一消费者既想买电冰箱,又想买洗衣机,而实际货币支付能力只能选择其中一种。在这样的情况下,消费者就需要对购买两者的各种动机进行比较选择,然后决定购买。即使消费者购买同一种商品,也存在动机权衡问题。当购买动机经过权衡之后,优势动机便得以确定,并直接影响购买决策。

(2) 买什么,即确定购买对象,这是购买决策的核心和首要问题。由于消费者所消费的商品是具体品牌的商品,因此,购买目标的选择也不能停留在一般的商品上,必须要确定具体的对象及具体的内容,包括商品的名称、厂牌、商标、规格和价格等。

（3）买多少,即确定购买数量。消费者购买商品,总存在一个购买数量问题。消费者购买的商品取决于实际需要、支付能力、市场需求状况及心理因素。消费者如果需要迫切,不购买就会影响到自己的生活和工作,即使支付能力不足,也可能借钱购买;对消费者实际需要、市场供应紧张、涨价趋势明显的商品,消费者可能多买,但一次买的数量也不会太多。

（4）在哪里买,即确定购买地点。消费者对购买地点的选择,取决于商品经销单位的信誉、路途的远近、购买商品的数量以及价格等因素。商品营销企业要吸引更多的消费者,必须清楚地认识到消费者选择购买地点,是与其惠顾动机、求廉动机、求速动机、信任动机等直接相关的,必须根据消费者选择购买地点的动机,改善经营管理,满足消费者需要。

（5）何时买,即确定购买时间。何时购买商品,是消费者购买决策的重要内容。购买时间的选择,取决于消费者对某种商品需要的迫切性、存货情况、营业时间、交通情况和消费者自己可控制的空闲时间等因素。其中,消费者对某种商品需要的迫切性是决定购买的决定性因素。

（6）如何买,即确定购买方式。以什么方式购买商品,也是消费者购买决策的重要内容,是消费者取得商品的途径。购买方式包括直接到商店选购、邮购、函购、预购、代购、分期付款等。选择何种购买方式,取决于购买目的、购买对象、购买时间、购买地点等因素。企业要根据自身经营商品的范围和特点,以多种多样的销售方式和服务项目去适应消费者的多种购买方式。

同步实务 2-7

做出购买皮鞋的决策

假设现在你要购买一双新皮鞋,试做出购买决策。

业务分析: 每一个购买决策都包括其相关的内容或要素,如购买动机、购买对象、购买数量、购买地点、购买时间和购买方式等。

业务程序: 根据需要决策的内容,整理出购买一双新皮鞋的决策,见表2-1。

表2-1 购买一双皮鞋的决策内容

购买理由	冬天保暖,春秋便鞋,与西装搭配,防雨水,休闲,体育锻炼,保健
购买什么	品牌,档次,质地(牛皮、猪皮……),类型(礼鞋、便鞋、休闲鞋、运动鞋……),款式,颜色
购买方式	亲自购买,托人购买,专门选购,顺带购买
购买地点	专业鞋店,百货公司,个体鞋摊,自选商场,网上商店
购买时间	周末,夜晚,白天
购买频率	每年一次,每季度一次,每月一次,不定时,需要时购买

业务说明: 以上购买皮鞋的过程具有一定的代表性,我们可以从中看出,对于特定的消费者来说,完成一次购买行为需要考虑多方面的内容做出决策。

2. 参与购买决策的角色

产品的购买决策往往不是一个人单独决定。购买共同使用的商品常需要整体共同使用者的统一,购买个人使用的商品时,购买者也会征求别人的意见以避免决策失误。一般来说,人们可能在一项购买决策中充当以下 5 种角色中的一种或多种。

(1) 发起者,即第一个提议或想到去购买某种产品的人。

(2) 影响者,即对购买决策给予评价和建议的人,他们会有形或无形地影响最终的购买决策。

(3) 决定者,即制订购买方案的人,如决定买不买、买什么、买多少、怎么买等。

(4) 购买者,即执行购买方案的人,如与卖方商谈交易条件、去商店选购等。

(5) 使用者,即实际使用或消费商品的人,其使用的满意程度可能影响再次购买决策。

消费者以个人为单位购买时,5 种角色可能同时由一人担任,如女性购买价值不高的长筒袜就属于这种情况。以家庭为购买单位时,5 种角色往往由家庭不同成员分别担任。例如,一个家庭要购买一台计算机,发起者可能是孩子,他认为有助于提高自己学习英语的效率;影响者可能是爷爷,他表示支持;决定者可能是母亲,她认为孩子确实需要,根据家庭目前经济状况也有能力购买;购买者可能是父亲,他懂一些计算机知识,带上现金去各商店选购;使用者是孩子。在以上 5 种角色中,营销人员最关心的应该是决定者是谁。

国外学者曾提出按购买决定者的不同将产品分为几种类型,如"以男主人决定购买为主的产品"、"以女主人决定购买为主的产品"以及"以夫妻共同决定购买为主的产品"等。有些产品不易找出购买决定者,这时就要分析家庭不同成员的影响力,而这种影响力有时是很微妙的。

3. 消费者的购买行为过程

消费者的购买行为过程是指消费者为实现购买行为所进行的一系列心理活动的购买活动。消费心理学在对消费者进行研究过程中发现,广大消费者在购买过程中的心理变化,一般遵循着 5 个阶段的模式,即唤起需要、寻找信息、比较评价、购买决定和购后感受,如图 2-11 所示。该模式强调了消费者购买决策在实际购买行动之前,就已经做出,而且在商品购买中乃至购买以后,消费者的购买心理变化仍然未中止。

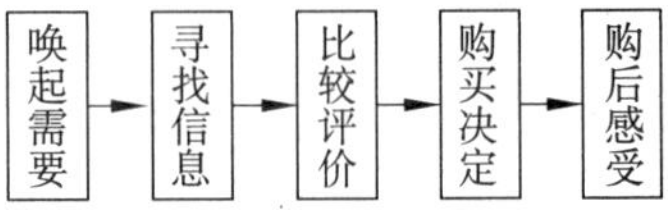

图 2-11　消费者购买行为过程

(1) 唤起需要阶段。消费者购买行为过程的起点是消费者的需要。只有当消费者发现和意识到自己的某种需要,才有可能产生相应的购买动机和购买行为。消费者需要源于内部刺激或外部刺激;纯生理需要,主要来自于有机体本身的运作;社会性需要,主要由外界刺激的处罚性因素所引起。消费者的需要是多种多样的,但多种多样的需要不一定形成购买需要和购买行为。消费者心理学所研究的消费者购买行为过程中的唤起需要,是指具备主客观条件(购买方与货源)的需要,因为只有这样的需要才能形成购买需要,才能对企业市场营销活动有实际意义。

(2) 寻找信息阶段。消费者为了满足消费需要,就要寻找信息。因为,消费者购买行为既受到购买对象的制约,又自觉与不自觉的受到经济核算、效益等原则的支配。一个消费者产生了某种需要,但并不一定能够转化为购买动机,进而实现购买。没有购买对象,需要只能仅仅停留在欲望阶段,要找到购买对象,必须先寻找、收集信息。同时,要实现购买行为效益最大化,也必须寻找、收集相关的信息。

消费者寻找信息的来源一般来自于三个方面,即市场来源、社会来源和经验来源。市场来源包括:营销广告、工商企业、营销人员、市场商品、营业推广措施、企业公关活动等信息来源;社会来源包括:消费者的家庭、亲友、邻居、同事的介绍,社会群体影响以及大众传播媒介、其他传播方式所获得的信息源；经验来源是指消费者自身通过选购、试用、实际使用、联想、推论等方式所获得的信息源。企业利用各种传播媒介传递市场营销信息，既能唤起消费者的购买需要，又能满足消费者寻找信息的需要。

（3）比较评价阶段。消费者在广泛收集信息之后，必须对相对杂乱无章的信息加以筛选，进行"去粗存精、去伪存真、由此及彼、由表及里"的分析比较，权衡各自的长短优劣，确定对商品应持的态度和购买意向，以便做出最佳选择，一般来说，但有时也因人而异。不同的消费者，其消费需要结构不同，对商品信息的比较和所得结果必然有异。同时消费者对商品信息比较评价所用的时间有长、有短，一般对于紧俏、名牌、低档商品、日常生活用品等，消费者在比较评价时所花时间较短，而对高档商品，如彩色电视，全自动洗衣机等高技术耐用消费品，在比较评价时所花的时间较长。

（4）购买决定阶段。消费者在广泛收集商品信息并对其比较评价的基础上，形成了对某种商品的肯定或否定态度，肯定态度一旦形成，就会做出购买决定。这是消费者购买行为心理变化的最高阶段，消费者决定的内容是多方面的，除了包括对购买商品品牌的决定之外，还包括对购买地点、购买时间、购买数量、购买方式等的决定。不管各个消费者由于个性因素和社会因素的不同，在做出购买决定时所遵守的准则如何不同，只要企业有适销对路的商品和优质的服务，能在消费者心目中树起好的形象和较高的信誉，就能招徕更多的顾客。

（5）购后感受阶段。消费者购买了某一品牌的商品后，必然对商品进行观察、使用，产生相应的感受，这种感受大致有三种情况：一是很满意，即所购商品满足了自身的消费需要，这样会加强消费者对该品牌商品的爱好，坚定今后继续消费该商品的信心；二是基本满意，即所购商品不能给买主以预期的满足，这样会使消费者重新修正对该商品的认识，甚至会动摇消费者今后继续消费该商品的信念；三是不满意，即所购商品没有达到买主的预期目的，使消费者产生严重的内心不协调状况。在后一种情况下，其不协调状态也主要有三种表现形式：第一，进行合理化的自我解释；第二，营销人员成了商品的替罪羊；第三，产生遗憾与后悔情绪，造成失望感。消费者一旦对所购商品不满意，今后可能会中断对该品牌的购买和消费。可见，购后感受对购买行为有重要的反作用，甚至是唤起需要的重要因素。

综上所述，消费者购买行为过程是唤起需要、寻找信息、比较评价、购买决定、购后感受 5 个阶段的统一。当然，在现实的购买活动中，并非所有的购买行为都依次经过上述 5 个阶段。事实上，有时消费者购买行为很简单，从唤起需要到决定购买，几乎同时进行；有时候，消费者购买过程又比较复杂，不仅要经过每个阶段，而且会出现反复。不论购买行为过程简单还是复杂，其目的都是为了选到满意商品，即选到与自己需要相一致的质优价廉、符合个人需求的商品。

● 2.3.4　课堂活动演练

观察研究百货大楼中消费者购买行为

背景资料

北京百货大楼前矗立着一位普通售货员的塑像，那就是张秉贵。作为一名优秀的共产党员，他以"为人民服务"的热忱，在售货员岗位上练就了一身过硬的本领。许多外地顾客慕名而来，就是为了目睹他那令人称奇的技艺和"一团火"的服务精神。张秉贵下决心苦练了"一抓准"和"一口清"的过硬本领，又发明了"接一问二联系三"的工作方法，即在接待每一个顾客时，便问第二个顾客买什么，同时和第三个顾客打招呼，做好准备。他在问、拿、称、包、算、收六个环节上不断摸索,接待一个顾客的时间从三四分钟减为一分钟。他还注意研究顾客的不同爱好和购买动机,揣摩他们的心理。

百货大楼每天接待的都是形形色色的顾客,他们有着不同的爱好和购买动机,例如,消费者为什么需求某种商品或劳务?为什么从多种商品中选购了某种牌号的商品?为什么消费者对商品广告有截然不同的态度?为什么消费者经常惠顾某些零售商店?等等。回答消费者行为的为什么的问题,是最重要、最中心的问题,也是最难理解、最难调查的。这个问题解决了,消费者动机的根源就找到了。

演练要求

(1) 深入某一百货大楼观察研究消费者的购买需要和购买动机。

(2) 对不同的购买需要和动机进行梳理,制作调研报告。

(3) 要注意购买需要与动机分析的准确性及提供相应的佐证材料。

演练条件

(1) 教师协助联系某一百货大楼或指导学生自行联系。

(2) 学生充分掌握消费者的购买需要和购买动机。

(3) 事先将学生按照5~6人分组。

◉ 2.3.5 实例专栏与分析

一位学生购买电脑的决策过程

一位学生在课堂上分享了他购买电脑的行为分析,以下是其表达内容。

我的电脑是在大二上学期购买的,准备购买这台电脑在大一下学期就开始了。

购买动机的产生:刚开始大学生活时,花费很多时间闲逛、睡觉或者泡网吧。然而慢慢感觉到网吧上网只能玩一些无聊的东西,用来查有用资料的时间太少,且即使查了一些资料也不方便保存,便萌生了自己买电脑的念头。如果自己有了电脑,就会方便很多,自己的电脑可以随时想玩就玩,上网查的资料可以保存起来,等到有空的时候再查看,上课期间需要用到电脑时,也会很方便,不用到处跑去上网了。而且自己电脑知识比较贫乏,有了电脑,方便实践,可以补习一下电脑的相关知识。这样对购买电脑的认知便基本明确了。

我的资源:首先是时间资源,我对电脑需求的迫切程度很小,因为那时我们周围有电脑的同学还是很少的,而且学习上需要用到电脑的时候也非常少,所以买电脑可以用来支配的时间是很充足的。然后是资金,我还是一个纯消费者,尚未有自己独立的收入,故可用于买电脑的资金是很有限的,需要尽量节俭。我对电脑性能没有特别的需求,一般的学习型机子就够了,当然不能太落伍。至于笔记本电脑是用不着的,我不需要到处携带,而且笔记本较贵。所以我需要的电脑属于学生配机中配置水平一般的台式机即可。

信息搜集:要购买电脑,对电脑的构成及物价行情没有一点了解当然不能随便下手,否则买回来不能运行或者被狠宰了,就后悔莫及了。于是就开始了对相关信息的搜集,主要是电脑硬件方面的信息。对于电脑的硬件组成,首先是自己通过查看相关书籍、教程,得知了电脑的基本构件及一些性能指标。然后是通过同学,同学中有几位对电脑比较了解,他们自然就成为我常常咨询的对象,从他们那里我了解到了电脑主要硬件的一些主要品牌。而后自己又通过上网,逛电脑商店,看广告等方式搜集到一些推荐性的整机配置方案,每套方案中都列出了 CPU、内存条、硬盘等电脑主要硬件的主要评价指标信息和相关的评估报价。对电脑硬件构成有所了解后,接下来关心的自然是价格了,我依然是通过商家、朋友、媒体、自己查找等途径,获取电脑硬件的相关报价信息。

购买时间的选择:当时由于大一下学期已接近期末,那时买电脑肯定是不理智的。因为那时买了电脑,玩不了多久就要进入漫长的暑假了,电脑就要寄存起来,搬来搬去很麻烦,且售后时间也浪费了一个暑假。而大二开学即接近十月一日,商家肯定都会做促销活动,那时购买价格会更划算。且还可以利用暑假的时间向家里申请买电脑所需的经费。

购买地点的选择:由于电脑城是电脑卖家的聚集地,卖家竞争激烈,价格相对要低些。而规模大些的商家,售后质量会好些,所以选择电脑城里有一定规模的商店作为购机的地方。

购买后行为:电脑终于拿到手了,同学的评价基本上都说配置还可以,当然主要是指价格方面没有被宰。而且电脑从买来一直用到现在,运行得还挺好,尚未出现大的硬件问题,我对这台电脑的购买还是比较满意的。现在看来,CPU 有些落后了,所以等到资金允许的情况下,我要对它升级。购买后,没能让我满意的就是,当时买电脑的初衷主要是用来查资料学习,偶尔可以娱乐一下。但购买电脑之后却未能如愿,因为我把娱乐和学习的时间安排和初衷颠倒了,这是在以后需要改进的地方。

✔ 重点概括

- 市场营销环境是指与企业市场营销有关的、影响产品供给与需求的各种外界条件和因素的综合。它分为直接营销环境和间接营销环境。直接营销环境包括企业因素、供应商、营销渠道企业、目标顾客、竞争者和公众;间接营销环境包括人口、自然、经济、科技、政治法律和社会文化等。市场营销环境具有客观性、关联性与相对分离性、变化性与相对稳定性、环境的不可控性与企业的能动性等特征。

- 对市场营销环境分析的基本态度有两种,即积极适应与消极适应。企业应主动地认识、适应和改造营销环境,认真分析环境威胁和市场机会,以趋利避害,谋求发展。

- 消费者需要是指消费者在一定的社会经济条件下,为了自身生存与发展而对商品的需求和欲望。它既是营销活动的出发点,又是营销活动转化为购买活动的中介。消费者需要是现实要求的反映。多种类型的消费者需要具有层次性、伸缩性、复杂性、发展的无限性、可诱导性、关联性和替代性等特征,其内容是十分丰富的。

- 消费者购买动机是指消费者为了满足自己一定的需要而引起购买行为的愿望或意念。它是引起消费者购买某一商品或劳务的内在动力。消费者购买动机具有复杂性、转化性、公开与内隐的并存性、冲突性、指向性等特征。如同消费者需要一样,消费者购买动机也按不同标志进行分类。最基本的类型有生理性购买动机、心理性购买动机和社会性购买动机。

- 消费者购买行为是指消费者个人或家庭为了满足自己物质和精神生活的需要,在某种动机的驱使和支配下,用货币换取商品或劳务的实际活动。

- 消费者购买决策所包括的内容很多,概括起来主要有 6 个方面:①为什么买,即权衡购买动机和原因;②买什么,即确定购买对象;③买多少,即确定购买数量;④在哪里购买,即确定购买地点;⑤何时买,即确定购买时间;⑥如何买,即确定购买方式。消费者决策需要付诸实施,形成消费者行为过程。消费者购买行为过程是唤起需要、寻找信息、比较评价、购买决定、购后感受5个阶段的统一。

综合实训

▪ 案例技能题 ▪

案例分析	解读"90后"消费

宋宇拥有属于自己的客厅,在客厅的冰箱里只有饮料,用来招待来家里玩儿的朋友。宋宇拉开冰箱门,里面满是百事可乐,或许宋宇说不出喜欢百事可乐的原因到底是什么。

不过不得不承认:百事可乐很了解年轻人的心思。针对中国的"90后",百事可乐也在营销层面做了较大的调整。百事公司大中华区(饮料)市场副总监董本洪直言不讳:"'70后'敢想,'80后'敢说,'90后'敢做。这是三代人最大的区别。"

百事的宣传口号背后都与时代特征相关,最新的"百事我创"则是基于中国由制造向创造转型过程中,生长在这样的社会背景下的"90后"更需要创造空间,并渴望被关注、被认同。"90后"的一大消费特征就是认同感消费,认同感消费其实是很多产业的支柱。

由于"90后"的父辈们往往社会地位很高,一方面为"90后"提供了丰富的消费资源,一方面又是"90后"的榜样,"90后"要与父母比,是通过消费的方式,而不是通过生产领域建立自己的地位。所以会有更多的认同感消费。

为了形成"90后"的固定消费习惯,对于产品早已经固化的百事可乐而言,需要把握"90后"的这一消费特征通过营销来影响年轻人,此次将口号进行调整就是希望用"我创"这样的精神吸引他们。

问题

(1) 你认为"90后"有哪些消费特点?

(2) "90后"在购买行为上有什么明显的特征?

(3) 试比较"80后"与"90后"的不同消费心理。

分析要求

(1) 学生分析案例提出的问题,拟出《案例分析提纲》。

(2) 小组讨论,形成小组《案例分析报告》。

(3) 班级交流,教师对各小组《案例分析报告》进行点评。

(4) 在班级展出附有"教师点评"的各小组《案例分析报告》,供学生比较研究。

情景模拟	特殊的生日礼物

目的:通过情景模拟考核学生对消费者购买动机复杂性、可变性的理解能力,训练学生分析问题、解决问题的能力,培养学生运用理论知识展开实践的能力。

过程设计:请学生分别扮演材料中所需的人物,结合材料自编对话,模拟购买过程;其他同学结合教学内容分析情景模拟的启示。

情景再现:王女士终于攒够了购买小汽车的钱,兴冲冲地来到一家经营汽车的大公司,她看中这儿出售的红色"雅思欧"牌小轿车。她喜欢这种车的颜色和式样,而且"雅思欧"这个牌子和名称也让她喜欢。不巧,售货员正要去吃午饭。他对她说,如果王女士愿意等待30分钟,他一定乐意立即赶回来为她服务。王女士同意等一会儿,总不能不让人吃饭呀,就是再加上30分钟也没关系,要紧的是她特意挑选今天这个日子来买车,无论如何都必须把车开回去。她走出这家大公司,看见街对面也是一家出售汽车的公司,便信步走了过去。

售货员是个活泼的年轻人,他一见王女士进来,立即彬彬有礼地问:"我能为您效劳吗?"王女士微微一笑,告诉他自己只是来看看,消磨一下时间。年轻的售货员很乐意地陪她在销售大厅参观,并自我介绍说他叫李刚。

李刚陪着王女士聊天,很快两人便聊得很投机。王女士告诉他,自己来买车,可惜这儿没有她想要的车,只好等那家公司的售货员回来了。李刚很奇怪王女士为什么一定要今天买到车。王女士说:"今天是我的生日,我特意挑选今天这个日子来买车。"李刚笑着向王女士祝贺,并和身旁一个同伴低声耳语了几句。不一会儿,这个同伴捧着几只鲜艳的红玫瑰进来,李刚接过来送给王女士:"祝您生日快乐!"

王女士的眼睛亮了,她非常感谢李刚的好意。他们越谈越高兴,什么红色"雅思欧",什么30分钟,王女士都想不起来了。

突然,王女士看见大厅一侧有一辆银灰色的轿车,色泽是那样的柔和诱人,他问李刚那是辆什么牌子的轿车。李刚热心地告诉了她,并仔细地介绍了这辆车的特点,尤其是价钱比较便宜。王女士觉得自己就是想要买这种车。

结果,王女士驾了一辆自己原本没有想要的车回家了。车上插着几支鲜艳的红玫瑰,王女士的生日充满了欢乐。

▪ 单元实训 ▪

实训题 1	"市场营销环境分析"业务胜任力训练

【实训目标】

引导学生参加"'市场营销环境分析'业务胜任力"的实践训练;在切实体验《市场营销环境分析报告》的准备与撰写等有效率的活动中,培养相应专业能力与职业核心能力;通过践行职业道德规范,促进健全职业人格的塑造。

【实训内容】

在学校所在地选择两个知名品牌的商品,了解它们的市场状况,从营销环境的构成内容上分析它们相应的环境威胁与市场机会,并提出应对策略。

【操作步骤】

(1)将班级每5~6位同学分成一组,每组确定1人负责。

(2)对学生进行品牌选择培训,确定选择具有知名度、可分析性的品牌。

(3)学生按组展开调查,并将调查情况详细记录。

(4)依据市场营销环境的构成与分析策略,对调查的资料进行整理分析。

(5)写出分析报告。

(6)各组在班级进行交流、讨论。

【成果形式】

实训课业:撰写《市场营销环境分析报告》。

| 实训题2 | "消费者购买行为分析"业务胜任力训练 |

【实训目标】

引导学生参加"'消费者购买行为分析'业务胜任力"的实践训练;在切实体验《消费者购买行为实现过程图》的准备与撰写等有效率的活动中,培养相应专业能力与职业核心能力;通过践行职业道德规范,促进健全职业人格的塑造。

【实训内容】

依据所学内容,以自身的某一次购买经历为例,创造性地运用于消费者购买行为过程设计。

【操作步骤】

(1)教师在课堂上布置实训任务,组织学生温习消费者购买行为实现的相关理论与知识。

(2)将学生分成若干个学习小组,组织讨论消费者购买行为过程需要考虑的因素。

(3)每个学生画出一份消费者购买行为过程图,对消费者购买行为过程的各个步骤进行文字说明。

【成果形式】

实训课业:制作《消费者购买行为实现过程图》。

| 实训考核 | "活动过程考核"与"实训课业考核"相结合 |

【活动过程考核】

根据学生参与实训题1与实训题2全过程的表现,就表2-2中各项评估指标与评估标准,针对其职业核心能力与职业道德素质的训练效果,评出个人分项成绩与总成绩,并填写教师评语。

表2-2　活动过程成绩考核表　　　　实训名称:实训题1和实训题2

评估指标		评估标准	分项成绩
职业核心能力（70分）	自我学习(10分)	人力资源和社会保障部:《职业核心能力培训标准》中的相应规定,由授课教师结合本实训设计要求自行拟定	
	信息处理(10分)	人力资源和社会保障部:《职业核心能力培训标准》中的相应规定,由授课教师结合本实训设计要求自行拟定	
	数字应用(10分)	人力资源和社会保障部:《职业核心能力培训标准》中的相应规定,由授课教师结合本实训设计要求自行拟定	
	与人交流(10分)	人力资源和社会保障部:《职业核心能力培训标准》中的相应规定,由授课教师结合本实训设计要求自行拟定	
	与人合作(10分)	人力资源和社会保障部:《职业核心能力培训标准》中的相应规定,由授课教师结合本实训设计要求自行拟定	
	解决问题(10分)	人力资源和社会保障部:《职业核心能力培训标准》中的相应规定,由授课教师结合本实训设计要求自行拟定	
	革新创新(10分)	人力资源和社会保障部:《职业核心能力培训标准》中的相应规定,由授课教师结合本实训设计要求自行拟定	

续表

评估指标		评 估 标 准	分项成绩
职业道德素质（30分）	职业观念(5分)	对职业、职业选择、职业工作、营销人员职业道德和企业营销伦理等问题具有正确的看法	
	职业情感(5分)	对职业有愉快的主观体验、稳定的情绪表现、健康的心态、良好的心境,具有强烈的职业认同感、职业荣誉感和职业敬业感	
	职业理想(5分)	对将要从事的职业种类、职业方向与事业成就有积极的向往和执著的追求	
	职业态度(5分)	对职业选择有充分的认知和积极的倾向与行动	
	职业良心(5分)	在履行职业义务时具有强烈的道德责任感和较高的自我评价能力	
	职业作风(5分)	在职业实践和职业生活的自觉行动中,具有体现职业道德内涵的一贯表现	
总成绩(100分)			
教师评语		签名: 　　　年　月　日	

【实训课业考核】

根据实训题 1 和实训题 2 所要求的学生实训课业完成情况,就表 2-3 和表2-4中各项课业评估指标与课业评估标准,评出个人和小组的分项成绩与总成绩,并填写教师评语与学生意见。

表 2-3　实训课业成绩考核表　　课业名称:《市场营销环境分析报告》

课业评估指标	课业评估标准	分项成绩
1. 市场营销环境的内容(30分)	(1) 宏观环境的分析 (2) 微观环境的分析	
2. 环境分析的基本策略(10分)	(1) 消极适应 (2) 积极适应	
3. 市场营销环境分析方法(30分)	(1) 环境威胁分析 (2) 市场机会分析 (3) 综合环境分析矩阵	
4. 市场营销环境分析程序(10分)	步骤的完整性	
5. 分析报告的规范性(20分)	(1) 格式的规范性 (2) 内容的完整性、科学性 (3) 结构的合理性 (4) 文理的通顺性	
总成绩(100分)		
教师评语	签名: 　　　年　月　日	
学生意见	签名: 　　　年　月　日	

表 2-4　实训课业成绩考核表　课业名称:《消费者购买行为实现过程图》

课业评估指标	课业评估标准	分项成绩
1. 消费者购买行为实现过程(30 分)	(1) 过程的合理性 (2) 过程的创新性 (3) 环节之间的逻辑性	
2. 消费者购买行为实现过程图(40 分)	(1) 过程图制作的规范性 (2) 过程图制作的科学性	
3. 消费者购买行为实现过程图说明(30 分)	(1) 语言表达的准确性 (2) 语言表达的逻辑性 (3) 语言表达的流畅性	
总成绩(100 分)		
教师评语		签名: 　年　月　日
学生意见		签名: 　年　月　日

思考练习

名词解释

市场营销环境　环境威胁　市场机会　直接营销环境　间接营销环境　消费者需要
消费者购买动机　消费者购买行为

选择题

单项选择题

1. 市场营销学认为,企业市场营销环境包括(　　)。
　　A. 人口环境和经济环境　　　　　B. 政治环境和法律环境
　　C. 自然环境和文化环境　　　　　D. 宏观环境和微观环境

2. 企业的营销活动不能脱离周围环境而孤立地进行,企业营销活动要主动地去(　　)。
　　A. 适应环境　　B. 征服环境　　C. 改造环境　　　D. 控制环境

3. 影响汽车、住房以及奢侈品等商品销售的主要因素是(　　)。
　　A. 个人可支配收入　　　　　　　B. 可任意支配收入
　　C. 个人收入　　　　　　　　　　D. 人均国内生产总值

4. 在新购和修正重购的情况下,购买过程是从(　　)开始的。
　　A. 认识需要　　B. 确定需要　　C. 说明需要　　　D. 征求建议

5. 消费者的购后评价主要取决于(　　)。
　　A. 心理因素　　　　　　　　　　B. 他人态度
　　C. 付款方式　　　　　　　　　　D. 产品质量和性能发挥状况

多项选择题

1. 市场营销环境大致可分为(　　)和(　　)。
   A. 客观环境　　　　　　　B. 直接环境　　　　　　　C. 间接环境
   D. 微观环境　　　　　　　E. 中观环境

2. (　　)是影响企业营销的主要环境。
   A. 人口环境　　　　　　　B. 经济环境　　　　　　　C. 自然环境
   D. 科技环境　　　　　　　E. 政治法律环境

3. 按照消费者需要的产生和起源,可以把消费者需要分为(　　)和(　　)。
   A. 生理性需要　　　　　　B. 生存需要　　　　　　　C. 享受需要
   D. 社会性需要　　　　　　E. 发展需要

4. 影响消费者购买行为的主要因素有(　　)。
   A. 经济因素　　　　　　　B. 收入因素　　　　　　　C. 社会因素
   D. 情感因素　　　　　　　E. 心理因素

5. 消费者的购买决策一般可以划分为(　　)几个阶段。
   A. 唤起需要　　　　　　　B. 收集信息　　　　　　　C. 比较评价
   D. 购买决定　　　　　　　E. 购后行为

判断题

1. 市场营销环境是各种营销因素的总称。　　　　　　　　　　　　　　　　(　　)
2. 市场营销环境是客观的、不可控的因素。　　　　　　　　　　　　　　　(　　)
3. 抓住并利用了市场机会就一定能赚钱。　　　　　　　　　　　　　　　　(　　)
4. 对环境威胁,企业只能采取对抗策略。　　　　　　　　　　　　　　　　(　　)
5. 对衣食住行的需要是每个人都有的,因此说所有人的需要都是一样的。　(　　)
6. 市场购买是可以被创造出来的。　　　　　　　　　　　　　　　　　　　(　　)
7. 顾客的购买动机是多种多样的。　　　　　　　　　　　　　　　　　　　(　　)
8. 千方百计提高顾客满意度是企业取得长期成功的必要条件。　　　　　　(　　)
9. 消费者的购买行为是由消费者的经济因素决定的。　　　　　　　　　　(　　)
10. 消费者购买了产品就意味着购买行为的结束。　　　　　　　　　　　　(　　)

简答题

1. 什么是市场营销环境? 它包括哪些内容?
2. 企业对环境威胁应采取哪些对策?
3. 什么是消费者需要? 它具有哪些特征?
4. 什么是消费者购买动机?
5. 简述消费者购买决策及其过程。

项目 ③

市场细分与目标市场定位

知识目标

1. 熟悉市场细分和目标市场及其定位的含义。
2. 掌握市场细分的标准和有效条件。
3. 熟悉目标市场选择的影响因素,掌握市场定位的程序和策略。

技能目标

1. 能按照不同的市场细分标准做市场细分,并判断细分市场的有效性。
2. 能在细分市场中合理选择目标市场。
3. 能在目标市场中进行市场定位。

训练路径

1. 以某一新产品进入某一新市场为例,要求学生依据不同细分标准做出市场细分。
2. 以市场定位图为工具训练学生在目标市场中的市场定位技能。

教学建议

1. 市场细分标准的选择要注意可行性,要求学生列表分析。
2. 采用讲授与实务实训操作相结合的教学方法,实务操作要求独立完成。

3.1 市 场 细 分

3.1.1 成果展示与分析

牙膏市场的细分表

某牙膏公司根据购买牙膏的消费者所寻求的利益,成功将牙膏市场进行了细分,揭示了
4 种主要类型的利益细分市场:①所寻求的利益是防蛀;②注重洁齿;③注重牙膏的口味和
外观;④注重经济实惠的价格。每种追求利益的群体都有其特定的人口统计的行为和心理
特征,见表 3-1。

表 3-1　运用利益分析法对牙膏市场进行细分

利益分析	人口统计特征	行为特征	心理特征	符合利益的品牌
经济实惠	男性	大量使用者	自主性强	大减价的品牌
防治牙病	大家庭	大量使用者	忧虑保守	品牌 A 和品牌 F
洁齿美容	青少年	吸烟者	社交活动多	品牌 B
口味清爽	儿童	薄荷爱好者	喜好享乐	品牌 C

该牙膏公司可以根据自己所服务的目标市场特点,了解竞争者是什么品牌,市场上现有品牌缺少什么利益,从而改进自己现有产品,或再推出新的产品,以满足未被满足的需要。市场细分是一项创造性的工作。由于消费者需求的特征和企业营销活动是多种多样的,企业应合理确定市场细分的标准,并根据实际情况选择一个或几个作为自己的目标市场,有针对性地采取营销策略。因此,市场细分的准确性在于细分标准的选择和细分方法的运用。

3.1.2　任务工作流程

市场细分这个概念是由美国市场营销学家温德尔·史密斯于 20 世纪 50 年代中期总结了企业的实践活动之后提出来的一个概念。它的提出,顺应了第二次世界大战后美国众多商品市场由卖方市场转化为买方市场这一新的市场形势,是一些企业市场营销实践经验的概括和总结,也是企业营销贯彻以市场为导向的营销原则的合乎逻辑的产物,其工作步骤如下:

第一步　正确选择市场范围;
第二步　列出市场范围内所有顾客的全部需求;
第三步　确定市场细分标准;
第四步　为各个可能存在的细分子市场确定名称;
第五步　确定本企业开发的子市场;
第六步　进一步对自己的子市场进行调查研究;
第七步　采取相应的营销组合开发市场。

3.1.3　基本知识和技能

3.1.3.1　市场细分的内涵

所谓市场细分,又称"市场区隔"、"市场分片"、"市场分割"等,就是营销者通过市场调研,根据消费者对商品的不同欲望与需求、不同的购买行为与购买习惯,把消费者整体市场划分为具有类似性的若干不同的购买群体——子市场,使企业可以从中认定其目标市场的过程和策略。这里所讲的子市场就是指消费者群。每一个消费者群就是一个细分市场;每一个细分市场都是由需求倾向类似的消费者构成的群体;所有细分市场的总和便是整体市场。由于在消费者群内,大家的需求、欲望大致相同,企业可以用一种商品和营销组合策略加以满足。但在不同的消费者群之间,其需求、欲望则各有差异,需要企业以不同的商品,采取不同的营销策略加以满足。因此,市场细分,实际上是一种求大同、存小异的市场分类方法,它不是对商品进行分类,而是对需求各异的消费者进行分类,是识别具有不同需求和欲望的购买者或用户群的活动过程。

1. 市场细分的依据

市场细分是有客观依据的。①市场是商品交换关系的总和,它是由生产者、消费者和中间商组成,其本身就是可以细分的。不同区域的市场处在不同的地理环境之中,就形成了不同的细分市场。②消费者需求和购买行为差异的同类性,是市场细分的主要依据。消费者个人由于经济、地理、文化素养、民族习惯等方面的差异,形成了各种各样的偏好、兴趣,对商品的需求千差万别,于是就形成了差异性;但总有相当数量的消费者对商品的需求是一致的,这又形成了同类性。市场细分就是建立在消费者相似需求的共同特征基础上的。③构成市场买卖双方的企业和消费者都具有自己的个性。各个工商企业因其资源、设备、地理位置、技术等差别,有自己的优势,可以从事不同的商品经营;消费者则有各自的购买欲望和需求特点,这样企业可根据消费者的需求进行市场细分,比较准确地选择分片市场作为自己的营销服务对象,谋求最佳的经济效益。

在市场细分理论中,依据消费者对商品的同质需求和异质需求,可以把市场分为同质市场和异质市场。同质市场是指消费者对商品的需求大致相同的市场。如果某些商品的市场具有较大的同质性,则企业无须进行市场细分。对大多数商品来说,由于市场因素的多元化,需要进行细分,因此都属于异质市场。这种异质市场是指市场群之间的差异大,但各市场群内部的差异趋小的市场。市场细分实际上也是一个将异质市场分成若干个同质市场的过程。

同步实务 3-1

如何对食盐这种生活日用品进行市场细分

业务分析: 食盐是居民日用消费品,是否需要细分应对照市场细分的理论和依据来回答。

业务程序: 分别将食盐的所有品种列出,找出其中差异和不同品种的市场容量,但是根据顾客对食盐利益的不同追求,可将食盐细分为含碘食盐、含钙食盐、含铁食盐、含硒食盐、含锌食盐等。

业务说明: 如果所有食盐顾客每月均购买相同数量的食盐,并相信食盐的品质都一样,愿意付出的价格也一样,则从营销的观点看,细分市场毫无意义。

图 3-1(a)表示一个拥有六位买主的市场。因为每位买主都有自己特有需求和欲望,所以每位买主都可成为一个潜在的独立市场。卖方可以针对每位买主来设计不同的产品,制订相应的营销计划。例如,波音公司只为少数几家航空公司制造飞机,并根据它们各自的特殊要求单独定制产品。这种市场细分的极限程度称为定制营销,如图 3-1(b)所示。

大多数卖方会发现,为每位买主定制产品是无利可图的。在实际业务中,卖方会根据买主对产品的不同需求或营销反应将买主分为若干类型,如卖方会发现不同的收入群体具有不同的消费需求。在图 3-1(c)中,用数字 1、2、3 来表示每位买主的收入水平,并将处于同一收入水平的买主圈在一起。这样按收入水平可将市场细分为三个部分,其中最大的细分市场就是收入水平 1。与此同时,卖方会发现年轻买主与年老买主之间也存在显著差别。图 3-1(d)中用字母 A 和 B 来表示买主的年龄大小。这时按年龄差别可将市场细分为两个部分,每部分包含三位买主。

现在假设收入和年龄同时影响买主的产品购买行为,这时市场就可以分为五个细分市场:1A、1B、2B、3A 和 3B。图 3-1(e)说明 1A 这个细分市场内有两位买主,而其他细分市场各包含一位买主。

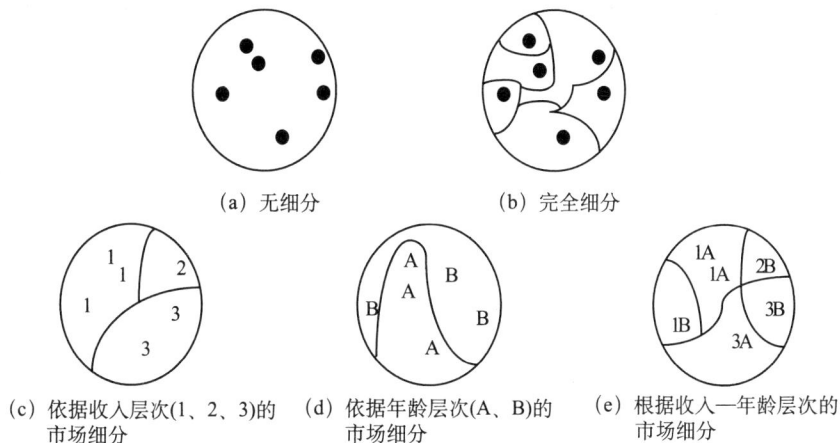

(a) 无细分   (b) 完全细分

(c) 依据收入层次(1、2、3)的   (d) 依据年龄层次(A、B)的   (e) 根据收入—年龄层次的
　　 市场细分   　　 市场细分   　　 市场细分

图 3-1　市场的不同细分

2. 市场细分的作用

(1) 有利于企业分析、发掘新的市场机会

市场机会是已经出现于市场但未加以满足的需求。这种需求往往是潜在的,一般不易发现。而一旦发现,就要动用市场细分手段,将市场按照不同的消费者的明显特点进行细分,把整体市场分成若干个子市场;然后再对经营者进行详细分析,掌握他们服务的是哪些市场"空当"。这样,企业就可以根据自己的营销条件,确定能否去开发、占领这个子市场。同时,通过市场细分,还可以有效地分析和了解各个消费者群需求的满足程度和市场竞争状况,未满足的市场需求而竞争对手又较弱的细分市场,正是极好的市场机会。抓住这样的市场机会,结合企业的资源状况,从中形成、确立适于自身发展的目标市场,并以此为出发点设计出相应的营销战略,就有可能赢得市场主动权,取得市场优势地位,提高市场占有率。

(2) 有利于企业制定和调整市场营销组合策略

市场细分后,每个市场变得小而具体,细分市场的规模、特点显而易见,消费者的需要清晰明了,企业就可以根据不同的商品制定出不同的市场营销策略。离开了市场细分,就无法选择目标市场,所制定的营销组合策略必然是无的放矢。同时,在细分市场上,信息反馈灵敏,一旦消费者需要发生变化,企业可根据反馈信息,迅速改变原来的营销组合策略,制定出相应的对策,使营销组合策略适应消费者变化了的需求。

(3) 有利于中小工商企业开发和占领市场

进入市场的工商企业很多。大型工商企业,由于具有规模优势和规模效益,生存和发展能力相对较强。中小工商企业,由于受到经营能力限制,很难与大型工商企业正面竞争。但是中小型企业如果能够认真研究消费者的需求,分析市场,运用自己的长处有针对性地选择目标市场,就有可能在浩瀚的商海中找到绿洲。如某一小型商店,因多年经营钟表,积累了丰富的商品知识和销售经验,对顾客的需求和爱好有较深入的了解。所以,在与大型百货商店的竞争中,集中力量经营钟表,避免了人、财、物的分散使用,结果在竞争中不但站稳了脚跟,而且大有发展。

(4) 有利于提高企业的经济效益和社会效益

市场细分对提高经济效益的作用主要表现在两个方面:一是通过市场细分,确立目标市场,然后把企业的人力、物力、财力集中投入目标市场,形成经营上的规模优势,取得理想的经济效益;二是在市场细分之后,企业可以面对自己的市场,组织适销对路商品。只要商品适销对路,就能加速商品周转,提高资金利用率,从而降低销售成本,提高企业经济效益。同时,细分后的市场小而具体,经营者可以深入细致地探求每个细分市场上的潜在需求,研究该市场的发展趋势、潜在需求量的大小、将需要提供什么样的商品和服务等。企业可以根据潜在的市场需要,有的放矢地去开发新市场,使潜在需求尽快地转化为现实需求。这样,既能为企业带来新的顾客,达到扩大销售、增加赢利的目的,又满足了潜在消费者的需求而受到消费者的欢迎。

3.1.3.2 市场细分的条件

1. 可衡量性

所谓可衡量性,是指市场细分的标准和细分以后的市场是可以衡量的。它包括三方面的内容:首先,是消费者需求具有明显的差异性。只有这样,才值得对市场进行细分。相反,如果消费者对商品的需求差异不大,无法确定清楚明确的细分标准,就不必费神费力去进行市场细分。其次,它是指对消费者需求的特征信息易于获取和衡量,能衡量细分标准的重要程度并进行定量分析。否则,也无必要加以细分。再次,它是指经过细分后的市场范围、容量、潜力等也必须是可以衡量的,这样才有利于确定目标市场。

2. 可占领性

所谓可占领性,是指经过细分的市场是企业可以利用现有的人力、物力和财力去占领的。可占领性包括两层含义:首先,细分后的市场值得企业去占领,即市场细分要有适当的规模和发展潜力,同时有一定的购买力,企业进入这个市场后有足够的销售额。如果细分市场规模过小,市场容量有限,就没有开发的价值。其次,细分后的市场,企业是能够去占领的。市场细分的目的是为了使企业正确选择目标市场。因此,细分市场必须考虑到企业的经营条件和经营能力,使目标市场的选择与企业资源相一致。否则,通过市场细分所确定的目标市场是企业人力、物力和财力所不能达到从而无法占领的,那么,细分市场就失去了相应的意义。同时,要充分了解细分市场的需求满足程度和竞争者状况。若市场需求满足程度已饱和,或竞争者已经处于垄断地位而企业又不能战胜对方,这样的市场也无开拓的必要。

3. 可接近性

所谓可接近性,是指企业容易进入细分市场。它包括两方面的含义:一方面是指市场细分后所确定的目标市场上的消费者,能够了解企业所经营的商品,并已对商品产生购买兴趣和购买行为,能通过各种渠道达到推广本企业经营的商品;另一方面企业采取的各种营销措施和营销策略,诸如人员推销、营业推广、广告宣传、公共关系等促销手段,可以达到被选定的细分市场,其营销努力能够引起细分市场上的消费者的注意和反应。

4. 稳定性

市场细分的目的在于正确选择目标市场,集中力量开拓经营,扩大销售,增加企业赢利。这就要求细分的市场不但要有一定的市场容量和发展潜力,而且要有一定程度的稳定性,即占领市场后的相当长时期内不需要改变自己的目标市场。因为目标市场的改变必然带来企业经营设施和营销策略的改变,而这种变动过快给企业带来的风险和损失也会随之增加。因此,一般地,目标市场越稳定,越有利于企业制定长期的营销战略和策略,越有比较稳定的利润。

此外,还须指出的是,市场细分程度要合理,不能认为市场的细分是越细越好。近年来,西方市场营销学家反对"超细分策略",而主张将许多过于狭小的市场组合起来,以便利用较低的价格去满足这一市场较广的需求。尤其在我国当前市场处在以中低消费能力为主的情况下,一般不宜将市场划分得过细,应因时因地制宜并与日渐增长的物质文化的实际需求相适应,宜细则细,宜粗则粗,以务实为上。

3.1.3.3　市场细分的标准

消费者需求的差异性是市场细分的依据。凡是构成消费者差异的因素都可以作为市场细分的标准。为了研究方便和实际操作的需要,市场营销学根据消费者的购买行为和企业市场营销的实际状况,按照生活资料市场和生产资料市场的不同特点,总结出以下细分标准。

1. 生活资料市场细分标准

生活资料市场的细分标准,因企业不同而各具特色,但一般来说,主要有地理环境标准、人口状况标准、消费者心理标准和购买行为标准 4 个方面,每个方面又包括一系列的细分变量因素,如表 3-2 所示。

表 3-2　生活资料市场细分的一般标准

细分标准	细分变量因素
地理环境	区域、地形、气候、城镇规模、交通运输条件、人口密度等
人口状况	年龄、性别、家庭人口、家庭周期、家庭收入、职业、教育、文化、信仰、种族、国籍等
消费者心理	生活方式、社交、态度、自主能力、服从能力、领导能力、成就感等
购买行为	购买动机、购买状况、使用习惯、对市场营销因素的感受程度等

(1) 地理环境

地理环境包括区域、地形、气候、城镇规模、交通运输条件、人口密度等具体变量因素。我国市场按地理方位可分为东北市场、华北市场、华东市场、华中市场、华南市场、西南市场和西北市场等;按地理区域划分,我国有 31 个省、市、自治区,实际上就是 31 个子市场。市场营销学之所以要把地理环境作为生活资料市场细分的标准,是因为地理因素影响消费者的需求和反应,形成不同的消费习惯和偏好,有不同的需求特点,对企业营销所采取的对策也应有别。例如,我国南方气候温和,长江流域降水量多,北方寒冷,因此消费者的衣、食、住、行的需要都有很大差别。

（2）人口状况

人口状况包括年龄、性别、家庭人口、家庭周期、家庭收入、职业、教育、文化、信仰、种族、国籍等。如以年龄为标准细分市场,可以把市场细分为老年市场,中年市场,青、少年市场和婴儿市场等。市场营销学把构成人口状况的因素作为细分市场的标准,是因为人口是构成市场最主要的因素,它与消费者的需求,与许多商品的销售都存在密切的联系。工商企业认真研究人口因素对生活资料市场的影响,是十分重要的。

（3）消费者心理

消费者心理包括消费者的生活方式、社交、态度、自主能力、服从能力、领导能力、成就感等。如以生活方式为标准可以把市场细分为时髦市场、朴素市场和随俗市场等。细分市场要考虑消费者心理,是因为消费者需求受个人生活方式及其性格等因素的影响极大。如性格外向的人购买快乐商品的多,而内向的人则注重实用类商品的购买;独立性较强的人,自己左右货币投向,受外界因素影响较小,而依赖性较强的人,则经常受外界的影响。企业按照心理因素标准细分市场,并根据各个子市场的需求和偏好,选择对路的商品和制定适合的营销策略,更能取得营销的成功。

（4）购买行为

购买行为包括消费者的购买动机、购买状况、使用习惯、对市场营销因素的感受程度等。如根据消费者的购买动机细分市场就可以发现,有的消费者追求物美价廉,有的追求社会声誉,有的则追求商品使用的方便。而且随着市场经济的迅速发展,商品的不断丰富,人们收入水平的提高,这一细分标准的地位越来越重要。分析和掌握这一细分标准,是正确制定营销策略的必然选择。

2. 生产资料市场的细分标准

生产资料市场除了使用生活资料市场的细分标准外,还要根据生产资料的特点,补充用户(客户)要求、用户的规模和购买力、用户地点作为细分生产资料的标准,如表3-3所示。

表3-3　生产资料市场细分补充标准

细分标准	细分变量因素
用户要求	商品的规格、型号、品质、功能、价格等
用户的规模和购买力	大、中、小量用户,购买次数,户数,资金等
用户地点	资源条件、自然环境、地理位置、生产力布局、交通运输及通信条件等

（1）用户要求

最终用户的不同要求,是生产资料市场细分的最通用的标准。在生产资料市场,不同用户购买同一种商品的使用目的往往是不同的。因而对商品的规格、型号、品质、功能、价格等方面提出不同的要求,追求不同的利益。工商企业要根据生产资料用户的要求来细分市场,把要求大体相同的用户集合成群,以便企业开展针对性营销,设计不同的合适的市场营销组合方案。

（2）用户的规模和购买力

用户的规模和购买力大小,也是生产资料市场细分的重要标准。在生产资料市场中,大用户、中用户、小用户的区别要比生活资料市场远为普遍,也更为明显。大用户单位户数虽少,但购买力很大;小用户单位则相反,购买力不大。企业对大用户市场和小用户市场应分别采取不同的营销组合。

(3)用户地点

用户地点涉及当地资源条件、自然环境、地理位置、生产力布局等因素。这些因素决定地区工业的发展水平、发展规模和生产布局,形成不同的工业区域,产生不同的生产资料需求特点。工商企业按用户的地点来细分市场,选择用户较为集中的地区作为自己的目标市场,不仅联系方便,信息反馈快,而且可以更有效地规划运输路线,节省运力与运费。同时,也能更加充分地利用营销力量,降低营销成本。

市场细分是一项复杂的工作。细分市场需要运用以上标准,但又不是僵化不变的,要针对企业和消费者需要的具体情况,用动态的观点来选择某些变数作为细分的标准,根据分析的结果确定企业的目标市场。

3.1.3.4　市场细分的方法

市场细分的方法是多种多样的,但通行的方法有以下 4 种。

1. 单一标准法

单一标准法是指根据市场主体的某一因素进行细分。如按品种来细分粮食市场、按性别细分服装市场、按用途细分钢材市场等。当然,按单一标准细分市场,并不排斥环境因素的影响作用。考虑到环境的作用更符合细分市场的科学性要求。

2. 主导因素排列法

主导因素排列法是指一个细分市场的选择存在很多因素时,可以从消费者的特征中寻找和确定主导因素,然后与其他因素有机结合,确定细分目标市场。例如,职业与收入一般是影响女青年服装选择的主导因素,文化、婚姻、气候则居于从属地位,因此,应以职业、收入作为细分女青年服装市场的主要依据。

3. 综合标准法

综合标准法是指根据影响消费者需求的两种或两种以上的因素综合进行细分。综合因素法的核心是并列多因素分析,所涉及的各项因素都无先后顺序和重要与否的区别。

4. 系列因素法

系列因素法是指细分市场所涉及的因素是多项的,但各项因素之间先后有序,由粗到细,由浅入深,由简至繁,由少到多。例如,鞋的市场细分就可以利用系列因素法,如图 3-2所示。

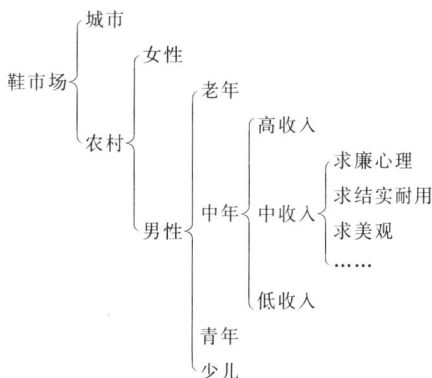

图3-2　鞋市场细分

同步实务 3-2

依据性别、年龄对服装市场进行细分

业务分析：市场细分是为企业选择目标市场，制定市场营销战略与策略服务的。因此，标志要清楚。

业务程序：列出服装市场细分图 3-3。

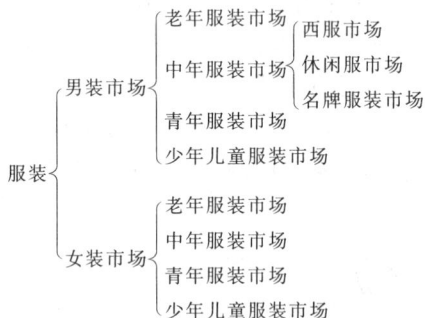

```
                                              ┌ 老年服装市场     ┌ 西服市场
                              ┌ 男装市场 ┤ 中年服装市场 ┤ 休闲服市场
                              │               │                     └ 名牌服装市场
                              │               │ 青年服装市场
                              │               └ 少年儿童服装市场
           服装 ┤
                              │               ┌ 老年服装市场
                              └ 女装市场 ┤ 中年服装市场
                                              │ 青年服装市场
                                              └ 少年儿童服装市场
```

图 3-3　服装市场细分

业务说明：服装市场还可以进一步细分。企业根据细分的市场和规模，选择一个或几个作为自己的目标市场，有针对性地采取营销策略。

3.1.4　课堂活动演练

设计某国产品牌奶粉的"市场细分表"

背景资料

国外品牌领航高端，国产奶粉立足细分市场。一时之间，中国婴幼儿奶粉市场似乎进入一种稳健竞争的状态。

美赞臣"安婴"系列奶粉的成功或许能给众多国产奶粉品牌提供借鉴。

一方面是产品线齐全——从"安婴妈妈"到"安婴系列婴幼儿奶粉"，美赞臣全系列产品的"目标用户"涵盖了婴幼儿、儿童、孕妇及哺乳妇女，可以说是为消费者提供了一整套的解决方案；另一方面是配方科学——育婴专家和营养学家的观点是，母乳是婴儿最理想的食品，对于那些母乳不足或者没有母乳的婴幼儿来说，越接近母乳的奶粉对于他们的成长和发育越好，因此配方奶粉的研究应以接近母乳为研究方向。美赞臣推出的安婴 A＋系列奶粉之所以被誉为"婴幼儿配方奶粉的典型性改良"，主要是因为其配比更接近母乳的天然成分。

市场专家指出，婴幼儿奶粉市场的竞争根本不是价格之争。如果能够有效地缩小与国外品牌在观念、技术、产品品质等方面的差距，国产奶粉便有望跻身高端。

演练要求

（1）分析某一国产品牌奶粉的市场状况。

（2）运用市场细分的标准，设计该国产品牌奶粉的"市场细分表"。

（3）要注意市场细分标准的完整性和正确性、市场细分表制作的规范性。

演练条件

（1）事先对学生按照5~6人进行分组。

（2）教师提供"市场细分表"的设计范例。

（3）教师对"市场细分表"上所列项目的含义和内容给学生进行详细讲解。

（4）具有可上网的实训室。

3.1.5 实例专栏与分析

酒店市场细分永不停息——来自万豪酒店的启示

万豪酒店是与希尔顿、香格里拉等齐名的酒店巨头之一，总部位于美国。现在，其业务已经遍及世界各地。

八仙过海，各显神通，不同的企业有不同的成功之道。就酒店业而言，上述企业在品牌及市场细分上就各有特色：希尔顿、香格里拉等这样单一品牌公司通常将内部质量和服务标准延伸到许多细分市场上；而万豪则偏向于使用多品牌策略来满足不同细分市场的需求，人们（尤其是美国人）熟知的万豪旗下的品牌有"庭院旅馆"、"波特曼·丽嘉"等。

在美国，许多市场营销专业的学生最熟悉的市场细分案例之一就是万豪酒店。这家著名的酒店针对不同的细分市场成功推出了一系列品牌：Fairfield（公平）、Courtyard（庭院）、Marriott（万豪）以及 Marriott Marquis（万豪伯爵）等。在早期，Fairfield 是服务于销售人员的，Courtyard 是服务于销售经理的，Marriott 是为业务经理准备的，Marriott Marquis 则是为公司高级经理人员提供的。后来，万豪酒店对市场进行了进一步的细分，推出了更多的旅馆品牌。

在市场细分这一营销行为上，万豪可以被称为超级细分专家。在原有的四个品牌都在各自的细分市场上成为主导品牌之后，万豪又开发了一些新的品牌。在高端市场上，Ritz-Carlton（波特曼·丽嘉）酒店为高档次的顾客提供服务方面赢得了很高的赞誉并备受赞赏；Renaissance（新生）作为间接商务和休闲品牌与 Marriott 在价格上基本相同，但它面对的是不同消费心态的顾客群体——Marriott 吸引的是已经成家立业的人士，而 Renaissance 的目标顾客则是那些职业年轻人；在低端酒店市场上，万豪酒店由 Fairfield Inn（公平客栈）衍生出 Fairfield Suite（公平套房），从而丰富了自己的产品线；位于高端和低端之间的酒店品牌是 Towne Place Suite（城镇套房）、Courtyard 和 Residence Inn（居民客栈）等，他们分别代表着不同的价格水准，并在各自的娱乐和风格上有效进行了区分。

伴随着市场细分的持续进行，万豪又推出了 Springfield Suite（弹性套房）——比 Fairfield Inn 的档次稍高一点，主要面对一晚75~95美元的顾客市场。为了获取较高的价格和收益，酒店使 Fairfield Suite 品牌逐步向 Springfield Suite 品牌转化。

3.2 选择目标市场

3.2.1 成果展示与分析

刘备如此选择目标市场

三国时期，刘备初起之时力量薄弱，当时天下诸侯割据，群雄纷争，势力比较大的则北有曹操、南有孙权,而刘备审时度势,选取蜀中为据点,终成三分天下之势。其中刘备旗下将相的鼎力相助功不可没,但刘备在最初以蜀中为根据地,同时大肆宣扬自己是皇室宗亲,标榜自己乃仁义之士的种种举措则为这个局面开了个很好的头。

用市场营销学的观点来看,这里就有个目标市场选择的问题。刘备正是在正确分析竞争者和消费者的基础上,选定了正确的目标地域——被曹操与孙权忽略的蜀中,锁定了正确的目标人群,并迎合了他们的目标需求——蜀中百姓渴望安定、尊崇仁君,从而为其日后市场地位的奠定打下了良好的基础。俗语说"万事开头难",而做任何一件事情,头开对了,也基本上就等于成功了一半。

目标市场的选择在企业的营销中属于开头必不可少的一步,而且是至关重要的一步。说它至关重要是因为它关系着企业整个营销战略的方向性问题,企业的营销战略必须适应目标市场的地理环境和人文环境、必须迎合目标消费人群的习惯与爱好,满足特定的需求。若目标市场选择有误,企业以此为基础来制定营销战略,必会出现偏差。而企业用不正确或不准确的营销战略来指导经营活动,轻则可能造成一定的经济损失,重则极有可能导致企业全军覆没,满盘皆输。

3.2.2　任务工作流程

确定目标市场的步骤如图3-4所示。

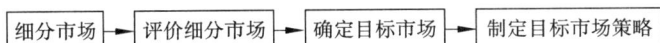

细分市场 → 评价细分市场 → 确定目标市场 → 制定目标市场策略

图3-4　确定目标市场的步骤

3.2.3　基本知识和技能

3.2.3.1　目标市场的内涵

目标市场是指工商企业在细分市场的基础上,经过评价和筛选所确定的作为企业经营目标而开拓的特定市场,即企业可望能以某相应的商品和服务去满足其需求,为其服务的那几个消费者群体。

目标市场选择是指企业从可望成为自己的几个目标市场中,根据一定的要求和标准,选择其中某个或某几个目标市场作为可行的经营目标的决策过程和决策。

任何企业拓展市场,都应在细分市场的基础上发现可能的目标市场并对其进行选择。因为首先,对企业来说,并非所有的细分市场和可能的目标市场都是企业所愿意进入和能进入的;其次,作为一个企业,无论规模多大,实力多强,都无法满足所有买主的所有需求。由于资源的限制,企业不可能有足够的人、财、物来满足整体市场的需求。因此,为保证企业的营销效率,避免资源的浪费,必须把企业的营销活动局限在一定的有限市场范围内。否则,势必会分散企业的力量,达不到预期的营销目标。鉴于上述原因企业必须在细分市场的基础上,根据自身的资源优势,权衡利弊,选择合适的目标市场。

市场细分、目标市场和目标市场选择是3个既有区别又密切联系的概念,如图3-5所示。

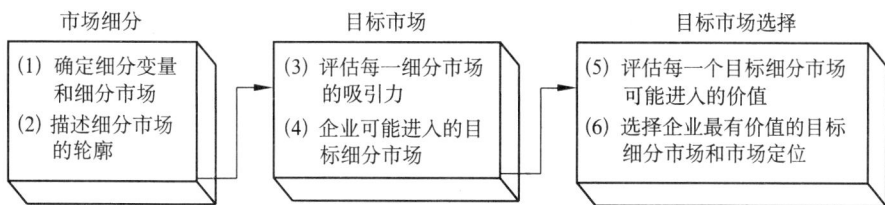

图 3-5　市场细分、目标市场和目标市场选择

一个理想的目标市场必须具备以下 4 个条件。

1. 有足够的市场需求

一定要有尚未满足的现实需求和潜在需求。理想的目标市场应该是有利可图的市场，没有需求而不能获利的市场谁也不会去选择。

2. 市场上有一定的购买力

即有足够的销售额。市场仅存在未满足的需求，不等于有购买力和销售额。如果没有购买力或购买力很低，就不可能构成现实市场。因此，选择目标市场必须对目标市场的人口、购买力、购买欲望进行分析和评价。

3. 企业必须有能力满足目标市场的需求

在市场细分的子市场中，可以发现有利可图的子市场有许多，但是不一定都能成为企业自己的目标市场，必须选择企业有能力去占领的市场作为自己的目标市场。同时，开发任何市场都必须花费一定的费用。将花费的一定费用和带来的企业利润相比较，只有当带来的企业利润大于企业花去的费用时的目标市场，才是有效的目标市场。

4. 在被选择的目标市场上本企业具有竞争的优势

竞争优势主要表现为：该市场上没有或者很少有竞争；如有竞争也不激烈并有足够的能力击败对手；该企业可望取得较大的市场占有率。

3.2.3.2　确定目标市场的范围

市场经过细分、评价后，可能得出若干可供进军的细分市场，企业是向某一个市场进军还是向多个市场进军？这就需要确定目标市场的范围。企业可以在图 3-6 所示的 5 种目标市场类型中进行选择。

1. 产品/市场集中化

企业选择一个细分市场作为目标市场，企业只生产一种产品来满足这一市场消费者的需求。这种策略的优点主要是能集中企业的有限资源，通过生产、销售和促销等专业化分工，提高经济效益。一般适应实力较弱的小企业，与其在大(多)市场里平庸无奇，倒不如在小(少)市场里有一席之地。但存在着较大的潜在风险，如消费者的爱好突然发生变化，或有强大的竞争对手进入这个细分市场，企业很容易受到损害。

2. 产品专业化

企业选择几个细分市场作为目标市场，企业只生产一种产品来分别满足不同目标市场

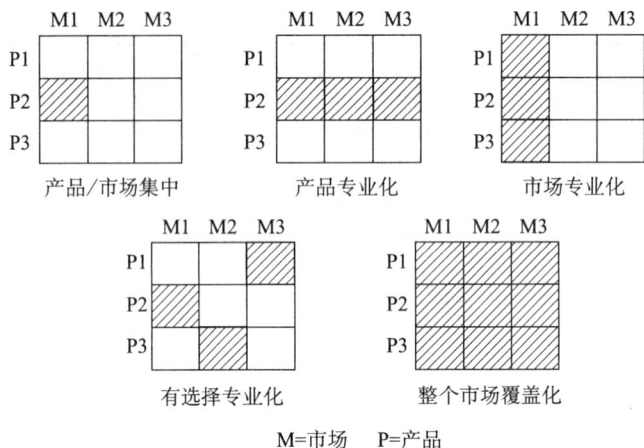

图 3-6　5 种目标市场选择类型

消费者的需求。这种策略可使企业在某个产品树立起很高的声誉,扩大产品的销售,但如果这种产品被全新技术产品所取代,其销量就会大幅下降。

3. 市场专业化

企业选择一个细分市场作为目标市场,并生产多种产品来满足这一市场消费者的需求。企业提供一系列产品专门为这个目标市场服务,容易获得这些消费者的信赖,产生良好的声誉,打开产品的销路。但如果这个消费群体的购买力下降,就会减少购买产品的数量,企业就会产生滑坡的危险。

4. 有选择专业化

企业选择若干个互不相关的细分市场作为目标市场,并根据每个目标市场消费者的需求,向其提供相应的产品。这种策略的前提就是每个市场必须是最有前景、最具经济效益的市场。

5. 整体市场覆盖化

企业把所有细分市场都作为目标市场,并生产不同的产品满足各种不同的目标市场消费者的需求。只有大企业才能选用这种策略。

3.2.3.3　选择目标市场的策略

所谓目标市场策略,是指企业对客观存在的不同消费者群体,根据不同商品和劳务的特点,采取不同的市场营销组合的总称。企业选择的目标市场不同,提供的商品和劳务就不同,市场营销策略也不一样。一般来说,目标市场的策略有 3 种:无差异性市场策略、差异性市场策略和密集(集中)型市场策略。图 3-7 概括了 3 种市场策略的差别。

1. 无差异性市场策略

无差异性市场策略是企业采用单一的营销策略来开拓市场,即企业着眼于消费者需求的同质性,把整个市场看成一个大市场,对市场的各个部分同等看待,推出一种商品,采用一种价格,使用相同的分销渠道,应用相同的广告设计和广告宣传,去占领总体市场的策略。其指导思想是:市场上所有消费者对某一商品的需求是基本相同的,企业

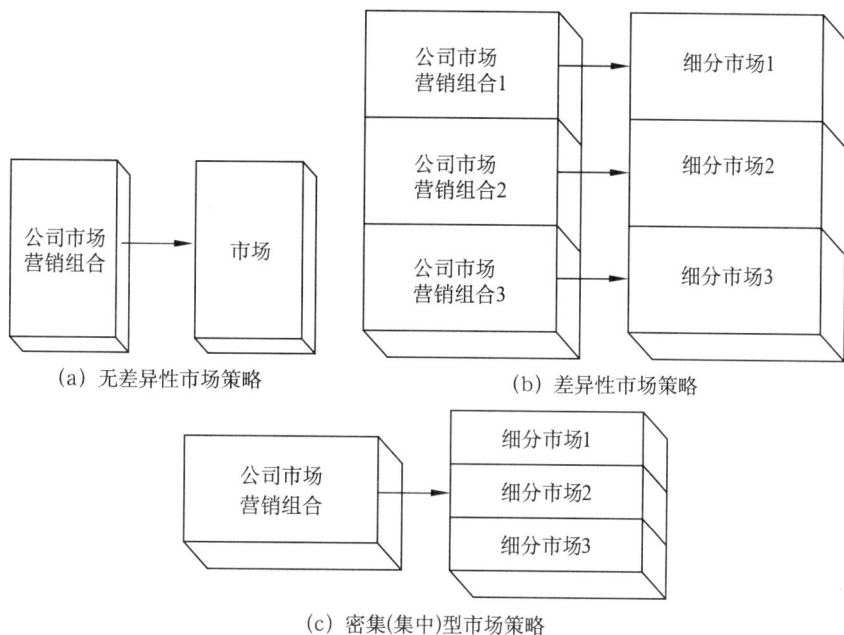

(a) 无差异性市场策略　　(b) 差异性市场策略

(c) 密集(集中)型市场策略

图 3-7　3 种不同的市场策略

大批量经营,就能满足消费者的需求,获得较多的销售额,因而把总体市场作为企业的目标市场。这一策略的最大优点是:由于大批量生产和经营,有利于企业降低成本,取得规模效益;由于不需要对市场进行细分化,可相应地节省市场调研和宣传费用,有利于提高利润水平。该种策略的缺点是:难以满足消费者多样化的需求,不能适应瞬息万变的市场形势,应变能力差。因此,一般来说,选择性不强、差异性不大的大路货商品,供不应求的商品,具有专利权的商品等,宜于采用该策略。在生产观念和推销观念时期,它是大多数企业实施的营销策略。随着消费者需求向多样化、个性化发展,生产力水平和科技进一步发达,其适用范围逐步缩小。

2. 差异性市场策略

差异性市场策略是企业把整个大市场细分为若干不同的市场群体,依据每个小市场在需求上的差异性,有针对性地分别组织经销商品和制定营销策略。即组织不同的商品,根据不同的商品制定不同的价格,采用不同的分销渠道,应用多种广告设计和广告宣传,去满足不同顾客的需求。其指导思想是:消费者对商品的需求是多种多样的,企业经营差异性商品以满足消费者各种需求,就能提高企业的竞争能力,占领较多市场,因而选择较多的细分市场作为企业的目标市场。很显然,差异性市场策略的最大优点在于:全面满足消费者的不同需求,同时,一个企业经营多种商品,实现营销方式和广告宣传的多样性,能适应越来越激烈的市场竞争,有利于获取市场占有率,扩大企业销售额,提高企业信誉。其缺点在于:销售费用和各种营销成本较高,受到企业资源和经济实力的限制较大。因此,差异性市场策略适用于选择性较强,需求弹性大,规格等级复杂的商品营销。

3. 密集(集中)型市场策略

密集型市场策略也称集中型市场策略。这是企业把整个市场细分化后,选择一个或少数几个细分市场作为目标市场,实行专业化经营,即企业集中力量向一个或少数几个细分市场推出商品,占领一个或少数几个细分市场的策略。其指导思想是:与其在较多的细分市场上都获得较低的市场份额,不如在较少的细分市场上获得较高的市场占有率。因而只选择一个或少数几个细分市场,作为企业的目标市场。密集型市场策略的主要优点在于:可准确地了解顾客的不同需求,有针对性地采取营销策略;可节约营销成本和营销费用,从而提高企业投资利润率。这种市场策略的最大缺点在于:风险性较大,最容易受竞争的冲击。因为目标市场比较狭窄,一旦竞争者的实力超过自己,消费者的爱好发生转移或市场情况发生突然变化,都有可能使企业陷入困境。因此,密集型市场策略经常被资源有限的中小企业所采用。因为它们所追求的不是在较大市场上占有较大的份额,而是要在细分市场上占有较大的份额。

◉ 3.2.4　课堂活动演练

确定某品牌白酒的目标市场

背景资料

截至 2006 年,全国共有 1.8 万家白酒生产企业。2006 年,白酒产量 411.06 万吨,同比增长 18.04%。2006 年 1～12 月,中国白酒制造行业实现累计工业总产值101 426 399 000 元,比2005 年同期增长了 28.48%;实现累计产品销售收入97 138 989 000 元,比 2005 年同期增长了31.08%;实现累计利润总额 10 020 030 000 元,比 2005 年同期增长了 34.02%。

2007 年全国共有规模以上白酒企业 1 160 家,共实现利润总额 163.52 亿元,同比增长63.38%。2007 年白酒市场销售额前 10 名的品牌依次是:五粮液、茅台酒、剑南春、水井坊、国窖 1573、红星二锅头、金六福、泸州老窖、郎酒、小糊涂仙。2007 年以来,浓香、清香、兼香、酱香等不同风味的白酒产量同步增长,其中酱香和兼香型白酒产量增长突出,同比分别增长40.53%和 43.58%。不过,浓香型白酒仍是白酒生产的主流,约占各类白酒总量的 66%,发展平稳。

2008 年 1～11 月,中国白酒制造行业实现累计工业总产值 146 337 958 000 元,比上年同期增长了 29.82%;实现累计产品销售收入 141 190 334 000 元,比上年同期增长了29.94%;实现累计利润总额 18 643 047 000 元,比上年同期增长了 36.79%。

演练要求

(1) 以某一品牌的白酒为例,按照消费者群对白酒市场进行细分,确定该白酒的目标市场。

(2) 针对目标市场选择销售渠道和方式。

(3) 请你为该白酒企业制定销售策略。

演练条件

(1) 事先对学生按照5～6 人进行分组。

(2) 假设该品牌白酒属中档产品,适合讲究实惠的消费者消费。

(3) 假设该品牌白酒做南方市场,采取酒店推销的形式销售,屡屡受挫。

(4) 具有可上网的实训室。

◯ 3.2.5　实例专栏与分析

康乐氏橄榄油的目标市场策略

康乐氏橄榄油是来自西班牙的国际顶级橄榄油品牌之一,在进入中国市场之初,康乐氏通过对消费者的现场问卷调查得知,目前橄榄油的消费人群主要有以下特征:年龄方面,消费人群的年龄跨度比较大,可以说是一个老少皆宜的产品;性别方面,接受访问者77.8%为女性,说明橄榄油的购买者一般为女性。

第一步,清晰地定义出目标购买对象,精确地提炼出目标对象的共同价值取向,对品牌策划将起到重要作用。因此,康乐氏对女性消费者的购买特点和消费心理进行了重点分析。

首先,女性是家庭食用油的"把关人",决定家庭食用哪种油料。

其次,白领高知女性具有相当高的收入,为青春常驻不吝惜花光口袋里的钱。

再次,女性具有喜欢攀谈,相互推荐食品、化妆品和服饰的特点。

根据女性消费者的消费心理特点,康乐氏橄榄油定位为"来自地中海的健康食用油",突出宣传其将在中国厨房里所带来的健康革命,走进妇女们的"地盘"——生活社区,并推出以"康乐氏全民健康计划"为主题的健康科普知识宣传活动,内容涉及橄榄油的菜肴制作、产出环境、加工特点、产品特征及对各种疾病防治等相关方面,并有针对性地向女性朋友发放精美的橄榄油宣传材料,诠释健康生活的理念。同时,在部分条件具备的社区,特邀厨师为社区居民进行现场烹饪表演,用橄榄油烹饪出各种特色菜肴,请女性朋友们观其色、品其香,最后再细尝其味。这些极具亲和力体验营销手段带来了良好的反响,激发了她们的购买欲。同时,康乐氏橄榄油还鼓励加盟商有目的地参与到目标社区举办的猜谜游戏、趣味运动会等各种活动中,并为此类活动提供适量的奖品,从而在宣传康乐氏橄榄油的同时,与社区物业也建立了良好的关系,以方便日后开展相关工作。

第二步,利用女性喜欢口头传播的特点,使女性成为康乐氏产品本身最好的移动广告牌。

为了坚持品牌资产的一贯性和统一性,通过品牌信息传达新的产品创新,使原有的女性消费群体不会流失,康乐氏橄榄油对已购买产品的客户进行周到的售后跟踪服务及指导使用,形成良好的口碑宣传,使这些女性消费群体认准并信赖康乐氏品牌,这就意味着,妇女在向别人传播橄榄油产品时自然会大力推介康乐氏品牌,无形之中为康乐氏带来了强大的免费广告效应,康乐氏也会逐渐走进女性消费者家人、亲戚、朋友等生活圈,如此循环下去,女性成了康乐氏橄榄油的"免费推销员"。

第三步,吃着碗里的,看着锅里的,想着田里的。

根据女性人群的特点,康乐氏将女性市场划分为三个层次,将其形象地比喻为"吃着碗里的,看着锅里的,想着田里的。"

"碗里的"即是指康乐氏原有的消费群体。康乐氏橄榄油锁定部分目标消费者推广"康乐氏健康俱乐部"项目,发展会员,除提供一定的优惠措施,还不定期举办各种活动。这样,充分挖掘了目标消费者的潜在需求,刺激了长期消费,同时也有利于掌握更多的消费者资料,不断调整促销策略,完善并提升产品质量和品牌效应。

"锅里的"即是指有购买能力和购买欲望,但是对橄榄油呈观望态度的消费群体。针对这一部分消费群体,康乐氏展开多种形式的广告攻势和宣传攻势,事先让她们试用或是亲身体验,从而争取这一部分"中坚力量"。

"田里的"即是有消费欲望和购买潜力但是目前尚无消费能力的女性消费人群。这是康乐氏极为重视的潜在消费群,也是康乐氏营销战略的重要内容之一。

3.3 目标市场定位

3.3.1 成果展示与分析

巧妙的医院市场定位

某医院通过调查,了解就医者最关心的营利性医院的几个指标为"医疗质量"、"医疗费用"和"个性化服务程度",假定目标市场上已有 A、B、C 三个竞争区域,其医疗服务市场定位见图 3-8。

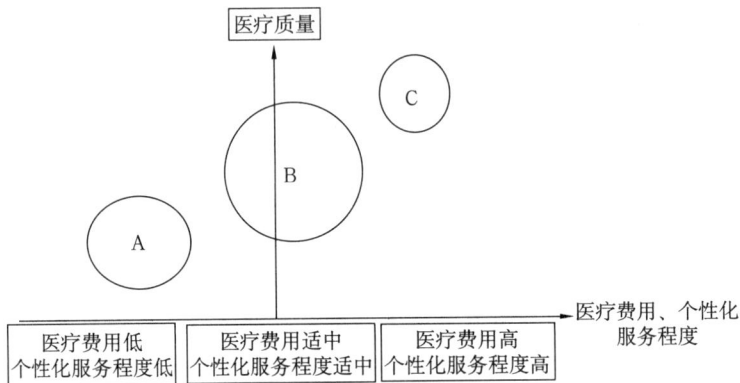

图 3-8　某医院的市场定位图

从图 3-8 可以看出,A 区域的医疗费用、个性化服务程度及医疗质量较低,虽然竞争对手不多,但医疗质量是医院的第一生命力,也是人们选择医院最关心的问题,因此要避免定位在这一区域;而图中的左上方没有竞争对手,医院如果拥有雄厚的技术力量,但资金相对不足,则可以将其定位在该区域;图中的 B 区域医疗费用、医疗质量、个性化服务程度适中的竞争对手较多,已没有多少可以争取的市场份额,可以避开在这个范围定位。而随着经济的发展和人们对自身健康的关注,就医者除了要求高质量的医疗服务外,对各种医疗扩增服务也提出了很高的要求,如舒适的环境、快捷便利的服务和各种人性化的关怀等,因此定位在虽然医疗费用高,但个性化服务程度高的高端市场也会有很大的市场,如在 C 区域附近。定位的关键就在于要找准本医院的自身情况与所处的环境最匹配的结合点。

医院的市场定位就是要使自己的医疗服务在就医者心目中占领一个明确的、与众不同的和有吸引力的地位,以适应就医者一定的需要和偏好,从而树立自己的"医疗服务形象"或"医院形象"。医院的定位不是一成不变的,应根据外部环境的变化和医院自身的发展不断调整。同时,根据实际情况,也可能采取多个定位综合使用,充分利用医院的资源,促进医院的发展。

◯ 3.3.2 任务工作流程

第一步 调查影响因素,确认竞争机会;
第二步 明确竞争优势,策划定位战略;
第三步 选择定位基点,策划定位方式;
第四步 策划沟通方案,传播定位观念。

◯ 3.3.3 基本知识和技能

3.3.3.1 目标市场定位的概念

所谓目标市场定位,是指企业决定把自己放在目标市场的什么位置上。这种定位并非能随心所欲,必须对竞争者所处的市场位置,消费者的实际需求和本企业经营商品的特性做出正确的评估然后确定出适合自己的市场位置。

工商企业进行目标市场定位,是通过创造鲜明的商品营销特色和个性,从而塑造出独特的市场形象来实现的。这种特色可表现在商品范围上和商品价格上,也可表现在营销方式等其他方面。科学而准确的市场定位是建立在对竞争对手所经营的商品具有何种特色,顾客对该商品各种属性重视程度等进行全面分析的基础上的。为此,需掌握以下几种信息。

(1)目标市场上的竞争者提供何种商品给顾客;

(2)顾客确实需要什么;

(3)目标市场上的新顾客是谁?企业根据所掌握的信息,结合本企业的条件,适应顾客一定的需求和偏好,在目标顾客的心目中为本企业的营销商品创造一定的特色,赋予一定的形象,从而建立一种竞争优势,以便在该细分市场吸引更多的顾客。

3.3.3.2 目标市场定位的策略

目标市场定位实质是一种竞争策略,它显示了一种商品或一家企业同类似的商品或企业之间的竞争关系。定位方式不同,竞争态势也不同,下面分析 4 种主要定位策略。

1. 市场领先者定位策略

市场领先者定位策略是指企业选择的目标市场尚未被竞争者所发现。企业率先进入市场,抢先占领市场的策略。企业采用这种定位策略,必须符合以下几个条件。

(1)该市场符合消费发展趋势,具有强大的市场潜力;

(2)本企业具备领先进入的条件和能力;

(3)进入的市场必须有利于创造企业的营销特色;

(4)提高市场占有率,使本企业的销售额在未来市场的份额中占有 40% 左右。

2. 市场挑战者定位策略

市场挑战者定位策略是指企业把市场位置定在竞争者的附近,与在市场上占据支配地位的,即最强的竞争对手"对着干",并最终把对方赶下现坐的市场位置,让本企业取而代之的市场定位策略。企业采取这种定位策略,必须具备以下条件。

(1) 要有足够的市场潜量;

(2) 本企业具有比竞争对手更丰富的资源和更强的营销能力;

(3) 本企业能够向目标市场提供更好的商品和服务。

3. 跟随竞争者市场定位策略

跟随竞争者市场定位策略是指企业发现目标市场竞争者充斥,已座无虚席时,而该市场需求潜力又很大,企业跟随竞争者挤入市场,与竞争者处在一个位置上的策略。企业采用这种策略,必须具备下列条件。

(1) 目标市场还有很大的需求潜力;

(2) 目标市场未被竞争者完全垄断;

(3) 企业具备挤入市场的条件和与竞争对手"平分秋色"的营销能力。

4. 市场补缺者定位策略

市场补缺者定位策略是指企业把自己的市场位置定在竞争者没有注意和占领的市场位置上的策略。当企业对竞争者的市场位置、消费者的实际需求和自己经营的商品属性进行评估分析后,如果发现企业所面临的目标市场并非竞争者充斥,存在一定的市场缝隙或空间,而且自身所经营的商品又难以正面抗衡,这时企业就应该把自己的位置定在目标市场的空当位置,与竞争者成鼎足之势。采用这种市场定位策略,必须具备以下条件。

(1) 本企业有满足该市场所需要的货源;

(2) 该市场有足够数量的潜在购买者;

(3) 企业具有进入该市场的特殊条件和技能;

(4) 经营必须赢利。

当然,企业的市场定位并不是一劳永逸的,而是随着目标市场竞争者状况和企业内部条件的变化而变化的。当目标市场发生下列变化时,就需考虑重新调整定位的方向。

(1) 当竞争者的销售额上升,使企业的市场占有率下降,企业出现困境时;

(2) 企业经营的商品意外地扩大了销售范围,在新的市场上可以获得更大的市场占有率和较高的商品销售额时;

(3) 新的消费趋势出现和消费者群的形成,使本企业销售的商品失去吸引力时;

(4) 本企业的经营战略和策略作重大调整时等。

总之,当企业和市场情况发生变化时,都需要对目标市场定位的方向进行调整,使企业的市场定位策略符合创立企业特色,发挥企业优势的原则,从而取得良好的营销利润。

◯ 3.3.4　课堂活动演练

设计上海全泰服饰鞋业总公司的市场定位图

背景资料

上海满街的时装店开得比金铺、米店还要多,但望衣兴叹、抱怨购衣难、制衣难的沪上中老年消费者依然大有人在。要么是服装尺码规格对不上路、配不上号;要么是款式陈旧、面料灰蓝黑,连老太太们都看不上眼。据说,服装生产部门也有难言隐衷,发福女性身材的各部分尺寸比例可谓千差万别、千人千面,统一版样根本无法确定,就是核算成本、定价格也是难事一件——占料。用料多了,价格一高,买主往往易生狐疑:莫不是你乘人之"难",非得宰我一刀不成?

上海全泰服饰鞋业总公司为解决中老年女性购衣难的问题,遴选公司各系统部门的精兵强将,集中优势人力和物力开展个性化的服装产销咨询、设计、制作一条龙的特色服务。具体的做法是:推选上海市商业系统职业明星和服务品牌、市劳模胡伟华创建的"中老年服饰形象设计工作室"担纲唱主角,配备有资深样板师杜福明等"老法师"主持裁剪,加工制作师傅均须经过严格技术考核并持有 5 级以上证书。公司还专门委派采购人员分赴市内外各面料生产和出口主营企业翻仓倒库,寻觅花色繁多的小段"零头布"作为独家拥有的"个性化面料",形象设计、来样定制、来样定做、来料加工、备料选样定制,诸多"小锅菜"齐上桌,深受中老年女性消费者的喜爱。

全泰在对老年女性市场全面分析的基础上,进行了多层面细分,发现老年女性身材的多变性造成买衣难,于是确定了个性化的目标市场,并在老年女性市场中确定了鲜明的特色和形象,从而有助于树立企业形象,扩大经济效益。

演练要求

(1) 要求学生运用市场定位知识和技术对上海全泰服饰鞋业总公司进行定位,完成"市场定位图"的设计。

(2) 要求学生交流定位心得情况。

(3) 要求教师对学生提供的"市场定位图"进行分析评价。

演练条件

(1) 事先对学生按照 5～6 人进行分组。

(2) 教师提供市场定位图范例,供学生借鉴。

(3) 具有可上网的实训室。

3.3.5　实例专栏与分析

香港银行如何利用定位获得市场

香港金融业非常发达,占其产业的 1/4。在这一弹丸之地,各类银行多达几千家,竞争异常激烈。如何在这个狭小的市场找到自身的生存空间? 他们的做法是:利用定位策略,突出各自优势。

汇丰——定位于分行最多,全港最大的银行。这是以自我为中心实力展示式的诉求。20 世纪 90 年代以来,为拉近与顾客之间的距离,汇丰改变了定位策略。新的定位立足于"患难与共,伴同成长"。旨在与顾客建立同舟共济,共谋发展的亲密朋友关系。

恒生——定位于充满人情味的、服务态度最佳的银行。通过走感性路线赢得顾客的心。突出服务这一卖点,也使它有别于其他银行。

渣打——定位于历史悠久,安全可靠的英资银行。这一定位树立了渣打可信赖的"老大哥"形象,传达了让顾客放心的信息。

中国银行——定位于强大后盾的中资银行。直接针对有民族情结、信赖中资的目标顾客群,同时暗示它提供更多更新的服务。

廖创兴——定位于助你创业兴家的银行。以中小工商业者为目标对象,为他们排忧解难,赢得事业的成功。香港中小工商业者有很大的潜在市场。廖创兴敏锐地洞察到这一点,并切准他们的心理:想出人头地,大展宏图。据此,廖创兴将自身定位在专为这一目标顾客群服务,给予他们在其他大银行和专业银行所不能得到的支持和帮助,从而牢牢占有这一市场。

重点概括

- 市场细分是营销者通过市场调研,根据消费者对商品的不同欲望与需求,不同的购买行为与购买习惯,把消费者整体划分为具有类似性的若干个不同的购买群体——子市场,使企业可以从中认定其目标市场的过程和策略。消费者需求和购买行为的差异性和同类性,是市场细分的主要依据。依据消费者对商品的同质需求和异质需求,可以把市场分为同质市场和异质市场,不同的市场可以采取不同的营销策略。

- 有效的市场细分必须具备可衡量性、可占领性、可接近性、稳定性4个条件。

- 生活资料的市场细分标准有地理环境、人口状况、消费者的心理与购买行为等。生产资料市场除了使用生活资料市场细分的标准外,还要根据生产资料市场的特点,补充用户要求、用户规模和生产力、用户地点等作为细分生产资料市场的标准。

- 市场细分的方法有:单一标准法、主要因素排列法、综合标准法、系列因素法。

- 目标市场是企业可望能以某相应的商品和服务去满足其需求,为其服务的那几个消费者群。目标市场选择是企业从可望成为自己的几个目标市场中,根据一定的要求和标准,选择其中某个或几个目标市场作为可行的经营目标的决策过程和决策。市场细分的目的是为了选择目标市场。目标市场选择必须具备4个条件,即具有足够的市场需求;市场上有一定的购买力;企业必须有能力满足目标市场的需求;在被选择的目标市场上本企业具有竞争的优势。

- 依据企业资源、商品特点、商品的市场生命周期、市场特点、竞争状况可以选择无差异性市场策略、差异性市场策略和密集型市场策略。同时,企业还要重视目标市场定位,即企业决定把自己放在目标市场的什么位置上。企业目标市场定位策略有:市场领先者定位策略、市场挑战者定位策略、跟随竞争者定位策略和市场补缺者定位策略。

综合实训

- 案例技能题 -

| 案例分析 | 两种品牌　两种结果 |

阿迪达斯是德国一家为竞技运动员生产轻型跑鞋的先驱。在1976年的蒙特利尔奥运会上,田径赛中的82N的获奖者穿的正是阿迪达斯牌运动鞋。

20世纪70年代,蓬勃兴起的健康运动使得百万以上不好运动的人们对体育锻炼产生了兴趣。成长最快的健康运动细分市场是慢跑。据估计,到1980年有2 500万～3 000万美国人加入了慢跑运动,还有1 000万人为了休闲而穿跑鞋。尽管如此,为了保护其在竞技市场中的统治地位,阿迪达斯并没有大规模地进入慢跑市场。

20 世纪 70 年代出现了许多竞争者,其中耐克公司最富有进取性和创新性。耐克的大突破源于被称为"夹心饼干鞋底"上的橡胶钉比市场上出售的其他鞋更富有弹性。这种鞋底的流行及旅游市场的快速膨胀,使耐克公司的销售额飞速上涨,耐克公司坚持:

(1) 研究和技术改进;

(2) 风格式样的多样化。今天,耐克公司的年销售超过了 35 亿美元,并成为行业的领先者,占有运动鞋市场 26% 的份额。

到 20 世纪 80 年代初慢跑运动达到高峰时,阿迪达斯远远落后了。而它的竞争对手推出了更多的新产品,并且成功地扩展到了其他运动市场,例如,耐克公司的产品已经统治了篮球和年轻人市场,运动鞋已进入了时装时代。到 20 世纪 90 年代,阿迪达斯的市场份额降到了可怜的 4%。

问题

(1) 阿迪达斯的市场份额为什么会极大减少?

(2) 耐克的成功因素有哪些?

分析要求

(1) 学生分析案例提出的问题,拟出《案例分析提纲》。

(2) 小组讨论,形成小组《案例分析报告》。

(3) 班级交流,教师对各小组《案例分析报告》进行点评。

(4) 在班级展出附有"教师点评"的各小组《案例分析报告》,供学生比较研究。

决策设计	巨人公司多元化的失败

位于珠海的巨人公司,曾经是中国民营高科技公司的一面旗帜。它抓住了国内电脑科技发展的机遇,以经营巨人汉卡起家,短短几年,即成为 20 世纪 90 年代初与联想、四通等齐名的大公司。

然而,随着电脑市场的竞争日趋激烈,该公司转向营养保健品市场,生产和经营"巨人"脑黄金、巨不肥等,结果很不成功。同时涉足高风险的房地产业,投巨资在珠海兴建 70 多层的"巨人大厦",最终,此工程半途而废,庞大的巨人公司也被拖垮。

设计要求

(1) 学生分析巨人公司失败的原因,拟出《决策设计提纲》。

(2) 小组讨论,形成小组《决策设计方案》。

(3) 班级交流,教师对各小组《决策设计方案》进行点评。

(4) 在班级展出附有"教师点评"的各小组《决策设计方案》,供学生比较研究。

▪ 单元实训 ▪

实训题 1	"市场细分"业务胜任力训练

【实训目标】

引导学生参加"'市场细分'业务胜任力"的实践训练;在切实体验《市场细分报告》的准备与撰写等有效率的活动中,培养相应专业能力与职业核心能力;通过践行职业道德规范,促进健全职业人格的塑造。

【实训内容】

在学校附近选择三家大的综合百货商场,了解各个商场经营商品类别、层次,分析其定位上的差异。

【实训时间】

在讲授本实训时选择周末休息日。

【操作步骤】

(1) 将班级每 10 位同学分成一组,每组确定 1～2 人负责。

(2) 对学生进行商品类别划分培训,确定选择哪几类商品作为调研的范围。

(3) 学生按组进入商场调查,并将调查情况详细记录。

(4) 对调查的资料进行整理分析。

(5) 依据市场细分和市场定位理论,找出各商场市场定位的特点与差异。

(6) 写出分析报告。

(7) 各组在班级进行交流、讨论。

【成果形式】

实训课业:撰写《市场细分报告》。

实训题 2	"选择目标市场流程"业务胜任力训练

【实训目标】

引导学生参加"'选择目标市场流程'业务胜任力"的实践训练;在切实体验《选择目标市场流程图》的准备与撰写等有效率的活动中,培养相应专业能力与职业核心能力;通过践行职业道德规范,促进健全职业人格的塑造。

【实训内容】

依据所学内容,创造性地运用于选择目标市场流程设计。

【实训时间】

课堂与课外相结合。

【操作步骤】

(1) 教师在课堂上布置实训任务,组织学生温习选择目标市场的相关理论与知识。

(2) 将学生分成若干个学习小组,组织讨论选择目标市场流程需要考虑的因素。

(3) 每个学生画出一份选择目标市场流程图,对选择目标市场流程的各个步骤进行文字说明。

【成果形式】

实训课业:制作《选择目标市场流程图》。

实训考核	"活动过程考核"与"实训课业考核"相结合

【活动过程考核】

根据学生参与实训题 1 与实训题 2 全过程的表现,就表 3-4 中各项评估指标与评估标准,针对其职业核心能力与职业道德素质的训练效果,评出个人分项成绩与总成绩,并填写教师评语。

表 3-4　活动过程成绩考核表　　实训名称:实训题 1 和实训题 2

评 估 指 标		评 估 标 准	分项成绩
职业核心能力（70分）	自我学习(10 分)	人力资源和社会保障部:《职业核心能力培训标准》中的相应规定,由授课教师结合本实训设计要求自行拟定	
	信息处理(10 分)	人力资源和社会保障部:《职业核心能力培训标准》中的相应规定,由授课教师结合本实训设计要求自行拟定	
	数字应用(10 分)	人力资源和社会保障部:《职业核心能力培训标准》中的相应规定,由授课教师结合本实训设计要求自行拟定	
	与人交流(10 分)	人力资源和社会保障部:《职业核心能力培训标准》中的相应规定,由授课教师结合本实训设计要求自行拟定	
	与人合作(10 分)	人力资源和社会保障部:《职业核心能力培训标准》中的相应规定,由授课教师结合本实训设计要求自行拟定	
	解决问题(10 分)	人力资源和社会保障部:《职业核心能力培训标准》中的相应规定,由授课教师结合本实训设计要求自行拟定	
	革新创新(10 分)	人力资源和社会保障部:《职业核心能力培训标准》中的相应规定,由授课教师结合本实训设计要求自行拟定	
职业道德素质（30分）	职业观念(5 分)	对职业、职业选择、职业工作、营销人员职业道德和企业营销伦理等问题具有正确的看法	
	职业情感(5 分)	对职业有愉快的主观体验、稳定的情绪表现、健康的心态、良好的心境,具有强烈的职业认同感、职业荣誉感和职业敬业感	
	职业理想(5 分)	对将要从事的职业种类、职业方向与事业成就有积极的向往和执著的追求	
	职业态度(5 分)	对职业选择有充分的认知和积极的倾向与行动	
	职业良心(5 分)	在履行职业义务时具有强烈的道德责任感和较高的自我评价能力	
	职业作风(5 分)	在职业实践和职业生活的自觉行动中,具有体现职业道德内涵的一贯表现	
总成绩(100 分)			
教师评语		签名:　　年　月　日	

【实训课业考核】

根据实训题 1 和实训题 2 所要求的学生实训课业完成情况,就表 3-5 和表 3-6 中各项课业评估指标与课业评估标准,评出个人和小组的分项成绩与总成绩,并填写教师评语与学生意见。

表 3-5　实训课业成绩考核表　　　　　课业名称:《市场细分报告》

课业评估指标	课业评估标准	分项成绩
1. 市场细分的依据(20 分)	(1) 确定商品品种 (2) 消费者需求分析 (3) 划分商品类型	
2. 市场细分标准(20 分)	(1) 地理环境 (2) 人口状况 (3) 消费者心理 (4) 购买行为	
3. 市场细分方法(20 分)	方法选择的正确性	
4. 市场细分程序(20 分)	步骤的完整性	
5. 分析报告的规范性(20 分)	(1) 格式的规范性 (2) 内容的完整性、科学性 (3) 结构的合理性 (4) 文理的通顺性	
总成绩(100 分)		
教师评语		签名: 　年　月　日
学生意见		签名: 　年　月　日

表 3-6　实训课业成绩考核表　　　　课业名称:《选择目标市场流程图》

课业评估指标	课业评估标准	分项成绩
1. 选择目标市场流程的梳理(30 分)	(1) 流程的合理性 (2) 流程的创新性 (3) 流程环节之间的逻辑性	
2. 选择目标市场流程图的制作(40 分)	(1) 流程图制作的规范性 (2) 流程图制作的科学性	
3. 选择目标市场流程图的语言说明(30 分)	(1) 语言表达的准确性 (2) 语言表达的逻辑性 (3) 语言表达的流畅性	
总成绩(100 分)		
教师评语		签名: 　年　月　日
学生意见		签名: 　年　月　日

思考练习

名词解释

市场细分　同质市场　异质市场　目标市场　目标市场选择　目标市场定位

选择题

单项选择题

1. 生活消费品市场的细分变量主要有地理环境、人口状况、消费者心理和购买行为4 类,其中使用习惯属于(　　)。

　　A. 购买行为　　　　B. 人口状况　　　　C. 消费者心理　　　　D. 地理环境

2. (　　)是市场细分的条件之一。

　　A. 竞争性　　　　　B. 可衡量性　　　　C. 效益性　　　　　　D. 适应性

3. 生产资料市场细分标准,除使用生活资料市场细分标准外,还要根据生产资料的特点,补充标准之一是(　　)。

　　A. 生活方式　　　　B. 气候　　　　　　C. 消费者心理　　　　D. 用户的规模

多项选择题

1. 市场细分的条件有(　　)。

　　A. 可衡量性　　　　B. 可操作性　　　　C. 可占领性　　　　　D. 可接近性

2. 生活资料市场细分的标准有(　　)。

　　A. 用户特点　　　　B. 地理环境　　　　C. 人口状况　　　　　D. 购买行为

3. 最主要的目标市场定位有(　　)。

　　A. 市场领先者定位策略　　　　　　　B. 市场挑战者定位策略

　　C. 差异性市场定位策略　　　　　　　D. 跟随竞争者市场定位策略

判断题

1. 市场细分实际上是对产品进行分类。　　　　　　　　　　　　　　(　　)

2. 依据消费者对商品的同质需求和异质需求,可以把市场分为同质市场和异质市场。

　　　　　　　　　　　　　　　　　　　　　　　　　　　　　　　(　　)

3. 消费者需求和购买行为的差异性和同类性,是市场细分的主要依据。　(　　)

4. 市场细分是选择目标市场的目的和归宿。　　　　　　　　　　　　(　　)

5. 一个理想的目标市场必须有足够的市场需求。　　　　　　　　　　(　　)

简答题

1. 市场细分有什么作用?

2. 目标市场定位策略有哪些?

项目 ④

营销产品研发决策

4.1 营销产品组合决策

4.1.1 成果展示与分析

国际收割机公司的产品策略

国际收割机公司打算在小型设备承包市场上扩大掘土机的销售量。当时的市场状况是:小型设备承包商要高质量的掘土机,市场上只有一家履带公司提供高质量高价格的掘土机,是市场占有率最高的公司。国际收割机公司为了获取最高的市场占有率,认为有 9 种不同的产品策略(见表 4-1)。

表 4-1　9 种不同的产品策略

产品级别	高价格	中等价格	低价格
高品质	A	D	G
中等品质	B	E	H
低品质	C	F	I

在这 9 种策略中,市场占有率最高的公司选择的是 D 策略。国际收割机公司认为,既然 A 策略能够获得成功,说明市场需要高品质的产品,而 A、D、G 三个策略是可以考虑的。但是,公司要在竞争对手已占领的市场中夺取市场占有率第一的位置,就不能采用同样的策略。另外,G 策略容易使买主怀疑低廉的价格能否真正保证产品质量,因而只能采取 D 策略,即高品质、中等价格。为了保证 D 策略取得成功,首先,国际收割机公司不仅在质量上保证与履带公司的相同,而且在售后服务上也不应逊色于履带公司,这样才能让履带公司的顾客认识到以较低的价格购买国际收割机公司的产品并不会受到损失。其次,估计到履带公司有可能降低价格出售,为了确保实现市场占有率第一的目标,公司必须确确实实地降低成本,承受低价竞争带来的压力。最后,国际收割机公司必须分析自身的生产技术状况,即国际收割机公司是否有能力以较低的价格提供与履带公司质量相同的产品,国际收割机公司是否有足够的财力与履带公司进行竞争。

从上述案例可以发现,产品是营销活动的载体和基础,是营销组合中最重要的因素。如果企业制定的产品策略失误,那么一切努力将是事倍功半甚至成为徒劳。产品策略是市场营销组合的核心,是企业市场营销活动的支柱和基石。如果没有能满足目标市场的产品,也就无所谓定价、分销和营销沟通问题了。因此,企业在制定营销组合时,首先需要回答的问题是发展什么样的产品来满足目标市场需求。产品策略的研究,将使这一问题得到全面、系统的回答。

4.1.2　任务工作流程

产品因素是市场营销组合中的首要的与基本的构成部分,企业的营销活动与社会需要的统一体现在产品上,企业与市场的关系也是由产品来联结的,产品策略的制定是企业营销研究的最重要的内容之一。

第一步　明确整体产品的内容;

第二步　确定产品在目标市场中传播的整体信息;

第三步　根据公司的经营战略确定产品组合的策略;

第四步　确定产品组合的内容;

第五步　对产品组合进行优化重组。

4.1.3　基本知识和技能

4.1.3.1　产品整体概念

传统的产品是指人们从事生产经营活动的直接而有效的物质成果。在市场经济条件下,企业生产经营的产品都是商品。把产品定义为物质产品,这只是狭义的理解。现代市场营销学认为,产品是指能够在市场上得到的,用于满足人们欲望和需要的任何东西,包括实物、服务、场所、设计、软件、意识等各种形式。这就是说,市场营销学的产品概念具有两方面的特点:首先,产品不仅是指物质实体,而且是指包括能满足人们某种需要的服务;其次,对企业而言,其产品不仅是具有物质实体的实物本身,而且也包括随同实物出售时所提供的系统服务。

广义的产品概念延伸出整体产品概念。这种产品概念把产品理解为 5 个层次有机组合的系统,如图 4-1 所示。

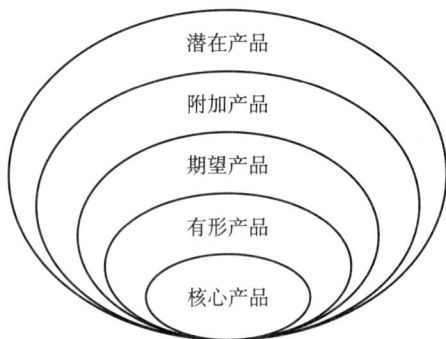

图 4-1　整体产品概念的 5 个层次

1. 核心产品

核心产品是指消费者购买某种产品时所追求的利益,是顾客真正要买的东西,因而在产品整体概念中也是最基本、最主要的部分。消费者购买某种产品,并不是为了占有或获得产品本身,而是为了获得能满足某种需要的效用或利益。譬如,人们购买空调机不是为了获取装有某些电器零部件的物体,而是为了在炎热的夏季,满足凉爽舒适的需求。因此,企业营销人员向顾客销售的任何产品,都必须具有反映顾客核心需求的基本效用或利益。

2. 有形产品

有形产品是核心产品借以实现的形式,即向市场提供的实体和服务的形象。如果有形产品是实体品,则它在市场上通常表现为产品质量水平、外观特色、式样、品牌名称和包装等。对无形的服务,如学校提供的教育服务,也有质量水平、教育形式、品牌和包装等要素。营销者应着眼于顾客购买产品时所追求的利益,努力寻求更加完善的外在形式以满足顾客的需要。

3. 期望产品

期望产品是指购买者在购买该产品时期望得到的与产品密切相关的一整套属性和条件。一般情况下,顾客在购买某种产品时,往往会根据以往的消费经验和企业的营销宣传,对所欲购买的产品形成一种期望,如对于旅店的客人,期望得到清洁的床位、香皂、毛巾、热水、电话和相对安静的环境等。顾客所得到的,是购买产品所应该得到的。对于顾客来讲,在得到这些产品基本属性时,并没有太多的偏好,但是如果顾客没有得到这些,就会非常不满意。

4. 附加产品

附加产品是指顾客购买形式产品和期望产品时,附带获得的各种利益的总和,包括产品说明书、保证、安装、维修、送货、技术培训等。国内外许多企业的成功,在一定程度上应归功于它们更好地认识了服务在产品整体概念中所占的重要地位。因为购买者的目的是为了满足某种需要,因而他们希望得到与满足该项需要有关的一切。美国学者西奥多·莱维特曾经指出:"新的竞争不是发生在各个公司的工厂生产什么产品,而是发生在其产品能提供何种附加利益(如包装、服务、广告、顾客咨询、融资、送货、仓储及具有其他价值的形式)。"能够正确发展附加产品的公司必将在竞争中赢得主动。

5. 潜在产品

潜在产品是指一个产品最终可能实现的全部附加部分和新增加的功能。潜在产品指出了现有产品可能的演变趋势和前景,如彩色电视机可发展为录放影机、电脑终端机等。许多企业通过对现有产品的附加与扩展,不断提供潜在产品。潜在产品要求企业不断寻求满足顾客的新方法,不断将潜在产品变成现实的产品,这样才能使顾客得到更多的意外惊喜,更好地满足顾客的需要。

同步实务 4-1

划分旅馆的整体产品概念

以旅馆为例,分析顾客入住旅馆所购买的整体产品概念的 5 个层次。

业务分析:顾客入住旅馆购买的既包括物质形态的产品实体,又包括非物质形态的利益。因此,在分析中,要针对整体产品概念的 5 个层次逐层进行分析。

业务程序:第一步,罗列出旅馆这一整体产品概念的 5 个层次;第二步,对 5 个层次的核心内容进行表述;第三步,分析旅馆这一产品对经营者来说所包括表现形式,然后划分到产品整体概念的 5 个层次中。

业务说明:对旅馆的整体产品概念的分析见表 4-2。当然,对该分析还可涉及多方面,如旅馆内的电脑、游泳池等。

表 4-2　旅馆的整体产品概念层次

产品层次	层次内容	层次表现
核心产品	顾客真正所购买的基本服务或利益	旅馆——"休息与睡眠"
有形产品	产品的基本形式	旅馆房间应包括床、浴室、毛巾、桌子等
期望产品	购买者购买产品时通常希望和默认的一组属性和条件	期望干净的床、新毛巾、工作台灯和安静的环境
附加产品	包括增加的服务和利益	增加的产品,如电视机、鲜花、迅速入住、结账快捷、美味晚餐和良好房间服务
潜在产品	产品最终可能会实现的全部附加和将来会转换的部分	占用一套客房的全套家庭服务式旅馆代表了对传统旅馆产品的新转换

4.1.3.2　产品优化组合

为保证企业的利润获得及长期生存发展,企业应根据市场需求及企业资源情况,将产品线及产品项目进行合理优化组合。如我国的海尔集团提供电冰箱、洗衣机、空调机、电视机等家用电器产品;手机、计算机等信息产品;吸油烟机、微波炉、电热水器等厨房电器;生物制药等数十种产品线;96 大门类,15 100 多种产品。

1. 产品组合、产品线及产品项目

(1) 产品组合是指一个企业提供给市场的全部产品线和产品项目的组合或结构,即企业的业务经营范围。企业为了实现营销目标,充分、有效地满足目标市场的需求,必须设计一个优化的产品组合。

(2) 产品线是指产品组合中的某一产品大类,是一组密切相关的产品。密切相关是指针对具有同质需求的顾客,通过同一种渠道被销售出去。例如,一个家电公司,生产电冰箱、洗衣机、电视机、空调机和抽油烟机,这里就构成了 5 条产品线,而每条产品线的核心内容是相同的。

(3) 产品项目是指产品线中不同品种、规格、款式、质量和价格的特定产品。例如,某购物中心经营家电、百货、鞋帽、文教用品等,这就是产品组合;而其中"家电"或"文教用品"等大类就是产品线;每一大类里包括的具体品牌、品种为产品项目。

2. 产品组合的宽度、深度、长度和相关性

(1) 产品组合的宽度是指产品组合中所拥有的产品线的数目。如上述家电公司有 5 条产品线,另一家家电公司可能还会生产吸尘器,从而拥有 6 条产品线,其产品组合宽度也就大些。产品组合的宽度表明了一个企业经营产品种类的多少和经营范围的大小。

(2) 产品组合的深度是指一条产品线中所含产品项目的多少,表示在某类产品中产品开发的深度。例如,上述家电公司生产的洗衣机有双缸、单缸、滚筒和小型洗衣机等 8 个品种,其洗衣机产品线的深度为 8。

(3) 产品组合的长度是指产品组合中产品项目的总数,即所有产品线的产品组合的深度之和。例如,上述家电公司的洗衣机产品线的深度为 8,相应的电冰箱产品线的深度为 6,电视机产品线的深度为 8,抽油烟机产品线的深度为 4,空调机产品线的深度为 2,则这家公司的产品线长度就是 8+6+8+4+2=28。如用产品项目总数除以产品线数目即可得到产品线的平均长度。

(4) 产品组合的相关性是指各条产品线在最终用途、生产条件、分销渠道、消费群体、价格范围等方面的共性和相互关联的程度。例如,某家用电器公司拥有计算机、空调机等多条产品线,但每条产品线都与电有关,这一产品组合具有较强的一致性。相反,实行多角化经营的企业,其产品组合的相关性则小。

┌── 同步实务 4-2 ───────────────────────

企业产品线多少的选择

　　面对激烈的市场竞争,多数企业为了规避风险,把自己的企业不断做大做强,均采取了多元化的策略,增加了企业的产品线。那么,对于企业而言,是不是经营的产品越多、越全越好呢?

　　业务分析: 对企业经营的产品是否越多、越全越好,应对照产品组合的相关理论和依据来回答。

　　业务程序: 分别将企业产品组合的宽度、长度、深度和相关性列出,找出其中各种产品线之间的关联度,并结合企业自身拥有的资源和能力,说明企业经营的产品并不是越多、越全越好。

　　业务说明: 因为对于任何一个企业而言,它的资源和能力都是有限的,企业应结合市场需求、竞争形势和自身实力及其品牌战略来做出产品组合决策,不能盲目地求多、求全。小企业应尽量生产相关性高的产品,来共享企业现有的营销资源,降低成本;大企业可结合自身品牌战略,生产相关性小的产品,但所生产的产品不应脱离其品牌定位。

└──────────────────────────────────

4.1.3.3　产品组合策略

　　产品组合策略是指企业根据市场状况、自身资源条件和竞争态势对产品组合的广度、长度、深度和关联度进行不同组合的过程。一个企业产品组合决策并不是任意确定的,而应遵循有利于销售和增加企业总利润的原则,根据企业的资源条件和市场状况进行灵活选择。从静态、动态的角度分析,以下是可供选择的产品组合策略。

1. 从静态角度分析

（1）全线全面型策略

全线全面型策略着眼于向任何顾客提供他所需的一切产品。采用该种策略的条件就是企业有能力兼顾整个市场的需要。整个市场的含义可以是广义的,就是不同行业的产品市场的总体;也可以是狭义的,即某个行业的各个市场总体。广义的全线全面型产品组合策略就是尽可能地增加产品线的宽度和深度,不受产品线之间关联性的约束。例如,日本索尼公司经营范围从电视机、收录机、摄像机、VCD、DVD 到旅行社、连锁餐馆、药房等,十分宽广。狭义的全线全面型产品组合策略就是提供一个行业所必需的全部产品。如美国奇异电气公司,产品线很多,但是都和电气有关。全线全面型策略能较大限度地分散各种产品的经营风险,扩展企业的实力和声势,取得最大的市场覆盖面,最大限度地满足顾客的需要。

（2）市场专业型策略

市场专业型策略即向某个专业市场（某类顾客）提供所需的各种产品。例如,以建筑业为产品市场的工程机械公司,其产品组合由推土机、翻斗机、挖沟机、起重机、水泥搅拌机、压路机、载重卡车等产品线组成。这种产品组合策略重视各产品之间的关联程度与组合宽度,而组合深度一般较小,它能使某一类顾客在某种消费上从一个企业获得全方位的满足,方便了顾客，扩大了销售。

（3）产品线专业型策略

企业集中某一类产品的生产，并将其产品推销给各类顾客。例如，中国一汽集团公司专门生产各类小汽车，以满足不同顾客的需要：有普通型小红旗轿车、独具风采的旅行车、别具一格的客货两用车、安全可靠的救护车、轻便快捷的交通指挥车、明亮舒适的豪华车、庄重典雅的礼宾车等。该策略产品线数目少且各项目密切相关，产品品种丰富，分别满足不同顾客、不同用途的需要。

（4）有限产品线专业型策略

有限产品线专业型策略与产品线专业型策略相比，不仅产品线数目少，且产品线内部的产品项目有限。它一般适合生产经营条件有限的中、小型企业，这类企业以单一的市场或部分顾客作为目标市场。该策略产品组合宽度很小，深度有限，关联度强。

（5）特殊产品专业型策略

企业根据自己所具备的特殊条件和技术专长，专门生产某些具有良好销路的产品项目。该策略具有组合宽度极小、深度亦不大、但关联度极强的特点，所能开拓的市场是有限的，因其资源、技术特殊，能创造出特殊产品，市场竞争威胁小。如某些特效药品、名酒、特殊用途的器械等的企业就是采用该策略。

（6）特殊专业型策略

特殊专业型策略是指企业凭其特殊的技术、服务满足某些特殊顾客的需要，如提供特殊的工程设计、咨询服务、律师服务、保镖服务等。该策略组合宽度小、深度大、关联性强。

2. 从动态角度分析

（1）扩大产品组合策略

扩大产品组合策略即扩大产品组合的宽度或深度，增加产品系列或项目，扩大经营范围，生产经营更多的产品以满足市场需要。

（2）缩减产品组合策略

缩减产品组合策略是指降低产品组合的宽度或深度，删除部分系列产品项目，集中力量生产经营一个系列的产品或少数产品项目，提高专业化水平，力图从生产经营较少的项目中获得较多的利润。

（3）高档产品策略

高档产品策略是指在同一产品线内增加生产高档次、高价格的产品项目，以提高企业和现有产品的声望。

（4）低档产品策略

低档产品策略是指在同一产品线内增加生产中低档次、低廉价格的产品项目，以利用高档名牌产品的声誉，吸引因经济条件所限购买不起高档产品，但又羡慕和向往高档名牌的顾客。

◉ 4.1.4 课堂活动演练

分析柠檬香皂的整体产品概念

背景资料

中国台湾地区有一家专门生产肥皂的公司推出一种柠檬香皂，它不但以柠檬为原料制造,而且在造型上也和真实的柠檬一模一样,完全以柠檬的形状、颜色、香味取胜,一时引起消费者的好奇,刺激了购买欲。但顾客使用之后发现,它的优点也正是缺点:圆滚的皂身,沾水之后不容易握住,而且凹凸不平的表面擦在身上也不舒适。于是,许多顾客在用过一次之后就不再光顾它了。

演练要求

款式、造型很新颖的柠檬香皂遭到了失败,试从产品整体概念的角度分析其原因。

演练条件

(1) 事先对学生按照5~6人进行分组。

(2) 教师帮助学生明确产品整体概念。

(3) 学生掌握顾客购买香皂的相关消费行为信息。

(4) 具有可上网的实训室。

● 4.1.5 实例专栏与分析

洽洽瓜子的成功

瓜子市场虽然品牌众多、口味多样,但生产工艺、包装形态都没有根本区别,基本上都属于同质化产品。洽洽就是从这样的市场中脱颖而出,成为一个相对高端的产品,它将目标消费者定位在相对广义的"白领"上。为了体现产品附加品位及文化,洽洽以中国炒货市场中的"煮货"区别于竞争者,在技术上克服了产品难入味、脏手、上火等特点,以竖式信封的牛皮袋包装区别于其他竞争产品低廉的塑料袋包装;以配方中的煮制传说,使洽洽充满吸引消费者的历史色彩和神秘化;以不同重量的儿童装、青少年装、家庭装及过节装,细分产品内部的各个层次,打破了传统市场单一包装的规格。

正是通过这种产品的创新,洽洽瓜子取得了成功。从洽洽瓜子的成功可以看出,产品的创新并不见得有什么高深的手段,细分顾客群,产品定位准确,使产品更适合消费者的需求,便一炮打响。

4.2 营销品牌和包装决策

● 4.2.1 成果展示与分析

日本食品新包装取悦消费者

日本食品业正在加速推广当代科技成果,以崭新的面貌取悦于顾客。据东京食品业协会统计,日本食品业投放市场的新产品每年以10%的速度递增,其中新型食品包装占一半以上。

方便菜、方便汤料、方便主食以及方便点心等一直畅销不衰。如今日本不少家庭都存有多种所谓干燥蔬菜,只需泡入开水中就可食用;另一种颗粒蔬菜最近问世,特别适合小孩、老人食用,也很受欢迎。

为了改进食品质量和延长储存期,东京市场上已出现超高压加工食品,超高压食品加工就是将要加工的食品放进特殊的机器内加压,蔬菜、水果、鸡蛋、点心等不会改变其色、香、味,维生素也毫不受损,并且易于保存。

食品包装日益成为厂商争夺顾客的手段。最近,日本开始推广一种可食用的保鲜包装纸,其原料是从壳类物质中提炼出来的多糖脱乙酰壳,在这种物质中再加入氢氧化钠,就制成防腐包装材料,点心、水果、糖果、方便食品及主食等包装均可使用。目前,日本食品市场上最热门的包装容器有:能加热的塑料瓶、能加热的纸罐、塑料啤酒罐、开有透明窗口的纸盒和易开玻璃罐等。近两年,具有生物降解功能的新型塑料薄膜已开始在食品业中推广,据称这种包装是为适应日本日趋严厉的环境保护法规应运而生的,其潜在市场十分广阔。

虽然"买椟还珠"已成千年笑柄,但对产品包装掉以轻心是愚蠢的行为。如今产品包装的潮流是:方便;效果好;符合环保要求;具有礼品性质等,当然也要考虑到费用问题。上述案例中可以看到,日本食品业在包装上刻意求精,它们不是把包装作为产品的一个简单容器而草草了事,而是把它作为一个竞争的焦点再各出奇招。中国企业也应对这一问题给予足够的重视。

◉ 4.2.2　任务工作流程

品牌与包装都是产品整体概念下"形式产品"或"有形产品"的重要组成部分。品牌策略和包装策略也是企业产品策略的重要内容。对企业而言,了解品牌与包装的含义及其在市场营销中的作用,掌握制定和实施产品品牌与包装策略的原理与方法,有利于优化产品组合,也有利于优化营销组合,进而提高市场营销效益。做好品牌与包装决策的工作流程参见图 4-2。

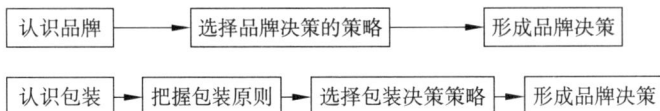

图 4-2　品牌与包装决策的工作流程

◉ 4.2.3　基本知识和技能

4.2.3.1　品牌的含义与作用

1. 品牌的含义

品牌是用以识别某个销售者或某群销售者的产品或服务,并使之与竞争对手的产品或服务区别开来的商业名称及其标志,通常由文字、标记、符号、图案和设计等要素或这些要素的组合构成。品牌是一个集合概念,一般包含品牌名称、品牌标志和商标等。

(1) 品牌名称是指品牌中可用语言表达,可以读出声的部分,也称"品名"。如海尔、耐克、奥迪等。

(2) 品牌标志也称"品标",是指品牌中可以被识别、易于记忆,但却不能用语言表达的特定的视觉标志,包括专门设计的符号、图案、色彩等。如相连着的四环是奥迪的品牌标志。

（3）商标是一个专门的法律术语，品牌或品牌的一部分在政府有关部门依法注册后，称为商标。国际上对商标权的认定，有两个并行的原则，即"注册在先"和"使用在先"。注册在先是指品牌或商标的专用权归属于依法首先申请注册并获准的企业。在这种商标权认定原则下，某一品牌不管谁先使用，法律只保护依法首先申请注册该品牌的企业。中国、日本、法国、德国等国的商标权的认定就采用注册在先的原则。使用在先是指品牌或商标的专用权归属于该品牌的首先使用者。美国、加拿大、英国和澳大利亚等国则采用使用在先的原则对商标专用权进行认定。凡不拥有商标使用权，而是假冒、仿冒或者恶意抢注他人商标等行为，均构成侵权。

为了深刻揭示品牌的含义，还需从以下6个方面透视。

（1）属性。品牌代表特定的商品属性，这是品牌最基本的含义。例如，奔驰轿车意味着工艺精湛、制造优良、昂贵、耐用、信誉好、声誉高、再转卖价值高、行驶速度快等。

（2）利益。品牌不仅代表一系列属性，而且还体现某种特定的利益。顾客购买商品实质是购买某种利益，这就需要属性转化为功能性或情感性利益。就奔驰而言，"工艺精湛、制造优良"的属性可转化为"安全"这种功能性和情感性利益；"昂贵"的属性可转化为情感性利益："这车令人羡慕，让我感觉到自己很重要并受人尊重"；"耐用"属性可转化为功能性利益："多年内我不需要买新车。"

（3）价值。品牌体现了生产者的某些价值感。例如，奔驰代表着高绩效、安全、声望等。品牌的价值感客观要求企业营销者必须分辨出对这些价值感兴趣的购买者群体。

（4）文化。品牌还附着特定的文化。从奔驰汽车给人们带来的利益等方面来看，奔驰品牌蕴含着"有组织、高效率和高品质"的德国文化。

（5）个性。品牌也反映一定的个性。不同的品牌会使人们产生不同的品牌个性联想。奔驰会让人想到一位严谨的老板。

（6）用户。品牌暗示了购买或使用产品的消费者类型。奔驰轿车的使用者是有成就的企业家或高级经理。

2. 品牌的作用

我们可以从品牌对消费者、对企业和社会的不同作用分别加以阐述。

（1）对于消费者来说，品牌的主要作用是识别所需商品。随着科学技术的发展，不同厂商生产同类产品的同质性越来越强，对消费者来说，很难辨别这其中的差别。而不同的品牌代表着不同的商品品质、不同的利益，所以，有了品牌，消费者即可借助品牌辨别、选择所需商品或服务，减少了选购商品时所花费的时间、精力等成本。企业为了维护自己品牌的形象和信誉，都十分注意恪守给予消费者的利益，并注重同一品牌的产品质量水平同一化。

（2）对从事市场营销活动的企业来说，品牌的作用主要表现在以下几个方面。

第一，品牌有助于促进产品销售，树立企业形象。借助品牌，消费者记住了品牌及商品，也记住了企业，即使企业的产品不断更新换代，消费者也会在其对品牌信任的驱使下产生新的购买欲望，在信任品牌的同时，企业的社会形象、市场信誉得以确立并随品牌忠诚度的提高而提高。

第二，品牌有利于保护品牌所有者的合法权益，并约束企业的不良行为。品牌是一把双刃剑。一方面，注册后的品牌有利于保护自己的合法利益；另一方面，品牌也对企业的市场行为起到约束作用，督促企业的营销活动兼顾企业长远利益、消费者利益和社会利益。

第三,品牌有助于开展品牌拓展。由于市场竞争的不断加剧,企业常常需要同时生产多种产品或服务。而这种产品组合是动态的,企业要依据市场变化,不断地开发新产品、淘汰市场不能继续接受的老产品。若无品牌,再好的产品和服务,也会因消费者经常无从记起原有产品或服务的好印象而无助于产品改变或产品扩张;而有了品牌,消费者对某一品牌产生了偏爱,则该品牌标定下的产品组合的扩大即容易为消费者所接受。

第四,知名的品牌还会提高企业的竞争优势。由于顾客希望购买这些品牌,这就加强了企业与分销商和零售商讨价还价的能力;另外,由于知名品牌有更高的认知品质,企业可比竞争者卖更高的价格,获得更多的利润;在激烈的价格竞争中,品牌还能够给企业提供某些保护作用。

(3)对整个社会来说,由于消费者按品牌购买商品,生产经营者往往重视通过加强质量管理来提高其品牌的声誉,从而促使全社会的产品质量普遍提高。

3. 品牌资产

如图 4-3 所示,品牌资产通常包括 5 类,即对品牌的忠诚、对品牌名字的认知、品牌中体现的质量、除品牌中体现的质量之外的品牌联想和其他归品牌资产所专有的内容。

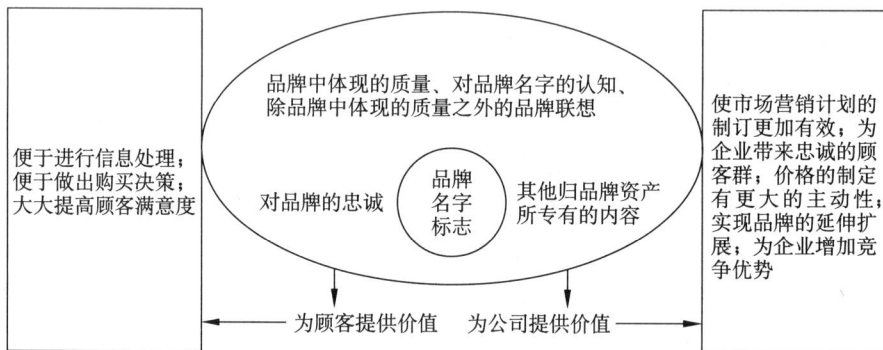

图 4-3　品牌资产结构

(1)对品牌的忠诚,指的是相当部分的顾客非该品牌不买,品牌的竞争力最强,顾客对品牌的忠诚能够为企业带来稳定的销售收入。

(2)对品牌名字的认知。品牌命名非常重要,它直接关系到产品进入市场时对消费者的影响力。

(3)品牌中体现的质量。产品的质量是品牌的基础,好的品牌需要好的产品质量作为支撑。

(4)除品牌中体现的质量之外的品牌联想。这就是品牌传递的文化、声誉等无形价值信息。

(5)其他归品牌资产所专有的内容,如专利、商标、关系、渠道等。

4.2.3.2　品牌策略决策

营销者必须制定有关品牌的决策,主要包括品牌有无决策、品牌归属决策、品牌统分决策、品牌扩展策略、多品牌策略和品牌重新定位策略。

1. 品牌有无决策

营销者首先要确定企业生产经营的产品是否应该有品牌。尽管品牌能够给品牌所有者、品牌使用者带来很多好处,但并不是所有的产品都必须一定有品牌。现在仍旧有许多商品不使用品牌,如大多数未经加工的初级原料,像棉花、建筑用的沙石等;同质性强的产品,如钢材、煤炭等;还有一些消费者习惯不用品牌的商品,如生肉、蔬菜等。在实践中,有的营销者为了节约包装、广告等费用,降低产品价格,吸引低收入购买力,提高市场竞争力,也常采用无品牌策略。如超市里就有无品牌产品,它们多是包装简易且价格便宜的产品。

必须说明的是,商品无品牌也有对品牌认识不足、缺乏品牌意识等原因。当然,商品有无品牌不是一成不变的。随着品牌意识的增强,原来未使用品牌的农产品也开始使用品牌,如泰国香米,新奇士橙子、红富士苹果等,品牌的使用也大大提高了企业的利润率。

2. 品牌归属决策

确定在产品上使用品牌的营销者,还面临如何抉择品牌归属的问题。一般有 3 种可供选择的策略:一是企业使用属于自己的品牌,这种品牌叫做企业品牌或生产者品牌;二是企业将其产品售给中间商,由中间商使用他自己的品牌将产品转卖出去,这种品牌叫作中间商品牌;三是企业对部分产品使用自己的品牌,而对另一部分产品使用中间商品牌。

一般来说,在生产者或制造商的市场信誉良好、企业实力较强、产品市场占有率较高的情况下,宜采用生产者品牌;相反,在生产者或制造商资金拮据、市场营销薄弱的情况下,不宜选用生产者品牌,而应以中间商品牌为主,或全部采用中间商品牌。必须指出,若中间商在某目标市场拥有较好的品牌忠诚度及庞大而完善的销售网络,即使生产者或制造商有自营品牌的能力,也应考虑采用中间商品牌。这是在进占海外市场的实践中常用的品牌策略。

3. 品牌统分决策

营销者必须决定企业不同种类的产品是使用一个品牌,还是各种产品分别使用不同的品牌。决策该问题,通常有以下 4 种可供选择的策略。

(1) 统一品牌

统一品牌是指厂商将自己所生产的全部产品都使用一个统一的品牌名称,也称家庭品牌。例如,佳能公司生产的照相机、传真机、复印机等所有产品都统一使用"Canon"品牌。企业采用统一品牌策略,能够显示企业实力,在消费者心目中塑造企业形象;集中广告费用,降低新产品宣传费用;企业可凭借其品牌已赢得的良好市场信誉,使新产品顺利进入目标市场。然而,不可忽视的是,若某一种产品因某种原因(如质量)出现问题,就可能牵连其他种类产品,从而影响整个企业的信誉。另外,当然,统一品牌策略也存在着易相互混淆、难以区分产品质量档次等令消费者感到不便的问题。

(2) 个别品牌

个别品牌是指企业对各种不同的产品分别使用不同的品牌。这种品牌策略可以保证企业的整体信誉不会因某一品牌声誉下降而承担较大的风险;便于消费者识别不同质量、档次的商品;同时也有利于企业的新产品向多个目标市场渗透。显然,个别品牌策略的显著缺点是大大增加了营销费用。

(3) 分类品牌

分类品牌是指企业对所有产品在分类的基础上各类产品使用不同的品牌。例如,企业可以对自己生产经营的产品分为家电类产品、儿童服装类产品等,并分别赋予其不同的品牌名称及品牌标志。分类品牌可把需求差异显著和产品类别区分开,但当公司要发展一项原来没有的全新的产品线时,现有品牌可能就不适用了,应当发展新品牌。

（4）复合品牌

复合品牌是企业对其各种不同的产品分别使用不同的品牌,但需在各种产品的品牌前面冠以企业名称。例如,海尔小小神童洗衣机等。复合品牌的好处在于,可以使新产品与老产品统一化,进而享受企业的整体信誉,节约促销费用。与此同时,各种不同的新产品分别使用不同的品牌名称,又可以使不同的新产品彰显各自的特点和相对的独立性。

4. 品牌扩展策略

品牌扩展就是指企业利用其成功品牌的声誉来推出改良产品或新产品。例如,中国海尔集团成功地推出了海尔(Haier)冰箱之后,又利用这个品牌及其图样特征,成功地推出了洗衣机、电视机等新产品,显然,如果不利用"海尔"这个成功的品牌,这些新产品就不一定能很快地进入市场。品牌扩展策略,可以使新产品借助成功品牌的市场信誉在降低促销费用的情况下顺利地进占市场。

值得注意的是,品牌扩展策略是一把双刃剑。若利用已成功的品牌开发并投放市场的新产品不尽如人意,消费者不认可,也会影响该品牌的市场信誉。

5. 多品牌策略

多品牌策略是指企业同时为一种产品设计两种或两种以上互相竞争的品牌的做法。这种策略由宝洁公司(P&G)首创并获得了成功。在中国市场上,宝洁公司为自己生产的洗发水产品设计了5个品牌:飘柔、海飞丝、沙宣、潘婷和伊卡璐。其多品牌策略在中国市场上获得了令人瞩目的市场业绩。企业运用多品牌策略可以在产品分销过程中占有更大的货架空间,进而压缩或挤占了竞争者产品的货架面积,为获得较高的市场占有率奠定了基础。而且还应看到,多种不同的品牌代表了不同的产品特色,多品牌可吸引多种不同需求的顾客,提高市场占有率。

然而,由于不同的品牌同时并存必然使企业的促销费用升高且存在自身竞争的风险,所以,在运用多品牌策略时,要注意各品牌市场份额的大小及变化趋势,适时撤销市场占有率过低的品牌,以免造成自身品牌过度竞争。

6. 品牌重新定位策略

品牌重新定位策略也称再定位策略,就是指全部或部分调整或改变品牌原有市场定位的做法。虽然品牌没有市场生命周期,但这绝不意味着品牌设计出来就一定能使品牌持续到永远。为使品牌能持续到永远,在品牌运营实践中还必须适时、适势地做好品牌重新定位工作。如万宝路香烟从女士烟的定位转换到男士烟即是品牌重新定位的成功范例。

企业在进行品牌重新定位时,要综合考虑两方面影响因素:一方面,要考虑再定位成本,包括改变产品品质费用、包装费用和广告费用等。一般认为,产品定位或品牌定位改变越大,所需的成本就越高;另一方面,要考虑品牌重新定位后影响收入的因素,如该目标市场上有多少顾客、平均购买率、竞争者数量、潜在进入者数量、竞争能力如何和顾客愿意接受的价格水平等。

4.2.3.3　包装策略决策

包装是产品生产的继续,产品只有经过包装才能进入流通领域,实现其价值和使用价值。产品包装作为重要的营销组合要素,在营销实践中成为市场竞争中的一种重要手段。

1. 包装的含义、种类与作用

（1）包装的含义

包装是指对某一品牌商品设计并制作容器或包扎物的一系列活动。也可以说，包装有两方面含义：其一，包装是指为产品设计、制作包扎物的活动过程；其二，包装即指包扎物。一般来说，商品包装应该包括商标或品牌、形状、颜色、图案和材料等要素。在现代营销中，以保护产品为主的传统包装观念已被突破，包装被赋予了更多的意义，已成为产品策略的重要因素，有着识别、便利、美化、促销和增值的功能。包装已成为有力的营销工具，有人将包装（Package）称作营销组合的第5个P。

（2）包装的种类

包装是产品生产过程在流通领域的延续。产品包装按其在流通过程中作用的不同，可以分为运输包装和销售包装两种。

① 运输包装。运输包装又称外包装或大包装，主要用于保护产品品质安全和数量完整。运输包装可细分为单件运输包装和集合运输包装。前者是指商品在运输过程中以箱、桶、袋、包、坛、罐、篓、笼、筐等单件容器包装商品。后者指将一定数量的单件包装组合在一件大包装容器中，以便于运输、装卸等作业，可以实现货物整批包装，提高工作效率，降低成本。目前常用的集合运输包装有集装包（或集装袋）、托盘和集装箱等。

② 销售包装。销售包装又称内包装、小包装或零售包装，它随同产品进入零售环节，与消费者直接接触。因此，销售包装除了保护产品的功能以外，更重要的是要美化和宣传商品，便于陈列展销，吸引顾客注意，方便消费者认识、选购、携带和使用。

近年来，随着超级市场的发展，销售包装的发展趋势日益呈现出小包装大量增加，透明包装日益发展，金属和玻璃容器趋向安全轻便，贴体包装、真空包装的应用范围越来越广泛，包装容器器材的造型结构美观、多样、科学，包装画面更加讲究宣传效果等发展趋势。

（3）包装的作用

① 容纳和保护商品。容纳产品是指容纳液体、颗粒或者可分的商品，同时也是计量产品数量的手段，便于商品交易结算。包装的保护作用主要体现在两个方面：其一是保护商品本身。保护产品在制造、储藏、运输等过程中防止破碎、蒸发、外溢、腐烂等。其二是安全或环境保护。有些商品属于易燃、易爆、放射、污染或有毒物品，对它们必须进行包装，以防泄漏造成危害，污染环境。

② 便于储运。在分销渠道中，商品需要多次转运和装卸。而有的商品外形不固定，或者是液态、气态，或者是粉状，若不对此进行包装，则无法运输和储藏。所以，良好的包装有助于储藏和运输，从而使商品保值，同时加快交货时间。

③ 促进销售。商品给顾客的第一印象，不是来自产品的内在质量，而是它的外观包装。产品包装美观大方、漂亮得体，不仅能够吸引顾客，而且还能激发顾客的购买的欲望。弗泽曼的研究表明，由广告引来的购买者中，有33%的人在销售现场转而购买包装吸引人的品牌。可以说，包装是无声的推销员。

④ 增加赢利。装潢精美、使用方便的包装能够满足消费者的某种心理需求，促使消费者乐于出较高的价格购买之，而且，包装材料本身也包含着一部分利润。

⑤ 利于循环使用，减少对环境的危害。在环境污染日益严重的今天，避免过度包装、使

用绿色、环保,可再循环的包装,将成为 21 世纪的包装主题。

2. 包装的设计原则

"人要衣装,佛要金装",商品要包装。重视包装设计是企业市场营销活动适应竞争需要的理性选择。一般来说,包装设计还应遵循以下几个基本原则。

(1) 安全。安全是产品包装最核心的作用之一,也是最基本的设计原则之一。在包装活动过程中,包装材料的选择及包装物的制作必须适合产品的物理、化学及生物性能,以保证产品不损坏、不变质、不变形、不渗漏等。

(2) 便于运输、保管、陈列、携带和使用。在保证产品安全的前提下,应尽可能缩小包装体积,以利于节省包装材料和运输、储存费用。销售包装的造型要注意货架陈列的要求。此外,包装的大小、轻重要适当,便于携带和使用。

(3) 美观大方,突出特色。包装具有促销作用,主要是因为销售包装具有美感。富有个性、新颖别致的包装更易满足消费者的某种心理要求。

(4) 包装与商品价值和质量水平相匹配。包装作为商品的包扎物,尽管有促销作用,但也不可能成为商品价值的主要部分。因此,包装应有一个定位。一般来说,包装应与所包装的商品的价值和质量水平相匹配。经验告诉我们,包装不宜超过商品本身价值的 13%~15%。若包装在商品价值中所占的比重过高,即会因易产生名不符实之感而使消费者难以接受;相反,价高质优的商品自然也需要高档包装来烘托商品的高雅贵重。

(5) 尊重消费者的宗教信仰和风俗习惯。由于社会文化环境直接影响着消费者对包装的认可程度,所以,为使包装收到促销效果,在包装设计中,应该深入了解消费者特性,区别不同国家或地区的宗教信仰和风俗习惯设计不同的包装,以适应目标市场的要求。切忌出现有损消费者宗教情感、容易引起消费者忌讳的颜色、图案和文字。

(6) 符合法律规定,兼顾社会利益。包装设计作为企业市场营销活动的重要环节,在实践中必须严格依法行事。例如,应按法律规定在包装上注明企业名称及地址;对食品、化妆品等与人民身体健康密切相关的产品,应表明生产日期和保质期等。

(7) 绿色环保。包装设计还应兼顾社会利益,坚决避免用有害材料做包装,注意尽量减少包装材料的浪费,节约社会资源,严格控制废弃包装物对环境的污染,实施绿色包装战略。

此外,包装还要与产品价格、渠道、广告促销等其他营销要素相配合,并满足不同运输商、不同分销商的特殊要求。

3. 包装策略

可供企业选择的包装策略主要有以下几种。

(1) 类似包装策略

类似包装策略是指企业生产经营的所有产品,在包装外形上都采取相同或相近的图案、色彩等共同的特征,使消费者通过类似的包装联想起这些商品是同一企业的产品,具有同样的质量水平。类似包装策略不仅可以节省包装设计成本,树立企业整体形象,扩大企业影响,而且还可以充分利用企业已拥有的良好声誉,有助于消除消费者对新产品的不信任感,进而有利于带动新产品销售。它适用于质量水平相近的产品,但由于类似包装策略容易对优质产品产生不良影响,所以,对于大多数不同种类、不同档次的产品一般不宜采用这种包装策略。

（2）等级包装策略

等级包装策略是指企业对自己生产经营的不同质量等级的产品分别设计和使用不同的包装。显然,这种依产品等级来配比设计包装的策略可使包装质量与产品品质等级相匹配,对高档产品采用精致包装,对低档产品采用简略包装,其做法适应不同需求层次消费者的购买心理,便于消费者识别、选购商品,从而有利于全面扩大销售。当然,该策略的实施成本高于类似包装策略也是显而易见的。

（3）分类包装策略

分类包装策略是指根据消费者购买目的的不同,对同一种产品采用不同的包装。如购买商品用作礼品赠送亲友,则可精致包装;若购买者自己使用,则简单包装。该种包装策略的优缺点与等级包装策略相同。

（4）配套包装策略

配套包装策略就是指企业将几种有关联性的产品组合在同一包装物内的做法。该种策略能够节约交易时间,便于消费者购买、携带与使用,有利于扩大产品销售,还能够在将新旧产品组合在一起时,使新产品顺利进入市场。但在实践中,还须注意市场需求的具体特点、消费者的购买能力和产品本身的关联程度大小,切忌任意配套搭配。

（5）再使用包装策略

再使用包装策略是指包装物在被包装的产品消费完毕后还能移做他用的做法。我们常见的果汁、食用油等包装即属该种策略。由于该种包装策略增加了包装的用途,可以刺激消费者的购买欲望,有利于扩大产品销售,同时也可使带有商品商标的包装物在再使用过程中起到延伸宣传的作用。

（6）附赠品包装策略

附赠品包装策略是指在包装物内附有赠品以诱发消费者重复购买的做法。在包装物中的附赠品可以是玩具、图片等实物,也可以是奖券。该包装策略对儿童和青少年以及低收入者比较有效,可吸引顾客的重复购买。这也是一种有效的营业推广方式。

（7）更新包装策略

更新包装就是改变和放弃原来的包装,如"新瓶装旧酒"。更新包装策略是指企业包装策略随着市场需求的变化而改变的做法。一种包装策略无效,依消费者的要求更换包装,实施新的包装策略,可以改变商品在消费者心目中的地位,令人感觉产品有所改进,也可令人感觉企业具有一定的创新能力。

4.2.4　课堂活动演练

设计"中华老字号"品牌保护的策略

背景资料

2006 年 12 月 19 日,商务部在京举行"中华老字号"企业授牌仪式,向茅台、全聚德、五粮液、同仁堂、冠生园、张小泉、松鹤楼、恒源祥、吴裕泰等 430 家获得"中华老字号"称号的企业授予牌匾和证书。

这些老字号大部分经历了晚清和民国时期中国资本主义发展阶段,经历了公私合营的社会主义改造、社会主义计划经济和改革开放,经受了社会变革的动荡和市场激烈竞争等各种考验,一直生存发展到今天,饱经沧桑而历久弥坚,具有顽强的生命力。

中国商业联合会有关负责人介绍,新中国成立初期,我国有老字号企业 10 000 多家。1990 年,由原商业部第一次组织了中华老字号的评定,评定的共有 1 600 余家。目前这些企业勉强维持现状的约占 70%;有品牌、有规模且经济效益好的仅占 10%;长期亏损、面临破产的约占 20%。更为严重的是,一些不具备中华老字号资格的企业滥用老字号的牌子,影响了老字号的声誉,造成了市场的无序竞争。

演练要求

(1) 结合案例分析品牌保护对于中国企业的作用有哪些?

(2) 设计品牌保护的策略,要求策略的可操作性强。

演练条件

(1) 事先对学生按照 5~6 人进行分组。

(2) 教师帮助学生明确品牌的概念、品牌的价值以及品牌策略。

(3) 教师提供品牌保护的参考方案。

(4) 具有可上网的实训室。

4.2.5 实例专栏与分析

差异化策略:让中小企业一飞冲天

几年前,一个温州皮鞋老板有感于每次出差总要换下一堆臭袜子,想到要为像他一样出差的人生产一双可以抗菌防臭、卫生自洁的皮鞋,从此不仅创造了一个引领消费时尚的全新品牌,更成为推动中国抗菌产业发展的领头企业! 这就是温州的奥古斯都皮鞋公司和它出品的"抗菌精英"皮鞋。

当中国的皮鞋在款式、材质、做工等方面已经相差无几的情况下,"抗菌精英"皮鞋把目光转移到"皮鞋内细菌含量高,卫生清洁难"的问题上,这也是挖掘产品差异化卖点的一个成功代表。奥古斯都鞋业也由此跳出皮鞋行业的竞争困境,被市场和代理商追捧,企业发展神速。第一批通过"抗菌标志(CIAA)"认证的有 11 家企业的 35 个产品,奥古斯都鞋业有限公司的纳米抗菌皮鞋作为唯一入选的皮鞋产品名列其中。

构思产生、概念测试、筛选

奥古斯都是怎样在传统制鞋行业中产生并导入"抗菌"概念和构思的呢? 奥古斯都的老总李上辉如实道出亲身经历,每次出差,走路多了,鞋里湿闷,总有些异味,每次出去都带一打袜子,每天换一双,丢一双,还是不管用,脚还是不舒服,人总觉得累,职业的敏感性让李上辉在不断思考:我是做鞋的,知道问题出在皮鞋里细菌过高。如果我穿的皮鞋可以抑制细菌生长繁殖,保持鞋内清洁卫生,这鞋肯定有市场。不算外出旅游的人,只算本身脚臭烦恼的和重视生活质量的人群,市场就是相当可观的。一个新产品构思和设想在李上辉的大脑中出现。

针对中国企业很善于模仿,当发现某种产品的差异化有市场时,喜欢一哄而上,差异化产品如果没有实际效果,仅仅停留在一种概念或一种说法上,肯定是做"一锤子"买卖,于是奥古斯都领导层在李上辉的促动下事先考虑好市场将会出现的种种情况,并在产品款式开发和抗菌功能上做足工夫,送各权威部门检验,证明抗菌率达 99% 以上后,才推上市场。

产品定位

皮鞋是时尚产品,消费者选购皮鞋主要看款式,抗菌精英在定位的同时也注意到了这一点,产品定位上,它不但强调抗菌精英的功能,而且在皮鞋的款式、材质、做工,甚至价格方面都很认真地给以定位。不脱离普通消费大众,让消费者易接受,能买得起。目标消费群体定位在四类最需要的人群:商务人士、外出旅游者、有小宝贝的家庭和本来就有脚臭烦恼的人群。

品牌命名、包装、品牌传播

奥古斯都是罗马帝国创建者的名字,他说过这么一句话:"我接受了一座用砖建造的罗马城,却留下一座大理石的城。"奥古斯都给罗马带来了200年的繁荣,取名奥古斯都的确出于一种良好的愿望,与消费者的"洋气"、时尚、良好祝愿等消费心理是比较贴近的。

奥古斯都在包装和标志上,非常考究和到位,整体视觉显得非常个性化和亲近感,在文字的造型和图案结构上非常协调,组合得当,错落有致,卓尔不群,给人耳目一新的感觉。色彩配合时尚、鲜艳、易接受。

4.3　营销产品生命周期决策

4.3.1　成果展示与分析

刮起敞篷车的怀古风

敞篷轿车从汽车初兴,经第二次世界大战至20世纪60年代中期,曾在美国经历过三起三落的变迁。20世纪70年代以后,装有空调、音响设备封顶车抵消了敞篷车露天通风的优越性,因此几家大的生产厂家先后停产。1976年4月21日,底特律市市长科尔曼·扬甚至煞有介事地为美国最后一辆敞篷车举行了"告别仪式"。从此,这种汽车在大街上又一次消失。

刚刚担任克莱斯勒汽车公司董事长不久的艾柯卡独具慧眼,他看清了汽车造型"高岸为谷,深谷为陵"的变化规律,大胆决定重新生产敞篷轿车。他让手下的人改造了一台旧式的敞篷车,先做试验。没想到他第一次把这辆车开进中心市场,就引起了极大轰动。因此,他进一步摸到美国人想重坐敞篷汽车大兜其风、"重温旧梦"的时尚趋向。回到办公室后,他立即通知制造部,不再做市场调查,马上就造!1982年,"道奇400"新型敞篷车先声夺人,投放市场后十分畅销。开始估计有300辆就能满足需要,没想到竟一口气卖了两三千辆。后来,通用、福特也紧步后尘。克莱斯勒多年来头一次走在前面,使艾柯卡感到无比自豪。

该案例告诉我们,时尚与流行具有循环性。曾被淘汰了的"过时货",说不定在经过一段时间之后,又会重新时髦起来。艾柯卡可能觉得在超前赶时髦上比不上其他几个竞争对手,他干脆就不朝前转而向后看。捡起了被人们认为早就过时了的敞篷跑车,谁知这正切准了时尚流行规律的脉搏,一下子竟大发利市。

如今"怀古"风又在西方盛行起来,想必这潮流早晚要波及中国。中国的厂家能否在这上面做点文章呢?

4.3.2　任务工作流程

产品在市场营销中的状况和获利能力随时间的推移而变化。这种变化的规律如同人类一样,经历了从诞生、成长、成熟、最终走向衰亡的过程,这个过程在市场营销学中被称为产

品生命周期(Product Life Cycle,PLC)。做好该任务的工作有如下:

第一步　准确判断并划分产品在市场中所处的生命周期阶段;

第二步　分析不同生命周期阶段中的市场营销特征;

第三步　根据不同阶段的特征采取相应营销策略。

4.3.3　基本知识和技能

比尔·盖茨曾说过,大公司成功的秘诀在于,当它的产品人们还在使用时,公司已经在着手淘汰它了,这就涉及产品生命周期的概念。了解产品生命周期,能够使我们从整体上把握产品在市场上的动态变化规律,为企业做出正确决策提供重要依据。

4.3.3.1　营销产品生命周期的划分

1. 产品生命周期的概念

产品生命周期是指某种产品从进入市场到被淘汰退出市场所经历的全部运动过程,是产品的市场寿命,而不是产品的使用寿命,其长短受顾客需求变化、产品更新换代的速度等因素的影响。在产品生命周期的不同阶段,一种产品在市场上的销售情况及获利能力将随着时间的推移而变化,其典型形式呈正态分布,一般可划分为 4 个阶段,即导入期、成长期、成熟期和衰退期。在整个生命周期中,销售额和利润额的变化如图 4-4 所示。

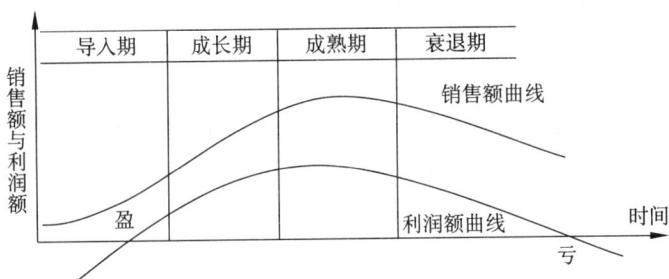

图 4-4　标准产品生命周期

(1) 导入期是指新产品导入市场后,随着消费者对这种产品认知度的提高,需求在不断增长,销售额和利润额也在缓慢增长。在该阶段,由于产品导入需要花费高额的营销费用,以及消费者对产品的整体认知度不高,企业几乎没有利润,甚至会出现利润为负的现象。

(2) 成长期是指产品在市场上迅速为顾客所接受,消费者对产品的需求不断增长,销售额和利润迅速增长,利润由负变正并快速上升。

(3) 成熟期是指目标市场上绝大多数的顾客已经接受并购买了该种产品,销售量已接近极限,增长率减缓或下降,销售额增长放慢,利润增长停滞。

(4) 衰退期是指目标顾客的需求发生转移,或市场上出现了新的替代品时,导致销售额快速递减,利润也较快下降。

产品生命周期的不同阶段具有不同的特征,这些特征可用表 4-3 概括。

表 4-3　产品生命周期不同阶段的特征

比较项目	导入期	成长期	成熟期		衰退期
			前　　期	后　　期	
销售量	低	快速增大	继续增长	有降低趋势	下降
利润	微小或负	大	高峰	逐渐下降	低或负
购买者	爱好新奇者	较多	大众	大众	后随者
竞争	甚微	兴起	增加	甚多	减少

2. 产品生命周期的其他形态

产品生命周期是一种理论抽象,在现实经济生活中,并不是所有产品的生命历程都完全符合这种理论形态。除上述的正态分布曲线,还有以下几种形态。

(1) 再循环形态,是指产品销售进入衰退期后,由于种种因素的作用而进入第二个成长阶段。这种再循环型生命周期是市场需求变化或厂商投入更多的促销费用的结果。

(2) 多循环形态,亦称"扇形"运动曲线,或波浪形循环形态,是在产品进入成熟期以后,厂商通过制定和实施正确的营销策略,使产品销售量不断达到新的高潮。

(3) 非连续循环形态,呈现"增长—衰退—成熟"的形态。大多数时髦商品呈非连续循环,这些产品一上市便热销,而后很快在市场上销声匿迹。厂商既无必要也不愿意作延长其成熟期的任何努力,而是等待下一周期的来临。

值得一提的是,产品的生命周期通常是按国家和地区来划分的,即同一种产品在不同的国家或不同的地区,它的生命周期可能处于不同的阶段。如在发达国家处于成熟或衰退期的产品,在经济欠发达的发展中国家可能正处于导入或成长期。

同步实务 4-3

确定纯平电视机的生命周期

随着科技的不断进步,电视机经历了从电子显像管的黑白电视机、电子显像管的彩色电视机、超平电视机、纯平电视机、背投彩电、等离子彩电、液晶彩电、高清数字电视机、LED 电视机等产品形式。目前,纯平电视机之前的产品形式在我国的许多城市已经很少甚至没有了,是不是说纯平电视机的产品生命周期就完全进入衰退期,该退出市场了?

业务分析:纯平电视机的产品生命周期在我国是否进入衰退期应对照产品生命周期的相关理论和依据来回答。

业务程序:分别将产品生命周期不同阶段的特点列出,找出衰退期的特点,结合产品生命周期在不同国家和地区可能不一样的结论,说明纯平电视可能在我国大多数城市地区处于衰退期,但在农村地区或其他欠发达国家可能还有潜在市场。

业务说明:因为产品生命周期在不同国家或地区可能不一样,因此,在我国大多数城市地区已经处于衰退期的纯平电视,在我国的农村地区或其他欠发达国家可能正处于导入或成长期,其在城市衰退了的生命周期可以在农村或海外欠发达国家的市场得到延续。

4.3.3.2　不同阶段的特征与营销策略

1. 导入期的市场特征与营销策略

（1）导入期的市场特征

① 消费者对该产品不了解,大部分顾客不愿放弃或改变自己以往的消费行为,销售量小,相应地增加了单位产品成本。

② 尚未建立理想的营销渠道和高效率的分销模式。

③ 价格决策难以确立,高价可能限制了购买,低价可能难以收回成本。

④ 广告费用和其他营销费用开支较大。

⑤ 产品技术、性能还不够完善。

⑥ 利润较少,甚至出现经营亏损,企业承担的市场风险最大。但该阶段市场竞争者较少,企业若建立有效的营销系统,即可将新产品快速推进导入阶段,进入市场发展阶段。

（2）导入期的营销策略

① 快速撇脂策略,即以高价格和高促销推出新产品。实行高价格是为了在每一单位销售额中获取最大的利润,高促销费用是为了引起目标顾客的注意,加快市场渗透。成功地实施该策略,可以赚取较大的利润,尽快收回新产品开发的投资。实施该策略的市场条件是:市场上有较大的需求潜力;目标顾客具有求新心理,急于购买新产品,并愿意为此付出高价;企业面临潜在竞争者的威胁,需要尽快建立品牌声誉。

② 缓慢撇脂策略,即以高价格低促销将新产品推入市场。高价格和低促销结合可以使企业获得更多利润。实施该策略的市场条件是所投放的产品必须有效填补市场空白,没有强有力的竞争者,消费者迫切需要它而别无选择,适当的高价能为市场所接受。

③ 快速渗透策略,即以低价格和高促销推出新产品。目的在于先发制人,以最快的速度打入市场,该策略可以给企业带来最快的市场渗透率和最高的市场占有率。实施该策略的条件是:产品的潜在市场规模很大;潜在消费者对产品价格十分敏感;潜在竞争比较激烈;规模经济效应显著。

④ 缓慢渗透策略,即企业以低价格和低促销推出新产品。低价格是为了促使市场迅速地接受新产品,低促销费用则可以实现更多的净利。企业坚信该市场需求价格弹性较高,而促销弹性较小。实施该策略的条件是:市场容量较大;潜在顾客易于或已经了解此项新产品且对价格十分敏感;竞争异常激烈。采用该种策略的公司一般奉行低成本策略,吸引消费者购买,最终夺取较大市场份额。

2. 成长期的市场特征与营销策略

（1）成长期的主要特征是:①消费者对新产品已经熟悉,销售量增长很快。②大批竞争者加入,市场竞争加剧。③产品已定型,技术工艺比较成熟。④建立了比较理想的营销渠道。⑤市场价格趋于下降。⑥为了适应竞争和市场扩张的需要,企业的促销费用水平基本稳定或略有提高,但占销售额的比率下降。⑦由于促销费用分摊到更多销量上,单位生产成本迅速下降,企业利润迅速上升。

（2）成长期的营销策略是:营销者的工作重点应放在扩大生产规模、保持较高的销售增长率及维持或提高市场占有率上。具体来说,可以采取以下营销策略:①根据用户需求和其他市场信息,不断改善产品质量,努力增加产品特色或式样。②加强促销环节,树立强有力的产品形象。以建立品牌偏好为目标争取老客户忠诚于品牌,吸引重复购买。同时不断争取新顾客。③扩大分销覆盖面,开拓新的市场。④选择适当的时机调整价格,以争取更多顾客。

3. 成熟期的市场特征与营销策略

(1) 成熟期的阶段划分和市场特征。成熟期可以分为 3 个时期:①成长成熟期。该时期各销售渠道基本呈饱和状态,增长率缓慢上升,还有少数后续的购买者继续进入市场。②稳定成熟期。由于市场需求已饱和,产品销售稳定。销售增长率一般只与购买者人数成比例,如果无新购买者则增长率停滞或下降。③衰退成熟期。销售水平显著下降,原有用户的兴趣已开始转向其他产品或替代品。全行业产品出现过剩,竞争加剧,一些缺乏竞争能力的企业将渐渐被取代,新加入的竞争者较少。竞争者之间各有自己特定的目标顾客,市场份额变动不大,突破比较困难。

(2) 成熟期的营销策略。鉴于上述情况,有 3 种基本策略可供选择:市场改良、产品改良和营销组合改良。市场改良策略也称市场多元化策略,即开发新市场,寻求新用户。产品改良策略也称为"产品再推出",是指改进产品的品质或服务后再投放市场。营销组合改良策略是指通过改变定价、销售渠道及促销方式来延长产品成熟期。

4. 衰退期的市场特征特点与营销策略

(1) 衰退期的市场特征是:①产品销售量由缓慢下降变为迅速下降,消费者的兴趣已完全转移。②价格已下降到最低水平。③许多企业微利甚至无利可图,被迫退出该产品市场,转向新的产品领域。④留在市场上的企业逐渐减少产品附加服务,削减促销预算等,以维持最低水平的经营。

(2) 衰退期的营销策略。①收缩策略。削减生产规模,减少投资,收缩分销规模,降低促销费用。集中资源,缩短战线,以最有利的市场赢得尽可能多的利润。②维持策略,即保持原有的细分市场和营销组合策略,把销售维持在一个低水平上。待到适当时机,便停止该产品的经营,退出市场。③榨取策略,即大大降低销售费用,如广告费用削减为零、大幅度精减推销人员等,虽然销售量有可能迅速下降,但是可以增加眼前利润。

如果企业决定停止经营衰退期的产品,应在立即停产还是逐步停产问题上慎重决策,并应处理好善后事宜,使企业有秩序地转向新产品经营。

◯ 4.3.4 课堂活动演练

分析 3G 手机的产品生命周期

背景资料

3G,全称为 3rd Generation,中文含义就是指第三代数字通信。1995 年问世的第一代数字手机只能进行语音通话;而 1996—1997 年出现的第二代数字手机便增加了接收数据的功能,如接收电子邮件或网页;第三代与前两代的主要区别是在传输声音和数据的速度上的提升,它能够处理图像、音乐、视频等多种媒体形式,提供包括网页浏览、电话会议、电子商务等多种信息服务。相对第一代模拟制式手机(1G)和第二代 GSM、TDMA 等数字手机(2G),同上面所说,现在的 GPRS 属于 2.5 代,可称为 2.5G。

3G 手机除了能完成高质量的日常通信外,还能进行多媒体通信。第三代手机都有一个超大的彩色显示屏,往往还是触摸式的。用户可以在 3G 手机的触摸显示屏上直接写字、绘图,并将其传送给另一部手机,而所需时间可能不到 1 秒。

演练要求

(1) 要求学生运用所学理论,分析 3G 手机所处的产品生命周期,及其在市场上应采用的竞争策略。

(2) 要求学生讨论交流意见。

演练条件

(1) 事先对学生按照 5~6 人进行分组。

(2) 教师帮助学生明确产品生命周期的 4 个阶段及其特点,以及不同阶段采用的营销策略。

(3) 学生收集 3G 手机相关信息。

(4) 具有可上网的实训室。

◯ 4.3.5 实例专栏与分析

K 牌小麦啤生命周期延长策略

国内某知名啤酒集团针对啤酒消费者对啤酒口味需求日益趋于柔和、淡爽的特点,积极利用公司的人才、市场、技术、品牌优势,进行小麦啤酒研究,并利用其专利科技成果开发出具有国内领先水平的 K 牌小麦啤。这种产品泡沫更加洁白细腻、口味更加淡爽柔和,更加迎合啤酒消费者的口味需求,一经上市在低迷的啤酒市场上掀起一场规模宏大的 K 牌小麦啤消费的概念消费热潮。

一、K 牌小麦啤的基本状况

K 牌啤酒公司当初认为,K 牌小麦啤作为一个概念产品和高新产品,要想很快获得大份额的市场,迅速取得市场优势,就必须对产品进行一个准确的定位。K 牌集团把小麦啤定位于零售价 2 元/瓶的中档产品,包装为销往城市市场的 500 毫升专利异型瓶装和销往农村、乡镇市场的 630 毫升普通瓶装两种。合理的价位、精美的包装、全新的口味、高密度的宣传使 K 牌小麦啤 2013 年 5 月上市后,迅速风靡本省及周边市场,并且远销江苏、吉林、河北等外省市场,当年销量超过 10 万吨,成为 K 牌集团一个新的经济增长点。由于上市初期准确的市场定位使 K 牌小麦啤迅速从诞生期过渡到高速成长期。

高涨的市场需求和可观的利润回报使竞争者也随之发现了这座金矿,本省的一些中小啤酒企业不顾自身的生产能力,纷纷上马生产小麦啤酒。一时间市场上出现了五六个品牌的小麦啤酒,而且基本上都是外包装抄袭 K 牌小麦啤,酒体仍然是普通啤酒,口感较差,但凭借 1 元左右的超低价格,在农村及乡镇市场迅速铺开,这很快造成小麦啤酒市场竞争秩序严重混乱,K 牌小麦啤的形象遭到严重损害,市场份额也严重下滑,形势非常严峻。K 牌小麦啤也因此从高速成长期,一部分市场迅速进入了成熟期,销量止步不前,而一部分市场由于杂牌小麦啤酒低劣质量的严重影响,消费者对小麦啤不再信任,K 牌小麦啤销量急剧下滑,产品提前进入了衰退期。

二、K牌小麦啤的战略抉择

面对严峻的市场形势,是依据波士顿理论选择维持策略,尽量延长产品的成熟期和衰退期最后被市场自然淘汰,还是选择放弃小麦啤酒市场策略,开发新产品投放其他的目标市场?决策者经过冷静的思考和深入的市场调查后认为:小麦啤酒是一个技术壁垒非常强的高新产品,竞争对手在短期内很难掌握此项技术,也就无法缩短与K牌小麦啤之间的质量差异;小麦啤酒的口味迎合了当今啤酒消费者的流行口味,整个市场有较强的成长性,市场前景是非常广阔的。所以选择维持与放弃策略都是一种退缩和逃避,失去的将是自己投入巨大的心血打下的市场,实在可惜,而且研发新产品开发其他的目标市场,研发和市场投入成本很高,市场风险性很大,如果积极采取有效措施,调整营销策略,提升K牌小麦啤的品牌形象和活力,使其获得新生,重新退回到成长期或直接过渡到新一轮的生命周期,自己将重新成为小麦啤酒的市场引领者。

事实上,通过该公司准确的市场判断和快速有效的资源整合,使得K牌小麦啤化险为夷,重新夺回了失去的市场,K牌小麦啤重新焕发出强大的生命活力,重新进入高速成长期,开始了新一轮的生命周期循环。

4.4 新产品研发决策

4.4.1 成果展示与分析

麦条的诞生

麦片有很多好处,如富含营养,有益健康。希洛公司生产各种食物,但在早餐麦片市场占有的份额却不高。公司如何在麦片市场提高占有率?麦片市场早已饱和了,希洛公司不打算在这个市场里碰运气。他们想到的出路是重新定义麦片的使用价值。他们选择了把麦片当作任何时候都能食用的健康点心,而不是当作通常的早餐。如果把当点心的麦片用袋装,顾客也许只能用手吃了。它们采用一种顾客熟悉的产品形状——巧克力条。麦片加上巧克力条就出现了新的类别——麦条。

这种现在看来平常的产品,在当时却是一个突破。它是一种真正的新事物,并由此创造了新的消费场合。如今该公司是欧洲市场麦条类产品的领头羊之一。

这个创意究竟是怎么产生的呢?其创新在于跳出了"早餐麦片"的常规市场定义。希洛公司没有在通常感知的麦片类市场寻求新的定位。它将麦片的若干积极特征融入了另一个概念之中——条形巧克力,从而带来了新的便利和新的类别。这种水平营销过程将麦片市场拓展到了一个新的领域。

4.4.2 任务工作流程

新产品开发不但要有严密的组织和管理,还必须有一套系统的、科学的程序,以避免和减少失误,由于不同企业的生产、经营条件不同,新产品的项目不同,开发程序上也各具特色。一般来说,一种新产品的开发过程应该遵循图 4-5 所示策划程序并且考虑相关内容。

策划实践中产品策划的程序、方式多种多样,但是其基本过程是一致的。策划没有固定不变的程序,这里只能说是一个参考程序。

图 4-5　产品策划的程序构成示意图

◯ 4.4.3　基本知识和技能

对于现代企业来说,面对市场竞争日益激烈,产品的生命周期越来越短,消费者需求的差异化,以及竞争环境的不确定性,为了在市场上站稳脚跟,企业通常需要不断地推陈出新,开发具有竞争优势的新产品。新产品开发是企业经营中不可缺少的重大问题,是关系到企业存亡的首要问题。

4.4.3.1　新产品的概念及类型

市场营销学中的新产品概念不是从纯技术角度理解的,产品只要在功能或形态上得到改进与原有产品产生差异,并为顾客带来新的利益,即视为新产品,它是从产品整体概念的角度来定义的。凡是产品整体性概念中任何一部分的创新、改进,能给消费者带来某种新的感受、满足和利益的相对新的或绝对新的产品,都叫新产品。

新产品的种类一般来说可以分为两类,即非连续性新产品和连续性新产品。

1. 非连续性新产品

非连续性新产品是生产厂家运用现代新科技、新工艺、新材料生产、制造出来的并用于交换的全新产品。这种产品的结构、造型、性能均是全新的,它与市场上已有的产品无雷同之处,它不是在旧产品的基础上经过革新的产品,也不是同类产品中的仿制品,而是科技人员创造、发明的前所未有的全新产品,如汽车、电视、电脑最初上市时,都属于全新产品。

2. 连续性新产品

连续性新产品是指新产品在原有旧产品的基础上,运用新原料、新工艺对整体产品中任何一部分的创新或改进,使其具有新的特征、新的性能及新的用途等。连续性新产品按程度可分为以下几种。

(1)革新型新产品。革新型新产品是在旧产品的基础上部分采用新技术、新材料、新结构研制的性能上有显著提高的产品,亦称换代型新产品,如 VCD 到 SVCD,再到 DVD 等。

(2)改进型新产品。改进型新产品是在原有旧产品的基础上对其作部分改进或稍加改良而成的新产品。其改进的程度一般是在设计、装置、用料上作部分改进,以提高产品的性能及用途,如山地自行车、多功能电扇等就属于该种类型的产品。

(3)部分改进型新产品。部分改进型新产品是指设计者和生产者对产品外观、造型或产品的零件部分作少许调整、改良而成的产品。

(4)模仿新产品。模仿新产品又称为企业新产品或地域性新产品,是指市场上已经存在而企业没有生产过的产品,或其他地区已经存在而在本地是第一次生产的产品。由于这些产品的开发与生产都是对已有产品的一种模仿,所以叫模仿新产品。

4.4.3.2   新产品开发的程序

新产品所带来的利益激励着企业致力于新产品的开发,但开发新产品是一项极其复杂的工作,是有风险的,它直接关系到企业的成败。为了提高企业新产品开发的成功率,必须建立科学的新产品开发管理程序,如图 4-6 所示。

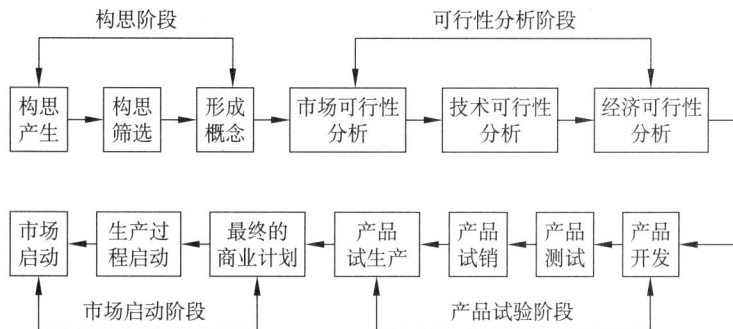

图 4-6   新产品开发程序

1. 构思阶段

(1) 构思产生。构思是为满足一种新需求而提出的设想。这种设想可能源于消费者、营销人员、企业管理人员、经销商、专利代理人、大学或企业的实验室、竞争对手等。在产品构思阶段,企业的主要任务是:积极地在不同环境中寻找好的产品构思;鼓励公司内外人员发展产品构思;并将所汇集的产品构思转送公司内部有关部门,征求修正意见,使其内容更加充实。

(2) 构思筛选。一些构思听起来不错,但常常由于考虑欠佳而不能成功。构思筛选的主要目的是选出那些符合本企业发展目标和长远利益,并与企业资源相协调的产品构思,摒弃那些可行性小或获利较少的产品构思。在筛选阶段,应力求避免两种偏差:一种是漏选良好产品构思,对其潜在价值估价不足,失去发展机会;另一种是采纳了错误的产品构思,仓促投产,造成失败。

(3) 概念的形成与测试。新产品构思经筛选后,需进一步发展更具体、明确的产品概念。产品概念是指已经成型的产品构思,即用文字、图像、模型等予以清晰阐述,使之在顾客心目中形成一种潜在的产品形象。一个产品构思能够转化为若干个产品概念。例如,某企业掌握了水解珍珠的技术,产生了生产液体珍珠营养补剂的想法,根据产品的销售对象、产品的核心内容及产品的服用时间的不同,可以进一步发展成好几种产品。

2. 可行性分析阶段

经过产品的构思阶段,企业可能获得一系列的新产品概念和开发方案。然而市场需求的情况及企业的资源对新产品开发方案的可行性都会形成制约,因此有必要对其进行可行性分析。

可行性分析是指对某一规划或方案能够在实践中顺利实施、达到预期目的的可能进行分析。新产品开发方案的可行性分析往往需要 3 个方面的内容:①市场可行性分析,即需要进行新产品的市场容量分析,确定新产品所面对的市场是否有足够的市场机会来保证产品方案的实施;②技术可行性分析,即进行新产品开发的技术问题分析,以及企业目前各方面的资源和能力方面的相容性分析;③经济可行性分析,即进行产品开发方案的经济效益分析。

3. 产品试验阶段

（1）产品开发。产品开发是指对经过可行性分析的产品概念进行实体产品的实际开发，从而得到产品的原型。原型是指在产品开发过程中生产出来的，它们是为数不多的几个新产品构思的平衡的结果。在产品开发过程中，观察产品概念的实际开发可行性。例如，产品的各个部分是否相互适合；产品的各个部分的制造成本是否足够低；如果按照设计制造会不会产生的其他污染等。原型的开发过程中还需要注意原型与将要投放的产品的一致性，既不可以不精确也不可以过度修饰。

（2）产品测试。产品测试包括内部测试和外部测试两部分。首先在内部测试，与公司的其他员工交流意见，如说服管理层投入更多的资金。然后在外部测试，了解顾客或其他外部利益相关者对产品概念整体或部分的反馈，以及与公司的上游供应商和下游供应商交流意见。

（3）产品试销。产品试销是指在一个较小的市场范围或群体中出售产品，测定产品在真实的市场环境下被接受的程度。

（4）产品试生产。原型在以上的测试中如果被证明是有效的，则该新产品的构思就具有可生产性，那么到最终市场启动阶段之前，企业要首先做好全面生产的准备，即试生产。试生产主要是为了检验生产设备情况及生产流程（从供应商到生产线再到分销商）的运作情况。

4. 市场启动阶段

在该阶段企业要做好最终的商业计划、启动生产过程和启动市场的工作。在最终的商业计划中要根据上面3个阶段的情况对项目进行最终的商业和财务分析，确定其可行性；启动生产过程就是指全力大批量的生产；启动市场则是做好营销计划并全面实行。在营销计划中，企业要对批量上市的时间、地点、渠道、方式做出正确的决策，进行合理的营销组合。

4.4.3.3　新产品开发的策略

美国企业界曾经提出"任何工业企业具有两个、也仅有两个基本功能：市场销售和创新"的观点，充分说明了新产品开发和研究的重要性。在市场营销活动中，企业通常采用以下新产品开发策略。

1. 领先策略

领先策略是指企业要在其他企业的新产品还未开发成功或还未投放市场之前，抢先开发新产品，投放市场，使企业的某种产品处于领先地位，然后千方百计地扩大战果，迅速扩大覆盖面。这是进攻型的新产品开发策略。领先策略实质上是以攻取胜、以奇制胜，企业采用该策略需要有较强的新产品开发能力和风险承受能力，企业领导要有敏锐的目光和开拓的胆识，看到社会需求的新动向，选准科技发展的制高点，果断决策。

2. 跟随超越策略

跟随超越策略即技术引进与自行研制相结合。该策略是以跟随为先导、以超越为目标，善于利用外界条件达至事半功倍的最有效途径。企业在发现市场上刚崭露头角的畅销产品或竞争力强的产品后,不失时机地仿制和组织力量将仿制产品及时地投放市场。该策略风险小,要求的科研能力不高,在技术和经济上都较稳妥。

需要注意的是,采用跟随超越策略必须具备两个条件:一是要对市场信息捕捉快、接收快;二是要具备一定的应变能力和研究开发能力。这样才能及时地把仿制的新产品开发出来,投放市场。跟随超越策略最大的好处是可以大大缩短新产品的研制周期,降低研制费用。

3. 更新换代策略

更新换代策略是指在旧产品的基础上,采用新技术和新材料,开发具有更高技术经济性能的新产品。产品更新换代是科技进步的必然结果。在企业不改变服务对象,旧产品所提供的基本功能仍为用户所需,但技术经济明显落后,企业保持产品方向不变的条件下,常常采用该策略。

4. 系列延伸策略

一种新产品的问世往往会延伸出与该产品的使用密切联系的一系列配套需求。系列延伸策略是指针对人们在使用某一产品时所产生的新的需要,推出特定的配套产品。

5. 系列式产品开发策略

就是围绕产品向上下左右前后延伸,开发出一系列类似的,但又各不相同的产品,形成不同类型、不同规格、不同档次的产品系列。采用该策略开发新产品,企业可以尽量利用已有的资源,设计开发更多的相关产品,如海尔围绕客户需求开发的洗衣机系列产品,适合了城市与农村、高收入与低收入、多人口家庭与少人口家庭等不同消费者群的需要。

○ 4.4.4 课堂活动演练

设计威玛诺公司的新产品策略

背景资料

威玛诺公司是一家生产小型家电的公司。目前经营 600 多种产品。该公司的目标是每年销售额的 25% 要从前三年研制的产品中获得。为此,威玛诺公司每年都要开发 20 多种新产品。

然而,新产品并不是自然诞生的,威玛诺公司努力创造一个有助于新产品革新的环境。首先,它通常要拿出销售额的 7% 用于新产品的开发和研究;其次,公司鼓励每一个人参与新产品的开发。公司有名的"10%规则"即允许每个研发人员可用 10% 的时间来"干私活",从事个人感兴趣的工作,不论这些工作是否与公司利益直接有关;它甚至允许它的员工带"宠物"、穿拖鞋上班。当一个有希望的新构想产生时,威玛诺公司会组织一个由该构想的开发者以及来自生产、销售和法律部门的志愿者组成一个创新团队来完善该构想,公司为其提供了非常优越、宽松的工作环境。有些团队在一个构思成功之前会尝试很多次。每年该公司都会把"进步奖"颁给创新团队,其奖金额度为新产品销售额的 20%。

在执著地追求新产品的过程中,威玛诺公司始终与其顾客保持紧密联系。在新产品开发的每一个时期,都对顾客偏好进行重新估价。市场营销人员和科技人员在开发新产品的过程中紧密合作,都积极地参与到新产品市场营销战略的制定和决策过程中,诸如新产品概念的形成、开发、定价、渠道的设立、促销方式等。总之,威玛诺公司获得了极大的成功。由于威玛诺公司传奇般地注重创新的精神,已使它连续成为市场上最受消费者欢迎的公司之一。

演练要求

（1）分析该公司为什么要开发新产品?（要求从产品生命周期理论出发进行分析。）

（2）由于该公司经营的是小家电产品,如果请你为该公司的新产品定价,你将如何展开?（要求学生自主思考,运用发散思维展开多角度的分析。）

（3）制作讨论方案的 PPT,进行交流与评价。

演练条件

（1）事先对学生按照5～6人进行分组。

（2）教师帮助学生明确新产品开发的程序。

（3）预先学习产品定价的相关知识。

（4）具有可上网的实训室。

⬤ 4.4.5　实例专栏与分析

苹果公司 CEO 乔布斯脑子里怎么想的?

20 世纪 80 年代乔布斯凭借 Apple 电脑独步江湖、红极一时,后来因为种种原因被自己创办的苹果公司撵出门外,谁也没有想到,十年后重新杀回来,凭借 iMac/iPod/iPhone 一个又一个雷人的产品重新成了 21 世纪的巨星。所有人倾倒之时都很好奇,他脑子里到底怎么想的?有篇文章介绍乔布斯参加 Segway 原型车的讨论会,生动地表现了乔布斯如何考虑产品的。

Segway 代步车,设计新颖有趣,非常好玩。两轮电动车,能自动平衡,身体前倾车就前行,身体转动车也跟着转动,可以跑 40 公里/小时。Segway 代步车原型出来,乔布斯试用后彻夜未眠,第二天参加了该产品的讨论会,乔布斯问了四个非常好的问题。

第一问:产品定位

Segway 公司想出两款型号,分别针对个人和商用市场。

乔布斯问他们为什么要出两款?为什么不先出一个普通版本,卖上几千美元,热销后,再出把价格翻倍的增强版,针对工业和军事领域。他开始讲自己做 iMac 的经历,为什么他在发布了第一款 iMac 之后等了七个月才推出其他花色?他希望他的设计师、销售人员、公关,都 100% 地聚焦。就是说,他一上来,会把自己的退路封死。毫无疑问,同时做两款产品,无论哪款都会有一些侥幸心理,即使这款不好,那款成功也够了。人们就很容易说服自己放弃对单一产品的热忱。但乔布斯的思考方法,会让全公司上下永远孤注一掷,这也就是外界经常说的,他的员工会被他逼迫得爆发出潜能来。

第二问:产品设计

乔布斯问 Segway 公司,你们觉得你们的产品怎么样?乔布斯一瞬间说出了三个评判标准:它的外形不创新,它不优雅,也感觉不到人性化。"你们拥有让人难以置信的创新的机器,但外形看上去却非常传统。"最后,他给出建议:去找一家最好的设计公司,一定要做出让你看到之后会被惊呆的产品!

这段的信息量同样很足,因为它很简明地总结出乔布斯的三个设计标准:设计是否出奇,或者是否优雅,或者是否足够人性化。

第三问:产品生产

Segway 担心技术被仿制,想设立工厂自己生产。

乔布斯问,为什么你们要盖个工厂?他表示坚决反对。乔布斯的想法是用时间和资金去找到其他壁垒。就像 iPad 和 iTunes 的相伴，iPhone 时代靠手机补贴获得的低价等构造了应用开发平台和 Appstore 等一道道护城河，把 iPhone 小心呵护起来。

第四问：产品营销

如何卖这个产品？乔布斯先给了一个保守方案：把这机器，在斯坦福这样的一流大学和迪士尼这样的主题公园里，做小规模推广。但他立刻补充说，这风险也不小，如果有一个倒霉孩子在斯坦福大学不小心摔一跤，然后在网上乱骂一顿 Segway，公司就完蛋了。如果是一个大规模的发售呢，一点点麻烦不会从根本上伤害公司。乔布斯说"我是个大爆炸主义者"，说完这句话，他乐了，"高的风险，就是你把自己暴露给你的敌人，你需要很多钱跟仿制者作战。"

经过乔大师指点后的 Segway 产品，果然很酷！

✅ 重点概括

- 产品是营销活动的载体和基础，是营销组合中最重要的因素。产品整体概念的五个层次是：核心产品、有形产品、期望产品、附加产品和潜在产品。产品组合决策包括扩大或缩减产品组合、产品线的延伸。

- 品牌与包装都是产品整体概念下"形式产品"或"有形产品"的重要组成部分。品牌决策主要包括品牌有无、品牌归属、品牌命名、品牌扩展和品牌重新定位等决策。包装策略包括类似包装策略、等级包装策略、分类包装策略、配套包装策略、再使用包装策略、附赠品包装策略和更新包装策略等。

- 产品生命周期是指某种产品从进入市场到被淘汰退出市场所经历的全部运动过程，是产品的市场寿命，而不是产品的使用寿命，其长短受顾客需求变化、产品更新换代的速度等因素的影响，产品生命周期不同阶段的特点，以及产品在不同生命周期阶段应采取的营销策略。

- 新产品开发的程序：新产品构思—构思筛选—产品概念的形成与测试—初拟营销战略计划—商业分析—新产品实体开发—市场试销—商业性投放等。

- 新产品开发策略主要有：领先策略、跟随超越策略、更新换代策略和系列延伸策略等。

✅ 综合实训

▪ **案例技能题** ▪

| 案例分析 | 润妍：三年准备，一年败北 |

2002 年宝洁在中国市场打了败仗，所推出的第一个针对中国市场的本土品牌——润妍洗发水一败涂地，短期内就黯然退市。

润妍洗发水的推出，是为了应对竞争对手对其持续不断发动的"植物"、"黑头发"概念进攻。在"植物"、"黑发"等概念的进攻下，宝洁旗下产品被竞争对手贴上了"化学制品"、"非黑头发专用产品"的标签。因为这些概念根植于部分消费者的头脑中，无法改变，因此面对这种攻击，宝洁无法还击。

为了改变这种被动的局面，宝洁从 1997 年调整了其产品战略，宝洁决定为旗下产品中引入黑发和植物概念品牌。在新策略的指引下，宝洁按照其一贯流程开始研发新产品。从消费者到竞争对手,从名称到包装,宝洁处处把关,花费三年时间完成。

产品特点:润妍采用和主流产品不同的剂型,需要经过洗发和润发两个步骤,比起2合1产品,消费者洗头时间拖长一倍。润妍把目标消费群体定位在高知识城市白领女性,然而这个群体对黑头发并不感冒。

在价格上,润妍沿袭了飘柔等旧有强势品牌的价格体系,在该种价格体系下,经销商没有利润,又不能不做,润妍的价格政策,导致经销商对其采取了抵制态度。

促销:润妍在传播时,黑发概念强调不足。而夏士莲黑芝麻洗发水强调黑芝麻成分,让消费者由产品原料对产品功能产生天然联想,从而事半功倍,大大降低了概念传播的难度。

宝洁推出的第一个本土品牌就这样夭折了。

分析要求

(1) 学生分析案例提出的问题,拟出《案例分析提纲》。

(2) 小组讨论,形成小组《案例分析报告》。

(3) 班级交流,教师对各小组《案例分析报告》进行点评。

(4) 在班级展出附有"教师点评"的各小组《案例分析报告》,供学生比较研究。

计算操作

表4-4是广东卓越空调器厂索华空调产品组合。

表4-4　广东卓越空调器厂索华空调产品组合

产品系列	产品项目
分体挂壁式空调器系列	KF(R)·25GW(1匹) KF(R)·33GW(1.5匹) KF(R)·45GW(2匹)
窗式空调器系列	KC(R)·20(小1匹) KC(R)·18(小1匹) KC(R)·28(大1匹) KC(R)·33(小1.5匹) KC(R)·45(小2匹)
天花嵌入式空调器系列	KF(R)·70QGW(3匹) KF(R)·60QX2W(5匹一拖二)
立柜式空调器系列	KF(R)·46LW(2匹) LF7·3WD(3匹) RF7·3WD(3匹) LF12WD(5匹) RF12WD(5匹)

操作要求

请计算该空调产品线、产品项目、产品组合宽度和产品组合深度。

▪ **单元实训** ▪

| 实训题 1 | "产品及品牌决策策略"业务胜任力训练 |

【实训目标】

引导学生参加"'产品及品牌决策策略'业务胜任力"的实践训练;在切实体验《产品及品牌决策方案》的准备与撰写等有效率的活动中,培养相应专业能力与职业核心能力;通过践行职业道德规范,促进健全职业人格的塑造。

【实训内容】

站在某一熟悉的企业的角度,运用产品策略的相关营销知识,为其品牌设计做出解释,分析为何采用此品牌,分析该企业的产品与品牌策略是否合理。

【实训时间】

在讲授本实训时选择周末休息日。

【操作步骤】

(1) 将班级每 10 位同学分成一组,每组确定 1～2 人负责。

(2) 小组通过网络、刊物等途径收集某一企业的产品组合情况以及品牌运作的现状。

(3) 小组根据所收集的资料进行分析、归纳、总结,为该企业初步拟订产品、品牌计划方案。

(4) 各组在班级进行交流、讨论拟订的方案。

【成果形式】

实训课业:撰写《产品及品牌决策方案》。

| 实训题 2 | "新产品市场推广方案"业务胜任力训练 |

【实训目标】

引导学生参加"'新产品市场推广方案'业务胜任力"的实践训练;在切实体验《新产品市场推广方案》的准备与撰写等有效率的活动中,培养相应专业能力与职业核心能力;通过践行职业道德规范,促进健全职业人格的塑造。

【实训内容】

依据所学内容,结合企业的新产品及其目标市场消费者,撰写新产品市场推广方案。

【实训时间】

课堂与课外相结合。

【操作步骤】

(1) 教师在课堂上布置实训任务,组织学生温习新产品研发决策的相关知识。

(2) 将学生分成若干个学习小组,组织讨论制订新产品推广方案需要考虑的因素。

(3) 每个学习小组通过讨论、到企业实地考察,以及市场调查,拟出新产品推广方案大纲,并不断完善。

【成果形式】

实训课业:完成《新产品市场推广方案》。

实训考核	"活动过程考核"与"实训课业考核"相结合

【活动过程考核】

根据学生参与实训题 1 与实训题 2 全过程的表现,就表 4-5 中各项评估指标与评估标准,针对其职业核心能力与职业道德素质的训练效果,评出个人分项成绩与总成绩,并填写教师评语。

表 4-5　活动过程成绩考核表　　　实训名称:实训题 1 和实训题 2

评 估 指 标		评 估 标 准	分项成绩
职业核心能力（70分）	自我学习(10分)	人力资源和社会保障部:《职业核心能力培训标准》中的相应规定,由授课教师结合本实训设计要求自行拟定	
	信息处理(10分)	人力资源和社会保障部:《职业核心能力培训标准》中的相应规定,由授课教师结合本实训设计要求自行拟定	
	数字应用(10分)	人力资源和社会保障部:《职业核心能力培训标准》中的相应规定,由授课教师结合本实训设计要求自行拟定	
	与人交流(10分)	人力资源和社会保障部:《职业核心能力培训标准》中的相应规定,由授课教师结合本实训设计要求自行拟定	
	与人合作(10分)	人力资源和社会保障部:《职业核心能力培训标准》中的相应规定,由授课教师结合本实训设计要求自行拟定	
	解决问题(10分)	人力资源和社会保障部:《职业核心能力培训标准》中的相应规定,由授课教师结合本实训设计要求自行拟定	
	革新创新(10分)	人力资源和社会保障部:《职业核心能力培训标准》中的相应规定,由授课教师结合本实训设计要求自行拟定	
职业道德素质（30分）	职业观念(5分)	对职业、职业选择、职业工作、营销人员职业道德和企业营销伦理等问题具有正确的看法	
	职业情感(5分)	对职业有愉快的主观体验、稳定的情绪表现、健康的心态、良好的心境,具有强烈的职业认同感、职业荣誉感和职业敬业感	
	职业理想(5分)	对将要从事的职业种类、职业方向与事业成就有积极的向往和执著的追求	
	职业态度(5分)	对职业选择有充分的认知和积极的倾向与行动	
	职业良心(5分)	在履行职业义务时具有强烈的道德责任感和较高的自我评价能力	
	职业作风(5分)	在职业实践和职业生活的自觉行动中,具有体现职业道德内涵的一贯表现	
总成绩(100 分)			
教师评语		签名:　　　　　　　　　　　　　　　年　月　日	

【实训课业考核】

根据实训题 1 和实训题 2 所要求的学生实训课业完成情况,就表 4-6 和表 4-7 中各项课业评估指标与课业评估标准,评出个人和小组的分项成绩与总成绩,并填写教师评语与学生意见。

表 4-6　**实训课业成绩考核表**　　课业名称:《产品及品牌决策方案》

课业评估指标	课业评估标准	分项成绩
1. 产品组合的分析(20分)	(1) 认识产品整体概念 (2) 分析产品组合的广度、深度、关联度 (3) 分析产品组合策略	
2. 品牌内容的阐述(20分)	(1) 品牌名称 (2) 品牌标志 (3) 商标	
3. 品牌资产的表达(10分)	品牌资产表达的客观性	
4. 品牌策略的确定(30分)	所确定的品牌策略的可行性、与公司结合的紧密性	
5. 分析报告的规范性(20分)	(1) 格式的规范性 (2) 内容的完整性、科学性 (3) 结构的合理性 (4) 文理的通顺性	
总成绩(100分)		
教师评语		签名: 年　月　日
学生意见		签名: 年　月　日

表 4-7　**实训课业成绩考核表**　　课业名称:《新产品市场推广方案》

课业评估指标	课业评估标准	分项成绩
1. 新产品的整体概念(20分)	(1) 概念的完整性 (2) 概念的客观性 (3) 概念的明确性	
2. 新产品的品牌决策(30分)	(1) 品牌决策依据科学 (2) 品牌决策的可操作性	
3. 新产品的包装决策(20分)	(1) 包装决策的依据 (2) 包装的新颖性	
4. 新产品的导入期营销策略(30分)	(1) 选择营销策略的依据 (2) 营销策略的可行性 (3) 语言的表达的逻辑性	
总成绩(100分)		
教师评语		签名: 年　月　日
学生意见		签名: 年　月　日

思考练习

名词解释

产品整体概念　核心产品　有形产品　期望产品　附加产品　潜在产品　产品线　产品项目　产品组合　产品生命周期　品牌　包装　新产品

选择题

单项选择题

1. 企业所拥有的不同产品线的数目是产品组合的( )。

    A. 深度   B. 广度   C. 相互关联性   D. 层次

2. 用料与设计精美的酒瓶,在酒消费之后可用作花瓶或凉水瓶,这种包装策略是( )。

    A. 配套包装   B. 附赠品包装   C. 分档包装   D. 再使用包装

3. 企业在原有产品的基础上,部分采用新技术、新材料制成的性能有显著提高的新产品是( )。

    A. 全新产品   B. 换代产品   C. 改进产品   D. 仿制新产品

多项选择题

1. 产品生命周期包括( )4个阶段。

    A. 投入期   B. 高峰期   C. 成长期

    D. 成熟期   E. 衰退期

2. 产品导入期可采取的营销策略是( )。

    A. 快速撇脂   B. 缓慢撇脂   C. 市场扩展

    D. 缓慢渗透   E. 改进营销组合

3. 一般来说,( )的产品成熟期较长,衰退过程也较缓。

    A. 科技发展快,消费者偏好经常变化

    B. 消费者偏好相对稳定

    C. 技术相对稳定

    D. 新潮产品

    E. 季节产品

4. 快速渗透策略,即企业以( )推出新产品。

    A. 低价格   B. 高促销   C. 低促销

    D. 高价格   E. 最高价格

判断题

1. 产品项目指产品组合中包含的产品大类。 ( )

2. 任何产品都会经历产品生命周期的 4 个阶段。 ( )

3. 名牌商品最终是由国家工商行政管理总局认定的。 ( )

4. 统一品牌和个别品牌是两种相互排斥的品牌名称策略,企业不应同时采用。 ( )

5. 对多数企业来说,应着力于研制全新产品,因为一旦开发成功,就会给企业带来巨大的利益。 ( )

简答题

1. 产品整体概念是由哪些内容构成?

2. 简述产品组合决策的主要内容。

3. 简述品牌资产给企业带来的价值。

4. 企业开发新产品的程序包括哪几个阶段?

营销产品价格决策

1. 了解影响营销产品定价的主要因素。
2. 熟悉营销产品定价的程序。
3. 掌握营销产品定价的基本方法。
4. 懂得营销产品定价的基本策略。
5. 懂得营销产品价格变动后企业应采取的对策。

1. 基本能够核算营销产品成本。
2. 能根据企业实际、市场状况和竞争对手的情况,灵活运用定价方法。
3. 能够切合实际地运用定价策略。

1. 选定一种产品,核算其成本。
2. 在核算出成本的基础上,运用相应的定价方法和策略,对产品做出定价。

1. 理论课在多媒体教室进行,案例分析和实务操作课在营销实训室进行。
2. 采用讲授与案例分析、实务操作相结合的教学方式,案例分析可采用小组讨论的方式进行,实务操作要求独立完成。

5.1 营销产品定价的内涵

5.1.1 成果展示与分析

中国酒类产品的价格之争

近几年,中国酒类刮起了"涨价风",白酒、啤酒纷纷推出中高端产品。然而摆在中国酒类企业面前的现状是:高档产品推出一个死一个,或者是昙花一现,高调上市、低调销售。安徽明光酒业集企业所有资源,花费数千万元打造的老明光酒没有改变企业的命运。

另外一个比较鲜活的案例就是河南金星啤酒。用了 22 年时间成就了金星啤酒是中国啤酒行业老四的地位,年销啤酒 150 万吨,旗下 16 家全资子公司遍布全国市场。由于受经济消费水平的影响,金星啤酒在河南以及中部地区以低价格作为竞争武器,成功立足啤酒市场。当其走出河南的时候,遇到了雪花、青岛、百威等强势高端品牌,是正面竞争,还是侧面突围,金星也试图通过推出系列高端产品拉动其品牌形象,提高渠道操作空间,由于受品牌高度不支撑以及消费习惯的影响,其实际效果并不是很理想。而国内白酒的例子更是数不胜数,沱牌大曲,红星二锅头等均是在低端产品上占据国内大部分市场份额。

价格是企业赖以生存的法宝,产品价格的制定一定是建立在企业生存与发展战略基础上的,无论是低端产品价格战略还是高端产品价格战略,其本身要和企业战略吻合,与企业资源吻合。对于企业来说,可以做茅台、五粮液等高端产品领袖,也可以做沱牌等低端产品领头羊。毕竟,生存是第一要务,先生存后发展。价格策略恰当与否,不仅直接影响消费者的购买,还会影响企业赢利状况,甚至关系到企业的生死存亡。因此,企业应在周密、全面分析定价影响因素的基础上,围绕明确定价目标开展后续工作。

● 5.1.2　任务工作流程

营销产品的定价应根据企业的营销目标,确定适当的定价目标,综合考虑各种定价因素,选择适当的定价方法,具体确定企业营销商品价格的过程。一般来说,产品定价可分为六个步骤,如图 5-1 所示。

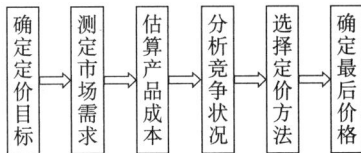

图 5-1　定价的程序

● 5.1.3　基本知识和技能

5.1.3.1　营销定价目标

所谓定价目标,就是每一商品的价格在实现以后应达到的目的,它和企业战略目标是一致的,并为经营战略目标服务。不同的定价目标会导致企业采用不同的定价方法和策略,从而定出不同的价格。

1. 以获取利润为目标

获取利润是企业从事生产经营活动的最终目标,具体可通过产品定价来实现。获取利润目标一般分为以下 3 种。

（1）以获取投资收益为定价目标

投资收益定价目标是指使企业实现在一定时期内能够收回投资并能获取预期的投资报酬的一种定价目标。采用该种定价目标的企业,一般是根据投资额规定的收益率,计算出单位产品的利润额,加上产品成本作为销售价格。但必须注意两个问题:第一,要确定适度的投资收益率。一般来说,投资收益率应该高于同期的银行存款利息率。但不可过高,否则消费者难以接受。第二,企业生产经营的必须是畅销产品。与竞争对手相比,产品具有明显的优势。

（2）以获取合理利润为定价目标

合理利润定价目标是指企业为避免不必要的价格竞争,以适中、稳定的价格获得长期利润的一种定价目标。采用该种定价目标的企业,往往是为了减少风险,保护自己,或限于力量不足,只能在补偿正常情况下的平均成本的基础上,加上适度利润作为产品价格。条件是企业必须拥有充分的后备资源,并打算长期经营。临时性的企业一般不宜采用该种定价目标。

（3）以获取最大利润为定价目标

最大利润定价目标是指企业追求在一定时期内获得最高利润额的一种定价目标。利润额最大化取决于合理价格所推动的销售规模,因而追求最大利润的定价目标并不意味着企业要制定最高单价。最大利润既有长期和短期之分,又有企业全部产品和单个产品之别。有远见的企业经营者,都着眼于追求长期利润的最大化。当然并不排除在某种特定时期及情况下,对其产品制定高价以获取短期最大利润。还有一些多品种经营的企业,经常使用组合定价策略,即有些产品的价格定得比较低,有时甚至低于成本以招徕顾客,借以带动其他产品的销售,从而使企业利润最大化。

2. 以提高市场占有率为目标

以提高市场占有率为目标也称市场份额目标,即把保持和提高企业的市场占有率（或市场份额）作为一定时期的定价目标。市场占有率是一个企业经营状况和企业产品在市场上竞争能力的直接反映,关系到企业的兴衰存亡。较高的市场占有率,可以保证企业产品的销路,巩固企业的市场地位,从而使企业的利润稳步增长。

在许多情形下市场占有率的高低,比投资收益率更能说明企业的营销状况。有时,由于市场的不断扩大一个企业可能获得可观的利润,但相对于整个市场来看,所占比例可能很小,或该企业占有率正在下降。无论大、中、小企业,都希望用较长时间的低价策略来扩充目标市场,尽量提高企业的市场占有率。以提高市场占有率为目标定价,企业通常有以下定价方法。

（1）定价由低到高

定价由低到高,就是在保证产品质量和降低成本的前提下,企业入市产品的定价低于市场上主要竞争者的价格,以低价争取消费者,打开产品销路,从而提高企业产品的市场占有率。待占领市场后,企业再通过增加产品的某些功能,或提高产品的质量等措施来逐步提高产品的价格,旨在维持一定市场占有率的同时获取更多的利润。

（2）定价由高到低

定价由高到低,就是企业对一些竞争尚未激烈的产品,入市时定价可高于竞争者的价格,利用消费者的求新心理,在短期内获取较高利润。待竞争激烈时,企业可适当调低价格,赢得主动,扩大销量,提高市场占有率。

3. 以应付和防止竞争为目标

企业对竞争者的行为都十分敏感,尤其是价格的变动状况。在市场竞争日趋激烈的形势下,企业在实际定价前,都要广泛收集资料,仔细研究竞争对手产品价格情况,通过自己的定价目标去对付竞争对手。一般有以下决策目标可供选择。

(1) 稳定价格目标

以保持价格相对稳定,避免正面价格竞争为目标的定价。当企业准备在一个行业中长期经营时,或某行业经常发生市场供求变化与价格波动需要有一个稳定的价格来稳定市场时,该行业中的大企业或占主导地位的企业率先制定一个较长期的稳定价格,其他企业的价格与之保持一定的比例。这样,对大企业是稳妥的,中小企业也避免遭受由于大企业的随时随意提价而带来的打击。

(2) 追随定价目标

企业有意识地通过给产品定价主动应付和避免市场竞争。企业价格的制定,主要以对市场价格有影响的竞争者的价格为依据,根据具体产品的情况稍高或稍低于竞争者。竞争者的价格不变,实行该目标的企业也维持原价,竞争者的价格或涨或落,该类企业也相应地参照调整价格。一般情况下,中小企业的产品价格定得略低于行业中占主导地位的企业的价格。

(3) 挑战定价目标

如果企业具备强大的实力和特殊优越的条件,可以主动出击,挑战竞争对手,获取更大的市场份额。一般常用以下策略目标。

① 打击定价。实力较强的企业主动挑战竞争对手,扩大市场占有率,可采用低于竞争者的价格出售产品。

② 特色定价。实力雄厚并拥有特殊技术或产品品质优良或能为消费者提供更多服务的企业,可采用高于竞争者的价格出售产品。

③ 阻截定价。为了防止其他竞争者加入同类产品的竞争行列,在一定条件下,往往采用低价入市,迫使弱小企业无利可图而退出市场或阻止竞争对手进入市场。

5.1.3.2 影响定价的因素

产品价格的上限取决于产品的市场需求水平;产品价格的下限取决于产品的成本。在最高和最低价格的范围内,企业的最终定价,则取决于竞争对手同种产品的价格水平、买卖双方的议价能力等因素。

1. 成本因素

成本是影响定价的一个重要因素。在市场竞争中,产品成本低的企业,对价格的制定拥有较大的灵活性,在竞争中处于有利的市场地位,能取得良好的经济效益;反之,在市场竞争中就会处于被动地位。产品成本可以从不同角度来划分,它们对产品定价影响各不相同。

（1）固定成本

固定成本是在短期内不会随产量的变动而发生变动的成本。如固定资产折旧、管理人员工资等开支。企业固定成本与具体产品的销售量不直接发生联系，它是通过分摊的形式计入单位产品价格中的。

（2）变动成本

变动成本是随着产品种类及数量的变化而相应变动的成本费用。主要包括用于原材料、燃料、运输、储存等方面的支出，以及生产工人工资、直接市场营销费用等。单位产品的平均变动成本会直接计入产品价格中，因此，它对产品价格有直接的影响。

（3）总成本

总成本即全部固定成本与变动成本之和。当产品产量为零时，总成本等于固定成本。

（4）平均固定成本

平均固定成本即固定成本费用与产量之比，它随产量的增加而减少。

（5）平均变动成本

平均变动成本即总变动成本费用与总产量之比。它在生产初期水平较高，其后随产量的增加呈递减趋势，但达到某一限度后，会由于报酬递减率的作用转而上升。

（6）平均总成本

平均总成本即总成本费用与总产量之比，即单位产品的平均成本费用。

（7）边际成本

边际成本是每增加单位产品产量而引起总成本变动的数值。在一定产量上，最后增加的那个产品所花费的成本，引起总成本的增量即为边际成本。企业可根据边际成本等于边际收益的原则，以寻求利润最大的均衡产量；同时，按边际成本制定产品价格，能使社会资源得到合理利用。

2. 需求因素

市场需求对企业定价有重要影响，而需求又受价格和收入变动的影响。

（1）需求的收入弹性（因收入变动而引起需求相应的变动率）

需求收入弹性大，意味着消费者收入的增加导致其对该产品的需求量有大幅度的增加，如高档食品、耐用消费品、娱乐支出等。

需求收入弹性小，意味着消费者收入的增加导致其对该产品的需求量的增加幅度比较小，如生活必需品。

需求收入弹性是负值，意味着消费者收入的增加导致该产品需求量下降，如某些低档食品、低档服装等。

（2）需求的价格弹性（因价格变动而引起需求相应的变动率）

价格会影响市场需求。需求价格弹性用弹性系数 E 表示。

$$E = (\Delta Q / Q) / (\Delta P / P)$$

式中，E 为需求弹性系数；P 为原价格；Q 为原需求量；ΔP 为价格的变动量；ΔQ 为需求的变动量。

$E > 1$，表示弹性充足，需求量对价格反应灵敏。对该类产品要增加总收入可实施降价。薄利多销就是充分弹性的商品。

$E<1$,表示缺乏弹性,需求量对价格反应不灵敏。对该类产品要增加总收入可实施涨价。例如稀缺药品、不可替代的产品、生活必需品等。

$E=1$,表示单一弹性,需求量与价格等比例变化。

同步实务 5-1

判断产品降价的合理性

某种产品,去年以 35 元的价格销售了 25 万件。今年企业准备降价至 30 元,预计销售 31 万件。依据需求价格弹性理论,说明降价是否正确?

业务分析: 一种商品是否适合采取降价或提价策略,应首先分析该商品本身的市场需求弹性如何,弹性充足则适宜降价,缺乏弹性则适宜提价。

业务程序: $E=(\Delta Q/Q)/(\Delta P/P)$

$E=(6/25)/(5/35)=1.68>1$

业务说明: 该产品弹性充足,需求量的相应变化大于价格自身变化,可以采取降价策略。通过降低价格,薄利多销达到增加赢利的目的。

---

3. 竞争因素

价格竞争是营销竞争的重要手段和内容。现实和潜在的竞争对手的多少及竞争的强度对产品定价的影响很大。竞争越激烈对价格的影响就越大,特别是那些非资源约束性产品,或技术、设备要求不高和容易经营的产品,潜在的竞争威胁非常大。因此,企业除经营国家规定的实行统一价格的商品外,其他商品的定价,都应考虑竞争对手的价格情况,力求定出对竞争较为有利而受欢迎的价格。特别对竞争激烈的商品,企业应把定价策略作为与竞争者相竞争的一个特别重要的因素来考虑。一般来说,如商品在竞争中处于优势,可以适当采取高价策略;反之,则应采取低价策略。同时,企业还要用动态的观点随时关注竞争对手的价格调整措施,并及时做出反应。

4. 消费者心理因素

消费者在消费过程中会产生复杂的心理活动,企业在制定价格时,不仅要迎合不同消费者的心理,还要促使或者改变消费者行为的变化,使其向有利于自己营销的方向转变。

(1) 预期心理。消费者预期心理是反映消费者对未来一段时间内市场商品供求及价格变化的趋势的一种预测。当预测商品有一种涨价趋势,消费者争相购买;相反,持币待购。所谓的"买涨不买落"也是消费者预期心理的作用。

(2) 认知价值和其他消费心理。认知价值指消费者心理上对商品价值的一种估计和认同,它以消费者的商品知识、后天学习和积累的购物经验及对市场行情的了解为基础,同时也取决于消费者个人的兴趣和爱好。消费者在购买商品时常常把商品的价格与内心形成的认知价值相比较,将一种商品的价值同另一种商品的认知价值相比较以后,当确认价格合理、物有所值时才会做出购买决策,产生购买行为。同时,消费者还存在求新、求异、求名、求便等心理,这些心理又影响到认知价值。因此,企业定价时必须深入调查研究,把握消费者认知价值和其他心理,据此制定价格,促进销售。

5. 国家政策法规

价格在社会主义市场经济条件下是关系到国家、企业和个人三者之间的物质利益的大事,它牵涉各行各业和千家万户,与人民生活和国家的安定息息相关。因此,国家在自觉运用价值规律的基础上,通过制定物价工作方针和各项政策法规,对价格进行管理、调控和干预,或利用生产、税收、金融、海关等手段间接地控制价格。因而,国家有关方针政策对市场价格的形成有重要的影响。

企业定价,除了受上述几项因素影响之外,还受货币价值和货币流通量、国家市场竞争和国际价格变动等因素的影响。

同步实务 5-2

分析制定珠宝价格的影响因素

一位珠宝商推出一款钻石戒指,投放市场两周无人问津。老板出差前对柜台组长说,这款戒指再卖不动,可降价一半。老板走后,柜台组长因失误将这款戒指价格涨了一倍,结果被销售一空。这其中的奥妙是什么?

业务分析:从中可以发现,钻石戒指的销售量发生变化是随着价格的变动而产生的,因此,分析制定价格的影响因素是切入点。

业务程序:将影响价格制定的因素罗列出来,并进行比较分析,得出原因就在于钻石戒指的价格受消费者心理因素的影响。

业务说明:钻石戒指为高档装饰品,价格高不仅表明质量好,而且能够体现消费者的价值和身份,因此提高价格,反而受到消费者的青睐,说明价格受到心理因素的影响。

5.1.3.3 产品定价程序

1. 确定定价目标

企业产品价格的制定是实现企业营销目标和总战略的具体工作。每种目标都有其适用的状况,企业应视自己所处的情况与条件来选择恰当的定价目标,以便在定价的过程中能有所遵循,且在整体环境有变化时,能机动地应变。

2. 测定市场需求

商品价格与市场需求一般情况下是成反比关系的。在正常情况下,价格提高,市场需求就会减少;价格降低,市场需求就会增加。企业商品的价格会影响需求,需求的变化会影响企业的产品销售以至企业营销目标的实现。商品需求弹性的不同对企业的定价有不同的影响。

(1)不同产品的需求弹性不同,企业的定价也不同。当商品需求价格弹性充足时,即 $E > 1$ 时。商品稍微降一点儿价,销售量就会显著增加,企业的总收入也会增加;相反,商品稍微提一点儿价,销售量就会明显下降,企业的收入也会减少。价格变动方向同总收入的变动方向相反。对于该类商品,企业采取低价销售有利。

当商品具有一般需求弹性时,即 $E=1$ 时,价格变动幅度与销售量变动幅度大小一致,方向相反,总收入不变。对于该类商品,企业不宜采用价格手段进行竞争。当商品缺乏需求价格弹性时,即 $E<1$ 时,即使商品价格下降很多,销售量也只有较少的增加,企业总收入减少;相反,价格提高很多,销售量也只有较少的减少。价格的变动趋势同总收入的变动趋势方向相同,对于该类商品采用低价达不到销售量增加和效益提高的目的,因而采用较高的定价对企业有利。

(2) 同一产品在不同时期或不同的价格区段的需求弹性有所不同。当某一商品的需求弹性测出后,还要分析该商品在不同的销售时期和处于不同价格区段上的情况。许多商品需求弹性不是始终如一的,企业要具体测定各区段的需求弹性,以决定正确的方向和找出理想定价点。

(3) 不同的消费者对同一产品的需求弹性有所不同。有时需求强度不同的消费者对同种产品的需求弹性也不一样,要认真加以区别,制定不同的方法。而这正是差别定价理论的基础。

3. 估算产品成本

企业在产品定价时,要进行成本估算。企业产品价格的最高限度取决于市场需求及有关限制因素,而最低价格不能低于产品经营成本费用(不包括短期的、由于某种原因个别品种的价格低于成本费用的情况)。如果产品价格长期低于这个限度,企业无法维持再生产和继续经营。

4. 分析竞争状况

产品价格的制定除取决于需求、成本之外,还受到市场竞争状况的强烈影响。

(1) 分析企业竞争地位

企业及其产品在市场上的竞争地位对最后制定产品价格有重要的意义。要在企业的主要市场和竞争能力方面做出基本的估计,列出企业目前处于何种状况,并在分析过程中考虑有关重要的非商品竞争能力,如服务质量、渠道状况、定价方法等。

(2) 协调企业的产品定价方向

了解竞争对手的产品价格,使本企业产品价格的制定更主动。这方面工作要考虑到企业的定价目标及策略。如企业为了避免风险,可采用"随行就市"的方法,跟着行业中主导企业的价格、主要竞争对手的价格走;也可以在与竞争企业中主导企业的产品全面比较后,决定高于或低于竞争企业的价格。但要注意,当企业在一个行业中单独制定较高或较低的价格时,提价或降价都应意识到风险的存在,此时应全面分析,并配以各项有力措施。

(3) 估计竞争企业的反应

企业要把即将可能采用的价格及策略排列出来,进行分析,估计和预测采用某些具体价格策略可能引起的主要竞争企业的反应。

5. 选择定价方法

成本导向定价、需求导向定价、竞争导向定价是三种常见的定价方法。这些方法有的侧重于成本，有的侧重于需求，有的侧重于竞争。每种定价方法都有它的优缺点，这需要企业在选择定价方法时必须根据自身的环境、商业竞争状况等因素综合考虑。

6. 确定最后价格

最后营销价格是面向顾客的价格。定价务必要有弹性，决定产品价格时要了解成本，综合考虑竞争、需求等因素，确保定价符合法律规定。在确定了商品的基本价格后，有时需要使用一些定价策略和技巧来使商品价格更有吸引力。

● 5.1.4　课堂活动演练

制订某一国产手机的定价方案

背景资料

国产手机在发展的过程中面临着困境，其重要原因之一是手机市场上的诺基亚、摩托罗拉、爱立信等几大国际厂商利用自己雄厚的技术实力，推出一网打尽的全线产品，从"科技前卫"的高端机型到"朴素实用"的中低端机型全线通吃，产品已由1 000元的"百姓机"到8 000元的"贵族机"一路铺开，使国产手机进入市场的难度进一步加大。

演练要求

(1) 从产品定价的角度策划国产手机摆脱困境的方案。

(2) 各方案进行展示和相互交流，并做出修改与完善。

演练条件

(1) 事先对学生按照5～6人进行分组。

(2) 教师帮助学生明确产品定价的原则和程序。

(3) 学生掌握诺基亚、摩托罗拉、爱立信等手机的信息。

(4) 具有可上网的实训室。

● 5.1.5　实例专栏与分析

泰克罗克西克斯公司的定价决策

美国泰克罗克西克斯公司在高清晰电视上投入大量时间和资源，当向市场投放第一台高清晰电视时，面临的主要问题是该产品的定价决策。

1. 高清晰电视项目

泰克罗克西克斯公司预测，高清晰电视在未来市场前景看好。由于该公司在放像电视机的生产经营方面已有多年的历史，在向高清晰电视生产转换方面具有较强实力。此外，公司发明了各种数字信号技术，提高了电视画面清晰度，且对其技术创新申请了专利权，在高等级影像市场上享有技术创新的盛誉。这些都决定了泰克罗克西克斯在市场上具有优势。

2. 成本

公司的直接生产成本随着产量的变化而变化。由于生产过程自动化程度的提高和工厂技艺的改进，直接人工成本会随着产量的增加而下降；同样，由于自动化水平的提高，材料消耗成本也将下降。而自动化的设备成本在不同的产量段也不同,成本如表5-1所示。另外,设备的寿命为5年。研究开发费每年估计为100万~200万美元。公司的生产成本比现有的竞争对手低。在前几年,由于需要有限的现金资源支持存货,因而决定每年的产量最多为20 000台。

表 5-1　泰克罗克西克斯公司的生产成本

产量/台	0~5 000	5 001~10 000	10 001~20 000
原材料/(美元/台)	480	160	410
直接人工/(美元/台)	540	320	115
直接总成本/(美元/台)	1 020	780	525
设备/美元	90 000	120 000	170 000

3. 市场研究

尽管公司认为高清晰电视的最初市场在商业场所和酒吧,但是应在具有较大潜力的消费者市场上建立一个长期的市场地位。为此,公司雇用了一家调研咨询公司研究消费者对零售价格的反应。通过对高清晰电视购买者的访问和对类似产品销售和历史的调研,发现公司的价格弹性在500~5 000美元时相对较高,需求的价格弹性为4.0~6.5。

4. 价格

公司最后决定高清晰电视进入美国市场的价格在3 000美元。在此价格中,建议将50%转化为批发商和零售商的收益。

泰克罗克西克斯公司在确定其产品价格时首先确定了以产品质量领先为目标。该公司对其技术创新申请了专利,在高等级影像市场上享有技术创新的盛誉。在市场方面,对产品进行短期和长期的定位,短期内以商业场所和酒吧为主,长期必将走进消费者市场;也对消费者市场需求状况进行了调研,确定了价格范围和价格弹性。在成本方面,比较全面地考虑了各项成本构成,测算了成本的变化情况,估算了不同的产量下成本的大小,为确定产品价格打下了基础。在竞争方面,清楚地了解自己的技术优势和成本优势。在对以上几个方面进行充分分析的基础上确定产品的价格,同时考虑价格的分配问题,为渠道设计也打下了基础。

5.2　营销定价的基本方法

5.2.1　成果展示与分析

白云山制药股份有限公司的新价格政策

山东省是一个医药大市场,但是白云山制药股份有限公司在山东的销售回款与医药大省的地位极不相称。一方面,山东近几年生产复方丹参片的厂家越来越多,竞争越来越激烈;另一方面,产品的价格在很大程度上左右着消费者的购买意愿。该公司在山东销售的复方丹参片中,产品在质量与疗效方面均居于首位,所以执行的是品牌价格。60片复方丹参片的商业供应价格为2.85元/瓶,零售价格为3.15~3.50元/瓶,其他厂家的商业供应价和零售价见表5-2。

表 5-2　其他厂家的商业供应价和零售价

厂　家	供应价/(元/瓶)	零售价/(元/瓶)	特 点 分 析
济宁××厂	1.70	2.10	包装与该厂相同,薄膜衣每瓶 60 片
济南××厂	2.20	2.60	地产名牌优势,抢占济南各大医院,素片每瓶 60 片
东营××厂	0.90	1.20	糖衣片,以超低价抢占农村和低价市场
青岛××厂	2.50	2.80	借助行政命令,要求青岛整个商业系统只能经销该厂家丹参片
上海××厂	2.50	2.90	在山东基本销迹,原因是价格高,缺乏推广,商业关系差

从表 5-2 中可以看出,白云山制药股份有限公司腹背受敌:在名牌市场上要与济南××厂抗争,而在非品牌市场则要与济宁××厂争夺。而且最大的不利因素是产品在价格上不占优势。在山东市场上销售的各厂家复方丹参片,零售价均在每瓶 3.00 元以下,价格最低的仅为每瓶 1.0~1.20 元,该公司是唯一一家零售价每瓶超过 3.00 元的厂家,而当地物价部门对复方丹参片限定的最高零售价为每瓶 3.00 元。

经过市场分析,该公司推出了一个每瓶 50 片的包装规格,比原来的每瓶 60 片包装少了10 片,来了一个"心理"降价,实行每瓶 2.80 元的零售价,使零售价降到了每瓶 3.00 元这一心理关口以下,同时也符合当地的限价政策。

白云山制药股份有限公司实施新的价格政策后,第二年在山东销售回款比上一年增长了 396%,取得很好的成效。

摆在白云山制药股份有限公司面前的选择有两种:一是维持原价,加大终端工作的力度,但开展工作和市场接受的难度都很大,同时也容易受到行政和市场的影响;二是降价,这样做对开拓山东市场有利,但对其他销售区域会有影响,容易发生窜货。

当商品缺乏弹性时,价格下降不会导致需求量较大幅度的增加;当商品具有较大的弹性时,价格下降会导致需求量较大幅度的增加。因为复方丹参片不是奢侈品,是必需品(患病必须吃药),是一个缺乏弹性的商品,但因为生产该产品的厂家众多,存在着替代品,因此它也具有交叉弹性。再加上在山东市场,消费者还未对白云山牌复方丹参片形成绝对的品牌忠诚度,产品价格过高,出现交叉替代的可能性就很大。如果对其降价,就会影响其他市场的销售。推出 50 片规格复方丹参片,客观上符合山东市场的限价要求,主观上也满足了消费者的心理降价要求。更重要的是,按照弹性原理,价格"下降了",销量会大幅攀升,事实也证明了这一点。

● 5.2.2　任务工作流程

第一步　确定企业的定价目标;
第二步　权衡各种企业定价方法;
第三步　选择某一定价方法;
第四步　运用选定的定价方法进行试计算;
第五步　将计算结果与定价目标进行匹配;
第六步　根据匹配情况确定定价法并实施。

● 5.2.3　基本知识和技能

5.2.3.1　成本导向定价法

成本导向定价法是指以成本为基础制定产品价格的方法。由于产品的成本形态不同,在成本基础上核算利润的方法也不同,成本导向定价法可分为以下几种具体形式。

1. 成本加成定价法

成本加成定价法就是根据单位产品成本和确定的加成率(毛利率)来制定产品价格的方法,其计算公式为

产品单价＝(单位产品的固定成本＋单位产品的变动成本)×(1＋加成率)

由于毛利率的确定方法不同,加成定价法可以分为成本加成法(顺加法)和售价加成法(倒扣法)两种。

(1) 顺加法:产品单价＝单位成本×(1＋加成率)。

(2) 倒扣法:产品售价＝单位成本÷(1－加成率)。

在实际工作中,加成率通常是根据同行业的大致平均数和本企业的实际情况来确定的。生产部门较多采用顺加成本加成定价法;零售商业部门较多采用倒扣加成定价法。

成本加成定价法计算简便、易用,但是忽视了需求变化和竞争的影响,难以适应复杂多变的竞争情况。这种定价方法在产销量与产品成本相对稳定、竞争不太激烈的情况下可采用。

2. 盈亏平衡法

盈亏平衡法是以盈亏平衡(即企业总成本与销售收入保持平衡)为原则制定价格的一种方法,其计算公式为

价格＝总成本÷预期销售量＝单位固定成本＋单位变动成本

盈亏平衡法比较简便,其侧重于保本经营。在市场不景气的条件下,保本经营总比停业的损失要小得多。企业只有在实际销售量超过预期销售量时,方可赢利。这种方法的关键在于准确预测产品销售量,否则制定的价格不能保证收支平衡。

同步实务 5-3

选用定价方法制定产品价格

某企业生产某产品的固定成本为 100 000 元,单位变动成本为 10 元/件,预期销售量为 10 000 件,请计算该产品的市场售价。

业务分析: 该产品的价格运用盈亏平衡法进行制定较为简便,因此对各变量把握要准确。

业务程序: 单位固定成本＝固定总成本÷预期销售量

＝100 000÷10 000

＝10(元/件)

单价＝单位固定成本＋单位变动成本＝10＋10＝20(元/件)

业务说明: 这种定价方法比较简便,单位产品的平均成本即为其价格,且能保证总成本的实现,其侧重于保本经营。

3. 边际贡献定价法

边际贡献定价法也称变动成本定价法,即定价时只计算变动成本,不计算固定成本,只要定价高于变动成本,就可获得边际收益。其计算公式为

$$单价=单位变动成本+单位产品边际贡献$$

边际贡献定价法适用企业经营不景气、销售困难、生存比获利更重要,或企业生产能力过剩,只有降低售价才能扩大销售等情况。

同步实务 5-4

确定销售量下降时的售价

某企业的年固定成本消耗为 200 000 元,每件产品的单位可变成本为 40 元,计划总贡献为 150 000 元,当销售量预计可达 10 000 件时,其售价为多少?

业务分析: 根据计划总贡献的提示,该产品的定价适宜采用边际贡献定价法。

业务程序: 单位产品边际贡献=计划总贡献÷预计销售量

$$=150\ 000÷10\ 000=15(元/件)$$

产品售价=单位变动成本+单位产品边际贡献=40+15=55(元/件)

业务说明: 采用边际贡献法易于各产品之间合理分摊变动成本。因此,企业根据各种产品边际贡献的大小安排企业的产品线,易于实现最佳产品组合。

5.2.3.2 需求导向定价法

消费者需求的因素很多,如消费习惯、收入水平和产品的价格弹性等,这就形成了不同的需求导向方法。

1. 认知定价法

认知定价法是企业根据消费者对产品价值的感觉和理解程度来确定价格,而不是根据卖方的成本制定价格的办法。各种商品的价值在消费者心目中都有特定的位置。

当消费者选购某一产品时,常会将该商品与其他同类商品进行比较,通过权衡相对价值的高低决定是否购买。

运用认知定价法的关键,是把自己的产品同竞争者的产品相比较,准确估计消费者对本产品的认知价值。在定价前,必须做好市场调查,否则定价过高过低都会造成损失。

2. 反向定价法

反向定价法是以消费者可以接受的价格,逆向推算出产品的出厂价、批发价的定价方法。这种方法不是以实际成本为依据,而是以市场需求为定价出发点,力求消费者接受。

同步实务 5-5

确定某洗衣机应控制的成本

消费者对某品牌洗衣机可接受价格为 2 800 元,洗衣机零售商的经营毛利是 20%,批发商的批发毛利是 5%。该洗衣机的成本应控制在多少元以内?

业务分析:该洗衣机的成本应以市场需求为基础进行控制,因而采取反向定价法。

业务程序:零售商可接受价格=消费者可接受价格×(1-20%)

=2 800×80%=2 240(元/台)

批发商可接受价格=零售商可接受价格×(1-5%)

=2 240×95%=2 128(元/台)

业务说明:2 128 元即为该洗衣机的出厂价。如果该厂家欲获取 10%的利润,那么该洗衣机的成本就应该控制在 1 915 元以内,即:2 128×(1-10%)=1 915(元)。

---

3. 需求差异定价法

需求差异定价法是根据需求的差异性对同种产品制定不同价格的方法。需求的差异性多种多样,可分为以下几类。

(1) 因人而异。例如,航空票价对国内、国外乘客分别定价;电影院对老年人、学生和普通观众按不同票价收费等。

(2) 因地而异。例如,同样的产品在沿海和内地的价格是有差异的。

(3) 因时而异。例如,需求旺季的价格要明显地高出需求淡季的价格;电视广告在黄金时段收费特别高。

5.2.3.3　竞争导向定价法

竞争导向定价法是以同类产品的市场竞争状态为依据,根据竞争状况确定本企业产品价格的方法。

1. 随行就市定价法

随行就市定价法是依据本行业的平均现行价格水平制定价格的方法。在产品差异很小的行业,或者对于一些难以核算成本的产品,或者打算与同行和平共处,或者企业难以准确把握竞争对手和顾客反应的,往往采取这种定价方法。

2. 投标定价法

投标定价法一般是指在商品和劳务的交易中,采用招标投标方式,由一个买主对多个卖主的出价择优成交的一种定价方法。投标定价法的基点主要是以预期竞争者的价格为基础来决定产品价格。投标定价法有以下步骤。

(1) 招标。是由招标者发出公告,征集投标者的活动。

(2) 投标。由投标者根据招标书规定提出具有竞争性报价的标书送交招标者,标书一经递送就要承担中标后应尽的职责。在投标中,报价、中标、预期利润三者之间有一定的联系。一般来讲,报价高,利润大,但中标概率低;报价低,预期利润小,但中标概率高。所以,报价既要考虑企业的目标利润,也要结合竞争状况考虑中标概率。

(3) 开标。招标者在规定时间内召集所有投标者,将报价信函当场启封,选择其中最有利的一家或几家中标者进行交易,并签订合同。

● 5.2.4　课堂活动演练

为东风鞋厂的登云牌皮鞋进行定价

背景资料

东风鞋厂生产了一种登云牌皮鞋,每双生产成本为 110 元。有关市场情况是:①同类皮鞋的生产厂家很多;②目前市场上同类产品的零售价一般为 160 元左右;③消费者可接受的零售价最高为 200 元;④皮鞋市场已成为买方市场;⑤批发加成率一般为 5%,零售加成率一般为 20%;⑥东风鞋厂是个乡镇企业,登云牌皮鞋是一个新品牌,知名度不高。

演练要求

(1) 分析东风鞋厂的登云牌皮鞋制定市场零售价时应考虑的因素。

(2) 试用成本加成定价法为登云牌皮鞋制定市场零售价,并写出计算过程。

(3) 试用反向定价法为登云牌皮鞋制定出厂价,并写出计算过程。

演练条件

(1) 事先对学生按照 5~6 人进行分组。

(2) 教师帮助学生明确产品定价方法。

(3) 学生掌握与登云牌皮鞋同类皮鞋的生产厂家信息。

(4) 具有可上网的实训室。

● 5.2.5　实例专栏与分析

巴黎咖啡馆的定价奥妙

在巴黎,路边许多咖啡馆里座位空空,而人们都拥在吧桌旁,倚靠着柜台,或是同老板,或是同顾客谈天说地,甚至有人仅举个空杯子。原来有些小咖啡馆里一种商品有四种价格,视所坐位置而定。以一杯咖啡为例,在柜台旁站着喝,收费 4 欧元;坐在一般座位上喝,收费 6 欧元;坐在靠近马路的窗旁座位上喝,可以透过隔音窗户看风景,收费 8 欧元;坐在露天座,可直接欣赏街景,看过往行人,收费 10 欧元。看来,法国人倚靠柜台站着喝咖啡,除了传统因素外,还因为它最便宜。

企业对产品的定价,必须考虑诸多因素,使价格与企业的经营目标相配合,才能获得最佳效果。咖啡馆内如果定价统一,必然是好的座位被先到的顾客占用,后来者可能会因为没有好座位而光顾其他地方。咖啡馆又不能限制顾客的逗留时间,很容易出现客虽满,而收入并不多的情况。这种根据座位的具体位置不同而制定不同的价格,就可以避免上述情况的出现。巴黎的咖啡馆在制定价格策略时,利用了需求差异定价法,根据顾客的不同需求及地点的差异,对同一产品制定不同的价格。确实是一妙计,可谓一举两得——咖啡馆和顾客都可获得好处。

5.3 营销定价决策

5.3.1 成果展示与分析

撇油定价法的运用

苹果公司的 iPad 产品是最近 4 年来最成功的消费类数码产品,一推出就获得成功,第一款 iPad 零售价高达 399 美元,即使对于美国人来说,也是属于高价位产品,但是有很多"苹果迷"既有钱又愿意花钱,所以还是纷纷购买。苹果的撇油定价取得了成功。但是苹果认为还可以"撇到更多的油",于是不到半年又推出了一款容量更大的 iPad,当然价格也更高,定价 499 美元,仍然卖得很好。苹果的撇油定价大获成功。

作为对比,索尼公司的 MP3 也采用撇油定价法,但是却没有获得成功。索尼失败的第一个原因是产品的品质和上市速度。索尼最近几年在推出新产品时步履蹒跚,当 iPad mini 在市场上热卖两年之后,索尼才推出了针对这款产品的 A1000,可是此时苹果公司却已经停止生产 iPad mini,推出了一款新产品 iPad nano,苹果保持了产品的差别化优势,而索尼则总是在产品上落后一大步。此外,苹果推出的产品马上就可以在市场上买到,而索尼还只是预告,新产品正式上市还要再等两个月。速度的差距,使苹果在长时间内享受到了撇油定价的厚利,而索尼的产品虽然定价同样高,但是由于销量太小而只"撇"到了非常少的"油"。

索尼失败的第二个原因是外形,苹果 iPad 的外形已经成为工业设计的经典之作,而一向以"微型化"著称的索尼公司的 MP3,这次明显甘拜下风,单纯从产品的尺寸看,索尼产品比苹果 nano 足足厚了两倍,如表 5-3 所示,外形的差距与产品的市场份额的差距同样大。

表 5-3 苹果与索尼的产品比较　　　　　　　　单位:mm

产　品	高	宽	厚
苹果 iPad nano	90	40.6	6.9
索尼 A1000	88.1	55.0	18.7

索尼失败的第三个原因是产品数量。苹果公司每次只推出一款产品、几种规格,但每次都是精品,都非常畅销;而索尼每次都推出 3 款以上产品,给人的感觉好像是自认质量稍逊、要靠数量制胜。但是过多的新产品不仅增加了采购、生产、渠道的成本,而且也使消费者困惑。

索尼失败的第四个原因是索尼公司整体产品表现不佳,索尼的品牌价值已经严重贬值,在此时再使用撇油定价,效果自然会打折扣。

就企业而言,采用撇油定价方法要符合一定的条件。如果错误地采用了撇油定价法,企业会非常被动。索尼推出 MP3 的速度比苹果慢,产品从外形到使用的感觉都不如苹果,在这种情况下,索尼也使用撇油定价法就很难成功。在市场上,确实存在一个索尼的忠实客户群,他们从索尼的 Walkman 开始就喜欢索尼产品,所以现在买 MP3 也买索尼的,但是这么忠实的消费者到底是少数,多数消费者还是要考虑很多其他因素,当存在苹果 iPad 这面镜子的时候,索尼 MP3 的缺点都被充分地对照了出来,索尼的撇油定价法就不灵了。

● 5.3.2 任务工作流程

第一步　确定企业的定价目标和定价方法;

第二步　分析市场定价情况;

第三步　在新产品定价决策、产品组合定价决策、地区定价决策、折扣定价决策和心理定价决策等策略中选择定价决策;

第四步　运用选定的定价决策展开价格的试制定;

第五步　制定价格。

● 5.3.3 基本知识和技能

5.3.3.1 新产品定价决策

1. 撇油定价策略

撇油定价策略即在新产品上市初期,把价格定得高出成本很多,以便在短期内获得最大利润。该种策略如同把牛奶上面的那层奶油撇出一样,故称之为撇油定价策略。

撇油定价策略优点是:新产品上市,需求弹性小,竞争者尚未进入市场,利用高价不仅满足消费者求新、求异和求声望的心理,而且可获得丰厚利润;价格高,为今后降价留有空间,为降价策略排斥竞争者或扩大销售提供可能。

撇油定价策略缺点是:价格过高不利于开拓市场,甚至会遭受抵制,同时若高价投放形成旺销,容易造成众多竞争者涌入,从而造成价格急降。

采用撇油定价策略应具备的条件是:①市场有足够的购买者,他们的需求缺乏弹性,即使把价格定得很高,市场需求也不会大量减少。②高价使需求少一些,因而产量减少一些,单位成本增加一些,但这不至于抵消高价所带来的利益。③在高价情况下,仍然独家经营,别无竞争者,如受专利保护的产品。④为了树立高档产品形象。

┌─ **同步实务 5-6** ─

如何为有机食品定价

有机食品作为一种新兴的产业,近年来在国内呈现一种稳步增长的势头,但在增长的同时,众多生产有机食品的企业在营销上却出现了与有机食品本身的价值不相匹配的现象,大部分新进入的企业只是浅层次地认为这是一个有潜力的市场,而对于这个市场的消费者定位,产品的营销并没有突破,这也是这个行业到目前为止没有出现明星企业的原因。如何为有机食品定价?

业务分析：对于有机食品来说,价格是定得高些好还是低些好? 这完全要取决于企业产品的类型、消费者的需求程度、消费者的特征和产品的成本情况等。

业务程序：一般情况下,产品定价会采取以下两种方式：一种是成本定价法,通过对成本的核算,给渠道留下合适的利润,最终产生终端的销售价格;另一种是倒推定价法,是以同类产品的市场价格作参考,根据消费者的接受程度,先行确定终端的销售价格,再向后倒推,最后确定成本多少,企业才有合适的利润。

业务说明：无论哪种定价方法,都要与市场相匹配,与消费者的消费能力相匹配。高价还是低价,要根据企业的情况、目标市场消费者的情况、竞争者的情况等进行综合分析最后确定。

2. 渗透定价策略

渗透定价策略是以低价为特征的。把新产品的价格定得较低,使新产品在短期内最大限度地渗入市场,打开销路。就像倒入泥土的水一样,很快地从缝隙渗透到底。

渗透定价策略优点是：能使产品凭价格优势顺利进入市场,并且能在一定程度上阻止竞争者进入该市场。

渗透定价策略缺点是：投资回收期较长,而价格变化余地小。

新产品采用渗透定价策略应具备相应的条件是：①产品的价格需求弹性大,目标市场对价格极敏感,一个相对低的价格能刺激更多的市场需求。②新产品打开市场后,通过大量生产可以促使制造和销售成本大幅度下降,从而做到薄利多销。③新产品打开市场后,企业在产品和成本方面建立了优势,能有效排斥竞争者的介入,长期控制市场。

3. 满意定价策略

满意定价策略是介于以上两种策略之间的一种新产品定价策略,即将产品的价格定在一种比较合理的水平,使顾客比较满意,企业又能获得适当利润。满意定价策略普遍使用,因其简便易行,兼顾生产者、中间商、消费者等多方面利益而广受欢迎。

5.3.3.2　产品组合定价决策

企业生产的产品不是单一的,而是相关的一组产品。与单一产品销售不同,产品组合定价必须兼顾产品之间的关系,以使整个产品系列获得最大的经济利益。

1. 产品线定价策略

产品线定价是指企业对属于同一产品线的某一大类产品进行定价。一般来说,产品线的两个终端价格比系列中的其他产品的价格更能引起消费者注意。低价格常常被用来作为打开销路的产品;高价格意味着整个产品线质量最高,也十分引人注目,会对需求起指导、刺激作用。这两个终端价格水平能为潜在买主提供某种信息：便宜或高档,并影响整个产品系列中全都产品的价格印象,进而影响销售收入。

在产品线定价时,有两种情况:①用价格的差异来表现质量的差别。例如:森达集团的皮鞋生产线同时提供"森达"和"好人缘"两个品牌,它们分别代表两个不同的等级。②同一产品线中各个产品的价格基本相同。例如,为吸引消费者、促进销售,有的企业针对顾客求廉心理,对其经营的同类商品用统一的价格,实行薄利多销。如"2 元商品"、"均价商品"、"50 元专柜"等。企业通过不同商品的有赔有赚,使顾客感觉便宜、便于交易。又如,宝洁公司在中国市场的洗发水产品线,"飘柔"、"潘婷"、"海飞丝"等多个品牌的产品价格定得都比较接近,以体现宝洁产品高品质的形象。

2. 选择品定价策略

许多企业在提供主要产品的同时,还会附带一些可供选择的产品。例如,饭店的顾客除了订购饭菜外也买酒类。很多饭店食品价格相对较低,酒价很高。酒的价格既可以弥补食品的成本又可以带来利润。

3. 互补产品定价策略

互补产品是在功能上互相补充,需要配套使用的产品。互补品广泛存在于日常消费中,如照相机与胶卷、录音机与磁带、钢笔与墨水等。企业利用这种互补效应及主次件的关系,可以降低某种产品尤其是基础产品的价格来占领市场,再通过增加其互补产品的价格使总利润增加。例如,柯达公司以物美价廉的照相机吸引消费者,同时生产较其他品牌昂贵得多的柯达胶卷,相配使用效果极佳。柯达相机利微,但在柯达胶卷的厚利下得到弥补。需要注意的是,互补品的需求影响是相互的,如果辅助产品价格定得过高,消费者难以承受,也会影响基础产品的销量。

4. 分部定价策略

企业经常将原本可以以整体形式销售的产品拆分来出售,并对不同的产品组件单独定价。服务业企业经常收取一笔固定费用,再加上可变的使用费用。例如,游乐园一般先收门票费,如果游玩的地方超过规定,就再交费。

5. 副产品定价策略

在生产加工肉类、石油和其他化工产品的过程中,经常有副产品。如果副产品的价格很低,处理费用昂贵,就会影响主产品的定价。副产品的定价必须能够弥补副产品的处理费用。

6. 组合产品定价策略

企业经常以某一价格出售一组产品,比如计算机、化妆品、家具、橱柜等产品。一组产品的价格低于单独购买其中每一产品费用的总和。

5.3.3.3　地区定价决策

由于产品产地与销地之间的地理差距,在经营中就要花费运输、装卸、仓储、保险等多种费用。为了补偿这些费用,就要在价格上有所反映,并采取不同的定价技巧。

1. FOB 原产地定价

FOB(Free On Board)原产地定价是卖主支付把商品装上买方指定的运输工具(如轮船、

火车或飞机)的费用,在装货地点把商品所有权转让给买主,然后由买主支付运费和承担运输中的风险。

原产地定价优点是简化卖主的定价工作,缺点是大大缩小市场范围。因为顾客离卖主的距离不同,支付的运费和保险费不同,从而进货成本不同。距离远者成本高,所以距离远的买主宁肯到附近的供应者那里去进货。

2. 统一定价

统一定价是不管买主距离远近均采取相同的包括运送费用在内的价格。价格中包括的是平均运送费用。统一定价实际是让近处的买主承担了部分远方买主的运费,对近处的买主不利,但受远方买主的欢迎。

统一定价的优点是:能使卖主在较大区域甚至全国范围内进行竞争;在整个市场使用单一价格可获得顾客好感;使买者易于比较供应者的价格;简化计价工作。

3. 分区定价

分区定价是企业把全国(或某些地区)分为若干地区,依据距离远近,定出不同的价格。各地区间价格虽然不同,但同一地区内的所有顾客都支付同一价格。该策略适用于大体积产品,交货费用在价格中占的比重大,不可能对所有客户都使用统一定价。

4. 基点定价

基点定价是企业选定某些城市作为基点,然后按一定的厂价加上从基点城市到顾客所在地的运费来定价。有些企业选定多个基点城市,按照最近的基点计算运费,有利于企业开拓市场。

5. 运费补贴定价

企业为了扩大市场,增加销售,争夺远距离潜在顾客,生产者或经营者可以使用运费补贴定价策略,给顾客部分或者全部费用的补贴。

5.3.3.4 折扣定价决策

企业为了鼓励顾客及早付清货款、大量购买或者配合促销,经常给予顾客一定的价格折扣和折让。

1. 现金折扣

现金折扣是企业采用赊销的情况下为鼓励顾客提前付清货款的一种价格策略。采用该策略,可以促使顾客提前付款,从而加速资金周转。折扣的大小,一般根据提前付款期间的利息和企业利用资金所能创造的效益来确定。

2. 数量折扣

数量折扣是企业给那些大量购买产品顾客的一种减价,以鼓励顾客购买更多的货物。数量折扣有两种:一种是累计数量折扣,即规定在一定时间内购买总数超过一定数额时,按总量给予一定的折扣;另一种是非累计数量折扣,规定顾客每次购买达到一定数量或金额时,给予一定的价格折扣。

3. 业务折扣

业务折扣也称中间商折扣,即生产者根据各类中间商在市场营销中所担负的不同业务职能和风险的大小,给予不同的价格折扣。其目的是促使他们愿意经营销售本企业的产品。

4. 季节折扣

季节折扣是企业给那些购买过季商品或服务的顾客的价格优惠,其目的在于鼓励消费者反季节购买,使企业的生产和销售在一年四季保持相对稳定。这样有利于减轻企业储存的压力,从而加速商品销售,加速资金周转,使淡季也能均衡生产,旺季不必加班加点,有利于充分发挥生产能力。

5. 价格折让

价格折让分为以旧换新折让和促销折让。例如:一台康佳彩电标价 1 570 元,商家允许顾客以旧康佳彩电折价 200 元,只需付给 1 370 元,这叫以旧换新折让。如果经销商同意参加制造商的促销活动,则制造商卖给经销商的产品可以打折扣,这叫促销折让。

5.3.3.5 心理定价决策

心理定价决策是根据消费者购买商品时的心理来对产品进行定价的策略。常见的有以下 5 种。

1. 声望定价

声望定价策略是依照人们的虚荣心理来确定商品价格的一种策略。同样的商品在有名的商店经销,价格略高,顾客仍乐意购买。名牌或高级商品价格定得高一些,一些顾客为显示其富有也乐意购买。为地位显贵的消费者提供商品,价格也可定得高一点,这样就能够满足声望心理价值的需求。

2. 尾数定价

尾数定价策略又称非整数定价策略,即企业给商品定一个接近整数,以零头尾数结尾的价格。如某商品的价格为 0.97 元,接近 1 元,就是利用顾客求廉心理和要求定价准确的心理进行定价的。保留了尾数,一方面可给顾客以不到整数的心理信息;另一方面使顾客从心里感到定价认真、准确、合理,从而对价格产生一种信任感。

3. 招徕定价

招徕定价是指企业利用顾客的求廉心理,特意将某种或某几种商品的价格定得较低以吸引顾客,制造"人气",进而带动选购其他正常价格商品的一种价格策略。超市等零售商业企业经常采用这种价格策略。

4. 整数定价

整数定价是将产品价格采取合零凑整的办法,有意将产品的价格定为整数,以显示产品具有一定的质量,给人以高档的感觉。整数定价特别适用于高档消费品、优质品和交易次数频繁的商品,如袋装食品、快餐店的饭菜等。

5. 习惯定价

某些产品需要经常购买、重复地购买,因此该类商品的价格在消费者心理上已经"固定"。对该类产品的价格一般不宜轻易变动,以免引起消费者的反感。许多产品尤其是家庭生活日常用品,在市场上已经形成一个习惯价格。

○ 5.3.4 课堂活动演练

分析中国移动和中国联通的"资费套餐"

背景资料

中国移动和中国联通于不同时期推出了"资费套餐"。2009 年 7 月起,三大运营商的 3G 业务陆续进入正式商用阶段,资费战将更加白热化。联通抛出半价语音资费套餐、移动打出低月租的 TD 套餐、电信率先推出按时长计费的无线上网卡套餐。

中国移动对 157 号段和 188 号段用户提供 3G 语音服务。157 号段用户可以选择 28 元、58 元和 88 元 3 档 TD 试商用套餐,套餐内本地主叫最低费用低于 0.15 元/分钟。188 号段用户可选择"全球通 88 套餐",该套餐在 88～1 688 间分为 8 档,其中的 88 元档可拨打 800 分钟电话,接听免费,还赠送 60 分钟可视电话和 50MB 的 3G 上网数据流量。手机上网资费方面,中国移动共推出了 5 档按数据流量计费的套餐,月租费在 5～200 元间不等,分别包括 30MB、150MB、500MB、2GB 和 5GB 的流量,超出部分均按 0.01 元/KB 收费。

针对 3G 典型业务无线上网卡,中国移动推出了两套促销方案。其中一种为预存费用送上网卡:用户预存 600 元或 900 元,加 1 元可获不同档次上网卡,预存费用将分月返还给客户,返还费用可以累计;另外一种为预存款送 USIM 卡:用户预存 560 元获得 USIM 卡,提供 105GB 本地流量和 350MB 漫游流量,使用期限 7 个月,话费耗尽 USIM 卡即作废。

中国电信:在 EVDO 手机仍然短缺的情况下,网络建设相对最完备的中国电信把终端重点放在了无线上网卡上,在推出区别于移动和联通模式的按时长计费的 3G 上网卡资费方案的同时,对 2G 无线上网卡资费也做出优惠调整,以期向更多用户展示其 3G＋无线无缝网络的高质量表现。

无线上网卡资费方面,以上海电信 EVDO＋Wi-Fi 本地上网套餐为例,共有 150 元、200 元、300 元 3 款可供选择。150 元套餐含 60 小时本地上网时长,不含国内漫游时长,200 元套餐含 80 小时本地上网时长和 20 小时国内漫游时长,300 元套餐含 150 小时本地上网时长和 30 小时国内漫游时长。

在 3G 手机资费上,中国电信则沿用天翼的 49 元包月起的套餐方案,分商务套餐、畅聊套餐、大众套餐、时尚套餐等。

中国联通:由于从 5 月 17 日 WCDMA 试商用启动资费方案正式公布当天起,3G 资费遭遇的就是"太贵"的评价,近日,中国联通宣布 3G 试商用期间将会提供通信费 5 折优惠。

此前,在 186 号段的 3G 手机语音资费上,中国联通推出的套餐分 7 档,月租费从 186～1 686 元不等,套餐内语音资费水平为每分钟 0.24～0.36 元。值得注意的是,与中国移动和中国电信的 3G 语音资费当中还包括漫游费不同,中国联通 3G 语音收费采用"长市漫一体化"结构,全国单向收费。

根据联通的最新资费优惠计划,在今年9月之前,联通的7档基本套餐都将只收取一半费用。其中最低的186元套餐只收93元,套餐内容包含全国范围内打出的510分钟通话时长,另有20分钟可视电话、20MB和40TB的3G业务以及来电显示、手机报等。

在无线上网卡套餐上,中国联通推出了150元、200元和300元3档套餐,分别包括3GB、5GB和10GB的国内流量,超出部分以0.1元/MB的标准收费。在套餐选择上,联通3G无线上网卡套餐仅包含通过公司3G网络产生的上网流量费用,默认选择最低档套餐,产生的流量费用800元封顶,超出流量不计费。

演练要求

(1)分析中国移动和中国联通推出的"资费套餐"分别使用了哪些定价策略。

(2)解释不同定价策略的优缺点和使用的原因。

(3)各组制作成PPT的形式,进行展示评价。

演练条件

(1)事先对学生按照5~6人进行分组。

(2)教师帮助学生明确产品定价策略。

(3)学生掌握中国移动和中国联通的"资费套餐"的相关信息。

(4)具有可上网的实训室。

5.3.5 实例专栏与分析

蔬菜定价机制:流通环节涨幅随行就市

2013年11月,记者来到某蔬菜批发市场。在青菜区,记者探问冬季市民餐桌上最常见的大白菜,发现价格已达到了2元/千克。在该蔬菜批发市场从事蔬菜批发近5年的黄先生说,今年的蔬菜价格与去年同期相比都有不同程度的提高,而目前的这个价格可能还要再持续一段时间。记者在青菜区转了一圈,黄瓜4元/千克,菜心5元/千克,比农田收购价提高了0.5~1元/千克。其他的如青椒1.5~1.7元/千克,西红柿3.6~4元/千克,茄子1.2~1.4元/千克……低于2元/千克的青菜几乎看不到了。

而另外一个蔬菜零售市场,早上4点钟,就有菜商开始收菜卖菜。记者看到,很多面包车运来苦瓜、豆角、茄子、叶菜、玉米、胡萝卜等蔬菜,有的直接卸到市场的地摊上一边卖一边批发,有的卸到另外的车上拉到其他小市场卖。大大小小菜商忙碌着把自己买下的菜尽快流转出去。

有一个固定摊位的安徽籍赵老板,为人热情,他说:"我以做批发生意为主,也有一小部分在自己的摊点卖。我有一辆小面包车,平时一早我就到附近的地里收菜,跑一次要费近20升油。我们菜商在城里,生活成本高,汽油费、摊租费要付,而卖菜的收入时多时少,还要承担批发不出去的风险。例如菜心,批发出去要比买回的价钱每千克贵出5角钱左右,市民买的价格每千克在2.5~3元,最后一层菜商风险比较大,他2元/千克买的菜3元/千克卖出去,每公斤赚1元钱,降价,就少赚点,直到卖不出去,他亏2元。卖叶菜不好搞,不能过夜。一般是别人跟我订菜,我收了菜直接送过去。我这里存放的都不是叶菜。"赵老板说:"现在本地菜价上涨基本上是种菜成本推动,外地菜数量也对本地菜价有影响,有时会压低本地菜价,有时会带涨本地菜价,碰上菜源少,求大于供,菜价才会涨得猛。"

另外一个陈女士专卖生姜、大蒜。问及"蒜你狠"、"姜你军",她说:"生姜、大蒜涨价后,我们的利润也没有增加。进价高就卖价高,来买的人少了,一次卖一点,过去,一天卖50多公斤,现在一天卖20公斤左右,不好卖,利润没有以前多。我租住在郊区,每天早上4点就要到摊位了,旁边卖茄子的3点就要来到摊位,一直守到晚上八九点才能回家。我现在要运一大袋蒜头回家剥皮,明天剥皮的蒜头才卖得出去,一天才睡4个小时。"记者发现,从地头到餐桌,蔬菜价格一路上升。比如菜心在地头上是4.0元/千克,最终零售价6.0元/千克,涨幅50%;大白菜在地头是1.6元/千克,最终零售价为3.2元/千克,涨幅100%;韭菜地头收购价是3.6元/千克,最终零售价是6.0元/千克,涨幅67%;香菜地头收购价为7.0元/千克,最终零售价为10.0元/千克,涨幅43%。一位经营小区菜店的宋女士告诉记者,与农贸市场相比,小区蔬菜店里的蔬菜价格涨幅会再增加10%左右。

5.4　营销价格变动和企业对策

● 5.4.1　成果展示与分析

宝洁和联合利华的价格之争

宝洁和联合利华这两个巨头之间,在产品品质、品牌力等方面起码在中国市场是不相上下的。而且在持续的竞争博弈中,唯一可以一招制敌的战术就落在了"价格"这个在中国市场上对中国消费者最有吸引力的筹码上了。

联合利华通过对业务的调整和收缩,销售力量得以统一,洗衣粉的生产规模和能力也得到提高。在中国建立合资加工厂,降低运输费用;重新选择和调整原材料的采购价格,使包装材料费用大约下降了20%,一系列有效的经营措施使得洗衣粉的成本大幅下降,在原料上,联合利华找到了跟原来一样好,但是更便宜的香料,从而使得原料的成本也明显下降。这一切的利好,为联合利华进攻宝洁创造了极好的机会。

市场反应显示,联合利华的降价不但使得它得以取代宝洁在中国市场的行业老大的地位,而且对宝洁的市场根基也产生了巨大的影响,大批顾客分流而去,令宝洁公司的销售量急转直下。此时,摆在宝洁面前的出路似乎只剩下两条:要么紧守品牌阵营,要么降价反击,以期夺回失去的顾客份额。在利益最大化的原则下,宝洁最终选择了第二条道路——降价反击。于是宝洁首先从洗衣粉开刀大幅度降价,矛头直指联合利华的"奥妙"系列。

从那以后,宝洁与联合利华之间的竞争格局即产生了质的变化,也就是由过去的品牌竞争为导向转变成为以价格为导向。在市场终端双方的促销不断,变相降价不断。

任何价格行为不但会直接影响到企业的利益,还涉及经销商、消费者和竞争者等各方面的利益。宝洁公司是在面临联合利华强有力的价格竞争导致本企业的市场份额正在下降的情况之下被迫实施企业降价的。

5.4.2　任务工作流程

企业为某种产品制定出价格以后,并不意味着大功告成。随着市场营销环境的变化,企业为了生存和发展,有时候主动降价或者提价,有时候又要应付竞争者的变价相应地被动调整价格。对付竞争者调价的程序参考图 5-2。

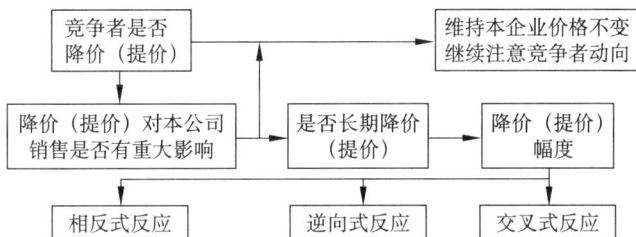

图 5-2　对付竞争者调价的程序

5.4.3　基本知识和技能

5.4.3.1　企业降价策略

1. 企业降价的原因

企业降价的原因有很多,有企业外部需求及竞争等因素的变化,也有企业内部的战略转变、成本变化等,还有国家政策、法令的制约和干预等。

（1）急需回笼大量现金。

（2）通过降价来开拓新市场。

（3）通过降价排斥现实及潜在竞争者。

（4）生产能力过剩,产品供过于求,但是企业又无法通过产品改进和加强促销等工作来扩大销售。

（5）发动降价来扩大市场份额,依靠销量的大增来降低成本。

（6）由于成本降低,费用减少,使企业降价成为可能。

（7）面临强有力的价格竞争导致本企业的市场份额正在下降。

（8）政治、法律环境及经济形势的变化,迫使企业降价。

2. 消费者对降价的反应

（1）产品样式过时了,将被新产品替代。

（2）产品有缺点,销售不畅。

（3）价格还要进一步下跌。

（4）产品质量下降了。

3. 常用的降价方法

降价最直截了当的方式是将企业产品的目录价格或标价绝对下降,但企业更多的是采用一些间接手段来降价。

（1）实行各种折扣形式来降低价格。例如:数量折扣、现金折扣、回扣和津贴等形式。

（2）变相的削价形式。例如：赠送样品和优惠券；实行有奖销售；给中间商提取推销奖金；允许顾客分期付款；赊销；免费或优惠送货上门、技术培训、维修咨询；提高产品质量，改进产品性能，增加产品用途等。

5.4.3.2　企业提价策略

1. 企业提价的原因

提价确实能够增加企业的利润率，但却会引起竞争力下降、消费者不满、经销商抱怨，甚至还会受到政府的干预和同行的指责，从而对企业产生不利影响。虽然如此，在实际中仍然存在着较多的提价现象。

（1）应付产品成本增加，减少成本压力。这是所有产品价格上涨的主要原因。成本的增加或者是由于原材料价格上涨，或者是由于生产或管理费用提高而引起的。

（2）为了适应通货膨胀，减少企业损失。在通货膨胀条件下，即使企业仍能维持原价，但随着时间的推移，其利润的实际价值也呈下降趋势。为了减少损失，企业只好提价，将通货膨胀的压力转嫁给中间商和消费者。

（3）产品供不应求，遏制过度消费。对于某些产品来说，在需求旺盛，但生产规模又不能及时扩大而出现供不应求的情况下，可以通过提价来遏制需求，同时又可以取得高额利润，在缓解市场压力、使供求趋于平衡的同时，为扩大生产准备了条件。

（4）利用顾客心理，创造优质效应。企业可以利用涨价营造名牌形象，使消费者产生价高质优的心理定式，以提高企业知名度和产品声望。对于那些革新产品、贵重商品、生产规模受到限制而难以扩大的产品，这种效应表现得尤为明显。

2. 消费者对提价的反应

（1）这种产品很畅销，不赶快买就买不到了。

（2）这种产品很有价值。

（3）卖主想尽量取得更多利润。

3. 提价时机的选择

（1）产品在市场上处于优势地位。

（2）产品进入成长期。

（3）季节性商品达到销售旺季。

（4）竞争对手产品提价。

4. 提价的方法

企业应尽可能多采用间接提价，把提价的不利影响减到最低程度，使提价不影响销量和利润，而且能被潜在消费者普遍接受。

（1）采用延缓报价方法。公司在临到产品制成或者交货时才制定最终价格，通常价格要高于前一时期。生产周期长的产业，如房地产、工业建筑和重型设备制造业等，普遍采用延缓报价定价法。

（2）使用价格自动调整条款。公司要求顾客按当前价格付款，并且支付交货前因通货膨胀而增加的全部或部分费用。通常,合同中的价格自动调整条款会事先规定,根据某个物价指数计算提高价格幅度。

（3）减少折扣。要求销售人员按目录价格报价,不得随意提供现金和数量折扣。

（4）有规律地小幅度提价,而不是一次性大幅度涨价。

（5）压缩产品分量,价格不变。

（6）减少或者改变产品特点,以降低成本。

（7）改变或者减少服务项目,如取消安装和免费送货。

（8）使用价格较为低廉的包装材料,促销更大包装的产品,以降低包装的相对成本。

（9）缩小产品的尺寸、规格和型号。

5. 提价的幅度

提价的幅度,最重要的考虑因素是消费者的反应。因为调整产品价格是为了促进销售,实质上是要促使消费者购买产品。忽视了消费者反应,销售就会受挫,只有根据消费者的反应调价,才能收到好的效果。

同步案例 5-1

养生堂缘何提价

继 2004 年年底的首次提价之后,养生堂龟鳖丸日前再次发出公告,称其产品将面临全线涨价。"主要是因为制作龟鳖丸的材料成本增加了。"养生堂的品牌经理赵女士对记者表示。"今天领导就特意和我们说,抬价这个事情不想张扬,发一个公告就够了。"昨天,记者就此事向养生堂相关部门经理进行咨询时,均被"出差刚回"、"不知情"等各种理由挡回。公告上称,养生堂自 1993 年生产龟鳖丸至今,由于野生龟鳖资源日益稀缺,加上国家对经营利用野生龟鳖采取准入制,使得野生龟鳖的原料价格不断上涨。

案例分析：

（1）提高利润率,增强企业综合实力。几年无序竞争及终端整合的结果,保健品生产企业普遍遭遇了成本持续增高、利润不断下降的尴尬境地。养生堂自然也无法幸免。一方面,利润率下降;另一方面,以广告费及终端费为代表的营销费用却与日俱增(像龟鳖丸这类特殊商品面临原材料的成本增加),因此,如何压缩费用、有效控制成本已成为保健品企业的老大难问题。

（2）提升产品的品位感、进而提升品牌美誉度。价格,在某种意义上也是品牌的一种外在表现。降价往往容易造成消费者"是不是品质也下降了"、"是不是产品滞销的处理办法"等误解,这对企业是相当不利的。而提价恰恰相反,反而可以培养"旺销"、"珍贵"等美誉舆论。品牌美誉是企业巨大的无形资产。

（3）差异化区隔,市场突围:当市场遭遇增长瓶颈,企业通常以降价的形式讨要市场销量。而事实上,尽管降价能为企业带来一时的滚滚财源,但由于降价不可避免地要引发市场动乱,引起价格战。这种不降反升,反其道而行之的价格竞争策略。一下子将竞争对手远远地抛到身后,直接避免了残酷的市场厮杀。

5.4.3.3　竞争者对企业调价的反应

价格变动还会引起竞争者的反应。竞争者的反应主要包括以下几种类型。

(1) 相向式反应。你提价,他涨价;你降价,他也降价。这样一致的行为,对企业影响不太大,不会导致严重后果。企业坚持合理营销策略,不会失掉市场和减少市场份额。

(2) 逆向式反应。你提价,他降价或维持原价不变;你降价,他提价或维持原价不变。这种相互冲突的行为,影响很严重,竞争者的目的也十分清楚,就是乘机争夺市场。对此,企业要进行调查分析,首先摸清竞争者的具体目的;其次要估计竞争者的实力,再次要了解市场的竞争格局。

(3) 交叉式反应。众多竞争者对企业调价反应不一,有相向的,有逆向的,有不变的,情况错综复杂。企业在不得不进行价格调整时应注意提高产品质量,加强广告宣传,保持分销渠道畅通等。

5.4.3.4　企业对竞争者调价的反应

(1) 在同质产品市场,如果竞争者降价,企业必随之降价,否则企业会失去顾客。某一企业提价,其他企业随之提价(如果提价对整个行业有利),但如有一个企业不提价,最先提价的企业和其他企业将不得不取消提价。

(2) 在异质产品市场,购买者不仅考虑产品价格高低,而且考虑质量、服务、可靠性等因素,因此购买者对较小价格差额无反应或不敏感,则企业对竞争者价格调整的反应有较多自由。

(3) 企业在做出反应时,必须先分析:竞争者调价的目的是什么? 调价是暂时的,还是长期的? 能否持久? 企业面临竞争者应权衡得失:是否应做出反应? 如何反应? 另外还必须分析价格的需求弹性,产品成本和销售量之间的关系等复杂问题。

(4) 要迅速做出反应,最好事先制定反应程序,到时按程序处理,提高反应的灵活性和有效性。

⬤ 5.4.4　课堂活动演练

为 Silverado 珠宝店拟订商品调价方案

背景资料

位于亚利桑那州的 Silverado 珠宝店,专门经营由印第安人手工制成的珠宝首饰。几个月前,珠宝店进了一批由珍珠质宝石和银制成的手镯、耳环和项链的精选品。与典型的绿松石造型中的青绿色调不同的是,珍珠质宝石是粉红色略带大理石花纹的颜色。就大小和样式而言,这一系列珠宝中包括了很多种类。有的珠宝小而圆,式样很简单;而别的珠宝则要大一些,式样别致、大胆。不仅如此,该系列还包括了各种传统样式的由珠宝点缀的丝制领带。

珠宝店店主希拉以合理的进价购入了这批珍珠质宝石制成的首饰。她十分满意这批独特的珠宝,认为对普通消费者来说,该类珠宝特别适合用来替换他们在该地区珠宝店中买到的绿松石首饰。为了让顾客能够觉得物超所值,她为这些珠宝定了合理的价格。当然,这其中已经加入了足能收回成本的加价和平均水平的利润。

这些珠宝在店中摆了一个月之后,希拉对它们的销售情况十分失望。她先想到商品的摆放位置有形化往往可使顾客产生更浓厚的兴趣。因此,她把这些珍珠质宝石装入玻璃展示箱,并将其摆放在该店入口的右手侧。可是,当她发现位置改变之后,这些珠宝的销售情况仍然没有什么起色时,她认为应该在一周一次的见面会上与职员好好谈谈了。她建议职员们花更多的精力来推销这一独特的产品系列。她不仅给职员们详尽描述了珍珠质宝石,还给他们发了一篇简短的介绍性文章以便他们能记住并讲给顾客。不幸的是,该方法也失败了。希拉想到的最后一招就是调整商品价格。

演练要求

(1) 根据背景资料,提出商品价格调整的整体思路,拟订商品调价方案。

(2) 要求调价目的明确、思路清晰、方案可行、格式规范。

演练条件

(1) 事先对学生按照5~6人进行分组。

(2) 教师帮助学生明确影响商品价格变动的关联因素。

(3) 在网上或者企业收集与产品定价与变价相关的案例。

(4) 具有可上网的实训室。

5.4.5　实例专栏与分析

服装店经营的定价之道

深圳的刘丽华在景田北开了一家名为"美安"的外贸服装店,她在此之前曾在商业区经营过一家服装店,但在商业区和住宅区开店,即使是同样一件衣服,定价原则颇有不同。比如同样一条连衣裙,如果在商业区出售她会选择不给折扣,而在景田北这样的住宅区,只要是熟客来买就可以享受8折优惠。住宅区经营服装有一个特点,就是哪怕这个小区居民的消费能力比较强,但真正愿意爽快掏钱的并不是很多。很多人只是喜欢不断地试衣服找感觉,试而不买,有些人则专门喜欢淘特价。社区店主要是做熟客生意,在定价上当然要对顾客优惠一点。

刘丽华在服装定价上有一个原则,就是先高后低,不要一上来就抱着有赚就出的想法。一些自己认准是"精品"的款式即使是过季也不要扔进特价货的篮子里,好东西就应该卖个好价钱。

在社区经营服装店要特别注意与顾客的情感联系,但大多数服装店都忽略了与顾客的情感交流,而把注意力集中在讨价还价上。一些店主只注意以价格吸引顾客,一味强调低成本运作,全然不管焕然一新的经营环境带给消费者的愉悦感受以及因为这种感受带来的促销力。出色的社区店会力求与顾客建立起亲近、喜欢和信任的感觉,突出店铺的亲情氛围。

✅ 重点概括

● 定价目标是企业制定价格时首要考虑的因素,具体可分为维持企业生存为目标、最大市场占有率为目标、当前利润最大化为目标、产品质量领先为目标、应付和防止竞争为目标和以获取投资收益为目标。

● 产品价格的上限取决于产品的市场需求水平,产品价格的下限取决于产品的成本。在最高和最低价格的范围内,企业的最终定价则取决于竞争对手同种产品的价格水平、买卖双方的议价能力等因素。即影响产品定价的因素包括:需求因素、价格因素和竞争因素等。

- 产品定价的基本原则包括:符合企业战略目标要求、兼顾企业与消费者利益和随环境变化及时调整。

- 产品定价一般可分为 6 个步骤,即确定定价目标、测定市场需求、估算产品成本、分析竞争状况、选择定价方法、确定最后价格。

- 成本导向定价法是指以成本为基础制定产品价格的方法,包括:成本加成定价法、盈亏平衡法和边际贡献定价法。由于影响消费者需求的因素很多,如消费习惯、收入水平和产品的价格弹性等,这就形成了认知定价法、反向定价法和需求差异定价法等需求导向定价方法。竞争导向定价法是以同类产品的市场竞争状态为依据,根据竞争状况确定本企业产品价格的方法,包括:随行就市定价法和投标定价法等。

- 企业生产的产品不是单一的,而是相关的一组产品。与单一产品销售不同,产品组合定价必须兼顾产品之间的关系,以使整个产品系列获得最大的经济利益。

- 撇油定价策略即在新产品上市初期,把价格定得高出成本很多,以便在短期内获得最大利润。该种策略如同把牛奶上面的那层奶油撇出一样,故称之为撇油定价策略。渗透定价策略是以低价为特征的。把新产品的价格定得较低,使新产品在短期内最大限度地渗入市场,打开销路,就像倒入泥土的水一样,很快地从缝隙渗透到底。

- 企业生产的产品不是单一的,而是相关的一组产品。与单一产品销售不同,产品组合定价必须兼顾产品之间的关系,以使整个产品系列获得最大的经济利益。

- FOB 原产地定价是卖主支付把商品装上买方指定的运输工具(如轮船、火车或飞机)的费用,在装货地点把商品所有权转让给买主,然后由买主支付运费和承担运输中的风险。统一定价是不管买主距离远近均采取相同的包括运送费用在内的价格。分区定价是企业把全国(或某些地区)分为若干地区,依据距离远近,定出不同的价格。各地区间价格虽然不同,但同一地区内的所有顾客都支付同一价格。基点定价是企业选定某些城市作为基点,然后按一定的厂价加上从基点城市到顾客所在地的运费来定价。企业为了扩大市场,增加销售,争夺远距离潜在顾客,生产者或经营者可以使用运费补贴定价策略。给顾客部分或者全部费用的补贴。

- 企业为了鼓励顾客及早付清货款、大量购买或者配合促销,经常给予顾客一定的价格折扣和折让,包括:现金折扣、数量折扣、业务折扣、季节折扣和价格折让等。

- 心理定价策略是根据消费者购买商品时的心理来对产品进行定价的策略。包括声望定价、尾数定价、招徕定价、整数定价和习惯定价等。

- 企业为某种产品制定价格以后,并不意味着大功告成。随着市场营销环境的变化,企业为了生存和发展,有时候主动降价或者提价,有时候又要应付竞争者的调价相应地被动调整价格。

✓ 综合实训

▪ 案例技能题 ▪

| 案例分析 | 大卖场里也有贵货 |

大卖场里出售的商品总要比外面普通商店的便宜些,这似乎是不少市民的"思维定式"。事实果真如此吗? 其实不然。一些市民不太经常购买的商品如奶粉、沙滩椅等,在大卖场里

不但不便宜,反而要贵上不少。例如,一听可乐食品店卖 2.50 元,大卖场卖 1.75 元,大卖场的确便宜;雀巢能恩奶粉食品店卖 139 元,大卖场却卖 162.90 元。

为什么会有这种情况呢? 其实,这是大卖场的经营之道。商家把握住了市民的购物心理,给商品来个双重定价标准。对于经常购买的商品,市民对价格都心中有数,所以大卖场定低价,吸引你去购买;相反,对于那些不太经常购买的商品,市民对价格不甚清楚即使有大幅变化也不太敏感,所以,大卖场就"高开高走"。这样,很多消费者在买到便宜货时,不知不觉也买了一些高价货。

对于消费者来说,商品可以分为价格敏感商品和价格非敏感商品。所谓价格敏感商品,指消费者经常使用、高频率购买,对价格熟知度高且易比较的商品。相对的价格非敏感商品是指非当令商品,或是耐用消费品,如反季节家电、盒装果品等。大卖场巧妙地对价格敏感商品和价格非敏感商品采用不同的标准分别定价,前者往往较低,后者往往较高。

问题

(1) 为什么消费者会产生大卖场里出售的商品总要比外面普通商店的便宜些的"思维定式"?

(2) 大卖场采用了哪些定价技巧?

分析要求

(1) 学生分析案例提出的问题,拟出《案例分析提纲》。

(2) 小组讨论,形成小组《案例分析报告》。

(3) 班级交流,教师对各小组《案例分析报告》进行点评。

(4) 在班级展出附有"教师点评"的各小组《案例分析报告》,供学生比较研究。

决策设计	五连矿泉水价格决策

五连矿泉水地处东北,是世界三大冷泉之一,常年温度在 2~4℃,含有丰富的微量元素和矿物质,在中国 3 500 处可开发矿泉水水源中,是唯一天然含气矿泉水。它曾经获得多项荣誉,通过 ISO 9001 和 ISO 14001 双项认证,是第六届华商大会指定用水。

产品特点:

(1) 世界三大冷泉之一,与世界最好的法国维希矿泉水齐名。

(2) 天然含气,在非碳酸型饮料中非常罕见。

(3) 口感很独特,乍喝辛辣清爽,喝一口想吐,喝一瓶有感觉,喝两瓶就容易上瘾。

(4) 营养价值高,在当地被誉为"神泉",可治多种疾病。

在被 J 集团投资 3 亿元并购前,该矿泉水一直没有做大,仅局限在东北地区。J 集团正式运作该项目后,发现市场推广中,存在许多问题。

产品问题:

由于该产品的特殊性,定位在中高档消费者没问题,但细分之后,是像法国依云水打女性市场,还是兼顾时尚青年,还是只从商务人士入手,很难确定。

正常一个产品推向市场的步骤是一个一个卖点推出,由于该产品特点众多,反而束缚了思路,不知道先推哪一个后推哪一个,由此公司内部分为四派。"形象派"主张打国际牌,一开始在广告诉求中就突出五连矿泉水世界级水的尊贵;"气泡派"说,不要急,先从一个小的切入点含有气泡入手,大打这是一瓶"会跳舞的水";"口感派"说,你们没看到消费者反映,大多数消费者第一次喝没有不皱眉头的,我们现在应该解决第一口和第一瓶问题,只要消费者能把一瓶水喝下去,他就会继续喝下去;"健康派"说健康是一种时尚,好水喝出健康来,我们的水有这么好的健康功能,为什么不把它作为首要切入点?

价格问题:

该产品的市场定价,在中国水行业中是最高的,但与相同品质的法国巴黎水相比只是其2/3价格。在市场推广过程中,因为价格遇到许多难题,由此公司分为三派。"降价派"主张一定要降价,这么高的价格,没有品牌知名度,如何能卖这么高的价格;"提价派"主张提价,说我们的水一点不比巴黎水差,能喝这水的都是有钱人,不会在乎多一元、两元的,我们要提价,用高价体现消费者的身份;"维持派"说这个价格正好,我们不是国际名牌,比巴黎水低一点,正常。

设计要求

(1) 根据五连矿泉水的产品特征和价格问题,为其制定合理的价格。

(2) 小组讨论,形成小组《价格决策设计方案》。

(3) 班级交流,教师对各小组《价格决策设计方案》进行点评。

(4) 在班级展出附有"教师点评"的各小组《价格决策设计方案》,供学生比较研究。

■ 单元实训 ■

实训题1　　　　"营销产品定价"业务胜任力训练

【实训目标】

引导学生参加"'营销产品定价'业务胜任力"的实践训练;在切实体验《营销产品定价报告》的准备与撰写等有效率的活动中,培养相应专业能力与职业核心能力;通过践行职业道德规范,促进健全职业人格的塑造。

【实训内容】

走访超市、商场、批发市场、生产厂家。选择一种产品(光明牛奶、康师傅牛肉面、农夫山泉矿泉水),研究其从工厂到批发市场,最后到超市或商店的不同价格的定价基础与方法。

【实训时间】

在讲授本实训时选择周末休息日。

【操作步骤】

(1) 将班级每10位同学分成一组,每组确定1~2人负责。

(2) 对学生进行商品类别划分,确定选择哪种商品作为调研的范围。

(3) 学生按组进行实地调查,并将调查情况详细记录。

(4) 对调查的资料进行整理分析。

(5) 依据产品定价方法理论,找出所研究产品的定价方法及考虑的因素。

(6) 写出分析报告。

(7) 各组在班级进行交流、讨论。

【成果形式】

实训课业:撰写《营销产品定价报告》。

实训题 2　**"产品价格折扣"业务胜任力训练**

【实训目标】

引导学生参加"'产品价格折扣'业务胜任力"的实践训练;在切实体验零售企业进行产品价格折扣的活动中,培养相应专业能力与职业核心能力;通过践行职业道德规范,促进健全职业人格的塑造。

【实训内容】

依据所学内容,创造性地运用于产品价格折扣技巧。

【实训时间】

课堂与课外相结合。

【操作步骤】

(1)教师在课堂上布置实训任务,组织学生温习产品价格折扣相关理论与知识。

(2)将学生分成若干个学习小组,组织讨论产品价格折扣需要考虑的因素。

(3)每个学生提交一份分析报告,陈述零售企业某一产品大类价格折扣的设计与操作过程,阐明产品价格折扣的效果,并提出建设性意见。

【成果形式】

撰写《产品价格折扣分析报告》。

实训考核　**"活动过程考核"与"实训课业考核"相结合**

【活动过程考核】

根据学生参与实训题 1 与实训题 2 全过程的表现,就表 5-4 中各项评估指标与评估标准,针对其职业核心能力与职业道德素质的训练效果,评出个人分项成绩与总成绩,并填写教师评语。

表 5-4　活动过程成绩考核表　　实训名称:实训 1 和实训 2

评估指标		评估标准	分项成绩
职业核心能力(70分)	自我学习(10分)	人力资源和社会保障部:《职业核心能力培训标准》中的相应规定,由授课教师结合本实训设计要求自行拟定	
	信息处理(10分)	人力资源和社会保障部:《职业核心能力培训标准》中的相应规定,由授课教师结合本实训设计要求自行拟定	
	数字应用(10分)	人力资源和社会保障部:《职业核心能力培训标准》中的相应规定,由授课教师结合本实训设计要求自行拟定	
	与人交流(10分)	人力资源和社会保障部:《职业核心能力培训标准》中的相应规定,由授课教师结合本实训设计要求自行拟定	
	与人合作(10分)	人力资源和社会保障部:《职业核心能力培训标准》中的相应规定,由授课教师结合本实训设计要求自行拟定	
	解决问题(10分)	人力资源和社会保障部:《职业核心能力培训标准》中的相应规定,由授课教师结合本实训设计要求自行拟定	
	革新创新(10分)	人力资源和社会保障部:《职业核心能力培训标准》中的相应规定,由授课教师结合本实训设计要求自行拟定	

续表

评估指标		评估标准	分项成绩
职业道德素质（30分）	职业观念(5分)	对职业、职业选择、职业工作、营销人员职业道德和企业营销伦理等问题具有正确的看法	
	职业情感(5分)	对职业有愉快的主观体验、稳定的情绪表现、健康的心态、良好的心境，具有强烈的职业认同感、职业荣誉感和职业敬业感	
	职业理想(5分)	对将要从事的职业种类、职业方向与事业成就有积极的向往和执著的追求	
	职业态度(5分)	对职业选择有充分的认知和积极的倾向与行动	
	职业良心(5分)	在履行职业义务具有强烈的道德责任感和较高的自我评价能力	
	职业作风(5分)	在职业实践和职业生活的自觉行动中，具有体现职业道德内涵的一贯表现	
总成绩(100分)			
教师评语			签名： 年　月　日

【实训课业考核】

根据实训题 1 和实训题 2 所要求的学生实训课业完成情况,就表 5-5 和表 5-6 中各项课业评估指标与课业评估标准,评出个人和小组的分项成绩与总成绩,并填写教师评语与学生意见。

表 5-5　实训课业成绩考核表　　课业名称:《营销产品定价报告》

课业评估指标	课业评估标准	分项成绩
1. 定价目标(20分)	(1) 可行性 (2) 科学性	
2. 定价时考虑的因素(20分)	(1) 成本因素 (2) 需求因素 (3) 竞争因素	
3. 产品定价的方法(20分)	方法选择的正确性	
4. 定价的程序(20分)	步骤的完整性	
5. 营销产品定价报告(20分)	(1) 格式的规范性 (2) 内容的完整性、科学性 (3) 结构的合理性 (4) 文理的通顺性	
总成绩(100分)		
教师评语		签名： 年　月　日
学生意见		签名： 年　月　日

表 5-6　**实训课业成绩考核表**　课业名称:《产品价格折扣分析报告》

课业评估指标	课业评估标准	分项成绩
1. 价格折扣需要考虑的因素(20分)	(1) 全面性 (2) 重点性	
2. 选择折扣方法(40分)	(1) 可行性 (2) 科学性	
3. 产品价格折扣分析报告(40分)	(1) 格式的规范性 (2) 内容的完整性、科学性 (3) 结构的合理性 (4) 文理的通顺性	
总成绩(100分)		
教师评语		签名: 　年　月　日
学生意见		签名: 　年　月　日

✔ 思考练习

📎 名词解释

成本加成定价法　需求导向定价法　竞争导向定价法机制　随行就市定价法　尾数定价　FOB原产地定价　撇油定价　价格需求弹性系数

📎 选择题

单项选择题

1. 需求导向定价法是以(　　)对商品价值的理解和需求程度为基础。
　　A. 市场　　　　B. 顾客　　　　C. 竞争者　　　　D. 企业

2. 永辉超市规定,顾客一次性购买商品满400元,给予12%的优惠折扣,这种折扣属于(　　)。
　　A. 现金折扣　　B. 数量折扣　　C. 季节折扣　　D. 折让

3. 利用顾客求廉的心理,特意将某几种商品的价格定得较低以吸引顾客,采用的是(　　)。
　　A. 撇油定价　　B. 招徕定价　　C. 价格歧视　　D. 折扣定价

4. 某服装店售货员把相同的服装以800元卖给顾客A,以600元卖给顾客B,该服装店的定价属于(　　)。
　　A. 顾客差别定价　　　　　　B. 产品形式差别定价
　　C. 产品部位差别定价　　　　D. 销售时间差别定价

5. 某商店销售短袖T恤的价格从第二季度的每件90元降到第三季度的每件50元,销售量从5 000件上升到8 000件,则该商品的价格需求弹性系数是(　　)。
　　A. 1.6　　　　B. 1.8　　　　C. 1.35　　　　D. 1.55

多项选择题

1. 市场上可以用来的地区定价策略包括( )。
   A. FOB 原产地价　　　　　B. 统一定价　　　　　C. 分区定价
   D. 运费免收定价　　　　　E. 时间定价

2. 企业定价目标主要有( )。
   A. 生存　　　　　　　　　B. 市场占有率最大化　　C. 交税
   D. 当期利润最大化　　　　E. 品质质量最优化

3. 心理定价策略包括( )。
   A. 声望定价　　　　　　　B. 折扣定价　　　　　C. 尾数定价
   D. 招徕定价　　　　　　　E. 统一定价

4. 引起企业提价有( )等原因。
   A. 通货膨胀,物价上涨　　B. 企业市场占有率下降
   C. 消费者需求　　　　　　D. 产品供不应求
   E. 企业成本费用比竞争者低

判断题

1. 洗手液与香皂是替代产品,手机与电池充电器是互补产品。　　　　　　( )

2. $E > 1$ 时,说明企业所面临的市场需求是富有弹性的,为了取得更高收入可制定较高价格。　　　　　　　　　　　　　　　　　　　　　　　　　　　　　　( )

3. 声望定价策略的条件是企业和商品声誉较高,消费者存在求名心理。　　( )

4. 习惯定价法通常适用于高级的奢侈商品。　　　　　　　　　　　　　　( )

5. 尾数定价法就是要使消费者感到产品价格低廉和企业对定价工作的认真。( )

6. 高端技术的商品定价,企业一般采用撇脂定价策略。　　　　　　　　　( )

7. 价格是营销组合的因素之一,企业定价必须与企业战略相匹配,形成一个合理的营销组合。　　　　　　　　　　　　　　　　　　　　　　　　　　　　　　( )

简答题

1. 企业定价的主要步骤有哪些?
2. 什么是需求价格弹性? 它对企业定价有何意义?
3. 简述常见的几种心理定价技巧。
4. 试述企业的价格调整策略。

项目 6

营销产品渠道决策

知识目标

1. 了解营销渠道的概念、职能、作用。
2. 懂得营销渠道的级数。
3. 掌握营销渠道的设计,熟悉营销渠道的决策。
4. 明确营销后勤的目标,懂得营销后勤的决策。

技能目标

1. 能根据某一产品的实际情况,作营销渠道的设计。
2. 能根据企业实际,进行营销后勤决策。

训练路径

1. 确定某一产品,对其作营销渠道设计。
2. 选好企业某一产品,深入实际选择分销商。
3. 聘请老师傅手把手教如何设置货垛,讲解仓库货物管理技巧。
4. 参观某一企业的仓库,学习其管理经验。

教学建议

1. 理论课在多媒体教室进行,案例分析、实务操作课可在营销实训室和相关企业仓库现场进行。

2. 采用讲授与案例分析、实务操作相结合的教学方式,实务操作要求在老师和师傅的指导下独立完成。

3. 由于本项目有现场教学,老师必须提前确定好实训企业,联系好指导师傅。

6.1 营销渠道设计

6.1.1 成果展示与分析

太太乐食品有限公司的渠道网络

上海太太乐食品有限公司凭借其强大的科研力量不断推陈出新,产品涉及精类、酱类、油品类、调味汁等八大系列的 80 多个品种,并于 2008 年以鸡精产销量达到 7.3 万吨成为世界鸡精行业第一名。20 年来,太太乐打动消费者的除产品品质外,还有产品所包含的品牌文化,它为太太乐进一步拓展分销网络提供了品牌支持,令太太乐的销售网络覆盖得更广。

太太乐基于对市场的深入研究,根据未来可能的细分市场,以不同的产品分别占领不同的消费终端,构建了分公司→经销商、分公司→餐饮直营客户、分公司→零售直营客户的三渠道分销体系。太太乐拥有分布在全国各地的直营网络,有 54 个直营分公司,有 3 000 多名营销员工,这是太太乐产品在全国各地得以迅速推广的一个有力保障。

针对餐饮直营客户对调味品的品质和价格比较敏感,太太乐就以大餐饮店、龙头餐饮店为突破口,以示范效应影响其他餐饮直营客户选择太太乐产品。据统计,在全国有 20 万个以上的餐饮企业在使用太太乐的产品。

与餐饮渠道同样重要的还有零售渠道。太太乐将零售渠道细分为烟杂店、农贸菜市场、小型超市、便利店、中型超市、中型连锁超市、仓储超市、大型连锁超市、卖场等不同类型的售点。零售面对的主要消费群是家庭,在家庭中担任购物和烹饪的中老年女士是重心消费者,为此,太太乐以卖场、便利店等零售终端为主。

太太乐还全面启动了全新的经销商合作战略,以提升通路管理的专业水平和政策执行力。由太太乐联手知名餐饮企业合力打造的美食餐饮门户 NTA 饭店联盟,依托互联网优势资源,旨在整合中国餐饮业、餐饮酒店、供应商和消费者的信息资源,全方位打造了一个展示产品魅力的大舞台。太太乐与零售 100 强进行了战略合作,全面整合全国零售商网络资源,进一步实现网络的纵深发展。

太太乐的成果说明,在社会化大生产和市场经济社会中,产品的生产者和消费者或用户之间不仅存在时间、空间和所有权分离的矛盾,而且存在产品供需数量、结构上的矛盾。要使产品顺利地由生产领域向消费领域转移,实现其价值和使用价值,取得一定的经济效益,必须要通过一定的市场营销渠道,经过实体分配过程,在适当的时间、地点,以适当的价格和方式将产品提供给适当的消费者。分销渠道承担着产品由生产领域向消费领域转移的任务,合理选择、建设分销渠道是企业营销又一重要决策。

● 6.1.2　任务工作流程

第一步　分析市场需求;
第二步　审视渠道现状;
第三步　收集渠道信息;
第四步　分析竞争者渠道;
第五步　评估渠道机会;
第六步　确立渠道目标;
第七步　设计营销渠道;
第八步　撰写渠道方案。

⦿ 6.1.3　基本知识和技能

6.1.3.1　营销渠道的模式

营销渠道又称分销渠道,是指产品由生产者向消费者或用户转移过程中所经过的途径和路线。分销渠道的起点是生产者,终点是消费者或用户,连接他们的中间环节是中间商。分销渠道所涉及的是商品实体和商品所有权从生产向消费转移的整个过程。

营销渠道的基本功能是实现产品从生产者向消费者用户的转移,目的在于消除产品(或服务)与使用者之间的差距。市场营销渠道的主要职能有以下几种。

(1) 调研即收集和传播渠道运作时所必需的信息。

(2) 服务即向产品的购买者提供各种服务。

(3) 促销即运用多种手段对所供应的货物进行说服性沟通。

(4) 谈判即尽力达成价格及有关条件的最后协议,以实现产品所有权的转移。

(5) 订货即营销渠道成员向生产厂家进行有购买意图的反向沟通行为。

(6) 融资即为负担渠道运作的成本费用而收集和分散资金。

(7) 接洽即寻找可能的购买者并与其进行沟通。

(8) 物流即产品实体从原料供应者到最终顾客的连续的运输、储存等工作。

(9) 配合即使所供应的货物符合购买者需要,包括制造、评分、装配、包装等活动。

(10) 承担风险即承担产品在从生产者转移到消费者过程中的全部风险。

1. 根据渠道层次的数目划分

在产品从制造商向消费者转移的过程中,任何一个对产品拥有所有权或负有推销责任的机构,都称为一个渠道层次。渠道层次的多少决定了渠道的具体模式。由于产品的消费目的与购买特点等具有差异性,形成了消费品市场的分销渠道和产业市场的分销渠道两种基本模式,每一种基本模式中又存在具体的分销渠道模式,如图 6-1 所示。

零层渠道,通常称为直接市场营销渠道,指产品从制造商流向最后消费者的过程中不经过任何中间商转手的市场营销渠道。制造商直接销售的主要方式有上门推销、产品展示邮寄销售、电视直销、网上直销和生产者自设商店等。

一层渠道,是指包括一种类型的中间商。在消费品市场,该中介机构通常是零售商;在产业市场则可能是代理商或经纪人。

二层渠道,是指包括两种类型的中间商。在消费品市场通常指批发商和零售商;在产业市场则可能是代理商和批发商。

三层渠道,是指包括三种类型的中间商。在消费品市场上通常有专业批发商处于大批发商与零售商之间,即专业批发商向大批发商进货,再卖给无法直接从大批发商进货的小零售商;或是制造商通过代理商将产品批发给批发商与零售商。

2. 按照是否经过中间商分类

(1) 直接渠道,也称直销,是指生产企业不通过中间商环节,直接将产品销售给消费者。

| 零层渠道 | 制造商 | → | | | | 消费者 |

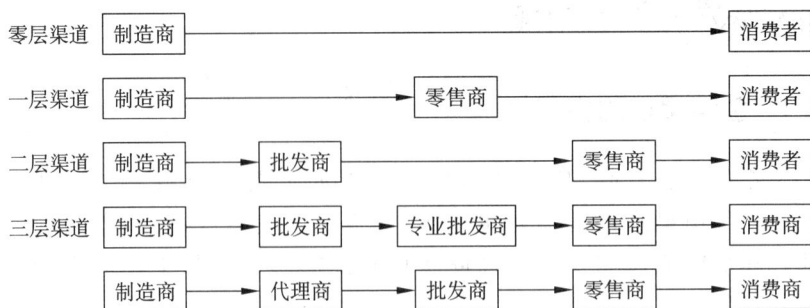

（a）消费品市场的分销渠道

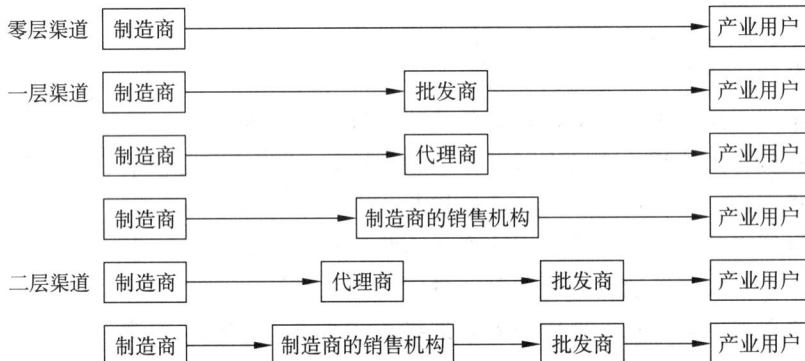

（b）产业市场的分销渠道

图 6-1　分销渠道

直接渠道是工业品分销的主要类型。此外,还包括其他形式的电视直销、企业自设的销售网点等。

直接分销渠道的优点是:有利于产、需双方沟通信息,可以按需生产,更好地满足目标顾客的需要;可以降低产品在流通过程中的损耗,降低成本;可以在销售过程中直接针对最终客户开展促销。直接分销渠道的缺点是:生产企业要花费大量的人力、财力、物力和时间,成本比较高,销售范围也受到一定的限制,影响销售量。

（2）间接渠道,是指生产者利用中间商将产品供应给消费者或用户。间接分销渠道是消费品分销的主要类型。

间接分销渠道的优点是:有助于产品广泛分销;减少交易次数,降低流通成本;可以进行间接促销;有利于企业集中精力搞好生产。间接分销渠道的缺点是:由于中间商的介入,企业和消费者不能直接进行信息的沟通,容易形成"需求滞后差"。同时,流通环节增加,费用随之增多,产品售价提高,加重消费者的负担,影响产品的市场竞争力。

3. 按照分销渠道中间环节的多少分类

一般来说,产品从制造商向消费者或用户转移过程中只通过一个中间环节的渠道称为短渠道,而将通过一个以上中间环节的渠道称为长渠道。短渠道可以减少流通环节,节约流通费用,缩短流通时间;使信息反馈迅速、准确;有利于开展销售服务工作,提高企业信誉;有利于密切生产者与中间商及消费者的关系。缺点是难于向市场大范围扩张,市场覆盖面较小;渠道分担风险的能力下降,加大了生产者的风险。

长渠道由于渠道长、分布密,能有效覆盖市场,从而扩大商品销售范围和规模。缺点主要表现为:销售环节多,流通费用会相应增加,使商品价格提高,价格策略选择余地变小;信息反馈慢,且失真率高,不利于企业正确决策。

4. 按照同一级流通环节中使用的中间商的个数多少划分

宽渠道,是指在同一级流通环节中选择两个或两个以上的中间商来进行销售。一般来说。消费品中的日用品和工业品中的标准件适合采用宽渠道。宽渠道范围广,广大消费者可以随时、随地买到企业的产品,而且可以造成中间商之间的竞争。但由于同类型的中间商数目多,使中间商推销企业的产品不专一,不愿为企业付出更多的费用。另外,在宽渠道下,生产企业和中间商之间的关系松散,使得在交易中中间商会不断变化。

宽渠道的优点是:能够增加销售网点,提高产品的市场覆盖面,提高市场占有率,通过多数中间商大范围地将产品转移到消费者手中,另外有利于生产者选择效率高的中间商而淘汰效率低的中间商,提高销售效率。宽渠道的缺点是:中间商多,容易引起渠道冲突,生产商需加强渠道控制。

窄渠道,是指在同一级流通环节中只选择一个中间商来进行销售。一般适合于专业性强、生产使用量比较少的产品。窄渠道能促使生产者与中间商通力合作,排斥竞争产品进入同一渠道。但如果生产者对某一中间商依赖性太强,在发生意外情况时,容易失去已经占领的市场。

┌─ **同步实务 6-1** ──────────────────────────────

饮料公司适合采取什么渠道

可口可乐公司和百事可乐公司,单单零售商这个层级中就拥有了成千上万的零售商。可口可乐公司和百事可乐公司拥有像毛细血管一样的分销渠道。另外,娃哈哈在全国各地拥有1 000多家经销商,构成了娃哈哈的一张销售大网,娃哈哈全系列的产品正是通过这个密如蛛网的"通路"遍布全国。那么饮料公司适合采取什么渠道呢?

业务分析:饮料公司选择的是宽渠道还是窄渠道,依据营销渠道的类型相关理论来回答。

业务程序:从某一层级着手进行分析,以可口可乐为例,从零售商这一层级出发,罗列出其在同一层级中的中间商数目,如图6-2所示。

业务说明:如果用每一级中间商的数量来表示渠道的宽度,数量越多,表示渠道越宽;反之表示渠道越窄。饮料类产品采用的是宽渠道。

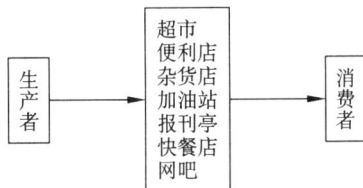

图 6-2 饮料类产品宽渠道分销模式

6.1.3.2 营销渠道设计的影响因素

1. 产品因素

产品因素对营销渠道设计的影响是多方面的,如产品的价格、产品的体积与质量、产品的技术、产品的自然属性、产品的生命周期和产品的标准化程度等,如表6-1所示。

表6-1 产品因素对分销渠道的影响

产品因素	产品属性	渠道短	渠道长	举例说明
产品的价格	高	√		大型机械设备
	低		√	日用品
产品的体积与质量	大、重	√		大型机械设备
	小、轻		√	日用品
产品的易腐性和易毁性	强	√		鲜活产品
	弱		√	衣物
产品的技术与服务要求	高	√		医疗设备
	低		√	日用品
产品的标准化程度	高		√	小配件、日用品
	低	√		设计项目
产品的专用性	高	√		医疗设备
	低		√	日用品

(1)产品的价格。单价高的贵重产品应减少流通环节或由生产者自销或采用直接渠道或短渠道;单价低的产品如牙膏、香皂等需要经过中间环节,可采用较长较宽的分销渠道。

(2)产品的体积与质量。一些体积大的笨重商品,从生产者向消费者移动的过程中尽量减少搬运次数,如煤炭、水泥等,努力减少中间环节,尽可能采用直接渠道;反之则采取较长的分销渠道。

(3)产品的技术。对于技术要求比较复杂、对售后服务要求较高的产品,如工业品或大型的设备等,适当减少中间环节,分销渠道短而窄,从而向消费者提供及时的销售服务。

(4)产品的自然属性。对一些易腐易损食品、危险品,应尽量避免多次转手、反复搬运,应采用较短渠道或专用渠道,尽快将产品送到消费者手中;对时尚性的新产品一般也采取较短或直接销售的方式;反之,则采用较长渠道。

(5)产品的生命周期。在产品的投入期和成长期,为了尽快使产品进入市场,扩大销售量,直接收集产品销售信息,应该采用直接渠道和短渠道。在产品成熟期经销商、消费者熟悉产品的性能,产品销量稳定,市场需求量大,为了满足用户需求,则需要通过中间环节,应该采用间接销售渠道。

（6）产品的标准化程度。一般而言,渠道的长度与宽度是与产品的标准化程度成正比的,产品的标准化程度越高,渠道的长度越长,宽度就越宽。对于非标准化产品,则由公司销售代表直接销售,因为中间商缺乏必要的产品知识。

2. 市场因素

市场因素涉及市场规模、目标市场范围、产品销售的季节性和时间性、竞争状况等。

（1）市场规模越大,相应的产品售出也越大,越应采用直接销售渠道,这样可能得到更好的经济效益。

（2）市场范围越大,潜在顾客多,就需要中间商提供服务,分销渠道相应长;相反,则可短些。

（3）市场上不少商品的销售受季节性和时间性影响。在销售旺季,为不失销售时机,应充分利用中间商的作用,多用间接销售;在销售淡季,为节省流通费用,应采用直接销售。

（4）针对市场竞争状况,通常同类产品应与竞争者采取相同或相似的分销渠道。在竞争特别激烈时,则应伺机寻求具有独到之处的销售渠道。

3. 企业自身因素

（1）企业规模大,财力雄厚,信誉良好的企业,有能力选择较固定的中间商经销产品,甚至建立自己控制的分销系统,或采取短渠道;反之,就要更多依靠中间商。

（2）有较强的市场营销能力和经验的企业,可以自行销售产品,采用较短渠道或组合渠道营销系统。此外,有些企业为了有效地控制分销渠道,会花大量的资金来构建短而窄的渠道。当然,也有不少企业并没有控制渠道的愿望,这些企业往往会根据成本等因素采取较长而宽的分销渠道。

4. 顾客因素

渠道选择深受顾客人数、顾客分布、顾客购买方式等因素的影响。

（1）当顾客人数多时,企业倾向于利用每一层次都有许多中间商的长渠道。

（2）如果需要某产品的顾客集中,应采用直接销售或短渠道;如果顾客分布较分散,则应采用间接销售。

（3）顾客的购买方式也影响渠道选择。顾客经常小批量购买,如一般日用商品,销售网点应多而且分散,一般采用间接销售形式。而对于高档的特殊消费品,一般选择专业性商店、大型百货商店经销。当然,一般日用品的制造商也可能越过批发商,直接向订货量大且订货次数少的大顾客供货。

（4）购买者对不同促销方式的敏感性,也会影响渠道的选择。例如,越来越多的家具零售商喜欢在产品展销会上采购,这使得这种渠道迅速发展起来。

5. 经济形势与有关法规

（1）经济景气,发展快,企业选择分销渠道的余地就较大;当出现经济萧条或衰退时,市场需求下降,企业就必须减少一些中间环节,使用较短的渠道。

（2）国家法律、政策,如专卖制度、反垄断法规、进出口规定、税法等,也会影响分销渠道的选择。

同步实务 6-2

分析苏宁如何根据相关因素确定分销渠道

南京的苏宁电器分区有限公司(以下简称苏宁),是我国著名的家用电器分销商。苏宁在通路扩张时,按照城市人口、城市面积、人均 GDP、电器市场容量、竞争状况等标准,把全国市场划分为 A、B、C、D、E 五类,不同市场采取不同的进入方式和分销渠道。试分析苏宁是如何根据相关因素确定分销渠道的。

业务分析: 从产品因素、市场因素、企业因素等方面分析苏宁分销渠道的设计。在此,尤其要考虑苏宁对市场因素的分析。

业务程序: 根据渠道设计的影响因素,对苏宁分销渠道设计的分析如表 6-2 所示。

表 6-2 苏宁连锁计划目标市场分类与进入策略

市场分类	包括城市	市场特征	进入方式	经营门类	单位面积
A 类	北京、上海、广州	家电消费能力强,拥有量也高;消费者购买心理成熟,强调品牌、功能、服务、价格以及产品个性;家电的消费已由初次购买逐步转向更新换代;经销商实力较强,竞争经验丰富,有较强的品牌意识	直营连锁	综合家电	1 500～3 000m²
B 类	11 个重要省会城市及直辖市	需求增长块,消费档次多;厂商可以在一定程度上引导消费需求;经销商竞争的能力较强,有一定的品牌意识,在多年的发展中积累了一定的经验和资本,但还难以打破地域的限制	直营连锁或控股合资合作	综合家电	1 500～3 000m²
C 类	21 个经济发达的中心地级市及不发达省份的省会城市	电器容量比不上 B 类市场,但发展的速度快;厂商重视与否可以明显地影响该类市场的占有情况;经销个体实力不强,相互竞争激烈	不控股合资合作	综合家电或品类专营	500m²
D 类	70 余个地级市	数量众多,地区间发展不平衡;电器需求一般处于上升阶段;城市内的商家个体实力较弱,缺乏与厂家直接谈判的能力和引导市场消费的能力,在经营方式的选择上跟风心理较强	特许加盟或不控股合资合作	综合家电或品类专营	—
E 类	全国有进入价值的 1 000 余个县	城市规模小,人口少,经济不发达;电器需求有限;经销商规模小,资金能力弱,完全不具备引导消费的能力,大多只能跟着产品自身的品牌走	特许加盟或不控股合资合作	综合家电或品类专营	—

业务说明: 影响分销渠道设计的因素很多,企业在选择分销渠道时,必须对各方面的因素进行系统的分析和判断,才能做出合理的选择。

6.1.3.3 具体营销渠道设计

1. 渠道长度设计

（1）长渠道策略：适用于企业产品品种繁多、用途多样，消费者分布广泛。

（2）短渠道策略：适用于品种较少、用途专一，用户数量较少的情况下。

（3）零渠道策略：适用于一些直销的产品。主要方式有上门推销、邮购、互联网直接推销以及厂商自设机构销售。

2. 渠道宽度设计

企业必须决定每个渠道层次使用多少中间商，即决定渠道的宽窄。渠道的宽窄有以下3种策略以供选择。

（1）密集分销渠道策略

密集分销渠道策略是在同一渠道层次上，使用尽可能多的中间商分销企业产品。该渠道可以使产品在目标市场上形成铺天盖地之势，以达到使自己产品品牌充分显露，实现路人皆知且随处可买，最广泛地占领目标市场的目的。密集型分销渠道，多见于消费品领域中的便利品，如牙膏、牙刷、饮料等。

密集分销渠道的优点是：市场覆盖率高，顾客购买比较方便；其缺点是：市场竞争激烈，价格竞争激烈，市场混乱。采用密集型分销渠道的企业要充分预计到所面临的每个中间商可能同时经销几个厂家的多种品牌的产品，这就要求企业在经济上向其提供一定的支持，会导致企业的渠道费用增加。同时由于中间商的数目多，企业无法控制渠道行为，给渠道管理增加一定难度。

（2）独家分销渠道策略

独家分销是在一定地区内只选定一家中间商经销或代理，实行独家经营。独家分销是最极端的形式，是最窄的分销渠道，通常只对某些技术性强的耐用消费品或名牌货适用。

独家分销的优点是：有利于控制中间商，提高他们的经营水平，也有利于加强产品形象，增加利润；其缺点是：这种形式有一定风险，如果这一家中间商经营不善或发生意外情况，生产者就要蒙受损失。采用独家分销形式时，通常产销双方议定，销方不得同时经营其他竞争性商品，产方也不得在同一地区另找其他中间商。这种独家经营妨碍竞争，因而在某些国家被法律所禁止。

（3）选择分销渠道策略

选择分销渠道是指在市场上选择少数符合本企业要求的中间商经营本企业的产品。它是一种介于宽与窄之间的销售渠道，一般适用于消费品中的选购品和特殊品，以及专业性强，用户比较固定，对售后服务有一定要求的工业产品。其他企业也可选用该策略。

选择分销渠道的优点是：可以节省费用开支，提高营销的效率；生产企业通过优选中间商，还可维护企业和产品的声誉，对市场加以控制；当生产企业缺乏国际市场经营的经验时，在进入市场的初期选用几个中间商进行试探性的销售,待企业积累了一定的经验,或其他条件具备以后,再调整市场销售策略,以减少销售风险。

3. 渠道广度设计

分销渠道的广度可根据企业选用渠道模式的多少划分为单渠道与多渠道。

(1)单渠道。如果企业在一定的时空条件下,只选择一种模式的分销渠道,称为单渠道。

(2)多渠道。如果企业在一定的时空条件下,同时选择两个或者两个以上模式的分销渠道,称为多渠道。

在实践中,多渠道分销广泛存在。企业建立多渠道需要解决的是渠道冲突的问题。企业可以对产品的市场进行细分,对不同的市场选择不同的分销渠道,这些渠道既不互相重叠,也不互相竞争,同时可以综合运用这两种渠道。

同步实务 6-3

确定不同产品的分销策略

对以下产品,用哪种分销策略(密集分销渠道策略、独家分销渠道策略和选择分销渠道策略)更为合适?

　　A. 名牌手表　　　　B. 保时捷跑车　　　　C. 德芙巧克力

业务分析:分别分析名牌手表、保时捷跑车和德芙巧克力的产品特点,应用营销渠道的理论来回答。

业务程序:将密集分销渠道策略、独家分销渠道策略和选择分销渠道策略的优缺点和使用情况进行罗列,并与名牌手表、保时捷跑车和德芙巧克力这3种产品的特点进行对比。

业务说明:名牌手表采用独家分销渠道策略或者选择分销渠道策略;保时捷跑车采用独家分销渠道策略;德芙巧克力采用密集分销渠道策略或者选择分销渠道策略。

6.1.3.4　选择渠道成员

营销渠道设计涉及营销渠道成员的选择。如果渠道设计结果是采用直销的营销方式,就不存在对分销成员的需求,也就无所谓对分销成员进行选择了。一般情况下,要选择具体的中间商必须考虑以下条件。

1. 中间商的市场范围

市场是选择中间商最关键的原因,首先,考虑预定的中间商的经营范围所包括的地区与产品的预计销售地区是否一致,比如,产品在东北地区,中间商的经营范围就必须包括该地区。其次,中间商的销售对象是否是生产商所希望的潜在顾客,这是个根本的条件。因为生产商都希望中间商能打入自己已确定的目标市场,并最终说服消费者购买自己的产品。

2. 中间商的产品政策

中间商承销的产品种类及其组合情况是中间商产品政策的具体体现。选择时一要看中间商有多少"产品线"（即供应的来源）；二要看各种经销产品的组合关系，是竞争产品还是促销产品。一般认为应该避免选用经销竞争产品的中间商，即中间商经销的产品与本企业的产品是同类产品，如都为21英寸的彩色电视机。但是若产品的竞争优势明显就可以选择出售竞争者产品的中间商，因为顾客会在对不同生产企业的产品作客观比较后，决定购买有竞争力的产品。

3. 中间商的地理区位优势

选择零售中间商最理想的区位应该是顾客流量较大的地点。批发中间商的选择则要考虑它所处的位置是否利于产品的批量储存与运输，通常以交通枢纽为宜。

4. 中间商的产品知识

许多中间商被规模巨大、而且有名牌产品的生产商选中，往往是因为他们对销售某种产品有专门的经验。选择对产品销售有专门经验的中间商就会很快打开销路，因此生产企业应根据产品的特征选择有经验的中间商。

5. 预期合作程度

中间商与生产企业合作得好会积极主动地推销企业的产品，对双方都有益处。有些中间商希望生产企业也参与促销，扩大市场需求，并相信这样会获得更高的利润。生产企业应根据产品销售的需要确定与中间商合作的具体方式，然后再选择最理想合作中间商。

6. 中间商的财务状况及管理水平

中间商能否按时结算包括在必要时预付货款，取决于财力的大小。整个企业销售管理是否规范、高效，关系着中间商营销的成败，而这些都与生产企业的发展休戚相关，因此，这两方面的条件也必须考虑。

7. 中间商的促销政策和技术

采用何种方式推销商品及运用选定的促销手段的能力直接影响销售规模。有些产品广告促销比较合适，而有些产品则适合通过销售人员推销；有的产品需要有效的储存，有的则应快速运输。要考虑到中间商是否愿意承担一定的促销费用以及有没有必要物质、技术基础和相应的人才。选择中间商前必须对其所能完成某种产品销售的市场营销政策和技术的现实可能程度作全面评价。

8. 中间商的综合服务能力

现代商业经营服务项目很多，选择中间商要看其综合服务能力如何，有些产品需要中间商向顾客提供售后服务，有些需要在销售中要提供技术指导或财务帮助（如赊购或分期付款），有些产品还需要专门的运输存储设备。合适的中间商所能提供的综合服务项目与服务能力应与企业产品销售所需要的服务要求相一致。

同步实务 6-4

进行饮料中间商的选择

　　××饮料公司成立于 2006 年。成立后,依靠敏锐的市场嗅觉和过硬的产品质量,其产品逐渐在北京市场站稳了脚跟并逐步成为北京地区知名品牌。王刚是该公司的市场总监。随着公司在北京地区日益发展壮大,王刚认为公司应该走出北京市场,逐步扩展外地市场。经过仔细研究,他决定先进入浙江市场,但该如何选择中间商呢?

　　业务分析: 在渠道成员选择时应慎重分析中间商的情况,坚持中间商的选择原则,并结合相关细则条件进行。

　　业务程序: 对选择中间商的条件进行梳理,如表 6-3 所示。

表 6-3　选择中间商条件一览表

销售和市场方面的因素	产品和服务方面的因素	风险和不稳定因素
市场专业知识 对客户的了解 和客户的关系 市场范围 地理位置	产业知识 综合服务能力 市场信息反馈 经营产品类别	对工作热情 财务实力及管理水平 预期合作程度 工作业绩

　　业务说明: 根据表 6-3,对该饮料产品进行针对性分析,以做到中间商所提供的服务项目和能力应与企业产品销售要求一致。

6.1.4　课堂活动演练

为松下制定渠道决策

背景资料

　　2009 年 7 月末,Panasonic(原松下电器产业(中国))某中国区高层接受媒体采访时透露,将对渠道动"大手术",进行渠道调整策略,并明确表示:"松下今年的主要经营思想之一,就是要逐步减少在国美、苏宁这两大家电卖场的销售比重。"并进一步透露该公司经过今年 1~5 月的努力,成功把国美、苏宁两大家电卖场所占的销售比重由原来的 75% 以上减少到目前的 50% 左右的初步"战果",以及将家电大卖场销售占比控制在 30% 左右的"健康目标"。

　　资料显示,在日本已经拥有 1.8 万家店铺网络的松下,自建渠道已经成为其看家法宝。该公司去年年末在俄罗斯提出大量开设专卖店的计划,并明确表示其平板电视、影碟机等产品将广泛展开与区域型连锁零售商的合作,在美国将其分销店铺网络扩充 6 成,达到 6 900 家店;欧洲也扩充 6 成,达到 16 000 家店;在中国将扩充到 8 成,达到 2 160 家门店。

　　在中国市场,松下面临的是海尔、美的、格力等强大的本土竞争对手。仅以海尔为例,几乎所有的电器店可以不销售其他品牌的家电,但必须有海尔的家电在店堂内展示(当然其他品牌的专卖店除外）。

演练要求

（1）分析在降低国美、苏宁大卖场销售比重的同时,针对综合商场超市、百货电器精品店、地域型家电连锁店以及乡镇电器店的渠道争夺战中,松下的胜算有几成?

（2）分析国美、苏宁两巨头将会作何反应以及它们的渠道设计特点。

（3）制作分析报告,要求报告有理有据、条理清晰、观点客观。

演练条件

（1）事先对学生按照5～6人进行分组。

（2）学生掌握松下、国美、苏宁等公司的相关信息。

（3）具有可上网的实训室。

○ 6.1.5 实例专栏与分析

不同公司的分销模式举例

TCL分销模式:分公司模式

TCL集团摆脱家电销售大户的控制,自己建立各地的分公司,组建自己的推销队伍、车队和周转仓库,把产品送到城乡每一个商店,牢牢控制零售终端。当农民几乎可以在每一个商店看到TCL集团的产品时,他们的首选自然是TCL集团的产品。

华帝分销模式:代理制＋分公司＋专卖店

华帝公司几年来发展迅速,它的分销模式是以代理制为主,分公司为辅(只在重点市场建立分公司),并逐渐建立自己控制的专卖店。分销工作主要是强化终端,实行专业VI设计,培训促销人员。

长城分销模式:"1＋1"通路

河北保定长城驱车集团有限公司在低档皮卡汽车市场中拥有60%的市场占有率。早在1997年长城便开始了新型的"1＋1"通路模式,即每一位经销商由厂家配备一名驻店业务员,同吃、同住、同工作。

美的模式:批发商带动零售商

批发商负责分销:一个地区内往往有几个批发商,美的公司直接向其供货,再由他们向零售商供货。零售指导价由制造商制定,同时制造商还负责协调批发价格,不过并不一定强制批发商遵守。

制造商负责促销:美的空调的各地分公司或者办事处虽然不直接向零售商供货,但是他们往往会要求批发商上报其零售商名单。这样做可以和零售商建立联系,既可以了解实际零售情况,也可以依此向零售商提供包括店面或展台装修,派驻促销员和提供相关的促销活动。

共同承担售后服务:在这种模式中,安装和维修等售后服务的工作一般都是由经销商负责实施的,但费用由制造商承担。经销商凭借安装卡和维修卡向制造商提出申请,制造商向顾客回访确认后予以结算。

6.2 营销渠道管理

6.2.1 成果展示与分析

联想集团的渠道建设

20世纪90年代末,我国的营销实践进入了"渠道为王"的时代。联想集团随着内外环境的变化而不断调整渠道结构和渠道功能,由此成就了它的高速成长。

联想目前的渠道是经过10多年的持续努力而日益完善的。10多来,联想几乎每年都会有一些小的改进,每3~5年就有大的改进。目前联想有200余家分销商,3 800家合作伙伴,5 000个店面,20万人销售服务队伍,百分之百覆盖全国1~6级市场,65%的合作伙伴是当地市场的前三名。联想渠道的成长可以分为以下3个阶段。

1. 传统的代理分销阶段(1994—1997年)

1994年以前,联想渠道在全国各省设立了自己公司派出的销售机构——分公司,当时的渠道能力只是简单地铺货和回款,对于产品的最终流向几乎没有了解,对消费者的需求特点缺乏把握,渠道处于粗放型、低功能的初级状态。

1994年,联想放弃直销,转向分销,实行代理制,1994年年底代理合作伙伴为49家。这一年联想的PC销售量由前一年的2.5万台上升到4.2万台,同比增长70%。经过三年多的发展,1996年年底,联想携合作伙伴夺取中国PC市场第一位置,合作伙伴达到400家,平均每家代理商年均销售量为570万台。

1997年,为了加强对市场腹地的纵深开发,联想设立了分销商,变一层渠道构架为二层渠道构架,发动他们发展大量的经销商,使整个大联想的规模得到迅速、空前的扩大。

2. 紧密分销阶段(1998—2005年)

该阶段的几件大事是:大联想概念的提出;渠道信息化水平的提升;"1+1"专卖店的建设;渠道功能型转型,找问题,扁平化改革。

(1) 大联想概念的提出。1998年,联想在"龙腾计划"中首次提出"大联想"概念,建立了"风雨同舟、荣辱与共、共同进步和共同发展"大联想,使渠道的利益与联想的利益紧密相关。

(2) 渠道信息化水平的提升。该时期标志性事件是ERP实施,ERP不但大大降低了渠道成本,而且提升了与渠道成员之间信息交换的数量、质量和效率。联想实施ERP之后,一年总计成本减少6亿多元。

(3) "1+1"专卖店的建设。1998年伴随着家电企业强调掌握终端,联想实施了"联想1+1"专卖店加盟计划,在5个统一"统一形象、统一管理、统一供货、统一价格、统一服务"的基础上,建立了与众不同的黄底蓝标黑字标志的"1+1"专卖店。

(4) 功能型渠道策略。2001年联想推出功能型渠道策略,渠道的功能被分为物流配送、系统集成、客户关怀、运营维护、客户体验和渠道支持共6种类别。

(5) 电话直销。2003年8月,联想建立了自己的电话直销队伍。

(6) 大联想一体化战略。在大联想一体化的战略之下,联想将其组织分为前端和后端两大结构体系:前端是联想集团市场部、大区和渠道三位一体的区域营销体系;后端则是研发、制造及商务运作管理体系。这种结构体系使得内外资源有效调配、把握客户需求、快速响应、高效运作并降低成本。

3. 集成分销阶段(2005 年 5 月开始)

2005 年 5 月,联想提出渠道改革的新思路,即集成分销。集成分销的核心思想就是将联想、渠道看做一个整体,面向客户做一体化的设计,清晰角色定位与分工,加强互动,提高整体运作效率。集成分销战略是柔性企业战略在大联想体系中的自然延伸。集成分销与联想以前的分销体系相比,主要有四个特点:一体化设计、客户制导、专业分工和协同作业。

联想集团的营销渠道变革在企业成长过程中起到了独特作用。它从渠道长度、宽度、广度和关系度四个方面反映了渠道结构的调整与整合,同时,也说明了环境、产品、企业、中间商等因素对渠道设计和调整的影响。

6.2.2 任务工作流程

销售渠道管理是一项发挥渠道功能的保障工作,也是维护和提升渠道绩效的关键所在。做好渠道管理工作涉及多方面的内容,包括激励与管理、冲突管理、窜货管理和后勤管理等,工作思路参见图 6-3。

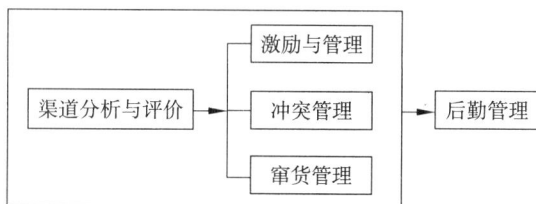

图 6-3 渠道管理主要工作内容

6.2.3 基本知识和技能

6.2.3.1 渠道成员的激励与管理

对渠道确定后,企业还要对渠道成员进行激励与管理,主要包括激励渠道成员、评估渠道成员和调整渠道成员等。

1. 激励渠道成员

(1)直接激励。直接激励指的是通过给予中间商物质、金钱的奖励来激发中间商的积极性,从而实现生产商的销售目标。直接激励主要包括以下几种形式。

① 返利。在制定返利政策时需要考虑以下因素。

- 返利的标准。一定要分清品种、数量、等级、返利额度。制定返利标准时,一要参考竞争对手的情况;二要考虑现实性;三要防止抛售、倒货等。
- 返利的形式。是现价返,还是以货物返,还是二者结合,一定要注明;货物返能否作为下月任务数,也要注明。

- 返利的时间。是月返、季返还是年返,应根据产品特性、货物流转周期而定。应在返利兑现的时间内完成返利的结算,否则时间太长,搞成一团糊涂账,对双方都不利。
- 返利的附属条件。为了能使返利这种形式促进销售而不是相反(如倒货),一定要加上一些附属条件,比如,严禁跨区域销售、严禁擅自降价、严禁拖欠货款等。一经发现,取消返利。

② 价格折扣。价格折扣包括以下几种形式。

- 数量折扣。经销数量越多,金额越大,折扣越丰厚。
- 等级折扣。中间商依据自己在渠道中的等级,享受相应待遇。
- 现金折扣。回款时间越早,折扣力度越大。
- 季节折扣。在旺季转入淡季之际,可鼓励中间商多进货,减压力;进入旺季之前,加快折扣的递增速度,促使渠道进货,达到一定的市场铺货率,以抢占热销先机。

③ 开展促销活动。通常,生产商的促销措施会很受分销商的欢迎。促销费用一般可由生产商负担,亦可要求分销商合理分担。生产商还应经常派人前往一些主要的分销商处,协助安排商品陈列,举办产品展览和操作表演,训练推销人员,或根据分销商的推销业绩给予相应的激励。生产商开展促销活动时要注意以下几个问题。

- 促销的目标。促销的目标要明确,例如,明确销售额、增加二批数量、渗透终端店数量等。
- 促销力度的设计。充分考虑是否刺激经销商的兴趣,促销结束后经销商的态度,成本的承受能力等。很多生产商都拿利润来促销,一促销售额便提高,促销一停销售额就下降,怎样做都无利润。
- 促销的内容。是附赠品,还是抽奖,还是派送,甚至返利,促销内容一定要能吸引人。
- 促销的时间。
- 促销考评。考评目的是督促经销商认真执行,并且从中总结经验教训。促销考评结果要存档备案。
- 促销费用申报。要严格审报,杜绝腐败。审报时一定要上报促销方案、实施情况、考评结果、标准发票、当事人意见,只有这样才能保证促销费用的有效使用。
- 促销活动的管理。促销活动在营销工作中占有很重要的位置,无论是生产商统一组织、统一实施,还是分区组织、分区实施,从提交方案、审批、实施到考评,都应当有一个程序,从而确保促销活动的顺利进行。

(2) 间接激励。间接激励是指通过帮助中间商获得更好地管理、销售的方法,从而提高销售绩效。间接激励通常包括以下几种形式。

① 帮助经销商建立进销存报表,做安全库存数和先进先出库存管理。进销存报表的建立,可以帮助经销商了解一周期的实际销售数量和利润;安全库存数的建立,可以帮助经销商合理安排进货;先进先出的库存管理,可以减少即期品(即将过期的商品)的出现。

② 帮助零售商进行零售终端管理。终端管理的内容包括铺货和商品陈列等。通过定期拜访,帮助零售商整理货架,设计商品陈列形式进行帮助。

③ 帮助经销商管理其客户往来,加强经销商购销管理工作。帮助经销商建立客户档案,包括客户的店名、地址、电话,并根据客户的销售量将他们分成等级,并据此告诉经销商对待不同等级的客户应采用不同的支持方式,从而更好地服务于不同性质的客户,提高客户的忠诚度。

④ 伙伴关系管理。从长远看,应该实施伙伴关系管理,即生产商和中间商结成合作伙伴,风险共担,利益共享。

分销渠道的作用正在逐渐增强,渠道合作、分销商合作、商业合伙、战略联盟变得日益普遍。合作关系或战略联盟表述了一种在生产商和其渠道成员间的持续的相互支持的关系,包括努力提供一个高效团队、网络或渠道伙伴联盟。

2. 评估渠道成员

企业除了选择和激励渠道成员外还必须定期评估渠道成员的工作业绩。评价标准一般包括:销售绩效、财务绩效、忠诚度、增长情况、创新能力、顾客满意度、平均存货水平、铺货管理能力、客户管理水平、向顾客交货的时间、对损坏或遗失商品的处理、与企业促销和培训的合作情况。

测量中间商的绩效,主要有两种方法:一是将每一个中间商的销售绩效与上期的绩效进行比较,并以整个群体的升降百分比作为评价标准,对低于该群体平均水平的中间商,必须加强评估与激励措施;二是将各中间商的绩效与该地区基于销售潜量分析所设立的配额相比较,在销售期过后,根据中间商的实际销售额与其潜在销售额的比率,将各中间商按先后名次进行排列。

3. 调整渠道成员

(1) 增减渠道的宽度

个别中间商由于经营不善而造成市场占有率下降,影响到整个渠道效益时,可以考虑对其进行削减,以便集中力量帮助其他中间商做好工作,同时可重新寻找新的中间商替补。市场占有率的下降,有时可能是由于竞争对手分销渠道扩大而造成的,这就需要考虑增加中间商数量。企业决策时必须进行认真分析,不仅要考虑其直接收益,而且还要考虑对其他中间商的销售、成本与情绪所带来的影响。

(2) 增减渠道的长度

当生产企业通过增减个别中间商不能解决根本问题时,就要考虑增减某一分销渠道。例如,企业在经营过程中可能发现有的渠道作用不大需要缩减,有时又会由于渠道不足造成某种商品销售不畅,需要增加新的分销渠道。

(3) 调整整个渠道结构

这是渠道调整中最复杂、难度最大的一类,因为它要改变企业的整个渠道策略,而不仅仅是在原有基础上修修补补。如放弃原先的直销模式,采用代理商进行销售,或者建立自己的分销机构以取代原先的间接渠道。这种调整不仅彻底改变了渠道策略,而且产品策略、价格策略、促销策略也必须作相应调整,以便和新的分销系统相适应。

6.2.3.2　渠道的冲突管理

渠道冲突是指渠道成员发现其他渠道成员从事的活动阻碍或者不利于本组织实现自身的目标。由于分销渠道是由不同的独立利益企业组合而成的,出于对各自物质利益的追求,相互间的冲突是经常的。渠道冲突必须重视,并采取切实措施来协调各个方面的关系。

1. 渠道冲突的类型

(1) 水平渠道冲突。水平渠道冲突是指同一渠道模式中,同一层次中间商之间的冲突。

产生水平冲突的原因大多是生产企业没有对目标市场的中间商数量分管区域做出合理的规划,使中间商为各自的利益互相倾轧。

(2) 垂直渠道冲突。垂直渠道冲突是指在同一渠道中不同层次企业之间的冲突,如生产者与批发商之间的冲突,生产者与零售商之间的冲突等,这种冲突较之水平渠道冲突要更常见。例如,某些批发商可能会抱怨生产企业在价格方面控制太紧,留给自己的利润空间太小,且提供的服务(如广告、推销等)太少,零售商对批发商或生产企业,可能也存在类似的不满。

(3) 不同渠道间的冲突。不同渠道间的冲突也称多渠道冲突,是指生产企业建立多渠道营销系统后,不同渠道服务于同一目标市场时所产生的冲突。随着顾客细分市场和可利用的渠道不断增加,越来越多的企业采用多渠道营销系统,即运用渠道组合、整合,例如,传统营销渠道和网络营销渠道之间的冲突。

2. 处理渠道冲突的原则

(1) 促进渠道成员合作。分销渠道的管理者及成员必须认识到渠道网络是一个体系,一个成员的行动常常会对增进或阻碍其他成员达到目标产生很大的影响。生产者必须发现中间商与自己不同的立场,如中间商希望经营几个生产者的各种产品,而不希望只经营一个生产者的有限品种。因为实际上中间商只有作为买方的采购代表来经营,才会获得成功。

(2) 密切注视渠道网络冲突。在分销渠道网络中经常会发生拖欠货款、相互抱怨、推迟完成订货计划等现象,渠道管理者应关注实际问题或潜在问题所在,并及时找到真正的原因。

(3) 设计解决冲突的策略。第一种是从增进渠道成员的满意度出发,采取分享管理权的策略,接受其他成员的建议;第二种是在权利平衡的情况下,采取说服和协商的方法;第三种是使用权利,用奖励或惩罚的办法,促使渠道成员接受自己的意见。

(4) 渠道管理者发挥关键作用。合作是处理冲突的根本途径,但要达到目标,渠道管理者应主动地走出第一步,并带头做出合作的努力。

(5) 渠道成员的调整。单纯地注意冲突和增进合作不一定能保证完成渠道分销任务,有时有些渠道成员确实缺乏必要条件,如规模太小、销售人员不足、专业知识不足等。此时,就应果断做出调整和改组的决策。

6.2.3.3 渠道的窜货管理

窜货是指产品的跨区销售,又称倒货、冲货。即由于分销网络中的各级代理商、分公司等受利益驱动,使所经销的产品跨区域销售,造成价格混乱,从而使其他经销商对产品失去信心,消费者对品牌失去信任的营销现象。

1. 窜货现象的种类

(1) 按窜货发生的不同市场可分为同一市场上的窜货和不同市场之间的窜货。

① 同一市场上的窜货是指甲、乙互相倒货。只要总代理商下存在两个或两个以上不同的二级经销或批发商,就有发生窜货的可能。窜货的具体表现形式有产品的单向倒货、产品的互倒以及产品的外流。

② 不同市场之间的窜货是指两个同一级别的总经销之间相互倒货。具体表现形式有:由一地的总经销商向另一地的经销商倒货;不同市场总经销商之间相互倒货,如甲将货倒给

乙,或乙将货倒给甲;由某一地市场总经销商将货直接分销到另一市场;分公司或业务员之间相互窜货。

(2) 按窜货的不同性质可分为恶性窜货、自然性窜货和良性窜货三种形式。

① 恶性窜货是指经销商为了谋取非正常利润,蓄意向非辖区倾销货物。经销商向辖区以外倾销产品最常用的方法是降价销售,主要是以低于厂家规定的价格向非辖区销货。恶性窜货给企业造成的危害是巨大的,它扰乱企业整个经销网络的价格体系,易引发价格战,降低通路利润,使经销商对产品失去信心、丧失积极性并最终放弃经销该企业的产品。混乱的价格将导致企业的产品、品牌失去消费者的信任与支持。

② 自然性窜货一般发生在辖区临界处或物流过程,非供销商恶意所为。自然性窜货在市场上是不可避免的,只要有市场分割就会有该类窜货。主要表现为相邻辖区的边界附近互相窜货,或是在流通型市场上,产品随物流向而倾销到其他地区。这种形式的窜货,如果货量大,该区域的通路价格体系就会受到影响,从而使通路的利润下降,影响二级批发商的积极性,严重时可发展为二级批发商之间的恶性窜货。

③ 良性窜货是指经销商流通性很强,货物经常流向非目标市场。企业在市场开发初期,有意或无意地选中了流通性很强的市场中的经销商,使其产品流向非重要经营区域或空白市场的现象。这种窜货对企业是有好处的:一方面,在空白市场上企业无须投入,就提高了其知名度;另一方面,企业不但可以增加销售量,还可以节省运输成本。

2. 窜货现象的原因

(1) 多拿回扣,抢占市场。
(2) 供货商给予中间商的优惠政策不同。
(3) 供应商对中间商的销货情况把握不准。
(4) 辖区销货不畅,造成积压,厂家又不予退货,经销商只好拿到畅销市场销售。
(5) 运输成本不同,自己提货,成本较低,有窜货空间。
(6) 厂家规定的销售任务过高,迫使经销商去窜货。
(7) 市场报复,目的是恶意破坏对方市场。

3. 治理窜货现象

(1) 制定合理的奖惩措施
在合同中明确对窜货行为的惩罚规定,为了配合合同有效执行,必须采取以下措施。
① 缴纳保证金。如果经销商窜货,按照协议,企业可以扣留其保证金作为惩罚。这样经销商的窜货成本就增加了,如果窜货成本高于窜货收益,经销商就不轻易窜货了。
② 对窜货行为的惩罚进行量化。企业可选择下列模式:警告、扣除保证金、取消相应业务优惠政策、罚款、货源减量、停止供货、取消当年返利和取消经销权。同时奖励举报窜货的经销商,调动大家防窜货的积极性。

(2) 建立监督管理体系
把监督窜货作为企业制度固定下来,并成立专门机构,由专门人员明察暗访经销商是否窜货。在各个区域市场进行产品监察,对各经销商的进货来源、进货价格、库存量、销售量、销售价格等了解清楚,随时向企业报告。这样一旦发生窜货现象,市场稽查部就马上可以发现异常,企业能在最短时间对窜货做出反应。

企业各部门配合防止窜货的发生。比如,企业可以把防窜货纳入企业财务部门日常工作中。财务部门与渠道拓展人员联系特别紧密,多是现款现货,每笔业务必须经过财务人员的手才能得以成交,因此财务人员对于每个区域销售何种产品是非常清楚的。还可以利用售后服务记录进行防止窜货。售后记录记载产品编号和经销商,反馈到企业后,企业可以把产品编号和经销商进行对照,如果不对应就判断为窜货。

利用社会资源进行防窜货。方式一:利用政府"地方保护行为",与当地工商部门联系,合作印制防伪不干胶贴。方式二:组成经销商俱乐部,不定期举办沙龙,借此增进经销商之间的感情。方式三:采取抽奖、举报奖励等措施。方式四:利用消费者和专业防窜货公司协助企业防窜货。

(3)减少渠道拓展人员参与窜货

建立良好的培训制度和企业文化氛围。企业应尊重人才、理解人才、关心人才,讲究人性化的方式方法,制定人才成长的各项政策,制定合理的绩效评估和酬赏制度,真正做到奖勤罚懒、奖优罚劣。公正的绩效评估能提高渠道拓展人员的公平感,让员工保持良好的工作心态,防止渠道拓展人员和经销商结成损害企业的利益共同体。

(4)培养和提高经销商忠诚度

企业与渠道成员之间的良好关系的建立,在一定程度上可以控制窜货的发生,经销商为维系这种已建立好的关系,轻易是不会通过窜货来破坏这份感情的。有条件或无条件地允许经销商退货,尽量防止经销商产品出现积压而窜货。

(5)利用技术手段配合管理

利用技术手段建立防窜货平台,适时监视经销商,采用带有防伪防窜货编码的标签对企业产品最小单位进行编码管理,把防伪防窜货结合起来,便于对窜货做出准确判断和迅速反应。借助通信技术和计算机技术,在产品出库、流通到经销渠道各个环节中,追踪产品上的编码,监控产品的流动,对窜货现象进行实时的监控。

6.2.3.4　渠道的后勤管理

1. 确定营销后勤目标

营销后勤目标就是以最小(最好是低于市场平均水平)的成本消耗,来得到最大限度上的顾客满意度,即帮助企业以最低的总成本创造顾客价值。营销后勤目标包括快速反应、最小库存、集中运输和保证质量等。

(1)快速反应。快速反应关系到一个企业能否及时满足客户的服务需求。

(2)最小库存。最小库存的目标同资产占用和周转速度有关。库存越小,资产占用就越少;周转速度越快,资产占用也越少。因此,存货的财务价值占用企业资产也就越低。在一定的时间内,存货周转率与存货使用率相关。存货周转率高,意味着投放到存货上的资产得到了有效利用。

(3)集中运输。运输成本与运输产品的种类、运输规模和运输距离直接相关。许多具有一流服务特征的物流系统都采用的是高速度、小批量运输,这种运输通常成本较高。为降低成本,可以将运输整合。一般而言,运输量越大、距离越长,单位运输成本就越低。因此,将小批量运输集中起来形成大规模的经济运输不失为一种降低成本的途径。不过,集中运输往往降低了企业物流的响应时间,因此,企业作业必须在集中运输与响应时间方面综合权衡。

（4）保证质量。营销后勤本身就是在不断地寻求客户服务质量的改善与提高。一旦货物质量出现问题，物流的运作环节就要全部重新再来。如运输出现差错或运输途中货物损坏，企业不得不对客户的订货重新操作，这样一来不仅会导致成本的大幅增加，而且还会影响到客户对企业服务质量的评价。

2. 沟通和订单处理过程

物理分销过程始于企业接到订单之时。接着，应当把订单的复印件送到负责存货、采购、财务控制、生产、分派、仓储、运送和计价等各个部门。如果这些活动的速度提高了，企业就能够向顾客提供更好的服务，并从运作中节约一些成本。

现代计算机系统为企业降低管理成本和延误提供了可能性。销售人员可以通过现代网络技术即时将订单交付给相关部门。此外再加上订单预订，该系统可能向销售人员提供有关顾客的信用价值、过去订单的状况、存货水平和缺货时可供选择的推荐品等即时情况报告。一旦订单确认，计算机系统可以自动地生成运输订单、顾客名录、最新存货记录、购买计划和新存货的生产以及顾客送货确认等。

订单处理和内部沟通的重新安排是企业竞争优势和成本节约的主要来源。

3. 生产和仓库位置的决策

如果企业可以迅速生成订单，它还需要生产相应的产品并准备充足的存货。在确定生产设备和仓库数量与位置的数量时，常常面临两难的选择：一方面，数量越多就有能力向更多的顾客提供更快的送货服务；另一方面，数量越多也会增加成本和运作资本，进而降低边际利润和投资回报率。因此，仓库和设备的数量必须实现顾客服务水平和分销成本间的平衡。

确定设备的数量和位置是十分复杂的，这是因为可供选择设备的组合和选址的数量太大，尤其是当企业在欧洲市场或全球范围内进行决策时。该决策越来越多地交由基于计算机的数学模型来完成。这些关于选择地址和数量的方案模型可以在企业面对的供应和需求的限制条件下，使总体分销成本最小化。

设备、仓库所需的资金也可以通过其他方式来减少。企业可以通过合资经营中共同生产合约的方式来利用合作伙伴的设备。共同营销交易也可以带来仓库设备的共享。最后，新的运输形式可以减少所需的生产和储存设备的数量。

4. 存货决策

存货控制是管理分销中一个重要的决策领域。理想状态下，公司应当有充足的存货即时满足顾客的订单。如果缺货，销量就会有所损失，不满意的顾客就会转向购买竞争者的产品——甚至永久性失去这一顾客。另外，储存货品的成本（利息、仓库、保险、损坏）相当高，而且会严重影响利润。对大多数公司来说，用存货来即时满足所有顾客的需求在财务上是不可行的。因此，存货管理的目标是找到顾客服务和储存额外存货的成本之间的平衡。

近年来，即时（Just In Time，JIT）存货控制方法引起了越来越多的关注。JIT包括根据需要的频率，安排供应商到工厂、仓库或零售店。如果供应商是可靠的，重新订购时的订货到交货的时间就能实现最小化，并能够大幅度降低实现顾客想要得到的服务水平所需的存货水平。JIT在使用率相对稳定、供应商选址在工厂附近的生产情况下较易实施，而在顾客需求有很大差异、购买者距生产中心路程较远的分销系统中较难实施。然而，许多高级分销商和零售商已经看到了开发 JIT 技术所能带来的好处。

5. 运输决策

运输是物理分销中最大的成本组成。运输模式的选择会影响需要存货的水平、产品的成本和及时发货的顾客服务,以及产品送到时的品质。在选择运输途径时,经理需要确定可供选择的选项,确定选择的标准。选项包括公路、铁路、航空、船运,有时是管道。标准包括速度、服务、频率、可靠性、成本、可获得性、灵活性。

实践中,企业愿意整合两个或多个途径将商品运输到仓库、经销商或顾客手中,而且随时间推移,运输成本发生了变化,解决方案也随之变化。近年来,企业越来越多地将运输活动交由外部代理完成。许多制造商、批发商和零售商认识到运输不是核心能力,它应当选择由更具有效性和效率的专家来完成。

● 6.2.4 课堂活动演练

提出某日化公司的窜货解决方案

背景资料

A 企业是一家有 40 多年历史的老日化企业,以生产销售洗衣粉、肥皂、透明皂等为主。这次持续 3 个月的窜货事件,就发生在洗衣粉上。

2013 年 12 月初,销售管理人员到 P 市了解情况。3 个月来,低价货从 N 县时断时续地涌入 B 县,并在 11 月下旬达到毫无顾忌的程度。随着走访的深入,事件的原委逐渐浮出水面。在 P 市,B 县和 N 县是 A 企业的主要市场。A 企业派驻一名地区经理、两名业务员、一名司机,并配有一辆服务车为两县的两家总经销提供服务。10 月份以前,B 县月均销量不低于 5 000 件,N 县也在 3 000 件左右,而至 11 月份,B 县销量已下滑到不足 3 500 件。

在 B 县,与该公司总经销相邻的是另一品牌 Q 洗衣粉的总经销(两家都有一定规模),双方曾经签有协议,该公司总经销 Q 洗衣粉,必须从 Q 洗衣粉总经销处进货;同样,Q 洗衣粉总经销该公司洗衣粉,也须从该公司总经销处进货。长期以来,双方相安无事。

9 月初,该公司 B 县总经销在河北某地进货时,顺便以 31 元的低价拉了 200 件 Q 洗衣粉,并在 B 县以低于 Q 洗衣粉总经销二批低 1 元的价格出售,战火因此而起。

为报复该公司 B 县总经销不履行协议的行为,Q 洗衣粉总经销便联合了另外的 H 洗衣粉总经销,一起到该公司 N 县总经销处,进了该公司 500 件洗衣粉,并以低于该公司 B 县总经销的价格在 B 县销售,战火愈烧愈猛。12 月初,双方已由只在县内"对打",延伸到用服务车往乡下送货,以争取对方乡里的销售网点。

出人意料的是,在与公司地区经理的交谈中,销售管理人员发现窜货事件,却持淡漠态度。对于"为什么事件发展了 3 个月还没有制止"的问题。他推诿说 N 县总经销自己有车,不知他往哪儿送货,也不可能整天盯着他。这是明显的搪塞!随后,单独和 B 县业务员交谈,这才挖出了问题的根本所在。原来,3 个月前,公司决定让该业务员单独负责 B 县的业务,原地区经理虽名为地区经理,实际上 B 县的销量已和他无关,其工资与奖金只和 N 县的销售情况挂钩。

演练要求

(1) 分析引起这次窜货事件的原因,并提出解决方案。

(2) 以 PPT 的形式完成报告,并进行演示以供交流和讨论。

演练条件

(1) 事先将学生按照5~6人进行分组。

(2) 教师帮助学生明确引发窜货的原因及如何处理窜货现象。

(3) 学生了解企业解决窜货有关的案例。

(4) 具有可上网的实训室。

6.2.5 实例专栏与分析

Zara在欧洲六国新开网店 借助新渠道提升业绩

Zara这个西班牙低价时装巨头,于2010年9月2日在六个欧洲国家开设了网上商城,希望借助新渠道促进公司的销售业绩。据悉,首批登陆的国家包括西班牙、德国、法国、意大利、葡萄牙和英国,Zara在这些国家的销售额占到其总量的40%。

在网上"叫卖"之前,Zara已着手进行了大量的准备工作。与其他时装业零售商相比,Zara拥有更多的Facebook追随者,其在Facebook推出的网页下共吸引了440万粉丝,专门介绍品牌时装的iPhone应用程序也被下载了200万次。在此基础上,它的官方网站去年共录得3 350万次访问。

市场调查机构尼尔森最近在55个国家进行的一次调查表明,在网民热衷购买的商品中,服装名列第二,仅次于书籍。在英国,接近10%的服装销售都通过网络进行。照此推理,活跃于网际的Zara应该是发展电子商务的先行军。

事实上,在Zara之前,各大时尚巨头便开始争相抢跑互联网业务。世界第二大的服装巨头,美国GAP集团在8月12日将其网购业务从美国扩展至其他55个国家,并承诺在2010年年底将网店增加至65个国家。此外,世界排名第三的瑞典H&M集团早在1998年便开通了德国等七个国家的网上销售,并在近期计划进军另一龙头市场——英国。从这个角度看,Zara似乎有些"步人后尘"。

据业内人士估计,去年西班牙的线上服装销售量只占全年电子商务营业额的2.5%,在法国也只占到5.6%。尽管西班牙的另一低价时装品牌Mango早在2000年就开通了网购,但线上渠道的销售额也只占其总收入的1%罢了。总部所在国电子商务发展踟蹰不前,决定了电子商务现阶段只是Zara的一种补充渠道。

此外,Zara做网购还需考虑品牌覆盖率的问题。公司希望在欧洲试水后,官方网店能扩展至品牌实体店所在的全球77个国家。但事实上,Zara在欧洲赫赫有名,在更多新兴市场还处于建立品牌形象的初级阶段,也还处在渠道开拓的初级阶段。如果将销售迁移到网络,是否会影响线下渠道的开拓与管理?

以中国为例,Zara进入中国市场为时不久,在国内的消费群体仍偏小众。这个时候,公司更希望消费者"享受到门店的购物体验,建立品牌形象"。因此,也不难理解Zara目前为何仅开通欧洲几国电子商务平台。

事实上,即便在欧洲市场,Zara的新渠道要渗透仍然面临着不小的挑战。Zara的期望是,网上渠道和实体店能够同步更新产品,因为其一周一换款的模式十分契合网购消费者的心理。

但现实的难处是,大部分电子商务网站目前仍然承担着清理库存或甩尾货的职能。换言之,电子商务的特性依然是低价或折扣。MMbuy购物网创始人林文钦就曾指出:"把传统知名品牌原封不动地搬到网上去卖,传统品牌在网上与实体渠道价格同步,结果销量奇差无比;最后,网站往往成为价目表,徒有其名。"

对 Zara 来说,公司同样需要思考"虚实结合"的具体策略。比如,线上与线下渠道如何充分地互动？怎样避免线上渠道成为一种摆设？

"应该说,消费者不会因为有了线上渠道而不去实体店逛,很可能是在线上看中了某个款式,去实体店试穿后,最后在网上下单。"观潮网创始人叶琦峥表示。值得关注的是,Zara 允许消费者在网上订购后,去附近的门店取货。这在一定程度上也促进了线上线下消费的互相转换。

除了渠道冲突外,Zara 做网购的另一大现实挑战就在于物流配送。要知道,对涉足"快时尚"的 B2C 公司来说,最重要的步骤就是理顺渠道和配送。原先,Zara 可能一周对门店补一次货,开通网购平台后,公司很可能改为"天天补货",这无疑会大大加重公司的物流负荷。

重点概括

- 营销渠道又称分销渠道,指产品由生产者向消费者或用户转移过程中所经过的途径和路线。市场营销渠道的主要职能有:调研、服务、促销、谈判、订货、融资、接洽、物流、配合和承担风险等。
- 营销渠道按照是否经过中间商来分类,可以分为直接渠道和间接渠道。直接渠道也称直销,是指生产企业不通过中间商环节,直接将产品销售给消费者。间接渠道是指生产者利用中间商将产品供应给消费者或用户,间接分销渠道是消费品分销的主要类型。①按照分销渠道中间环节的多少来分类,可以分为短渠道和长渠道。短渠道是指产品分销过程中不经过中间商或者是经过一级中间商的渠道类型。长渠道是指产品分销过程中经过两级或两级以上的中间环节。②按照同一级流通环节中使用的中间商的个数多少来划分,可以分为宽渠道与窄渠道。宽渠道是指在同一级流通环节中选择两个或两个以上的中间商来进行销售。窄渠道是指在同一级流通环节中只选择一个中间商来进行销售。
- 按照渠道成员相互联系的紧密程度,分销渠道可分为传统营销渠道系统和现代营销渠道系统两类。现代营销渠道系统包括三种形式:垂直渠道系统、水平渠道系统、多渠道系统。
- 营销渠道设计的影响因素包括产品因素、市场因素、企业自身因素、顾客因素和经济形势与有关法规。
- 在设计营销渠道时需要综合分析企业的战略目标、营销组合策略以及其他影响分销渠道选择的各种因素,然后再做出相关抉择,如是否采用中间商,分销渠道的长短、宽窄、具体渠道成员等。
- 对渠道确定后,企业还要对渠道进行管理。渠道管理主要包括激励渠道成员、评估渠道成员和调整渠道成员等。
- 营销后勤目标就是以最小(最好是低于市场平均水平)的成本消耗,来得到最大限度上的顾客满意度,即帮助企业以最低的总成本创造顾客价值。营销后勤目标包括快速反应、最小库存、集中运输和保证质量等。
- 营销后勤决策包括沟通和订单处理过程、生产和仓库位置的决策、存货决策和运输决策等。

综合实训

▪ 案例技能题 ▪

案例分析	案例1 海尔模式——零售商为主导的渠道系统

1. 渠道的组织结构

海尔营销渠道模式的特点是:在全国各省都建立了自己的销售分公司——海尔工贸公司。海尔工贸公司直接向零售商供货并提供相应支持,并且将很多零售商改造成海尔专卖店。海尔分销网络的重点并不是批发商,而是零售商,并且希望与其直接做生意,构建一个属于自己的零售分销体系。

2. 渠道政策

(1)海尔模式将百货店和零售店作为主要的分销力量,海尔工贸公司相当于总代理商,批发商的作用很小。

(2)海尔模式的销售政策倾向于零售商,不但向他们提供更多的服务和支持,而且保证零售商获得更高的毛利率。

3. 渠道成员分工

(1)制造商:海尔模式中,制造商承担了大部分工作职责,而零售商基本依从于制造商。①海尔工贸公司提供店内海尔专柜的装修甚至店面装修,提供全套店面展示促销品、部分甚至全套样机;②公司必须库存相当数量的货物,还必须把较小的订货量快速送到各零售店;③公司提供专柜促销员,负责人员的招聘、培训和管理;④公司市场部门制订市场推广计划,包括广告促销宣传的选材、活动计划及实施等工作,零售店一般只需配合工作;⑤海尔建立的售后服务网络承担安装和售后服务工作;⑥对于大零售店,海尔公司规定了市场价格,对违反规定价格的行为加以制止。

(2)零售商:由于海尔公司承担了绝大部分的工作,零售店只需要提供位置较好的场地作为专柜。

案例分析	案例2 志高模式——区域总代理制

1. 渠道的组织结构

志高模式的特点是对经销商倚重。志高公司建立营销网络时,主要是在各省寻找一个非常有实力的经销商作为总代理,把全部销售工作转交给总代理商。这个总代理商可以是一家公司,也可以由2~3家经销商联合组成,总代理商可以发展多家批发商或直接向零售商供货。

2. 渠道政策

(1)制造商和总代理商就该区域内的销售目标达成一致后,双方确定结算价格,然后就由代理商管理区域内的产品销售,至于代理商是否再发展其他批发商还是自己直接向零售商供货,制造商不再过问。

(2)渠道利益分配。①由于代理商可以完全自由地制定区域内的分销政策,所以代理商毛利水平很好;②虽然代理商可以决定分销价格,但零售商对于不大知名、销售量又不大的小品牌所追求的毛利率都比较高;③由于市场零售价格要有竞争力,而批发商、零售商又要求获利高,制造商只能让出自己的利润,因而制造商利润低。

3. 渠道成员分工

(1) 分销管理。该模式是相对弱小的制造商和相对强大的经销商结合的产物,双方的定位比较明确,制造商开发出相关的产品,总代理根据市场状况选择中意的产品,分销全部交给代理商管理,当地的批发和零售价格都由当地总代理决定。

(2) 促销管理。由于制造商在各地的营销人员很少,很难开展大规模的促销活动,更谈不上针对各地情况制订灵活的促销方案,促销活动交由代理商管理。

(3) 售后服务。制造商对渠道的售后服务主要体现在配件供应、维修费用结算、售前不良产品换货等方面。对于一个新出现的小品牌,渠道对售后服务的要求更多。志高公司的解决办法是每次总代理商进货时多发给其提货量的10%作为售后服务的"保证金",所有的售后问题都由总代理商在当地解决,由于有利可图,代理商也乐于把售后服务承担下来。

在这种模式下,实行总代理的地区,制造商不用对市场进行管理,只是派驻少量人员帮助总代理分销和处理一些突发事件,减少了市场压力,能够专心于产品生产制造与研发。

问题

(1) 根据背景材料分析上述案例中各自的营销渠道模式的特点。

(2) 以上两种模式都各有其利弊,请分析各自模式的利弊。

分析要求

(1) 学生分析案例提出的问题,拟出《案例分析提纲》。

(2) 小组讨论,形成小组《案例分析报告》。

(3) 班级交流,教师对各小组《案例分析报告》进行点评。

(4) 在班级展出附有"教师点评"的各小组《案例分析报告》,供学生比较研究。

决策设计　　大白兔的经销商运作模式

大白兔作为糖果行业的老品牌,目前仍然主要采取以经销商为主导的渠道模式。随着一些市场渠道结构的迅速变化和经销商的不断变化发展,尤其是在一些市场容量相对较大、业绩提升快速、以操作零售终端为主的区域,大白兔依靠原有市场政策,难免在市场覆盖、销售提升、渠道转型等各方面受到极大制约。大白兔企业本身体制的政策限制使其在与主流渠道零售商的谈判中处于被动地位,这将重点制约其市场开发、终端维护等营销策略的运作。大白兔目前对经销商的依赖程度还是很大,更谈不上将主流销售渠道与终端真正掌控在自己手中。

设计要求

(1) 学生分析大白兔的分销系统,拟出《决策设计提纲》。

(2) 小组讨论,形成小组《决策设计方案》。

(3) 班级交流,教师对各小组《决策设计方案》进行点评。

(4) 在班级展出附有"教师点评"的各小组《决策设计方案》,供学生比较研究。

▪ 单元实训 ▪

实训题 1	"营销渠道"业务胜任力训练

【实训目标】

引导学生参加"'营销渠道'业务胜任力"的实践训练;在切实体验《营销渠道报告》的准备与撰写等有效率的活动中,培养相应专业能力与职业核心能力;通过践行职业道德规范,促进健全职业人格的塑造。

【实训内容】

选择一家企业进行走访,了解其渠道选择、渠道运行、渠道管理的状况,指出调查企业渠道设计、运行、管理中的问题,针对渠道运行中存在的问题,提出具体的解决措施。

【实训时间】

在讲授本实训时选择周末休息日。

【操作步骤】

(1) 将班级每 10 位同学分成一组,每组确定 1~2 人负责。

(2) 学生按组进入被选企业调查,并将调查情况详细记录。

(3) 对调查的资料进行整理分析。

(4) 指出调查企业渠道设计、运行、管理中的问题,并提出具体的解决办法。

(5) 写出分析报告。

(6) 各组在班级进行交流、讨论。

【成果形式】

实训课业:撰写《营销渠道报告》。

实训题 2	"产品分销渠道设计"业务胜任力训练

【实训目标】

引导学生参加"'产品分销渠道设计'业务胜任力"的实践训练;在切实体验《产品分销渠道设计方案》的准备与撰写等有效率的活动中,培养相应专业能力与职业核心能力;通过践行职业道德规范,促进健全职业人格的塑造。

【实训内容】

依据所学内容,选择一产品创造性地设计该产品的分销渠道。

【实训时间】

课堂与课外相结合。

【操作步骤】

(1) 教师在课堂上布置实训任务,组织学生温习渠道设计的相关理论与知识。

(2) 将学生分成若干个学习小组,组织讨论选择渠道需要考虑的因素。

(3) 每个学生设计出一份产品渠道设计方案。

【成果形式】

实训课业:制作《产品分销渠道设计方案》。

实训考核	"活动过程考核"与"实训课业考核"相结合

【活动过程考核】

根据学生参与实训题1与实训题2全过程的表现,就表6-4中各项评估指标与评估标准,针对其职业核心能力与职业道德素质的训练效果,评出个人分项成绩与总成绩,并填写教师评语。

表 6-4　活动过程成绩考核表　　　　　　　　实训名称:实训 1 和实训 2

评估指标		评估标准	分项成绩
职业核心能力（70分）	自我学习(10分)	人力资源和社会保障部:《职业核心能力培训标准》中的相应规定,由授课教师结合本实训设计要求自行拟定	
	信息处理(10分)	人力资源和社会保障部:《职业核心能力培训标准》中的相应规定,由授课教师结合本实训设计要求自行拟定	
	数字应用(10分)	人力资源和社会保障部:《职业核心能力培训标准》中的相应规定,由授课教师结合本实训设计要求自行拟定	
	与人交流(10分)	人力资源和社会保障部:《职业核心能力培训标准》中的相应规定,由授课教师结合本实训设计要求自行拟定	
	与人合作(10分)	人力资源和社会保障部:《职业核心能力培训标准》中的相应规定,由授课教师结合本实训设计要求自行拟定	
	解决问题(10分)	人力资源和社会保障部:《职业核心能力培训标准》中的相应规定,由授课教师结合本实训设计要求自行拟定	
	革新创新(10分)	人力资源和社会保障部:《职业核心能力培训标准》中的相应规定,由授课教师结合本实训设计要求自行拟定	
职业道德素质（30分）	职业观念(5分)	对职业、职业选择、职业工作、营销人员职业道德和企业营销伦理等问题具有正确的看法	
	职业情感(5分)	对职业有愉快的主观体验、稳定的情绪表现、健康的心态、良好的心境,具有强烈的职业认同感、职业荣誉感和职业敬业感	
	职业理想(5分)	对将要从事的职业种类、职业方向与事业成就有积极的向往和执着的追求	
	职业态度(5分)	对职业选择有充分的认知和积极的倾向与行动	
	职业良心(5分)	在履行职业义务时具有强烈的道德责任感和较高的自我评价能力	
	职业作风(5分)	在职业实践和职业生活的自觉行动中,具有体现职业道德内涵的一贯表现	
总成绩(100分)			
教师评语		签名: 　　　　　　　年　　月　　日	

【实训课业考核】

根据实训题1和实训题2所要求的学生实训课业完成情况,就表6-5和表6-6中各项课业评估指标与课业评估标准,评出个人和小组的分项成绩与总成绩,并填写教师评语与学生意见。

表 6-5　实训课业成绩考核表　　　　　　　课业名称:《营销渠道报告》

课业评估指标	课业评估标准	分项成绩
1. 营销渠道选择考虑的因素(25 分)	(1) 产品因素 (2) 市场因素 (3) 企业自身因素 (4) 顾客因素 (5) 经济形势与有关法规	
2. 渠道评估的标准(25 分)	(1) 经济性标准 (2) 控制性标准 (3) 适应性标准	
3. 渠道管理(25 分)	(1) 方法选择的正确性 (2) 方法的创新性	
4. 营销渠道报告(25 分)	(1) 格式的规范性 (2) 内容的完整性、科学性 (3) 结构的合理性 (4) 文理的通顺性	
总成绩(100 分)		
教师评语		签名: 　年　月　日
学生意见		签名: 　年　月　日

表 6-6　实训课业成绩考核表　　　　　　课业名称:《产品分销渠道设计方案》

课业评估指标	课业评估标准	分项成绩
1. 分销渠道长度设计(30 分)	(1) 方案的合理性 (2) 方案的创新性 (3) 方案实践应用价值 (4) 语言表达的准确性、逻辑性、流畅性	
2. 分销渠道宽度设计(40 分)	(1) 方案的合理性 (2) 方案的创新性 (3) 方案实践应用价值 (4) 语言表达的准确性、逻辑性、流畅性	
3. 分销渠道成员选择(30 分)	(1) 方案的合理性 (2) 方案的创新性 (3) 方案实践应用价值 (4) 语言表达的准确性、逻辑性、流畅性	
总成绩(100 分)		

续表

教师评语	签名： 年　月　日
学生意见	签名： 年　月　日

✔ 思考练习

📌 名词解释

营销渠道　独家分销　密集性分销　直接渠道　间接渠道　宽渠道　窄渠道　渠道冲突　窜货　营销后勤目标

📌 选择题

单项选择题

1. 东北某蔬菜生产基地,运送蔬菜上千里到北京大钟寺批发市场自行销售,这种渠道类型是(　　)。

   A. 长渠道　　　　　B. 短渠道　　　　　C. 宽渠道　　　　　D. 窄渠道

2. 市场上的分销渠道按商品是否经过中间商环节可划分为(　　)。

   A. 直接渠道和间接渠道　　　　B. 消费品渠道和工业品渠道

   C. 宽渠道和窄渠道　　　　　　D. 个人消费渠道和集团消费渠道

3. 分销渠道的宽窄取决于(　　)。

   A. 商品流通过程中经过中间层次的多少

   B. 每一层次中使用同类型中间商数目的多少

   C. 买卖环节的多少

   D. 市场覆盖面的大小

4. 按照流通环节或层次的多少,分销渠道可分为(　　)。

   A. 直接渠道和间接渠道　　　　B. 长渠道和短渠道

   C. 宽渠道和窄渠道　　　　　　D. 单渠道和多渠道

多项选择题

1. 按照商品在流通过程中经过的流通环节的多少可以划分为(　　)。

   A. 长渠道　　　　　　　　　　B. 单一渠道

   C. 直接渠道　　　　　　　　　D. 间接渠道

   E. 短渠道

2. 评估销售渠道方案的标准主要有(　　)。

   A. 经济性标准　　　　　　　　B. 可控性标准

   C. 适应性标准　　　　　　　　D. 激励性标准

E. 灵活性标准

3. 调整销售渠道的方式有（　　　）。

　　A. 增减渠道的宽度　　　　　　　B. 增减渠道长度

　　C. 增加投资力度　　　　　　　　D. 扩大潜在规模

　　E. 调整整个渠道结构

4. 在消费品市场分销渠道模式中一层渠道模式包括了（　　　）。

　　A. 批发商　　　　　　　　　　　B. 代理商

　　C. 零售商　　　　　　　　　　　D. 经纪人

　　E. 专业批发商

判断题

1. "分销渠道层次越多,越难控制",标志着分销渠道层次越少越好。　　　（　　）

2. 对于生产商来说,存货水平越高,越能满足顾客的需求。　　　　　　　（　　）

3. 营销后勤目标就是以最小(最好是低于市场平均水平)的成本消耗,来得到最大限度上的顾客满意度,即帮助企业以最低的总成本创造顾客价值。　　　　　　（　　）

4. 分销渠道是反映某一特定商品价值实现的全过程所经由的通道。　　　（　　）

5. 宽渠道中渠道成员越多越好。　　　　　　　　　　　　　　　　　　　（　　）

简答题

1. 营销渠道的类型有哪些?

2. 如何解决分销渠道的冲突问题?

3. 影响销售渠道选择的因素有哪些?

项目 7

营销产品销售决策

知识目标

1. 了解产品销售的概念和原则。
2. 熟悉销售准备工作及其推销的基本过程。
3. 熟悉销售谈判的基本原理,掌握销售谈判策略和技巧。
4. 掌握销售合同的签订技巧。
5. 掌握促销的工具及促销组合。

技能目标

1. 能够独立开展销售谈判。
2. 能够独立签订销售合同。
3. 会办理销售结算。
4. 学会制订各种促销方案,做好营业推广。

训练路径

1. 开展模拟销售谈判。
2. 根据既定产品,撰写销售合同,并予以签订。
3. 填制产品销售结算相关发票。
4. 根据既定产品和市场以及活动意图,制订各种促销方案。

教学建议

1. 理论课在多媒体教室进行,模拟谈判、案例分析和实务操作课在营销实训室进行。

2. 采用讲授与模拟谈判、案例分析、实务操作相结合的教学方式,模拟谈判。

3. 该项目是本课程的重点内容,在讲授过程中要举身边的具体实例,注重理论联系实际,激发学生学习的积极性。

7.1 产品销售的准备工作

7.1.1 成果展示与分析

老农销售农产品的技巧

一老农在菜场摆摊多年,他根据顾客的要求,摸索出了多条销售技巧。

(1) 肉鹅切割归类卖。老农养了千余只肉鹅,但出栏时市场行情较差,于是他将肉鹅分割销售:鹅毛分成鹅绒、鹅羽、鹅大翎,按类别和等级销售;鹅肉则分成鹅头、鹅脖、鹅肠、鹅架、鹅胸脯、鹅爪、鹅腿、鹅心等,并调制成各种菜肴,上市后不仅畅销,而且效益增加了近1倍。

(2) 粉丝剪断包装卖。老农在销售粉丝过程中,发现人们煮粉丝时很难将其折断,于是便把粉丝加工成筷子一样长短包装销售,投放市场后深受消费者欢迎。

(3) 蔬菜做成盆景卖。老农看到城里人喜欢养花,便将朝天椒、五彩椒、茄子、樱桃、番茄、生姜、心里美萝卜等栽在花盆中,有花有果,既可观赏又可食用,很受城里人喜爱。

(4) 芝麻糊现做现卖。老农买来一台小型磨面机,将黑芝麻糊的原料,事先在家炒熟,然后用三轮车拉到菜市场,现做现卖黑芝麻糊。

(5) 西瓜多赚剖开卖。老农发现西瓜整卖有许多弊端,便将西瓜剖开卖。结果每公斤多卖 0.4～0.8 元。因为剖开卖使买瓜人对瓜的成熟度一目了然,能买个放心舒心。

7.1.2 任务工作流程

完整的、程序化的推销过程,见图 7-1。其中各个环节相互联系、相互渗透、相互转化,任何一个环节的得失都会影响推销工作的成败。

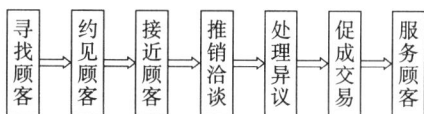

寻找顾客 → 约见顾客 → 接近顾客 → 推销洽谈 → 处理异议 → 促成交易 → 服务顾客

图 7-1 产品销售过程

7.1.3 基本知识和技能

产品销售是指销售人员以满足双方利益和需求为出发点,运用各种销售方法和技巧,向可能的买主介绍商品,使其接受相关产品和劳务的过程。产品销售活动是由众多要素组成的系统活动,销售的核心问题是说服客户,销售活动是商品信息传递、心理变化等过程的统一。

7.1.3.1　产品销售的原则

销售人员掌握正确的销售原则,可以使销售活动有所遵从,减少销售失误,提高销售成效,增强销售人员按照客观规律办事的自觉性。

1. 满足顾客需求的原则

所谓满足顾客需求原则,就是指销售人员在运用销售策略时,旨在满足顾客的需求和解决顾客的问题,在此基础上达到销售的目的。现代的销售观念是销售员要协助顾客使他们的需要得到满足。销售员在销售过程应做好准备去发现顾客的需要,而应极力避免"强迫"销售,让顾客感觉到你在强迫他接受什么时你就失败了。最好的办法是利用你的销售技巧使顾客发现自己的需要,而你的产品正好能够满足这种需要。

2. 互利互惠的原则

所谓互利互惠原则,销售人员要保证交易能为双方带来利益和好处,并且这种利益和好处要大于付出和弊端。现代销售与传统销售的一个根本区别就在于:传统销售带有很强的欺骗性,而现代销售则是以"诚"为中心,销售员从顾客利益出发考虑问题。企业只能战胜同行,但永远不能战胜顾客。顾客在以市场为中心的今天已成为各企业争夺的对象,只有让顾客感到企业是真正从消费者的角度来考虑问题,自己的利益在整个购买过程中得到了满足和保护,这样企业才可能从顾客那里获利。

3. 尊重顾客的原则

所谓尊重顾客原则,是指销售人员在销售活动中要尊重顾客的人格,重视顾客的利益。得到别人的尊重在人的需求塔级中具有较高层级,顾客的购买过程是一个在消费过程中寻求尊重的过程。只有动机出于对顾客的信任与尊重,永远真诚地视顾客为朋友、给顾客以"可靠的关怀"和"贴心的帮助",才是面对顾客的唯一正确心态,才能真正赢得顾客。

4. 创造魅力的原则

一位销售员在销售商品之前,实际上是在自我销售。一个蓬头垢面的销售员不论他所带的商品多么诱人,顾客也会说:"对不起,我现在没有购买这些东西的计划。"销售员的外形不一定要美丽迷人或英俊潇洒,但却一定要让人感觉舒服。那么在准备阶段你能做到的是预备一套干净得体的服装,把任何破坏形象、惹人厌恶的污秽排除,充分休息,以充沛的体力、最佳的精神面貌出现在顾客面前。

7.1.3.2　产品销售准备工作

在实际的产品销售活动中,准备工作越充分,销售人员在销售过程中信心就越足,销售准备工作是整个销售过程的一个重要环节。销售准备工作的主要内容就是收集、整理、分析目标顾客的有关资料,进行销售预测,主要包括顾客资料的准备、销售器材的准备和心理准备。

1. 顾客资料的准备

销售人员的目标顾客主要有个体准顾客和团体准顾客。个体准顾客是指消费者家庭和个人;团体准顾客是指各种企事业单位和社会团体。

(1) 个体准顾客资料的准备

一般内容,包括姓名、年龄、性别、民族、出生地、文化程度、职称职务、信仰、居住地、联系方式等。

家庭及成员情况,包括家庭成员组成、家庭财产收入水平、家庭住址、特殊偏好、购买与消费参照群体等个性资料等。

需求内容,包括购买的主要动机,需求的特点,可能的购买能力,购买决策权限范围,购买行为在时间、地点、方式上的规律性。

(2) 团体准顾客资料的准备

一般内容,包括法人全称及简称、所属产业、组织性质、所在地点、生产经营规模、生产能力、设备技术水平、管理风格和水平、采购惯例、成立时间与演变经历、目前法人代表及主要决策人的姓名与联系方式等。

组织人事情况。包括近期及远期的组织目标、组织规章制度、办事程序、主要领导人的作风特点、组织结构图及职权范围的划分、人事状况及人际关系等。

2. 辅助器材的准备

在接近顾客前,销售人员应仔细检查自己需携带的销售辅助器材。对于推销新手,准备销售辅助器材的意义更大,它可以弥补语言表达能力不足和对业务不熟悉的缺点。

(1) 视听器材。商品实体、样品、产品目录、幻灯片、音像制品和图文资料等。主要用来展示商品,吸引顾客注意力,促使顾客直观感受商品。

(2) 宣传器材。产品广告、产品说明书、产品价目表、检验报告和鉴定书等。主要用来增强销售人员说服顾客的效果。

(3) 签约器材。票据、合同文本和印章等。交易一旦达成,随时履行有关签约手续,不至于贻误时机。

(4) 其他器材。公文包、记录本、通讯录、顾客档案或资料卡片、身份证、钢笔、计算器和名片等。

3. 心理准备

销售人员在接近顾客之前,一方面,应该做最好的准备;另一方面,也应该做最坏的打算。这样一来,如果访问顺利,那是意外收获;如果访问不顺利,也能泰然处之。

(1) 访问可能遭到拒绝。在拜访顾客前,告诫自己遭拒绝或没有受到礼遇是自然的现象,此次拒绝是下一次成功的开始。

(2) 访问可能失败。拜访之前,要客观地看到,并不是每一次拜访都会成功,也不会每一次拜访都失败,只要坚持不放弃,成功可能就在下一次拜访中。

同步案例 7-1

推销员小李的失败经历

小李是佳成科教设备公司的推销员。一天,他匆匆忙忙走进一家公司,找到经理室,敲门后进了房间。有下面一段谈话。

小李:您好! 王先生。我叫李进,是佳成科教设备公司的推销员。

经理:哦,对不起,这里没有王先生。

小李:您是这家公司的经理吧? 我找的就是您。

经理:我姓黄,不姓王。

小李:对不起。我没听清楚您的秘书说您姓王还是姓黄。我想向您介绍一下我们公司的彩色复印机。

经理:我们现在还不需要彩色复印机。

小李:哦,这样。不过,我们还有别的型号的复印机,这是产品目录,请您过目。(接着掏出烟和打火机)您来一支?

经理:我不吸烟,而且我讨厌烟味,我们公司是无烟的。

小李:……

案例问题:小李犯了什么错误?

案例分析:推销人员在接近顾客之前,要进行充分的准备工作,了解顾客的有关情况,制定可行的接近策略。小李推销失败,败在接近顾客前未做充分的准备,既不能准确地称呼顾客,招致顾客反感,也不了解顾客的嗜好。

7.1.3.3　产品销售服务工作

产品销售服务是指产品在流通过程中,企业为保证产品的正确使用而进行的全方位服务。企业不仅要重视售中与售后服务,也要加强售前服务。

1. 产品售前、售中与售后服务的含义

所谓"售前服务",就是通过精心研究消费者心理,在产品销售前提供一系列服务,如进行勘察、设计、示范、造型、咨询、培训等服务工作,激发其购买欲望。开展这些服务项目,可以使许多潜在消费者变成现实消费者。售前服务是当今企业非价格竞争的一种重要手段。

所谓"售中服务",就是指把商品送达给消费者的各种服务工作。例如,热情接待消费者,在业务洽谈中主动、积极、热情地为消费者介绍产品情况;提供食宿方便;办理各种购买手续,如代为包装、托运,选择合理的售货地点、时间、方式和付款方式等。这些内容都极大地影响消费者的购买感情。就售中服务的诸多内容来看,其核心是为消费者提供方便和实在的物质服务,让消费者体会到占有商品的愉悦。

所谓"售后服务",就是在商品到达消费者手里、进入消费领域后继续提供的各项服务工作。例如,对商品进行安装、调试、维修及培训操作人员等。这些是使商品真正发挥效用的必不可少的服务工作,是企业生产功能的延伸。企业做好售后服务,这既是消费者的要求,也是企业的本分。售后服务既是促销的手段,又充当"无声"的广告宣传员。

2. 产品销售服务的作用

(1) 产品销售服务是参与竞争的重要手段。现代企业之间竞争不能依靠对商品货源和价格的垄断,不能单纯依靠政策的保护,也不能单纯依靠商品质量的保护。服务质量也成为现代企业参与竞争的重要手段。以优质服务取胜,是现代营销策略的基本思想。这种在非价格竞争中以优质服务为主要竞争手段赢得市场和消费者的思想,其意义更为深远。

(2) 产品销售服务是实现企业经济效益的重要支撑。企业服务工作的好坏不仅直接影响企业的经营成果和发展,而且也影响企业应负的社会责任的履行,关系到企业的信誉。所以,要求企业及其具体营销代表(推销员、营业员等),必须对服务的观念、内容和形式有清醒认识,给消费者提供周到细心的服务。以口头传播为例,满意的销售服务会促使消费者主动为企业产品及服务进行口头传播,进而说服和带动其他人购买。

(3) 产品销售服务是扩大产品销售、实现销售目标的重要途径。企业通过开展各种销售服务活动,加强了产需双方的联系。如企业为客户培训技术人员和协助搞好商品安装调试、财务服务等,为客户和消费者创造购买产品的条件。若客户和消费者对企业销售服务及产品感到满意,会购买企业的产品,从而促进产品推销,实现销售目标。

3. 产品销售服务的原则

(1) 一视同仁的原则

在现实生活中,可以见到有些营销人员重视的是购买贵重商品、西装革履的消费者,冷淡购买便宜商品和衣衫寒酸的消费者。但是,谁也不能断定,今天只买小件物品的消费者,明天就不买大件物品,以及衣衫寒酸的消费者口袋里肯定没有钱。通常情况下,受款待的人心情舒畅,以后还愿意来;受歧视的人心情悲凉,不会再来。不管消费者是谁都应平等相待,这条原则非常重要。

(2) 符合需要的原则

服务的核心就是提供符合消费者需要的帮助。服务得再好,如果不符合消费者的需要,也就没有价值。服务的真正含义是,在消费者需要时,用其希望的方式提供其需要的方便,收不收钱是次要的。营销人员会不厌其烦地介绍、展示商品,还免费提供包装纸和礼品盒等,有的店还奉送小商品。这一举动看似免费,其实不是真的不要钱,而是用某种计算方法算在商品的售价中,只是消费者不知不觉罢了。这样做对零售企业来讲是两全其美的好办法,既维护企业的形象,又使消费者经常光顾,并购买该企业的商品。

(3) 周到细致的原则

不论消费者年龄、职业、收入如何,周到细致的服务都是他们所愿意享受的。周到细致体现在营销人员的诚意上,体现在推销员或营业员的动作和态度上。具体地说,就是急消费者之所急,想消费者之所想。例如,把卖出的商品擦拭干净、包装完毕后,还要告诉消费者商品的保管方式和用法。这种周到细致、设身处地为消费者着想的精神,一定会让消费者心悦,为企业稳定顾客源、创造效益作出贡献。

7.1.3.4　产品销售工作过程

1. 寻找顾客

寻找潜在顾客是整个推销过程的前奏,是制订推销计划和策略的前提,是提高推销成功率的重要保证。寻找顾客的方法非常多。常用的方法包括逐户寻访法、连锁介绍法、中心开花法、资料查阅法、广告拉引法、直接邮寄法等。事实上,没有任何一种方法能够普遍适用,推销人员应灵活使用,不断创新,摸索出一套适合自己的方法,并坚持以下寻找顾客的原则。

(1) 确定范围原则,准顾客的范围确定包括两个方面:一方面是确定地理范围;另一方面是确定准顾客群体的范围。

(2) 多样性与灵活性相结合的原则,寻找销售对象的途径是多种多样的,要灵活运用各种方法,并善于创新。

(3) 循序渐进原则,养成随时寻找顾客的习惯。日常生活无时无刻不为你提供着信息,即使闲聊时都可能得到有用的信息。

同步案例 7-2

破烂钱包带来的销售机会

美国有位叫卡特的商人曾做过这样一个实验:把半新的钱包拴在小汽车后面,在地上拉着钱包到处跑,不几天,钱包便破烂不堪。于是,他便在破旧的钱包里装上钞票、信用卡、驾驶证等,先后到 5 家绅士用品商店购买领带。在这 5 家商店里,领带与钱包是在一起摆放的。卡特每次掏钱买领带时,钱包总是"很偶然"地掉在了地上。而每次,这 5 家商店的营业员都无一例外地帮他捡起了破烂不堪的钱包并还给他,并看着他离开商店,从来无人建议他换个新钱包。

案例问题: 分析这 5 家商店营业员销售的不足之处。

案例分析: 该案例说明,这 5 家商店的营业员在思想上缺乏推销钱包的强烈意识,当机会到来时,任其白白失去而毫无察觉。他们的销售思路狭窄,局限性较强。

2. 约见顾客

所谓约见,是指推销人员事先征得顾客同意接见的行动过程。约见实际上既是接近准备的延续,又是接近过程的开始。只有通过约见,推销人员才能成功地接近准顾客,顺利开展推销洽谈。

现在推销活动中常见的约见方法,包括电话约见、信函约见、当面约见、委托约见、广告约见和网络约见。约见的内容可以概括为"4W",即约见对象(Who)、约见事由(Why)、约见时间(When)和约见地点(Where)。

(1) 确定约见对象。对于企业而言,公司的董事长、经理、厂长等是企业或有关组织的决策者,他们拥有很大的权利,是推销人员首选的约见对象。但在实际推销中,推销人员往往发现自己无法直接约见这些大人物,而需要先和他们的下属或接待人员接触。

(2) 确定约见事由。约见顾客的事由一般包括推销产品、市场调查、提供服务、签订合同、收取货款、走访顾客等。

（3）确定约见时间。推销人员在确定约见时间时注意：要根据约见顾客的特点、约见目的、约见地点和路线来选择最佳约见时间；尊重约见对象的意愿，充分留有余地。

（4）确定约见地点。选择约见地点的原则是方便顾客、有利于推销。

3. 接近顾客

完成了约见顾客工作后，推销人员便可以按照约定时间、地点会见顾客，推销活动便进入了正式接近顾客的阶段。推销人员在初次接触顾客时，要注意建立良好的第一印象。接近顾客的方法通常有：产品接近法、利益接近法、问题接近法、介绍接近法、馈赠接近法、赞美接近法和求教接近法。

同步实务 7-1

设计访谈顾客的场景

每一个人，包括我们的准客户，都渴望别人真诚的赞美。有人说："赞美是畅销全球的通行证。"因此，懂得赞美的人，肯定是会推销自己的人。请以"赞美"客户的方法设计一个访谈的开始场景。

业务分析：根据接近客户的赞美法可灵活多样地展开想象设计，或模拟自己曾经遇到的某一个较恰当的场景。

业务程序：假设某一保险公司的业务员，其接近客户的程序如下：

"先生，您好！"

"你是谁呀？"

"我是××保险公司的李一平，今天我刚到贵地，有几件事想请教您这位远近有名的老板。"

"什么？远近有名的老板？"

"是啊，根据我调查的结果，大家都说这个问题最好请教您。"

"哦！大家都在说我啊！真不敢当，到底什么问题呢？"

"实不相瞒，是……"

"站着谈不方便，请进来吧。"

就这样轻而易举地过了第一关，也取得准客户的信任和好感。

业务说明：赞美接近法是指推销员利用顾客的自尊心理来引起顾客的注意和兴趣，进而转入正式洽谈的接近方法。以此方法接近自己的顾客，有时会起到意想不到的效果。因为，喜欢听好话是人们的共性。人们在心情愉快的时候，很容易接受他人的建议，这时，推销人员要抓住时机，正确地引导推销活动。

---

4. 推销洽谈

推销洽谈也称推销面谈，是买卖双方为实现推销物品或服务的交易，就各种交易条件进行的协商活动。但在信息高度发达的现代，推销洽谈不一定仅指面对面地洽谈。推销洽谈是一种自愿互利的行为。因此，推销洽谈的目的是推销人员向顾客全面介绍企业及商品情况，使顾客能较好地了解商品，认识并喜爱商品，消除顾客的疑虑与异议，使顾客产生购买欲望。推销洽谈的手段是说服。推销人员必须借助于思维、语言、文字、体态等来传递和交流信息,通过摆事实、讲道理,以理服人的说服活动来实现洽谈的目的。

5. 处理异议

顾客异议是指推销过程中顾客对推销人员、推销品、推销方式和交易条件发出的怀疑、抱怨,提出的否定或反对意见。顾客异议可能是成交的障碍,如果推销人员不能很好地处理异议,顾客就不可能采取购买行为。另外,顾客提出的异议也为交易成功提供了机会。

对推销人员而言,可怕的不是异议而是没有异议。俗话说:"褒贬是买主,无声是闲人。"处理顾客异议的常用方法,包括转化处理法、转折处理法、以优补劣法、直接反驳法、冷处理法、预防处理法和推迟处理法等。

同步实务 7-2

售楼人员如何处理顾客的异议

某售楼处一顾客向售楼人员提出异议:"我听说楼房后面有一家小食品加工厂,会有噪声吧?"请设计该售楼人员对待异议的处理方式。

业务分析: 面对顾客提出的异议,首先分析其异议产生的根本原因,并采取相对应的处理方法。在此处则可采取以优补劣法化解异议的危机。

业务程序: 根据以优补劣法,售楼人员应清楚表达房子的优势之处,其处理程序如下。

售楼人员:"不瞒您说,是的,这房子美中不足就是离加工厂稍近了些,可能会有些噪声。正是因为这个原因这房子才会这么便宜。您看,这房子坐落的地点,交通便利,周围的配套设施完善,社区又好,有医院、师范附小、中学、超市,而且房子坐北朝南、户型又好,真是又经济又实惠。再说了,您如果怕有噪声,把窗户安上隔音玻璃,效果不错的。您买到这么便宜的房子,省了好大一笔钱,安装隔音玻璃花不了多少钱,您想想看是不是太合适了。要不我先陪您去看看?"

顾客:"那也好,我看看再说。"

业务说明: 以优补劣法,又叫补偿法。如果顾客的反对意见的确切中了产品或公司所提供的服务中的缺陷,千万不可以回避或直接否定。明智的方法是肯定有关缺点,然后淡化处理,利用产品的优点来补偿甚至抵消这些缺点。这样有利于使顾客的心理达到一定程度的平衡,有利于使顾客做出购买决策。

---

6. 促成交易

在推销活动中,促成交易是推销人员所追求的工作目标。推销成交是顾客接受推销人员的建议而购买推销品的过程。推销人员要正确识别顾客的成交信号,当机促成交易。顾客表现以来的成交信号主要有语言信号、行为信号、表情信号和事态信号等。通常,下列三种情况是促成交易的最好时机:①重大的推销障碍被处理后;②重要的产品利益被顾客所接受时;③顾客发出各种购买信号。

国内外推销学家和推销人员通过大量的研究,提出了八种成交方法,具体包括请求成交法、假定成交法、选择成交法、从众成交法、小点成交法、优惠成交法、机会成交法和适用成交法等。

7. 服务顾客

达成交易并不意味着推销过程的结束,售后服务同样是推销工作的一项重要内容,它关系到买方利益和卖方信誉。卖方应如约履行包括安装调试、包退换、包维修、包培训的承诺,搞好索赔处理,以及定期或不定期地访问顾客,实行跟踪服务。

7.1.4 课堂活动演练

设计寻找目标客户的方案

背景资料

王丽曾经是某外贸公司的办公室文员,由于公司生意不景气,辞掉了公职,加盟雅芳公司,做了一名职业推销员。加入一个新行业,一切都必须从头开始,她为自己没有客户而发愁,不得不每天拎着一个大背包、里面装满了各种眉笔、粉饼等化妆品,一家家地敲着陌生人的大门。可是能开门见她的人很少,多数人只是在门镜里看了看,就很不客气地在门里说:"我们不需要,快走吧!"一连几个月,她的收入虽然有所提高,但仍不足以维持温饱。

演练要求

(1)根据背景资料,帮助王丽设计寻找目标客户的方案。

(2)策划王丽拜访客户并完成产品销售的整体过程。

(3)展示评比各组的方案和策划过程。

演练条件

(1)事先对学生按照5~6人进行分组。

(2)在本次演练前,学生应当提前做好与产品推销过程相关资料收集和学习工作。

(3)在网上或者企业收集与产品推销相关的案例。

(4)具有可上网的实训室。

7.1.5 实例专栏与分析

使用 SPIN 技巧推销桌面印刷系统

推销人员:你曾经把文件拿出去排字打印吗?【背景型问题】

潜在客户:是的,大约每月一次吧,因为我们太忙了。

推销人员:把文件拿出去打印的成本很大吗?【问题型问题】

潜在客户:没有。它只增加了 5% 的成本,我们把这加到客户的费用上去。

推销人员:那你们周转周期很快吗?【问题型问题】

潜在客户:有时候周转是挺慢的,印刷商并没有最优先地去做我们的业务,因为我们不是他的大客户,我们只是需要时才去印刷。

推销人员:因为周转慢而错过了客户的最后期限时怎么办?【暗示型问题】

潜在客户:这发生过一次,但是真的很糟。李先生,那位客户,大骂了我一顿,因此我们失去了很多信赖感。虽然只发生过一次,但真不希望再发生类似的事情了!

推销人员:如果我给你演示一种减少到外面印刷而又不增加你员工人数的方法,你会感

兴趣吗?【需求—效益问题】

　　潜在客户:当然有兴趣,说来听听吧。

　　SPIN 提问法由于具有连贯性和逻辑性,在销售实践中广泛应用。它包括四类问题:背景型问题、问题型问题、暗示型问题、需求—效益问题。用此方法时,销售人员不用过多的谈及自己的产品,而是让顾客主动发现产品能带来的利益,一般不会引起顾客的反感。可见,要取得销售的成功不仅需要做好销售的准备工作,还要运用恰到好处的销售技巧。

7.2　产品销售谈判

7.2.1　成果展示与分析

江西省某工艺雕刻厂的谈判策略

　　江西省某工艺雕刻厂原是一家濒临倒闭的小厂,经过几年的努力,发展为产值200 多万元的规模,产品打入日本市场,战胜了其他国家在日本经营多年的厂家,被誉为"天下第一雕刻"。有一年,日本三家株式会社的老板同一天接踵而至,到该厂订货。其中一家资本雄厚的大商社,要求原价包销该厂的佛坛产品,这应该说是好消息。但该厂想到,这几家原来都是经销韩国、中国台湾地区产品的商社,为什么争先恐后、不约而同到本厂来订货?他们查阅了日本市场的资料,得出的结论是本厂的木材质量上乘,技艺高超是吸引外商订货的主要原因。于是该厂采用了"待价而沽"、"欲擒故纵"的谈判策略。先不理那家大商社,而是积极抓住两家小商社求货心切的心理,把佛坛的梁、榴、柱,分别与其他国家的产品做比较。在此基础上,该厂将产品当金条一样争价钱、论成色,使其价格达到理想的高度。首先与小商社拍板成交,造成那家大客商产生失落货源的危机感。那家大客商不但更急于订货,而且想垄断货源,于是大批订货,以致订货数量超过该厂现有生产能力的好几倍。

　　该工艺雕刻厂在谈判开始时,对谈判对手提出的关键性问题不做彻底的、确切的回答,而是有所保留,从而给对手造成神秘感,以吸引对手步入谈判。这采用的是保留式开局的谈判策略。该厂巧于审时布阵,先与小客商谈,并非疏远大客商,而是牵制大客商,促其产生失去货源的危机感。这样订货数量和价格才有大幅增加。

　　商务谈判是销售工作中的重要一环,成功的谈判是做成业务的前提。如果谈判者能灵活掌握并动用一些谈判原则和实用技巧,就可能在谈判桌上取得主动,起到"兵不血刃"、"不战而屈人之兵"的作用,为最终取得所期望之结果奠定基础。

7.2.2　任务工作流程

　　第一步　确定此次销售谈判的目标;
　　第二步　认真考虑与分析顾客的需要;
　　第三步　评估顾客的购买实力和需要的软肋;
　　第四步　制定销售谈判的策略。

7.2.3 基本知识和技能

7.2.3.1 产品销售谈判模式

1. 阵地式谈判

阵地式谈判是指双方站在各自的立场,为自己讨价还价,最后做出一定的妥协,找到双方都能接受的折中方法,如图 7-2 所示。

阵地式谈判有两种类型:一种是硬式谈判;另一种是软式谈判。硬式谈判是指以意志力的较量为手段,坚守自己的强硬立场,并要求对方牺牲其利益来达到己方的目的的谈判模式,硬式谈判法的指导思想是"不谈则已,要谈必胜利",而不是"双赢"。软式谈判是指以妥协,让步为手段,希望避免冲突,甚至愿意牺牲己方的利益换取合作或者协议的谈判模式。

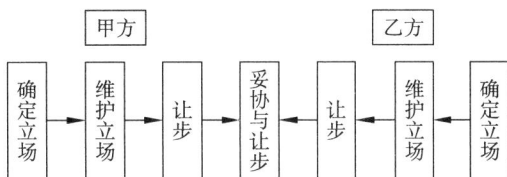

图 7-2 阵地式谈判

2. 理性谈判

理性谈判不是通过双方的讨价还价的过程来最后决定,而是指导谈判双方尽可能寻找共同利益。理性谈判坚持"对事不对人",谈判双方避免意气用事,互相指责、抱怨、甚至语言尖酸刻薄,充满敌意。双方保全面子,不伤感情。着眼于利益而不是立场。理性谈判符合现代谈判理念,应该成为现代产品销售谈判的主要模式。

3. 阵地式谈判与理性谈判的区别

阵地式谈判与理性谈判有很大的区别,以阵地式谈判(硬式谈判)为例,两者的区别主要体现在以下几个方面,见表 7-1。

表 7-1 阵地式谈判与理性谈判的区别

阵 地 式 谈 判	理 性 谈 判
对方是对手	对方是解决问题者
目标在于胜利	目标在于有效、愉快地得到结果
为了友谊要求让步	把人与问题分开
对人与事采取强硬态度	对人软、对事硬
不信任对方	谈判与信任无关
固守不前	集中精力于利益而不是阵地
给对方以威胁	探讨相互利益
把单方面优惠作为协议条件	为共同利益寻求方案
对于自己的最低界限含糊其词	避免最低界限
寻找自己可以接受的单方面解决方案	寻找有利于双方的方案再作决定
坚守阵地	坚持使用客观标准
坚持在意志的较量中取胜	努力获得不倾向单意愿的客观标准
给对方施加压力	向道理低头而不是向压力低头

7.2.3.2　营造产品销售谈判气氛

1. 谈判气氛的类型

所谓谈判气氛,是指谈判双方通过各自所表现的态度、作风而建立起来的谈判环境。一般来说,谈判气氛可分为三种:低调的、高调的、自然的。

低调的谈判气氛表现是冷淡、对立、紧张。在这种气氛中,谈判双方人员的关系并不融洽、亲密,互相表现出的不是信任、合作,而是较多的猜疑与对立;或者会谈气氛是松松垮垮,慢慢腾腾,旷日持久,谈判人员在谈判中表现出漫不经心、东张西望、私下交谈、打瞌睡、吃东西等。这种谈判进展缓慢,效率低下,会谈也常常因故中断。

高调的谈判气氛是指谈判情势比较热烈,谈判双方情绪积极、态度主动,愉快因素成为谈判情势主导因素的谈判开局气氛。谈判人员心情愉快,情绪高昂,交谈融洽,谈判有效率。

自然的谈判气氛则是平静、严肃、谨慎、认真。意义重大、内容重要的谈判,双方态度都极其认真严肃,有时甚至拘谨。每一方讲话、表态都思考再三,决不盲从。会谈有秩序、有效率。

2. 如何营造产品销售的谈判气氛

(1) 营造高调谈判气氛

通常谈判一方占有较大优势,价格等主要条款对自己极为有利,希望尽早达成协议与对方签订合同。而且谈判对手往往只注意到他自己的有利方面,对谈判前景的看法也倾向于乐观。在此情况下,营造高调气氛可以促进协议的达成。

营造高调气氛通常包括以下几种方法。

① 感情攻击法。感情攻击法是指通过某一特殊事件来引发普遍存在于人们心中的感情因素,使这种感情迸发出来,从而达到营造气氛的目的。

② 称赞法。称赞法是指通过称赞对方来削弱对方的心理防线,从而调动对方的谈判热情,调节气氛。采用称赞法时应该注意以下几点。

- 选择恰当的称赞目标。选择称赞目标的基本原则是:投其所好。即选择那些对方最引以为自豪的,并希望己方注意的目标。
- 选择恰当的称赞时机。如果时机选择得不好,称赞法往往适得其反。
- 选择恰当的称赞方式。称赞方式一定要自然,不要让对方认为你是在刻意奉承他,否则会引起其反感。

③ 幽默法。幽默法是指用幽默的方式来消除谈判对手的戒备心理,使其积极参与到谈判中来而营造高调谈判开局气氛。采用幽默法时要注意:选择恰当的时机;采取适当的方式;要收放有度。

④ 问题挑逗法。问题挑逗法是指提出一些尖锐的问题诱使对方与自己争论,通过争论使对方逐渐进入谈判角色。该方法通常是在对方谈判热情不高时采用,有些类似于"激将法"。但是,这种方法很难把握好火候,在使用时应慎重,要选择好退路。

（2）营造低调谈判气氛

通常谈判一方有讨价还价的砝码，但是并不占有绝对优势，合同中某些条款并未达到己方的要求，如果己方施加压力，对方会在某些问题上做出让步。在这种情况下，可以营造低调气氛。低调气氛会给谈判双方都造成较大的心理压力，在这种情况下，哪一方心理承受力弱，哪一方往往会妥协让步。因此，在营造低调气氛时，己方一定要做好充分的心理准备并要有较强的心理承受力。

营造低调气氛通常包括以下几种方法。

① 感情攻击法。这里的感情攻击法与营造高调气氛的感情攻击法性质相同，即都是以情感诱发作为营造气氛的手段，但两者的作用方向相反。在营造低调气氛时，是要诱发对方产生消极情感，致使一种低沉、严肃的气氛笼罩在谈判开始阶段。

② 沉默法。沉默法是以沉默的方式来使谈判气氛降温，从而达到向对方施加心理压力的目的。采用沉默法要注意以下两点。

一要有恰当的沉默理由。通常人们采用的理由有：假装对某项技术问题不理解；假装不理解对方对某个问题的陈述；假装对对方的某个礼仪失误表示十分不满。

二要沉默有度，适时进行反击，迫使对方让步。

③ 疲劳战术法。疲劳战术法是指使对方对某一个问题或某几个问题反复进行陈述，从生理和心理上使对手疲劳，降低对手的热情，从而达到控制对手并迫使其让步的目的。采用疲劳战术应注意以下两点。

一是多准备一些问题，而且问题要合理，每个问题都能起到使对手疲劳的作用。

二是认真听对手的每一句话，抓住错误，记录下来，作为迫使对手让步的砝码。

④ 指责法。指责法是指对对手的某项错误或礼仪失误严加指责，使其感到内疚，从而达到营造低调气氛，迫使对手让步的目的。

（3）营造自然谈判气氛

自然气氛是指谈判双方情绪平稳，谈判气氛既不热烈，也不消沉。自然气氛无须刻意地去营造，许多谈判都是在这种气氛中开始的。这种谈判开局气氛便于向对手进行摸底，因为，谈判双方在自然气氛中传达的信息比在高调气氛和低调气氛中传送的信息要准确、真实。当谈判一方对谈判对手的情况了解甚少，对手的谈判态度不甚明朗时，谋求在平缓的气氛中开始对话是比较有利的。营造自然气氛要做到以下几点。

① 注意自己的行为、礼仪。

② 要多听、多记，不要与谈判对手就某一问题过早发生争论。

③ 要准备几个问题，询问方式要自然。

④ 对对方的提问，能做正面回答的一定要正面回答。不能回答的，要采用恰当方式进行回避。

谈判气氛并非是一成不变的。在谈判中，谈判人员可以根据需要来营造适于自己的谈判气氛。但是，谈判气氛的形成并非完全是人为因素所能控制的，客观条件也会对谈判气氛有重要的影响，如节假日、天气情况、突发事件等。因此，在营造谈判气氛时，一定要注意外界客观因素的影响。

7.2.3.3　产品销售中的价格谈判

价格是一把"双刃剑",针对价格的谈判是销售人员必须直面的重心话题。虽然可能谈的是价格,但是,作为销售人员一定要知道,价格只是外在的形式和理由,服务和利益才是内在的根本原因。一个经验丰富的销售人员总能从价格谈判中得到额外的好处:销量承诺、长期合作、生产线上不同工序对不同添加剂的需求量和需求特点、其他厂家的情报、关键人物的心理动向等。

1. 产品销售中的报价原则

(1)"高报价"原则

报价为谈判的最终结果设定了一个无法逾越的上限。报价的高低会影响对手对己方潜力的评价。报价越高,则为己方所预留的让步余地越多。期望水平越高,可能成就的水平也随之越高。也就是说,报价越高,最后取得的利益可能越大。

(2)"开盘价合乎情理"原则

报价如果高到被对方视为荒谬的地步,谈判不但会因此告吹,而且报价方的可信度也会随之受损。一个可供参考的报价原则是:谈判双方通过反复比较和权衡,设法找出报价所得利益和该报价被接受的概略之间的最佳结合点。

(3)"坚定、清楚、不加解释和说明"原则

"坚定"是指报价要坚定而果断地提出,不应保留,吞吞吐吐,给对方留下己方是诚实而认真的谈判伙伴的印象;"清楚"是指报价要非常明确,以便对方正确地了解己方的期望;"不加解释和说明"是指报价时不必做任何解释或说明,没有必要为那些合乎情理的事情进行解释,也没有必要多做说明,因为对方肯定会对有关问题提出意见的。

2. 产品销售中的让步技巧

在产品销售谈判实践中,人们总结出八种让步方式。不同的让步方式给对方传达的信息不同。下面以卖方的让步方式为例,说明常见的八种让步方式,见表7-2。

表7-2　八种让步方式一览表

让步方式	限定让步值/元	初期让步/元	二期让步/元	三期让步/元	四期让步/元
坚定型让步	18	0	0	0	18
诚恳型让步	18	18	0	0	0
等额型让步	18	4.5	4.5	4.5	4.5
技术型让步	18	2.4	0.9	5.1	9.6
虚实型让步	18	7.6	5.1	3.9	1.4
挤压型让步	18	7.8	5	3.2	2
憨厚型让步	18	14.7	0.3	0	3
冒险型让步	18	15	3	3	−3

第一种(0,0,0,18)坚定型让步方式。这种让步方式是指在谈判开始阶段寸步不让,态

度十分强硬,到了最后时刻,则一次让步到位,促成和局。当卖方采用该种让步方式时,如果遇到的买主是一个意志比较薄弱的人,买主就可能放弃讨价还价,因而得不到利益;如果买主是一个意志坚强、坚持不懈、不达目的誓不罢休的人,那么买主只要不断地迫使对方让步,即可达到目的,获得利益。

第二种(18,0,0,0)诚恳型让步方式。这是一种一次性的让步方式,即一开始就亮出底牌,拿出全部可让利益,以达到以诚制胜的目的。这种让步方式会向对方传递一种态度诚恳、务实、坚定、坦率的信息。但遇到强硬而又贪婪的买主的情况下,在卖主一次让步后,可能会再接再厉,以争取更大让步。这时,卖主会拒绝买主的要求,导致买主不理解,从而导致僵局的出现。

第三种(4.5,4.5,4.5,4.5)等额型让步方式。这种让步方式又称为"色拉米"香肠式让步,是一种等额地让出可让利益的让步方式。采用该种让步会向对方传递一种态度谨慎、步子稳健、极富有商人气息的特点。遇到性情急躁或无时间长谈的买主时,往往会占上风,削弱买方的议价能力。但该种让步效率极低,通常要浪费大量的精力和时间,因此谈判成本较高。

第四种(2.4,0.9,5.1,9.6)技术型让步方式。这是一种先高后低,然后又拔高的让步方式,是一种机智、灵活、富有变化的让步方式。采用该种让步方式时,先在较为恰当的起点上让步,然后缓速减量,给对方传递一种接近尾声的信号。此时,如果对方满足即可收尾,如果对方不满足,本方可以再让一大步,在一个较高的让步点上结束谈判。但由于二期让步就已向对方传递一种接近尾声的信号,而后来又做出了大步让利,这样做容易给对方造成不够诚实之感,不利于双方后期的合作。

第五种(7.6,5.1,3.9,1.4)虚实型让步方式。这是一种先高后低、然后又微高的让步方式,是一种以合作为主、竞争为辅、诚中见虚、柔中带刚的让步方式。首先,这种让步策略一开始让步很大,容易给强硬对手造成我方软弱可欺的不良印象,造成对手进攻性增强。其次,前两步让大利而后两部让小利形成鲜明对比,容易给对方造成我方诚心不足的印象。

第六种(7.8,5,3.2,2)挤压型让步方式。这是一种由大到小、渐次下降的让步方式。该种方式比较自然、坦率,符合商务活动中讨价还价的规律,这种策略往往给人以和谐、均匀、顺理成章的感觉,是谈判中最为普遍采用的一种让步方式。

第七种(14.7,0.3,0,3)憨厚型让步方式。这是一种开始大幅度递减,但又出现反弹的让步方式,是一种在谈判初期让出绝大部分利益,以表示本方诚意的让步方式。该种方式给人以软弱、憨厚、老实之感,谈判成功率较高。由于开始时表现软弱,大步让利,在遇到贪婪的对手时,会刺激对手变本加厉,得寸进尺。

第八种(15,3,3,−3)冒险型让步方式。这是一种在起始两步全部让完可让利益,三期赔利相让,到四期再讨回赔利相让部分的让步方式。该种方式具有谈判风格果断诡诈、谈判过程戏剧冒险的特点,是一种具有较高技巧、只有具有丰富谈判经验的人才能灵活掌握的让步方式。

综上所述,八种让步方式各有特点和适用范围,谈判人员应根据自己的实际需要,在谈判的让步阶段恰当地选择。在实际谈判中,如果谈判人员对让步的策略理解较深,并能够做到恰当地选择,就可以从对方的让步策略中获取一定的谈判信息,进而强化本方的议价能力,促成有利于己方的谈判和局。

同步实务 7-3

设计关于价格的谈判方式

我国某 M 岸机械进出口分公司欲订购一台设备。在取得了报价单并经过估价之后,决定邀请拥有生产该设备先进技术的某西方国家的客商前来我国进一步洽谈。在谈判中,双方集中讨论了价格问题。一开始我方表示愿意出价 10 万美元,而对方的报价是 20 万美元,同其报价单上列的价格完全一样。在比较了第一回合各自的报价后,双方都预计可能成交的价格范围为 14 万~15 万美元,他们还估计要经过好几个回合的讨价还价,双方才可能就价格条款取得一致意见。试设计双方可能采取的谈判方式。

业务分析: 就产品销售中的让价方法和技巧可设计多个谈判回合以达到双方的目的。

业务程序: 设计以下让步方式。

第一种,"为了取得一致,消除差距,咱们双方最好都互谅互让,公正地说,14 万美元这个价格兼顾了双方的利益,因此较现实。你方能否考虑接受?"

第二种,向对方表示我方愿意考虑的让步不超过 5 000 美元,即由原报价 10 万美元增加到 10.5 万美元。

第三种,由 10 万美元增加到 11.4 万美元,然后依次增加,但增加的幅度越来越小。

业务说明: 第一种方式是一个典型的过大、过快的让步。即使我方把出价从 10 万美元增到 12 万美元,作为一个回合的让步,这个幅度也比较大。第二种方式的让步显得有点微不足道,使人觉得我方缺乏达成协议的诚意。第三种方式的让步幅度介于上述两种方式之间,是一种比较稳妥的方式。

● 7.2.4　课堂活动演练

"长富"企业与"蓝天"超市的谈判

背景资料

"长富"乳品生产企业生产多种乳制品,包括袋装牛奶、盒装牛奶、酸奶等多种类型、多种包装的产品,是地方知名企业。"蓝天"超市是一家全国连锁超市,分店遍布全国;"长富"乳品生产企业与"蓝天"超市是长期合作伙伴,是"蓝天"超市的比较稳定的乳品供应商之一。在新的一年,"蓝天"超市准备与乳品供应商就价格、入场、维护、促销、结算等问题展开新一轮的讨论,重新制定政策。

演练要求

(1) 两组同学分别模拟谈判双方,即一方为"长富"乳品生产企业,另一方为"蓝天"超市,确定各自的开局计划。

(2) 模拟谈判双方此次谈判的开局,并营造恰当的谈判气氛。

(3) 营造何种谈判气氛,要考虑谈判双方企业之间的关系,双方谈判人员个人之间的关系,以及双方的谈判实力。

演练条件

（1）事先对学生按照 2 人进行分组。

（2）模拟推销,进行推销实践。

（3）互换角色模拟。

（4）具有模拟谈判室。

7.2.5 实例专栏与分析

一次失败的电话销售谈判

"先生,您好,这里是 HR 公司个人终端服务中心,我们在搞一个调研活动,您有时间的话,我们可以问两个问题吗?"

一个月以前,应该有不少人会接到类似的电话。这是××公司在做笔记本电脑的促销活动,我就是其中接到电话的一个他们认为的潜在客户。

我:"你讲。"

销售员:"您经常使用电脑吗?"

我:"是的,工作无法离开电脑。"

销售员:"您用的是台式机还是笔记本电脑?"

我:"在办公室,用台式机,在家就用笔记本电脑。"

销售员:"我们最近的笔记本电脑有一个特别优惠的促销阶段,您是否有兴趣?"

我:"你就是在促销笔记本电脑吧? 不是搞调研吧?"

销售员:"其实,也是,但是……"

我:"你不用说了,我现在对笔记本电脑没有购买兴趣,因为我有了,而且,现在用得很好。"

销售员:"不是,我的意思是,这次机会很难得,所以,我……"

我:"你做电话销售多长时间了?"

销售员:"不到两个月。"

我:"在开始上岗前,HR 公司给你们做了电话销售的培训了吗?"

销售员:"做了两次。"

我:"是外请的电话销售的专业公司给你们培训的,还是你们的销售经理给培训的?"

销售员:"是销售经理。"

我:"培训了两次,一次多长时间?"

销售员:"一次大约就是两个小时吧,就是说了说,也不是特别正式的培训。"

我:"你现在做这个笔记本电脑的电话销售,成绩如何?"

销售员:"其实,我们遇到了许多的销售中的问题,的确,销售成绩不是很理想。"

这番对话没有终止在这里,我们继续谈了大约半小时,我向她讲解了销售培训中应该提供的知识以及他们的销售经理应该给他们提供的各种工作中的辅导。

类似的推销电话,许多人也有类似的体验,然而多数电话销售的销售成绩都不理想,其中一个重要的原因就是对销售队伍的有效培训不到位。

7.3　产品促销决策

7.3.1　成果展示与分析

超级福满多,派送多多

顶新国际集团武汉顶益食品有限公司生产的"超级福满多"方便面,是一种在质和量上经过改进后重新上市的产品。"超级福满多"比较原先的福满多方便面,在量上,每包由过去的 100 克增加到 125 克;在质上,新的方便面在面内加了鸡蛋;在佐料上,除原来的一个调味包外,还增加了一个肉酱包。由于消费者对这种新上市的产品不了解,加之吃惯了康师傅、统一、面霸等老牌子的方便面,谁都不愿花钱去做第一个吃"螃蟹"的人,因此"超级福满多"方便面刚上市时,销售情况不佳。

为使消费者了解这种经过改进后的新产品,顶益公司在武汉地区的多所高校学生中开展了一次较大规模的"超级福满多"方便面样品派送活动。

派送的具体办法是:顶益公司派出大量人员,把"超级福满多"方便面挨寝室送到每个学生手中(每人一包),得到方便面的学生要在派送人员的记录本上签名,并留下寝室号码和联系电话。以作信息反馈之用。方便面包装袋正面右上角,印有"非卖品"几个大字,包装袋正面还印有以下字样:"集空袋,送福气。"方法:集两个"超级福满多"空袋,即可参加兑换。奖品:牙膏、相册、饭勺等,任选一样。奖品多多,送完为止! 建议零售价:每包 1.00 元。顶益公司共准备了 10 万包方便面用于派送,目的是让在校大学生对改进后的"超级福满多"方便面有一个全新的认识,品尝样品后能够喜欢它,以便于今后认牌购买。

武汉顶益食品有限公司采用赠送样品的方法,进行销售促进活动。销售促进是在短期内刺激消费者和经销商的一种促销措施,是人员推销和广告的一种补充。与其他促销工具相比,销售促进有实效性、刺激性、多样性和直接性的特征,突出一个"快"字。

7.3.2　任务工作流程

促销(Promotion)是指企业利用各种有效的方法和手段,使消费者了解和注意企业的产品、激发消费者的购买欲望,并促使其实现最终的购买行为,促销工作的步骤参见图 7-3。

确定促销目标 → 选择促销工具 → 进行促销预算 → 制订促销方案

图 7-3　促销工作的步骤

7.3.3　基本知识和技能

促销的实质是信息沟通。企业为了促进销售,把信息传递的一般原理运用于企业的促销活动中,在企业与中间商和消费者之间建立起稳定有效的信息联系,实现有效的信息沟通。如何进行有效的信息沟通？企业营销人员在促销活动中必须做到：确立信息沟通的目标；沟通方式的综合运用；信息沟通障碍的排除。

7.3.3.1　促销的作用

（1）传递产品销售信息。在产品正式进入市场以前，企业必须及时向中间商和消费者传递有关的产品销售情报。通过信息的传递，使社会各方了解产品销售的情况，建立起企业的良好声誉，引起他们的注意和好感，从而为企业产品销售的成功创造前提条件。

（2）创造需求，扩大销售。企业只有针对消费者的心理动机，通过采取灵活有效的促销活动，诱导或激发消费者某一方面的需求，才能扩大产品的销售力。并且，通过企业的促销活动来创造需求，发现新的销售市场，从而使市场需求朝着有利于企业销售的方向发展。

（3）突出产品特色，增强市场竞争力。企业通过促销活动，宣传本企业的产品较竞争对手产品的不同特点，以及给消费者带来的特殊利益，使消费者充分了解本企业产品的特色，引起他们的注意和购买欲望，进而扩大产品的销售，提高企业的市场竞争能力。

（4）反馈信息，提高经济效益。通过有效的促销活动，使更多的消费者或用户了解、熟悉和信任本企业的产品，并通过消费者对促销活动的反馈，及时调整促销决策，使企业生产经营的产品适销对路，扩大企业的市场份额，巩固企业的市场地位，从而提高企业营销的经济效益。

7.3.3.2　促销的工具

1. 人员推销

人员推销是指通过推销人员深入中间商或消费者进行直接的宣传介绍活动，使中间商或消费者采取购买行为的促销方式。它是人类最古老的促销方式。在商品经济高度发达的现代社会，人员推销这种古老的形式更焕发了青春，成为现代社会最重要的一种促销形式。

2. 广告

广告是指企业按照一定的预算方式，支付一定数额的费用，通过不同的媒体对产品进行广泛宣传，促进产品销售的传播活动。广告是企业市场营销活动的有机组成部分，是企业参与市场竞争的重要手段，也是企业促销组合的构成要素。

3. 营业推广

营业推广是企业为刺激消费者购买，由一系列具有短期诱导性的营业方法组成的沟通活动。

4. 公共关系

公共关系是企业通过开展公共关系活动或通过第三方在各种传播媒体上宣传企业形象，促进与内部员工、外部公众良好关系的沟通活动。

7.3.3.3　影响促销组合的因素

所谓促销组合（Promotion Mix），是一种组织促销活动的策略思路，主张企业运用广告、人员推销、公关宣传、营业推广、四种基本促销方式组合成一个策略系统，使企业的全部促销活动互相配合、协调一致,最大限度地发挥整体效果,从而顺利实现企业目标。促销组合是一种系统化的整体策略,四种基本促销方式则构成了这一整体策略的四个子系统。每个子系统都包括了一些可变因素,即具体的促销手段或工具,某一因素的改变意味着组合关系的变化,也就意味着一个新的促销策略。

1. 促销目标

所谓促销目标,是指企业促销活动所要达到的目的。例如,在一定时期内,某企业的促销目标是在某一市场激发消费者的需求,扩大企业的市场份额;而另一企业促销目的则是加深消费者对企业的印象,树立企业的形象,为其产品今后占领市场、提高市场竞争地位奠定基础。显然,这两个企业的促销目的不同,因此,促销组合决策就应该不一样。前者属于短期促销目标,为了近期利益,它宜采用广告促销和营业推广相结合的方式。后者属于长期促销目标,其公关促销具有决定性意义,辅之以必要的人员推销和广告促销。在决策中,企业还须注意,企业促销目标的选择必须服从企业营销的总体目标,不能为了单纯的促销而促销。须注意企业促销目标的选择必须服从企业营销的总体目标。

一般来说,针对消费者的促销目标有:①增加销售量、扩大销售;②吸引新客户、巩固老客户;③树立企业形象、提升知名度;④应对竞争,争取客户。促销目标要根据企业要求及市场状况来确定,促销目标可以确立单个目标,也可以确立多个目标。

2. 市场特点

除了考虑促销目标外,市场特点也是影响促销组合决策的重要因素。市场特点受每一地区的文化、风俗习惯、经济政治环境等的影响,促销工具在不同类型的市场上所起作用是不同的,所以应该综合考虑市场和促销工具的特点,选择合适的促销工具,使它们相匹配,以达到最佳促销效果。

3. 产品性质

由于产品性质的不同,消费者及用户具有不同的购买行为和购买习惯,因而企业所采取的促销组合也会有所差异。

4. 产品生命周期

在导入期,导入期广告投入较大的资金用于广告和公共宣传,能产生较高的知名度;促销活动也是有效的。在成长期,成长期广告和公共宣传可以继续加强,促销活动可以减少,因为这时所需的刺激较少。在成熟期,相对广告而言,销售促进又逐渐起着重要作用。购买者已知道这一品牌,仅需要起提醒作用水平的广告。在衰退期,衰退期广告仍保持在提醒作用的水平,公共宣传已经消退,销售人员对这一产品仅给予最低限度的关注,然而销售促进要继续加强。

5. "推动"策略和"拉引"策略

促销组合较大程度上受公司选择"推动"或"拉引"策略的影响。推动策略要求使用销售队伍和贸易促销,通过销售渠道推出产品。而拉引策略则要求在广告和消费者促销方面投入较多,以建立消费者的需求欲望。

6. 其他营销因素

影响促销组合的因素是复杂的,除上述五种因素外,本公司的营销风格,销售人员素质,整体发展战略,社会和竞争环境等不同程度地影响着促销组合的决策。营销人员应审时度势,全面考虑才能制定出有效的促销组合决策。

7.3.3.4 促销组合决策

(1) 确定促销目标。不同时期和不同的市场环境下,企业开展的促销活动都有着特定的促销目标。短期促销目标,宜采用广告促销和营业推广相结合的方式。长期促销目标,公关促销具有决定性意义。

(2) 选择促销工具。根据不同的情况,将人员推销、广告、营业推广和公共关系四种促销方式进行适当搭配,使其发挥整体的促销效果。应考虑的因素有产品的属性、价格、寿命周期、目标市场特点、"推"或"拉"策略。

(3) 确定促销预算。企业应从自己的经济实力和宣传期内受干扰程度大小的状况决定促销组合方式。如果企业促销费用宽裕,则可几种促销方式同时使用;反之,则要考虑选择耗资较少的促销方式。

(4) 制订促销方案。

7.3.4 课堂活动演练

制订美特斯·邦威的销售促进方案

背景资料

美特斯·邦威集团公司于 1995 年创建于上海市,主要研发、生产、销售美特斯·邦威品牌休闲系列服饰。"美特斯·邦威"是集团自主创立的本土休闲服品牌。"美":美丽,时尚;"特":独特,个性;"斯":在这里,专心、专注;"邦":国邦、故邦;"威":威风。"美特斯·邦威"代表为消费者提供个性时尚的产品,立志成为中国休闲服市场的领导品牌,扬国邦之威、故邦之威。品牌名称凝聚了集团创始人周成建先生永不忘却的民族品牌情结和对于服饰文化的情有独钟。1995 年 4 月 22 日温州解放剧院第一家专卖店的开业标志着"美特斯·邦威"品牌的正式面市。创牌以来,企业坚持走品牌连锁经营的可持续发展道路。

演练要求

(1) 以小组为单位制订一份美特斯·邦威在国庆期间的销售促进方案。

(2) 每小组派代表,在课堂上阐释各自的方案,同学们评议。

(3) 注意方案内容的丰富性、可操作性、可行性及经济性。

演练条件

(1) 事先对学生按照 5~6 人进行分组。

(2) 假设该企业的产品属中高档服装,适合追求时尚的消费者。

(3) 具有可上网的实训室。

7.3.5 实例专栏与分析

沸腾可乐的促销创意

一项名为"沸腾可乐"的游戏在各大网站颇为盛行:将几颗"曼妥思"薄荷味口香糖扔进

健怡可口可乐中,几秒钟之后,一根硕大的可乐柱从可乐瓶中喷涌而出,瓶中也只剩下了小半瓶可乐。

这个游戏吸引了各国玩家在自家后院或者浴缸里实验,美国有的学校甚至还把这个游戏当作课外活动,在操场上演示给全校学生欣赏,然后把可乐喷发时的壮观场面上传到互联网,与世界各地的玩友分享。更有意思的是,可乐喷泉曾三次刷新吉尼斯世界纪录。最早的吉尼斯世界纪录是在拉脱维亚首都里加制造出的 1 911 个可乐喷泉,之后被 2010 年 6 月在中国长春创造的 2 175 瓶纪录刷新。到目前为止,最大规模的可乐喷泉是 2010 年 8 月 21 日在墨西哥首都墨西哥城创造的,2 433 名志愿者身披雨衣同时把薄荷糖放进了眼前的可乐瓶中。

在网友的分享下,可口可乐和曼妥思销量随之大幅上扬。一个能制造 9 米多高喷泉的管子也一度成为热卖产品。

促销手段的选择,必须迎合消费者的喜好。这个特殊的化学反应由于够酷、够有趣,在网友间自发形成了一个互动营销行为,可口可乐和曼妥思两家厂商以零成本赢得极大的媒体曝光量。

7.4　销售合同的签订

7.4.1　成果展示与分析

北京市冷翠技术开发有限公司的销售合同

供方:北京市冷翠技术开发有限公司　　　　　合同号:

　　　　　　　　　　　　　　　　　　　　签约地点:北京

需方:　　　　　　　　　　　　　　　　　签约时间:

根据《中华人民共和国合同法》,供需双方经过友好协商,达成以下协议。

一、产品名称、型号、数量、金额

产品名称	型号	数量	报价/元	折扣/元	总成交价/元
合计人民币金额(大写):					

二、技术指标:以原厂技术参数为标准

三、交(提)货时间

四、交(提)货地点、方式

1. 交货地点　　　　　负责方人:供方

2. 运输方式　　　　　负责方人:供方

3. 费用负担:运输、仓储、保险等费用由_____负担

五、包装要求:原厂包装

六、检验标准

七、保修期:生产厂家标准,12 个月内免费维修,负责终身维修

八、货款结算方式:转账支票或者现金

九、货款结算日期:＿＿＿＿＿＿＿＿

十、违约所负责任和解决纠纷方式

1. 如有任何一方违约,应承担违约部分 50% 的违约金。

2. 仲裁:一切因执行本合同或本合同有关的争执,应由双方通过友好方式协商解决。如经协商不能得到解决时,应提交仲裁委员会或合同签订地所在法院解决。

供方:	需方:
单位名称:北京市冷翠技术开发有限公司	单位名称:
单位地址:北京市海淀区阜成路 111 号	单位地址:
金商誉大厦 311 室	法定代表人:
法定代表人:涂九岐	委托代理人:
电话:010-88125131	电话:
传真:010-88126649	传真:
邮编:100036	邮编:
开户银行:373(北京市商业银行阜裕支行)	
账号:100120109055619	

签订销售合同是营销员在营销活动中常见的一项法律活动。一份销售合同签订得好坏,不仅关系到营销员的个人经济利益同时牵连到企业的经济效益。所以,合同的签订一定要慎之又慎。

7.4.2　任务工作流程

合同不仅要规定双方交易的主要条款,还要明确双方各自应尽的责任和义务,特别是违约应承担的责任,从而加强合同的约束力。合同文本要明确、具体,不能含混不清,模棱两可,否则在履行过程中就可能争议不断。合同签订与执行流程参见图 7-4。

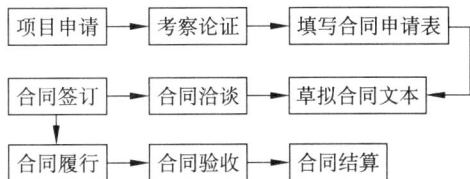

图 7-4　合同签订与执行流程

7.4.3　基本知识和技能

7.4.3.1　签订销售合同的原则

合同是交易双方为明确各自的权利和义务,以书面形式将其确定下来的协议。合同具有法律效力,是一种约束双方的法律性文件,双方必须履行合同规定的各自应尽的义务,否

则就必须承担相应的法律责任。卖方制定的称为销售合同，买方制定的称为购货合同。签订销售合同要遵循以下原则。

1. 遵守国家的法律和政策

签订销售合同是一种法律行为，合同的内容、形式、程序及手续都必须合法。"合法"是指销售合同的订立必须符合国家法律和政策的要求。只有遵循合法原则，订立的销售合同才能得到国家的认可和具有法律效力。当事人的权益才能受到保护，并达到订立销售合同的预期目的。

2. 遵守平等互利、协商一致、等价有偿的原则

双方当事人在法律地位上是平等的，所享有的经济权利和承担的义务是对等的。双方的意思表示必须真实一致，任何一方不得把自己的意志强加于对方，不允许一方以势压人、以强凌弱或利用本身经济实力雄厚、技术设备先进等优势条件，签订"霸王合同"、"不平等条约"，也不允许任何单位和个人进行非法干预。

3. 遵守诚实信用的原则

销售合同的双方当事人，应诚实遵守合同的规定，积极履行合同，稳定地开展工作，为提高自己的信誉而努力。

7.4.3.2　销售合同的签订程序

销售合同的签订要经过要约和承诺两个阶段。

1. 要约

要约是当事人一方向另一方提出订立销售合同的意思表示。提出要约的一方称为要约人，对方称为受约人。要约人在要约中要向对方表达订立销售合同的愿望，并明确提出销售合同的主要条款，以及要求对方做出答复的期限等。要约人在自己规定的期限内，要受到要约的法律约束；如果对方接受自己的要约，就有义务同对方签订销售合同。

2. 承诺

承诺是受约人同意要约的意思表示。要约一经承诺，即表明双方就合同主要条款达成协议，合同即告成立，所以承诺对合同的成立起着决定性作用。承诺应在要约规定的期限内做出，要约中没有规定期限的，应按其合理期限考虑，即双方函电的正常往返时间加上必要的考虑时间。承诺的内容必须与要约的内容完全一致，承诺必须是无条件地完全接受要约的全部条款。如果受约人在答复中，对要约内容、条件作了变更或只部分同意要约内容，或附条件地接受要约的，就应视为对要约的拒绝，而向原要约人提出新的要约，叫反要约。

在实际的操作中，一份销售合同的订立往往要经过要约、反要约、再反要约，一直到承诺这样一个复杂的谈判过程。一个销售合同能否有效成立，主要看其是否经历了要约和承诺两个阶段。

7.4.3.3　销售合同的签订应具备的主要条款

销售合同的主要条款是销售合同的重心，它决定了合同签订双方的义务和权利，决定了销售合同是否有效、合法，是当事人履行合同的主要依据。

1. 标的

标的是销售合同当事人双方权利和义务所共同指向的对象,销售合同中的标的主要表现为推销的商品或劳务。

2. 数量和质量

数量和质量是确定销售合同标的特征的最重要因素,也是衡量销售合同是否被履行的主要尺度。数量是销售合同标的计量的要求,包括计量单位和计量方法。质量是对销售合同标的标准和技术方面的要求。

3. 价款

销售合同中买受人为了得到标的物向出卖人支付的货币,体现了销售合同所遵循的等价有偿的原则。在合同中,营销人员应明确规定定价的数额,并说明它们的计算标准、结算方式和程序等。

4. 履行期限

履行期限是指合同的当事人所约定的履行合同义务的时间界限,包括交货时间和付款时间。双方当事人在签订合同时,必须明确规定具体地履行期限,如按年、季度或月、日履行的起止期限,切忌使用"可能完成"、"一定完成"、"要年内完成"等模棱两可、含混不清的措辞。

5. 地点和方式

履行地点是指合同当事人所约定的履行合同义务的具体地点,如合同的提货地点、付款地点等。履行方式是指销售合同当事人履行合同义务的具体方式,如在交付标的物方式是一次履行还是分期分批履行,是送货式、自提式还是代办托运式等。

6. 违约责任

违约责任是指销售合同当事人违反销售合同约定的条款时应承担的法律责任。违约责任应当明确、具体,具有针对性。

7. 解决争议的方法

解决争议的方法是指销售合同当事人约定发生争议后是诉讼解决还是仲裁解决的条例。此外,销售合同的内容还包括:包装方式、检验标准和检验的方式等。根据法律规定或销售合同性质必须具备的条款,如保险条款、风险条款、标的物保留条款、法律适用条款以及当事人一方要求必须规定的条款。

◯ 7.4.4 课堂活动演练

签订茶叶销售合同

背景资料

庆芳茶叶公司法人代表王××和红叶茶场法人代表李××于 2014 年 3 月 10 日签订了一份茶叶销售合同,具体货物是铁观音,数量为 800 千克,每千克价格为 264 元,2014 年 6 月 20 日之前由茶场直接运往公司,运费由茶场负责,检验合格后,公司于收货10 天以内通过银行托付贷款。茶叶必须用大塑料外包,真空内装,外用纸箱或麻包袋装。

包装费仍由茶场负责。茶场地址为福建省××县城北区,开户银行是××县农业银行,银行账号是005041,电话是82749883。茶叶公司地址为福州市××路××号,开户银行为福州市工商银行,账号是657806,电话是×××××××,合同签订后,如双方不履行,在正常情况下,拒不交货或拒付款都须处以货款20%的罚金,迟交货或迟付款,则每天罚3‰的滞纳金,数量不足,按不足部分的货款计赔,仍按20%的比例赔偿。质量不合格,则重新酌价。如遇特殊情况,则提前20天通知对方,并赔偿损失费10%,本合同由××县工商行政管理所鉴证。

演练要求

(1) 以小组为单位分角色,签订一份销售合同。

(2) 要求体现合同的规范性内容,双方责任义务明确。

演练条件

(1) 事先对学生按照5~6人进行分组。

(2) 教师提供销售合同范本,供学生演练参考。

(3) 真实的销售合同签订活动中,了解销售合同签订的陷阱。

(4) 在网上或者企业收集与销售合同签订相关的案例,掌握销售合同签订的技巧。

7.4.5 实例专栏与分析

产品购销合同

甲工厂专门生产一种化工产品,乙贸易公司和甲工厂签订了一份《产品购销合同》,合同约定:乙贸易公司向甲工厂购买该产品2 000吨,单价为每吨2 300元,供货时间从2013年8月15日至2014年4月15日,违约责任为违约方赔偿对方包括可得利益在内的全部经济损失。在合同签订并履行一个月后,该产品原料持续上涨了近40%。若继续按合同交货价销售,甲工厂将产生巨额亏损,为此,甲工厂多次发函给乙贸易公司,请求将供货价格给予适当调整增加(事实上,乙贸易公司的下游购货商所给的价格已得到相应提高,提价对乙贸易公司并无太大的影响),但乙贸易公司并不理会甲工厂的请求,反而要求甲工厂按合同继续供货,否则将追究甲工厂的违约责任。情急之下,甲工厂于2013年10月8日发函给乙贸易公司明确表示"终止双方的合同",此后,乙贸易公司不再到甲工厂提货,至此,甲工厂已按约定给乙贸易公司连续供货累计达500吨,乙贸易公司也付清了相应的货款。就在甲工厂以为事情已过的时候,2014年3月,乙贸易公司突然向法院提起对甲工厂的诉讼,案由是买卖合同纠纷,诉讼请求一是要求甲工厂继续履行合同向其供货;二是要求甲工厂向其赔偿因违约造成的经济损失80万元。乙贸易公司提交的证据中除了双方的合同、付款凭证、乙贸易公司和下游购货商的供货合同,以及为履行向下游供货商供货的义务而被迫向第三方高价购货的相关证据材料,还包括双方的往来函件,其中就有甲工厂于2013年10月8日发给乙贸易公司的关于终止双方合同的函件。接到应诉通知,甲工厂的领导不禁倒吸一口冷气:若乙贸易公司的诉讼请求为法院所支持的话,甲工厂不仅要赔偿给乙贸易公司80万元,还要继续供货1 500吨给乙贸易公司,而现在产品的市场价格已达到每吨7 000多元!如此一来,甲工厂将面临关门倒闭的境地。

庭审中,针对乙贸易公司提出的主张,律师辩称:甲工厂在本案中未构成违约。理由是:

双方合同中约定的具体供货数量应按乙贸易公司已支付的货款确定。乙贸易公司有先支付货款的义务,而甲工厂所供的货物数量完全按照乙贸易公司所付货款来执行。至于甲工厂于 2013 年 10 月 8 日发出的函件,表明甲工厂确实曾经做出过单方终止合同的意思表示,但最终为乙贸易公司所拒绝而无效。事实上,该函件发出后,甲工厂仍继续向乙贸易公司供货达 70 吨,双方均以自己的实际行为在继续履行合同。既然合同未终止,那么,合同对双方仍然具有约束力,包括乙贸易公司应继续向甲工厂履行给付货款的义务。而甲工厂也完全具备供货的条件和能力,在乙贸易公司没有支付货款的前提下,甲工厂完全有权依照《合同法》第六十七条的规定行使先履行抗辩权,拒绝继续供货。对于乙贸易公司要求继续履行合同供货的主张,律师提出,现在合同有效期已过,合同约定的单价仅在合同期间有效,合同期内乙贸易公司没有理由停止付款,导致甲工厂拒绝供货,责任在于其自身。此时若乙贸易公司仍需要甲工厂继续供货,应按市场重新确定供货价。

7.5　产品销售结算

7.5.1　成果展示与分析

购买纺织品的购销合同

天津某公司经过与上海某公司的业务洽谈后,于 2013 年 8 月 5 日签订了关于购买纺织品的购销合同。价税合计为 175 500 元,天津某公司于 2013 年 10 月 5 日签发以其指定人为收款人的银行汇票,如图 7-5 所示。

中国建设银行

付 款 期 壹 各 月	银行汇票				No. 3450987					
出票日期 (大写)贰零壹叁年壹拾月伍日		代理付款行:建行					行号:			
收款人	上海某公司	账号								
人民币 出票金额(大写):壹拾捌万元整										

		千	百	十	万	千	百	十	元	角	分
人民币 实际结算金额(大写)壹拾柒万伍仟伍佰元整				¥	1	7	5	5	0	0	0	0

申请人:天津某公司	账号:			
出票行:工行天津分行　　行号:			科目(借)	
备　注:　　　　购料款	多余金额		对方科目(贷)	
出票行签章	千 百 十 万 千 百 十 元 角 分		兑付日期　　年　月　日	
2013 年 10 月	¥ 4 5 0 0 0 0		复核　　　记账	

图 7-5　天津某公司出具的银行汇票(第二联)

天津某公司与上海某公司采用银行汇票的结算形式。选择哪种结算方式主要考虑信用因素、时间因素、税收因素。选择哪种结算方式在一定程度上以买卖双方的信用、货物的市场销售情况为依据。如卖方应考虑买方的资金是否雄厚、信用是否良好、经营是否稳健、处事是否踏实,然后决定采用商业信用,还是采用银行信用。

7.5.2　任务工作流程

销售业务主体是一笔销售的确定过程,细化为销售合同的确定、开票、结算、收款四个过程,以上合同由业务员签订,专人管理、并由开票员开票,其主要工作流程参见图7-6。

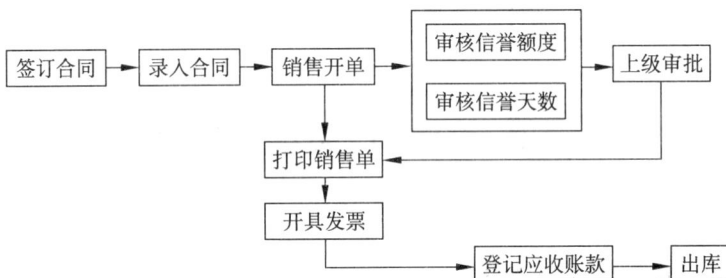

图 7-6　销售结算主要流程

7.5.3　基本知识和技能

7.5.3.1　产品销售结算类型

产品销售结算是指对经济主体之间因商品交易而产生的货币收付关系,是对债权债务进行清偿的行为。销售结算的分类方式多种多样,常见的分类方式有以下几种。

1. 按照性质不同可以把销售结算分为现金结算和转账结算

现金结算是在经济往来中直接使用现金进行货币收付的一种结算形式。一般适用于小额、零星交易,主要涉及日用消费品的买卖以及与个人有关的货币收付活动。转账结算是以票据和结算凭证为依据,通过银行转账方式,将款项从付款人账户转到收款人账户的一种结算形式。适用于大额交易,如企业之间的大宗生产资料的交易。目前,转账结算或票据支付已成为现代银行货币结算业务的主要形式。

2. 按地域不同可以把销售结算分为同城结算、异地结算和通用结算方式

同城结算方式是指在同一城市范围内各单位或个人之间的经济往来,通过银行办理款项划转的结算方式,具体有支票结算方式和银行本票结算方式。异地结算方式是指不同城镇、不同地区的单位或个人之间的经济往来通过银行办理款项划转的结算方式,具体包括银行汇票结算方式、汇兑结算方式和异地托收承付结算方式。通用结算方式是指同城异地均可使用的结算方式,包括银行汇票、商业汇票、委托收款和信用卡。

3. 按支付工具不同可以把销售结算分为票据结算和非票据结算

票据是以支付货币为目的的特殊证券,是由出票人签名于票据上,约定由自己或另一人无条件地支付确定金额的、可流通转让的证券。票据一般可分为汇票、支票及本票三种。除票据及现金之外的结算方式均为非票据结算方式。

4. 按国内外不同可以把销售结算分为国际结算和国内结算

国际结算是指国际上由于政治、经济、文化、外交、军事等方面的交往或联系而发生的以货币表示债权债务的清偿行为或资金转移行为。国内结算业务是商业银行的中间业务。国际结算与国内结算主要存在以下区别。

(1)货币的活动范围不同,国内结算在一国范围内,国际结算是跨国进行的。

(2)使用的货币不同,国内结算使用同一种货币,国际结算则使用不同的货币。

(3)遵循的法律不同,前者遵循同一法律,后者遵循国际惯例或根据当事双方事先协定的仲裁法。

销售结算的具体分类方式及其相互之间的关系如图 7-7 所示。

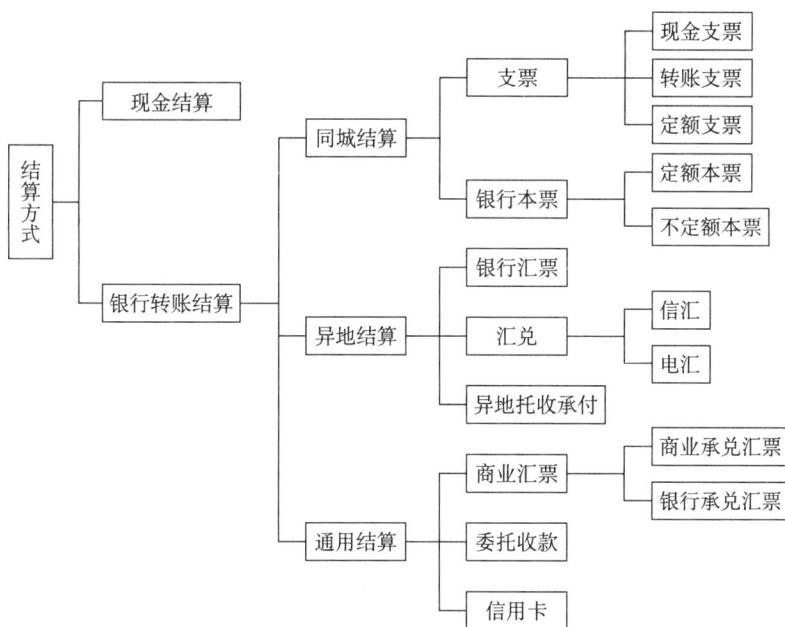

图 7-7 销售结算分类方式及其相互之间的关系

7.5.3.2 票据结算

1. 银行汇票结算

(1)银行汇票的含义

银行汇票是出票银行签发的,由其在见票时按照实际结算金额无条件支付给收款人或者持票人的票据。银行汇票的出票人为经中国人民银行批准有权办理该类业务的银行,银行汇票的出票银行即为银行汇票的付款人。银行汇票具有使用灵活、票随人到、兑现性强等特点,适用于先收款后发货或钱货两清的商品交易,特别适用于派人异地采购的交易方式。

（2）银行汇票的基本规定

① 使用范围。单位和个人各种转账结算，均可以使用银行汇票。银行汇票可以用于转账、填明"现金"字样的银行汇票也可以用于支取现金，申请人或收款人为单位的，银行不予签发现金银行汇票。

② 出票和付款。银行汇票限于中国人民银行和各商业银行参加"全国联行往来"的银行机构办理，跨系统银行签发的转账银行汇票的支付，应通过同城票据交换将银行汇票和解讫通知提交给同城有关银行支付后抵用。

③ 代理付款人。银行汇票的代理付款人是代理本系统出票银行或跨系统签约审核支付汇票款项的银行，代理付款人不得受理未在本行开立存款户的持票人为单位直接提交的汇票。

④ 付款期限。银行汇票的提示付款期限自出票日起1个月（不分大小月统一按次月对日计算，遇节假日顺延），持票人超过付款期限提示付款的，代理付款人不予受理。

⑤ 背书。银行汇票为记名式，收款人可将银行汇票背书转让给被背书人，但填明"现金"字样的银行汇票不得转让。未填写实际结算金额或实际结算金额超过出票金额的银行汇票也不得背书转让。

⑥ 丧失。失票人可以凭人民法院出具的其享有票据权利的证明，向出票银行请求付款或退款。填明"现金"字样和代理付款人的银行汇票丧失，可以由失票人通知付款人或代理付款人挂失止付。

2. 商业汇票结算

（1）商业汇票的含义

商业汇票是出票人签发的，委托付款人在指定付款日期无条件支付确定金额给收款人或持票人的票据。

（2）商业汇票的分类

商业汇票按照承兑人的不同，分为商业承兑汇票和银行承兑汇票两种。商业承兑汇票由银行以外的付款人承兑；银行承兑汇票由银行承兑。商业汇票的付款人即为承兑人。

（3）商业汇票的规定

① 使用范围。商业汇票必须是在银行开立存款账户的法人以及其他组织之间使用，且必须具有真实的交易关系或债权债务关系。出票人不得签发无对价的商业汇票，用于骗取银行或者其他票据当事人的资金。

② 提示承兑。商业汇票可以在出票时向付款人提示承兑后使用，也可以在出票后先使用，然后再向付款人提示承兑。出票时付款或出票后定期付款的商业汇票，持票人应在汇票到期日前向付款人提示承兑；见票后定期付款的汇票，持票人应当自见票日起1个月内向付款人提示承兑。

③ 承兑。商业汇票的付款人接到出票人或持票人向其提示承兑的汇票时，应当向出票人或持票人签发收到汇票的回单，记明汇票提示承兑日并签章。付款人应在自收到提示承

兑的汇票之日起 3 日内承兑,或出具证明拒绝承兑。

3. 银行本票结算

(1)银行本票的含义

银行本票是银行签发的,承诺自己在见票时无条件支付确定的金额给收款人或者持票人的票据。银行本票由银行签发且保证兑付,具有见票即付、信用度高、支付功能强等特点,适用于同城采购的交易方式。

(2)银行本票的基本规定

① 出票人及使用要求。银行本票的出票人是经中国人民银行当地分支行批准办理银行本票业务的银行机构,银行本票的代理付款人是代理出票银行审核支付银行本票款项的银行。单位和个人在同一票据交换区域可以使用银行本票支付各种款项。银行本票可以用于转账,填明“现金”字样的银行本票也可用于支取现金,申请人或收款人为单位的,银行不予签发现金银行本票。银行本票一律记名,允许背书转让。

② 银行本票的面额和期限。银行本票有定额和、不定额两种类型,定额银行本票的面额分别为 1 000 元、5 000 元、10 000 元和 50 000 元四种。银行本票的提示付款期自出票日起最长不得超过两个月(不分大小月统按次月对日计算,遇节假日顺延)。持票人超过提示付款期付款的,代理付款人不予受理。

③ 银行本票的退款和丧失。申请人因本票超过提示付款期限或其他原因要求退款时,应将银行本票提交到出票银行,并提交单位证明或个人身份证明。出票银行对于在本行开有存款账户的申请人,只能将款项转入其存款账户;对于现金银行本票和未在银行开立存款账户的申请人,应退付现金。银行本票如果丧失,失票人可以凭人民法院出具的其享有票据权利的证明,向出票银行请求付款或退款。

4. 支票结算

(1)支票的含义

支票是一种委托式信用证券,是由出票人签发的、委托办理支票存款业务的银行在见票时无条件支付确定的金额给收款人或者持票人的票据。使用支票结算具有手续简便、使用灵活、结算及时、可以转让等特点。支票结算适用于单位和个人在同一票据交换区的各种款项的结算。

(2)支票的分类

支票分为现金支票、转账支票和普通支票三种。

① 现金支票。支票上印有“现金”字样的为现金支票,现金支票只能用于支取现金。

② 转账支票。支票上印有“转账”字样的为转账支票,转账支票只能用于转账。

③ 普通支票。支票上未印有“现金”或“转账”字样的为普通支票,普通支票既可以用于转账,也可以用于支取现金。在普通支票左上角划有两条平行线的,为划线支票,划线支票只能用于转账,不能提取现金。

(3)支票的规定

① 使用范围。支票的使用范围为同一票据交换区,单位和个人在同一票据交换区域的

各种款项结算均可使用支票。

② 涉及人员。支票的使用涉及出票人、付款人和收款人等。出票人即填制支票的单位或个人。支票的出票人必须是在经中国人民银行当地分行批准办理支票业务的银行机构开立支票存款账户的单位或个人;支票一律记名,即填明收款人名称。支票的付款人为支票上记载的出票人开户银行;支票的收款人,即支票上标明的收款单位或个人。

③ 提示付款期。支票的提示付款期限自出票日起10日,但中国人民银行另有规定的除外。对超过提示付款期限的,持票人开户银行不予受理,付款人不予付款。

④ 禁止出票人签发空头支票。任何单位和个人不得签发空头支票,否则银行将按规定予以退票,并按票面金额处以一定比例的罚款。对屡次签发空头支票的,银行应停止其签发支票。

⑤ 挂失。支票丢失,失票人应及时到支票的付款行办理有关挂失手续,并提交挂失止付通知书,银行审核无误并确定票款未付后,登记"支票挂失登记簿",并在出票人分账户做出标记,凭此掌握止付。挂失前已经支付的,银行不予受理。

7.5.3.3 非票据结算

1. 汇兑结算

(1) 汇兑结算的含义

汇兑结算是汇款人委托银行将其款项汇给收款人的结算方式。作为一种传统的结算方式,汇兑结算便于汇款人向异地的收款人主动汇款。汇兑结算广泛应用于单位和个人的各种款项的结算。汇兑结算方式具有划拨款项简便、灵活且没有金额起点限制等特点。

(2) 汇兑结算的类型

汇兑分为信汇和电汇两种,由汇款人选择使用。信汇是指汇款人委托银行通过邮寄方式将款项划转给收款人。电汇是指汇款人委托银行通过电报将款项划转给收款人。

(3) 汇兑结算的规定

① 汇款人委托银行办理汇兑,向汇出银行填写的信汇、电汇凭证必须内容齐全,详细填明汇入地点、汇入银行名称、收款人名称、汇款用途等项内容,否则银行不予受理。

② 汇兑凭证记载的收款人为个人、收款人需要到汇入银行领取款项的,汇款人应在汇兑凭证上注明"留行持取"字样。对于留行待取的汇款,若是指定该单位的某个收款人领取的,还应注明收款人的单位名称;若信汇凭证上指明凭收款人签章收取的,应在信汇凭证上预留收款人签章。

③ 汇款人和收款人均为个人,需要在汇入银行支取现金的,应在信汇、电汇凭证的"汇款金额"大写栏内,先填写"现金"字样,后填写汇款金额。

④ 汇入银行对于收款人拒绝接受的汇款,应立即办理退汇。对于发出取款通知,经过两个月仍无法交付的汇款,汇银行可主动办理退汇。

⑤ 分次支取汇款的,应以收款人的姓名开立临时存款户。临时存款户只付不收,付完清户,不计付利息。

⑥ 汇款人如果限定所汇款项不得进行转汇时,应在汇兑凭证的备注栏内写明"不得转汇"的字样。

2. 托收承付结算

(1) 托收承付的含义

托收承付也称异地托收承付,是收款人根据购销合同发货后,委托银行向异地付款人收取款项,付款人向银行承认付款的结算方式。托收承付结算方式的特点是可以促使销货单位按照合同规定发货,购货单位按照合同规定付款,维护购销双方的权益。托收承付结算方式适用于异地单位之间订有合同的商品交易及由此产生的劳务供应的款项结算。

(2) 托收承付结算方式的类型

托收承付结算方式分为邮寄和电划两种,由收款单价选择采用。邮寄是指收款人委托银行通过邮寄方式将款项划转给收款人的结算方式;电划是指收款人委托银行通过电报将款项划转给收款人的结算方式。

(3) 托收承付结算方式的规定

① 结算起点。托收承付的每笔金额起点为 10 000 元,新华书店系统每笔金额起点为 1 000 元。

② 承付期限。托收承付的承付期限,验单承付为 3 天,从付款单位开户银行发出承付通知的次日算起;验货承付为 10 天,从运输部门向付款单位发出提货通知的次日算起,遇假日顺延。付款单位在付款期内未向银行提异议,银行视作同意付款。

③ 拒付。收付双方办理托收承付结算,必须重合同、守信用。付款单位需拒付时,应在承付期内向开户银行提交全部或部分拒付理由书,经银行审查同意后方可拒付。付款人累计三次提出无理拒付的,银行应暂停其向外办理托收。收款人对同一付款人发货托收累计三次收不回款的,银行应暂停其向该付款人办理托收。

④ 使用单位。使用托收承付结算方式的收款单位和付款单位,必须是国有企业、供销合作社以及经营管理较好,并经开户银行审查同意的城乡集体所有制企业。

⑤ 使用范围。办理托收承付结算的款项,必须是商品交易以及因商品交易而产生的劳务供应的款项。代销、寄销、赊销商品的款项,不得办理托收承付结算。使用托收承付结算方式时,收付双方必须签订符合《合同法》的购销合同,并在合同上订明使用托收承付结算方式。

⑥ 需要的证件。收款人办理托收,必须具有商品确已发运的证件,包括铁路、航运、公路等运输部门签发的运单、运单副本和邮局包裹回执等。没有发运证件,按照《支付结算办法》所规定的具体情况,可凭其他有关证件办理。

3. 委托收款结算

(1) 委托收款的含义

委托收款是指收款人向银行提供收款依据,委托银行向付款人收取款项的结算方式。委托收款方式具有方便灵活、适用面广、不受金额起点限制等特点,无论单位还是个人都可凭已承兑的商业汇票、债券、存单等付款人债务证明,使用委托收款结算方式。委托收款适用于水费、电费、电话费等付款人众多及分散的事业性收费结算，在同城、异地均可办理。

（2）委托收款的种类

委托收款分邮寄和电划两种，由收款人选用。邮寄是指收款人委托银行通过邮寄方式将款项划转给收款人的结算方式；电划是指收款人委托银行通过电报将款项划转结收款人的结算方式。

（3）委托收款结算方式的规定

① 收教人办理委托收款应向开户银行填写收款凭证，提供收款依据。委托收款不受金额起点的限制。

② 付款人的付款期为3天，从付款人开户银行发出付款通知的次日算起。

③ 付款人在付款期内未向银行提出异议，银行视作同意付款。

④ 付款人需拒付时，应在付款期内向开户银行提交全部或部分拒付理由书。银行不负责审查拒付理由，只将拒付理由书和有关凭证及单证寄给收款人开户行转交收款人。

⑤ 在银行或其他金融机构开立账户的单位和个体工商户的商品交易、劳务款项和其他应收款项的结算，均可使用委托收款结算方式。委托收款在同城和异地均可使用。

● 7.5.4　课堂活动演练

完成产品销售结算工作

背景资料

J省A公司与香港B公司经过业务洽谈后，于某年8月18日签订了关于购买钢材的购销合同。同年9月1日，A公司申请开出N银行汇票一张，金额为40万元，收款人为A公司会计李某。由李某持该汇票到香港与B公司办理购买钢材的相关事宜。李某携汇票到香港后，B公司经理张某等人以欺诈手段骗取该汇票，伪造了李某的签名，将汇票背书转让给B公司，并迅速到B公司开户行某工行办理提示付款手续，提交了伪造的已背书转让的汇票及李某的身份证复印件。此后，某工行将此汇票及身份证复印件通过同城交换转至香港N银行请求付款，而N银行未加认真审核即予以付款，致使张某等人在3天内从工行其账户上提取40万元后潜逃。A公司认为，N银行未尽法律规定的注意、审查义务，在汇票背书有明显瑕疵的情况下予以付款的行为，违反了我国《票据法》及《支付结算办法》的相关规定，损害了公司的利益，应由N银行赔偿全部损失。但N银行却称，根据《支付结算办法》的有关规定，银行已履行法定审查义务，但汇票背书及身份证复印件不属于该行的审查范围，故N银行不应负赔偿责任。经与N银行协商未果，A公司向法院起诉。

演练要求

（1）假设你是李某，你如何完成J省A公司与香港B公司产品销售结算工作？

（2）以分组形式展开讨论，并制作报告，相互交流与完善。

演练条件

（1）在真实的产品销售结算活动中，了解票据的出票、承兑和审核方法，并了解票据的防欺诈方法。

（2）在网上或者企业收集与产品销售结算相关的案例，了解影响产品销售结算方式选择的因素。

（3）具有可上网的实训室。

◯ 7.5.5　实例专栏与分析

银行客户经理的结算知识要求

郑州有一家大型国有工业企业，年产值达 20 亿元，是各家金融机构竞相营销的对象，该企业资金充裕，对银行的贷款需求不大。某银行的一家城区行的客户经理曾找该企业财务负责人谈授信业务，没想到企业负责人兴趣不大，因此，忙了几个月下来，一分钱存款也没有。有一天，银行客户经理在报纸上看到该企业谈成一笔大的出口合同，金额 900 万美元左右。另据消息说该企业刚获得进出口经营权，已在郑州另外一家股份制银行开了经营项目外汇账户，以前几笔小额的进口就是从这家银行走的。因此，该银行客户经理马上去企业拜访财务负责人，向其详细介绍了信用证、福费廷、保兑等和该笔业务相关的专业知识。企业的各级负责人很满意，并邀请客户经理参与和外商的后续谈判。参与谈判的过程中，中方法律、外贸、银行各个专业口的人员都参加了谈判，仅涉及银行信用证、保函和保兑业务的条款就连续谈了 48 小时。在谈判过程中，遇到以下两个典型问题。

一是，外方银行代表（一家外资银行的国内分行的贸易融资总裁）提出："预付款保函条款中规定预付款到账后生效，在开出保函时并未生效，担保银行（中行）也就不承担风险，却为什么在开立保函时就要求申请人缴纳 100% 高达 2 000 万元的保证金？"

二是，在国际贸易中，付款结算的方式主要有汇款、托收、信用证三种，其中，汇款方式与信用证付款方式的区别究竟在哪里？

上述两个问题，涉及很多专业知识，银行客户经理按照国际惯例一一予以解决，谈判得以顺利进行，并使合同条款对中方更加有利。企业老总很满意，在保函开出前一个月，就将 2 000 万元保证金存到该银行。

✔ 重点概括

● 产品销售活动是由众多要素组成的系统活动，销售的核心问题是说服客户，销售活动是商品、信息传递、心理变化等过程的统一。

● 产品销售服务指产品在流通过程中，企业为保证产品的正确使用而进行的全方位服务。企业不仅要重视售中与售后服务，也要加强售前服务。

● 完整的、程序化的推销过程，一般包括寻找顾客、约见顾客、接近顾客、推销洽谈、处理异议、促成交易和服务顾客等不同环节。其中各个环节相互联系、相互渗透、相互转化，任何一个环节都会影响推销工作的成败。

● 谈判气氛并非是一成不变的。在谈判中，谈判人员可以根据需要来营造适于自己的谈判气氛。一般来说，谈判气氛可分为三种：高调的、低调的、自然的。

● 在产品销售谈判实践中，人们总结出坚定型让步方式、诚恳型让步方式、等额型让步方式、技术型让步方式、虚实型让步方式、挤压型让步方式、憨厚型让步方式、冒险型让步方式八种让步方式。

- 销售合同的签订应具备的主要条款包括:标的、数量和质量、价款、履行期限、地点和方式、违约责任和解决争议的方法。

- 促销能够传递产品销售信息;创造需求,扩大销售;突出产品特色,增强市场竞争力;反馈信息,提高经济效益。常用的促销的工具是人员推销、广告、营业推广和公共关系。在开展促销组合时要考虑到不同的影响因素,包括促销目标、市场特点、产品性质、产品生命周期、"推动"策略和"拉引"策略、销售人员素质和企业整体发展战略等。

- 按照性质不同可以把结算分为:现金结算和转账结算。按地域不同分为:同城结算、异地结算和通用结算方式。通用结算方式是指同城异地均可使用的结算方式,包括银行汇票、商业汇票、委托收款和信用卡。

综合实训

· 案例技能题 ·

案例分析	中意贸易双方的谈判技巧

意大利某公司与中国某公司谈判出售某项技术。由于谈判已进行了一周,但仍进展不快,于是意方代表罗尼先生在前一天做了一次发问后告诉中方代表李先生:"我还有两天时间可谈判,希望中方配合,在次日拿出新的方案来。"次日上午,中方代表李先生在分析的基础上拿了一份方案,比中方原要求(意方降价40%)改善5%要求(意方降价35%)。意方罗尼先生讲:"李先生,我已降了两次价,降15%,还要再降35%,实在困难。"双方相互争论、解释一阵后,建议休会,下午2:00再谈。

下午复会后,意方先要中方报新的条件,李先生将其定价的基础和理由向意方做了解释并再次要求意方考虑其要求。罗尼先生又讲了一遍其努力,讲中方要求太高。谈判到4:00时,罗尼先生说:"我为表示诚意向中方拿出最后的价格,请中方考虑,最迟明天12:00以前告诉我是否接受;若不接受我就乘下午2:30的飞机回国。"说着把机票从包里抽出在李先生面前晃了一下。中方把意方的条件理清后,(意方再降5%)表示仍有困难,但可以研究,谈判即结束。中方研究意方价格后认为还差15%,但能不能再压价呢? 明天怎么答? 李先生一方面向领导汇报,与助手、项目单位商量对策;一方面派人调查明天下午2:30的航班是否有。结果该日下午2:30没有去欧洲的飞机,李先生认为意方的最后还价、机票是演戏。判定意方可能还有条件。于是在次日10点给意方去了电话,表示:"意方的努力,中方很赞赏,但双方距离仍存在,需要双方进一步努力。作为响应,中方可以在意方改善的基础上,再降5%,即从30%,降到25%。"意方听到中方有改进的意见后,没有走,只是认为中方要求仍太高。

问题

(1) 意方的谈判技巧如何? 效果如何? 他们还有别的谈判技巧吗?

(2) 中方就意方展开的谈判技巧怎么评价?

分析要求

(1) 学生分析案例提出的问题,拟出《案例分析提纲》。

(2) 小组讨论,形成小组《案例分析报告》。

（3）班级交流，教师对各小组《案例分析报告》进行点评。

（4）在班级展出附有"教师点评"的各小组《案例分析报告》，供学生比较研究。

方案设计	销售汽车的洽谈过程

销售人员小李正在向小张销售新车。小张刚走进展示厅，参观了几分钟。下面是他们的对话。

小李：我是小李。请到我办公室喝杯茶吧，我们聊聊好吗？

小张：谢谢。

小李：我可以问您一些问题吗？

小张：当然，您可以叫我小张。

小李：谢谢，小张。能否告诉我您想要什么样的车吗？

小张：我想要一种小型车，一种……

小李：太好了。让我向您介绍我们新推出的"康拓"，这种车前轮驱动，还有可以横向发动的发动机、齿条齿轮式的方向盘，以及盘式制动器。您觉得如何？

小张：听上去很好。我有家庭，我常外出旅游。

小李："康拓"可以舒舒服服地坐 4 个人。最近的评级显示这款车每升汽油可行驶50公里，这应该很适合您。您现在开什么车？

小张：（犹豫了一会儿）我现在开桑塔纳，这种车车厢很大，行李箱也很大。

小李：您知道现在以旧换新用桑塔纳换别克要花多少钱吗？

小张：我想我应当再看看，货比三家，我还不能确定……

小李：让我告诉您吧，在我们车行，您会得到最好的交易。在整个地区，我们因为诚信和服务而享有最好的声誉，没有人比我们更出色。我打算在滞销价的基础上再降5 000元卖给您，但不知经理会不会同意。如果他知道今天能与您达成交易，或许会同意的。

小张：（打算离开）我不想今天做出决定，买车之前我想再看看。

小李：请不要走，或许我能让经理同意再给您点儿折扣。

小张：（走出小李的办公室）不，如果我有时间，我会再和您联系的。

小李：好的，但是您会后悔的。今天我本可以给您一笔好交易。

设计要求

（1）学生分析此次推销失败的原因，重新设计《洽谈过程提纲》，并分角色进行对话模拟。

（2）小组讨论，形成小组《洽谈过程方案》。

（3）班级交流，教师对各小组《洽谈过程方案》进行点评。

（4）在班级展出附有"教师点评"的各小组《洽谈过程方案》，供学生比较研究。

· 单元实训 ·

实训题 1	"销售促进活动"业务胜任力训练

【实训目标】

引导学生参加"'销售促进活动'业务胜任力"的实践训练；在切实体验《销售促进活动报

告》的准备与撰写等有效率的活动中,培养相应专业能力与职业核心能力;通过践行职业道德规范,促进健全职业人格的塑造。

【实训内容】

到大型商场或者大型超市,观察在该地举行的销售促进活动,如 ROADSHOW、试饮、买赠、抽奖等活动。

【实训时间】

在讲授本实训时选择周末或者节假日的时间。

【操作步骤】

(1) 将班级每 10 位同学分成一组,每组确定 1~2 人负责。

(2) 学生按组进行走访调查,并将调查情况详细记录。

(3) 对调查的资料进行整理,分析出各种销售促进方法的特点、操作方法及注意事项。

(4) 写出分析报告。

(5) 各组在班级进行交流、讨论。

【成果形式】

实训课业:撰写《销售促进活动报告》。

实训题 2	"推销成交"业务胜任力训练

【实训目标】

引导学生参加"'推销成交'业务胜任力"的实践训练;在切实体验《推销成交实训报告》准备与撰写等有效率的活动中,培养相应专业能力与职业核心能力;通过践行职业道德规范,促进健全职业人格的塑造。

【实训内容】

依据所学内容,创造性地选择成交的方法。

【实训时间】

课堂与课外相结合。

【操作步骤】

(1) 教师在课堂上布置实训任务,组织学生复习推销成交相关理论与知识。

(2) 将学生分成若干个学习小组,组织讨论推销成交方法的适用条件。

【成果形式】

实训课业:制作《推销成交实训报告》。

实训考核	"活动过程考核"与"实训课业考核"相结合

【活动过程考核】

根据学生参与实训题 1 与实训题 2 全过程的表现,就表 7-3 中各项评估指标与评估标准,针对其职业核心能力与职业道德素质的训练效果,评出个人分项成绩与总成绩,并填写教师评语。

表 7-3　活动过程成绩考核表　　　　实训名称：实训题 1 和实训题 2

评估指标		评估标准	分项成绩
职业核心能力（70分）	自我学习(10分)	人力资源和社会保障部：《职业核心能力培训标准》中的相应规定,由授课教师结合本实训设计要求自行拟定	
	信息处理(10分)	人力资源和社会保障部：《职业核心能力培训标准》中的相应规定,由授课教师结合本实训设计要求自行拟定	
	数字应用(10分)	人力资源和社会保障部：《职业核心能力培训标准》中的相应规定,由授课教师结合本实训设计要求自行拟定	
	与人交流(10分)	人力资源和社会保障部：《职业核心能力培训标准》中的相应规定,由授课教师结合本实训设计要求自行拟定	
	与人合作(10分)	人力资源和社会保障部：《职业核心能力培训标准》中的相应规定,由授课教师结合本实训设计要求自行拟定	
	解决问题(10分)	人力资源和社会保障部：《职业核心能力培训标准》中的相应规定,由授课教师结合本实训设计要求自行拟定	
	革新创新(10分)	人力资源和社会保障部：《职业核心能力培训标准》中的相应规定,由授课教师结合本实训设计要求自行拟定	
职业道德素质（30分）	职业观念(5分)	对职业、职业选择、职业工作、营销人员职业道德和企业营销伦理等问题具有正确的看法	
	职业情感(5分)	对职业有愉快的主观体验、稳定的情绪表现、健康的心态、良好的心境,具有强烈的职业认同感、职业荣誉感和职业敬业感	
	职业理想(5分)	对将要从事的职业种类、职业方向与事业成就有积极的向往和执着的追求	
	职业态度(5分)	对职业选择有充分的认知和积极的倾向与行动	
	职业良心(5分)	在履行职业义务时具有强烈的道德责任感和较高的自我评价能力	
	职业作风(5分)	在职业实践和职业生活的自觉行动中,具有体现职业道德内涵的一贯表现	
总成绩(100分)			
教师评语		签名： 　　　　年　月　日	

【实训课业考核】

　　根据实训题 1 和实训题 2 所要求的学生实训课业完成情况,就表 7-4 和表 7-5 中各项课业评估指标与课业评估标准,评出个人和小组的分项成绩与总成绩,并填写教师评语与学生意见。

表 7-4　实训课业成绩考核表　　　课业名称:《销售促进活动报告》

课业评估指标	课业评估标准	分项成绩
1. 销售促进的目标(20 分)	(1) 针对消费者 (2) 针对中间商 (3) 针对推销人员	
2. 销售促进工具(20 分)	(1) 对消费者的销售促进工具包括:赠送样品、附送赠品、交易印花、现场示范和展销会 (2) 对中间商的销售促进工具包括:折扣鼓励、现金折扣、推销竞赛、经销津贴和免费赠品 (3) 对推销人员的销售促进工具包括:提成和推销金等	
3. 销售促进方案(20 分)	(1) 奖励规模 (2) 奖励范围 (3) 发奖途径 (4) 奖励期限 (5) 销售促进的总预算	
4. 销售促进程序(20 分)	步骤的完整性	
5. 销售促进方案(20 分)	(1) 格式的规范性 (2) 内容的完整性、科学性 (3) 结构的合理性 (4) 文理的通顺性	
总成绩(100 分)		
教师评语		签名: 　　年　月　日
学生意见		签名: 　　年　月　日

表 7-5　实训课业成绩考核表　　　课业名称:《推销成交实训报告》

课业评估指标	课业评估标准	分项成绩
1. 把握成交时机(30 分)	(1) 语言信号 (2) 行为信号 (3) 表情信号	
2. 促成交易的态度和语言表达(30 分)	(1) 语言表达的准确性 (2) 语言表达的逻辑性 (3) 语言表达的流畅性	
3. 促成交易的方法技巧(40 分)	(1) 对待不同的顾客,有不同的成交技巧 (2) 利用周围不同的资源来促成交易	
总成绩(100 分)		

续表

教师评语	签名： 　　年　月　日
学生意见	签名： 　　年　月　日

✅ 思考练习

✏ 名词解释

顾客异议　阵地式谈判　要约　销售促进　销售结算　销售合同

✏ 选择题

单项选择题

1. (　　)让步方式是指在谈判开始阶段寸步不让,态度十分强硬,到了最后时刻,则一次让步到位,促成和局。

　　A. 坚定型　　　　　　B. 诚恳型　　　　　　C. 等额型　　　　　　D. 技术型

2. (　　)是企业给予客户的最长付款时间。

　　A. 信用期限　　　　　B. 实物折扣　　　　　C. 库存水平　　　　　D. 现金折扣

3. (　　)是一种委托式信用证券,是由出票人签发的、委托办理支票存款业务的银行在见票时无条件支付确定的金额给收款人或者持票人的票据。

　　A. 支票　　　　　　　B. 银行汇票　　　　　C. 商业汇票　　　　　D. 银行本票

多项选择题

1. 产品销售工作的特性有(　　)。

　　A. 主动性　　　　　　B. 服务性　　　　　　C. 接触性

　　D. 空间性　　　　　　E. 时效性

2. 推销人员要正确识别顾客的成交信号,成交信号主要有(　　)。

　　A. 语言信号　　　　　B. 行为信号　　　　　C. 金钱信号

　　D. 事态信号　　　　　E. 表情信号

✏ 判断题

1. 产品销售谈判需要良好的谈判气氛,因此不能使气氛紧张。　　　　　　　　　(　　)

2. 在实际的产品销售活动中,准备工作做得越充分,销售人员信心就越足,销售准备工作是整个销售过程的一个重要环节。　　　　　　　　　　　　　　　　　　　(　　)

3. 达成交易并不意味着推销过程的结束,售后服务同样是推销工作的一项重要内容,它关系到买方利益和卖方信誉。　　　　　　　　　　　　　　　　　　　　　(　　)

4. 阵地式谈判符合现代谈判理念,应该成为现代产品销售谈判的主要模式。　(　)

5. 签订销售合同是一种法律行为,合同的内容、形式、程序及手续都必须合法。　(　)

6. 产品销售服务指产品在流通过程中,企业为保证产品的正确使用而进行的全方位服务。企业不仅要重视售中与售后服务,也要加强售前服务。　(　)

7. 通用结算方式是指同城异地均可使用的结算方式,包括银行汇票、商业汇票、委托收款和信用卡。　(　)

简答题

1. 产品销售的原则有哪些?

2. 产品销售中的报价原则有哪些?

3. 销售合同的签订应具备的主要条款有哪些?

4. 选择结算方式要考虑哪些因素?

项目 8

营销实务文书写作

知识目标

1. 了解营销写作的基本要求。
2. 弄清业务洽谈的含义和特点。
3. 掌握业务洽谈方案的结构、业务接待方案和业务洽谈纪要的写作结构。
4. 掌握推销演讲稿、营业推广应用文、促销信、商情简报、营销新闻、商务评论的写作基本要求和写作方法。

技能目标

1. 能根据企业实际需要撰写各种营销实务性文书。
2. 学会撰写进货投标书与索赔文书。
3. 能撰写业务洽谈文书、促销文书、营销传播文书。

训练路径

1. 根据既定材料,撰写各种营销实务文书。
2. 采用讲授与实例分析相结合的教学方式,进行教学。
3. 教学过程中以足够的真实材料,供学生选用。

教学建议

1. 理论课在多媒体教室进行,各种文书写作可在营销实训室进行。
2. 该项目是本课程的附加内容,是前面各章所学内容的综合运用,有一定的难度,教学中可根据教学时间和学生实际情况灵活地安排教学内容。

8.1 营销实务文书写作概述

● 8.1.1 成果展示与分析

脑白金的营销新闻

脑白金上市之初,首先被投放市场的是新闻性软文。如"人类可以长生不老吗"、"两颗生物原子弹"、"98年全球最关注的人"等。一篇接一篇,持续轰炸,形成了一轮又一轮的脑白金冲击波。在读者眼里,这些文章的权威性、真实性毋庸置疑,又没有直接的商品宣传,脑白金的悬念和神秘色彩被制造出来了,人们禁不住要问:"脑白金究竟是什么?"

史玉柱对文章的刊登方法做了十分仔细的规定,例如,一定不能登在广告版(那就成广告了),最好选健康、体育、国际新闻、社会新闻版(这些版的阅读率高),文章周围不能有其他公司的新闻炒作稿子(以免转移视线,受其影响),最好是这个版全是正文,没有广告(读者看起来舒服)。文章标题不能改,要大而醒目,文中的字体字号与报纸正文要一致(让读者看不出商业炒作的痕迹),不能登"食宣"字,不附热线电话,不加黑框,但必须配上报花,如"专题报道"、"环球知识"、"热点透视"、"焦点透视"、"焦点新闻"等(同上),每篇文章都要配上相应的插图(图文并茂,增加可读性),而且每篇软文都要单独刊登,不能与其他文章结合在一起刊登(防止读者食而不化)。每炒完一轮软文之后,要以报社名义郑重其事地刊登一则启事,范本如下:

启事(范本)

敬告读者:

近段时间,自本报刊登脑白金的科学知识以来,收到大量读者来电,咨询有关脑白金方面的知识,为了能更直接、更全面地回答消费者所提的问题,特增设一部热线:××××××××,希望以后读者咨询脑白金知识打此热线。谢谢!

×××报社
××××年××月××日

这样穿插的效果自然更好。这部热线当然是当地分公司的电话了(但从读者以为是报社的,热线电话的来电者即是脑白金的潜在消费者,将其建档,为下一步的营销如寄书、登门拜访提供方便,使软文炒作直接产生客户)。这样的启事切勿与软文刊登在同一个版面。

史玉柱把这些软文炒作的要点,总结成了妙趣横生的八十字诀,读来颇有意思:

软硬勿相碰,版面读者多,价格四五折,标题要醒目,篇篇有插图,党报应为主,宣字要不得,字形应统一,周围无广告,不能加黑框,形状不规则,热线不要加,启事要巧妙,结尾加报花,执行不走样,效果顶呱呱。

● 8.1.2 任务工作流程

营销实务文书写作有一定的过程或步骤。一般来说,它主要包括写作前的准备、撰拟文稿、审核修改、签发定稿这四个阶段。

第一步　文书写作前的准备,包括明确行文目的要求、确立文书主题、选定文书文种和收集资料等;

第二步　在安排好写作结构、写作提纲等工作的基础上撰拟文书;

第三步　对于初创的文书要进行仔细的审核修改,涉及重大项目的要请示领导;

第四步　文书定稿。

● 8.1.3 基本知识和技能

8.1.3.1 营销实务文书的内涵

1. 营销实务文书的含义

营销实务文书是在营销活动和营销工作中形成、使用,用以处理营销活动中的各种业务工作,具有特定的营销内容和惯用或规定格式的各种应用文章的总称,是对营销活动和营销工作进行记录、储存、总结、创新、交流、发展的重要工具。营销实务文书写作是写作学的一个重要组成部分,属于专业应用写作的范围,是应用文写作的一个分支。

2. 营销实务文书的主要种类

(1)业务洽谈文书。主要包括:进货投标书、货物保险与索赔文书、业务洽谈方案、业务接待方案、业务洽谈纪要等。

(2)促销文书。主要包括:促销策划书、促销方案、推销演讲稿、促销信等。

(3)营销传播文书。主要包括:商情简报、营销新闻、商务评论等。

(4)市场调研文书。主要包括:市场调查报告、市场预测报告、可行性研究报告、商品价格方案等。

8.1.3.2 营销实务文书写作技巧

1. 明确写作目的

写作时确定一个单一明确的目标,会比兼顾多个目标更有效率。所以,除去一些不得不实现两个甚至两个以上目标的特殊情况外,写作时还是应该在每一篇文章中确定单一的目标,特别是在信件、备忘录、电子邮件等类似的文书写作中实现目标单一化,可以取得更好的效果。

2. 制定写作提纲

明确了写作的一个目标后,为了进一步理清文书书写的脉络,最好首先列出一个提纲。在列提纲的过程中,可以先把能够想到的零星写法都列下来,再集中精力设想各分论点,排出最理想的顺序。

3. 突出体现文章的主旨

可以用标题点旨、开门见山、以段旨整合出主旨,妙用小标题、首尾呼应、篇尾点旨等方法突出体现文章的主旨。

4. 挑选、处理书面材料的原则

(1)准确:文书写作采用的材料,必须做到真实准确、确凿无误。

(2)切题:材料既要有针对性,又要有实用性。

(3)典型:材料能深刻体现营销活动的内在规律。

(4)新颖:需要与时俱进,有时代感。

5. 利用合理的布局吸引读者

布局前,要注意创造良好的第一印象且结构明确、适应不同的文种形式。布局时要注意以下事项。

(1)开头简短,结构明确。

(2)遵循固定格式。

(3)灵活运用开头、主体、结尾的布局方式。

（4）利用适当的过渡引导读者，以维持兴趣。

6. 增加文字的可读性

要想吸引读者就必须使用简洁的语言，并根据目标读者的知识水平选择适当的专业术语，也不要过多地使用形容词。

7. 灵活使用图表

图表可以一目了然地表达作者的观点，具有直观、容易理解等特点。在写作中可以使用表格和各种图形来更简洁地表达信息。

8. 适当的修改

这是营销写作必不可少的一步。修改时可以从观点的正确性、结构的合理性，格式的规范性、语法和词汇的正确性以及使用材料的准确性等几方面进行。

8.1.3.3　营销实务文书写作要求

1. 注重实用

营销实务文书最大的特点在于实用，实用是营销文书与其他文学作品的主要区别之一。牢记营销实务文书为解决实际问题而写。

2. 通俗易懂

营销实务文书要井然有序，各个部分之间承上启下、顺理成章，局部内容也可以采用通俗易懂的方法表达。

3. 突出重点

营销实务文书面对错综复杂的营销问题，不可能把全部想法纳入文书中，否则会分散使用者的注意力。因此，撰写营销实务文书时要求尽量浓缩精华，适当舍弃。

4. 求真务实

营销实务文书要坚持实事求是的态度，所有内容都要符合客观实际、核实无误，显现营销文书的科学性、可信性，不可脱离实际、故意拔高、移花接木、遮盖隐瞒。另外，那种为写而写和流于形式的营销文书毫无价值。

5. 准备充分

要想写好营销文书，在起草前就要有针对性地了解相关情况、收集资料，包括反映企业历史与现状、环境与条件、计划目标相关情况的背景材料，反映事物本质、能说明观点、具有代表性的真人真事的典型材料，以及反映企业经营过程、显现经营效益和发展态势的各种数据材料等。

6. 行文简洁

营销实务文书兼用叙述和议论表达形式，使观点和内容统一，理论和事实结合。写作中要分清主次、条理清晰、行文简洁、言语准确。如果能用图表等辅助手段说明问题，会使营销实务文书更简洁醒目。

8.1.4　课堂活动演练

整理营销实务文书写作的基本要求

背景资料

由××化学品有限公司研制成功的第三代化妆品——黑马 EGF 活细胞化妆品系列,是高科技生物技术与传统化妆品相结合的产物,在国内是首创,在国际上也名列前茅。这种化妆品的最大特点是突破了过去两代化妆品(即合成化妆品和天然化妆品)的局限,变被动的预防为主动的参与。

在生活中我们会注意到,动物受伤后往往会用舌头不停地舔伤口。唾液止血的奥秘最终被美国科学家斯坦利·科恩博士发现,他为此荣获 1986 年诺贝尔生理学或医学奖……对 EGF 进一步研究发现,EGF 不仅具有加速皮肤和黏膜创伤愈合、消炎止痛、防止溃疡的功能,而且能抑制青春痘、粉刺、老年色斑的增长……于是,EGF 活细胞化妆品脱颖而出。目前,EGF 化妆品风靡世界。

"黑马"活细胞化妆品系列共有二十多个品种:活细胞超级抗皱霜、活细胞丝素膏和蜜、活细胞增白霜、活细胞丝素洗面奶、活细胞丝素洗发精及护发素、沐浴剂、体蜜、化妆水、香水等,价格仅为进口同类商品的 1/5。

本市友谊城、西华宫、大江南商场、机场商场有售。

演练要求

(1)学生根据背景资料的营销新闻独立分析营销实务文书写作基本要求。

(2)学生根据背景资料的营销新闻谈谈营销实务文书写作的重要性。

(3)老师点评、总结。

演练条件

(1)教师提供营销实务文书范例,供学生演练参考。

(2)学生在网上收集与营销实务文书写作有关的案例,展开综合分析。

(3)具有可上网的实训室。

8.1.5　实例专栏与分析

××公司产品说明书

中医理论认为:"人体是一个平衡的有机整体,病弱的根本原因在于平衡失调。"然而,人体的平衡,却时常受到内外各种因素的破坏:工作生活的压力、季节气候的变化、生理机构的老化……很多的因素让人穷于应付。

××生物保健口服液,遵循自然法则,以特殊工艺从生物中提取有效的活性物质,增强人的体质,从而迅速恢复被破坏的机能;并通过帮助人体平衡地吸收膳食中的营养及各类元素,以保证人体器官功能的物质所需,从而达到预防、防治疾病的保健目的。

一、功能

双向调节机体功能,延长细胞寿命,提高机体免疫力,提高工作、运动能力,振奋精神,补充体力,促进疲劳恢复和病后康复。

二、适用范围

(1)食欲不振、消化不良、睡眠不安、精神衰弱、疲倦无力、精力不足。

(2)贫血、十二指肠溃疡、胃炎、高血压的辅助治疗。

（3）病后体弱。

（4）老年慢性病,人体机能衰退。

（5）儿童、青少年营养不良、发育不全、学习注意力不集中、记忆力差、学习、考试用脑过度。

三、用法

每日 2 次,每次 1 支,小儿减半,早午服用。以 20～30 天为 1 个疗程。然后停服 1 周,若再进行 1 个疗程,效果更佳。

本品为纯生物制剂,不含防腐剂和化学合成药物,经药理实验和临床试验均无副作用,可长期服用。

四、储存

干燥阴凉处,或冰箱内保存。

批准文号:××××××。

8.2 业务洽谈文书写作

8.2.1 成果展示与分析

与××公司代表洽谈引进矿用汽车的方案

五年前我公司曾经经手××公司的矿用汽车,经试用性能良好,为适应我矿山技术改造的需要,打算通过谈判再次引进××公司矿用汽车及有关部件的生产技术。××公司代表于 4 月 3 日应邀来京洽谈。

具体内容。

1. 谈判主题

以适当价格谈成 29 台矿用汽车及有关部件生产的技术引进。

2. 目标设定

（1）技术要求

① 矿用汽车车架运行 15 000h 不准开裂。

② 在气温为 40℃条件下,矿用汽车发动机停止运转 8h 以上接入 220V 的电源后,发动机能在 30min 内启动。

③ 矿用汽车的出动率在 85% 以上。

（2）试用期考核指标

① 一台矿用汽车试用 10 个月(包括一个严寒的冬天)。

② 出动率达 85% 以上。

③ 车辆运行 375h,行程 31 250km。

④ 车辆运载达 312 500 立方米。

（3）技术转让内容和技术转让深度

① 利用购 29 台车为筹码,××公司无偿(不作价)地转让车架、厢斗、举升缸、转向缸、总装调试等技术。

② 技术文件包括:图纸、工艺卡片、技术标准、零件目录手册、专用工具、专用工装、维修手册等。

（4）价格

① ××年购买××公司矿用汽车,每台 FOB 单价为 23 万美元;5 年后的今天如果仍能以每台 23 万美元成交,那么定为价格下限。

② 5 年时间按国际市场价格浮动 10% 计算,今年成交的可能性价格为 25 万美元,此价格为上限。

小组成员在心理上做好充分准备,争取价格下限成交,不要急于求成;与此同时,在非常困难的情况下,也要坚持不能超过上限达成协议。

3. 谈判程序

第一阶段:就车架、厢斗、举升缸、总装调试等技术附件展开洽谈。

第二阶段:商定合同条文。

第三阶段:价格洽谈。

4. 日程安排（进度）

第一阶段:4 月 5 日上午 9:00～12:00,下午 3:00～6:00。

第二阶段:4 月 6 日上午 9:00～12:00。

第三阶段:4 月 6 日晚 7:00～9:00。

5. 谈判地点

第一、二阶段的谈判安排在公司十三楼洽谈室。第三阶段的谈判安排在××饭店二楼咖啡厅。

6. 谈判小组分工

主谈:张××为我谈判小组总代表,为主谈判。

副主谈:李××为主谈判提供建议,或见机而谈。

翻译:叶××为主谈、副主谈担任翻译,还要留心对方的反应情况。

成员 A:负责谈判记录的技术方面的条款。

成员 B:负责分析动向、意图,负责财务及法律方面的条款。

以上当否,请公司领导审批。

附件:我部前往洽谈进货人员名单(略)

矿用汽车引进小组

××××年××月××日

业务洽谈在企业的经营活动中具有探寻功能、沟通功能、交易功能、反馈功能和调剂功能。因而,业务洽谈在营销活动中的地位举足轻重。熟练掌握业务洽谈成功的必要辅助手段——业务洽谈方案、业务接待方案、业务洽谈纪要等应用性文书的写作,对于一个营销人员来说十分重要。

● 8.2.2　任务工作流程

第一步　明确业务洽谈步骤;

第二步　制定写作提纲;

第三步　选取相关材料;

第四步　撰写业务洽谈文书。

8.2.3　基本知识和技能

8.2.3.1　业务洽谈方案的撰写

1. 业务洽谈方案的内涵

(1) 业务洽谈方案的含义。业务洽谈方案,是指买方为与卖方达成某项交易,事先对洽谈的项目,交易条件,谈判的方式、方法、步骤,可能出现的问题,详细的措施等做出具体准备的书面材料。

(2) 业务洽谈方案的特点和意义。这种书面性材料属于计划类文书的一种,具有较强的行动指向性和计划项目的全面具体性特征,适用于短期的、立即要着手进行的商品交易专项工作,尤其是那些需要将具体做法报请上级主管部门审批的谈判活动。

2. 业务洽谈方案的格式与写作要点

业务洽谈方案由标题、正文及落款三大部分构成。如果需要,还应附加对洽谈方案内容有补充说明意义的材料作为附件。这里有两个问题需要注意:一是洽谈方案正文的基本内容一般以"三分式"安排——开头简述、分析基本情况,中间明确基本任务,结尾提出详细、可行的措施和步骤;二是洽谈方案的制订日期必须写在正文(或附件)末尾右下方,并写明编制单位或部门的名称,有时还需要加盖公章。

(1) 标题:由洽谈双方、洽谈内容和文种组成。用介词"与"和洽谈对手、洽谈内容、文件组成,例如,"与××厂经营部代表洽谈购进××商品方案"。

(2) 正文:此次洽谈的缘起;介绍洽谈对手的有关情况;洽谈双方所涉及的态度、商品需求量、市场供求情况等问题,以及我方的意见及做法;难度较大的洽谈,要对洽谈对手的意图、心理做出分析,明确对策;可能会出现的问题,应变措施,让步限度;结尾语,一般用"以上意见当否,请××批示"。

(3) 附件:与洽谈内容相关的材料。有必要则加上,没有则不加。

(4) 落款:执行方案的单位或主管部门单位、制订日期。

由于洽谈双方所处理的事情往往十分具体,行动指向性很强,因此,行文总的要求是要体现出一种严谨务实的态度。

8.2.3.2　业务接待方案的撰写

1. 业务接待方案的含义

接待工作,具体是指接送、安排住宿、参观、交流、洽谈业务、游览、娱乐活动、宴请、会见等,帮助购买车票、船票、机票等。接待工作是企业营销工作中不可或缺的一部分,搞接待工作实际上就是在进行感情投资,这种投资体现了以长远为方针的营销特征。

企业的有关部门准备怎样做好接待的安排日程、活动内容、参加者、次数、规格等的书面材料,呈报单位主管领导,经审批同意后,即安排进行,这样的书面材料就是接待工作方案,简称接待方案。

2. 业务接待方案的格式与写作要点

（1）标题：常见的有三种写法：①接待××企业代表团前来洽谈业务的方案。②××企业代表团前来洽谈业务的接待方案。③对××企业代表团前来洽谈业务的接待方案。

（2）正文：介绍来访的原因。

① 需要说明是应我方邀请，还是来访者的要求。

② 来访者的职务、一行人、负责人、访问时间、目的、对象、任务等。

③ 接待工作的原则及具体接待安排。

④ 结尾语：接待方案需呈报上级审批，因此，一般以"以上安排妥否，请批示"之类的句子作结尾。

（3）附件：根据需要，方案是否添加附件。比如，一行人的名单，来访者与我方的友好关系材料，上一次来访者与我方的洽谈实绩，来访者的经营背景等。

（4）落款：签上拟制方案并负责具体接待工作的单位和呈报方案的时间。

▶ **同步范例 8-1**

××酒业公司总经理前来洽谈业务的接待方案

应我公司邀请，××酒业公司总经理等一行 3 人，将于本月 6 日到达我公司洽谈业务，时间暂定 3 天。该公司是我国西南地区的大型酒类生产厂家，产品在国内外市场上一直供不应求。与该公司有多年的业务联系，系供应我公司酒的唯一厂家，对我公司业务往来积极，态度友好，每年均与我公司有成交实绩。

对他们此次前来洽谈业务，我方拟本着友好、热情、多做工作的精神予以接待，望洽谈卓有成效。具体安排如下：

（1）客人抵、离沪时，由有关业务人员迎送。

（2）由我公司总经理、副总经理会见并宴请两次。

（3）由我方总经理负责与其洽谈。

（4）客人在沪期间适当安排参观游览、文化娱乐活动。

（5）客人在沪费用由我公司承担。

以上意见妥否，请公司领导小组指示。

附件：××酒业公司客人名单（略）

本公司接待人员名单

上海××酒业公司公关部

××××年××月××日

8.2.3.3 业务洽谈纪要的撰写

1. 业务洽谈纪要的含义

洽谈纪要又叫"商谈纪要"、"会谈纪要"等。按照业务洽谈的实际情况，将洽谈的主要议程、议题、涉及的问题、达成的结论及存在的分歧等加以归纳总结，整理成书面材料，经双方代表签字确认后,便成为正式的业务洽谈纪要,它对买卖双方具有一定的约束力。

2. 业务洽谈纪要的特点

业务洽谈纪要既可以作为就谈妥事项开展工作的依据,也可以是进一步洽谈签约的依据以及双方领导决策的依据。业务洽谈纪要具有以下特点。

(1)平等性。参与洽谈的买卖双方处于平等地位,不像"会议纪要"是传达上级的决策精神,对下级单位或部门构成一种无条件的约束。

(2)协商性。业务洽谈纪要常用句式是"甲方要求"、"乙方同意"、"双方一致同意(认为)"、"双方商定",与会各方的每一点意见都将得到充分的尊重和考虑;而"会议纪要"行文中常用的句式是"会议认为"、"会议决定"、"会议听取"、"会议号召"等,在这当中,有"少数服从多数"的原则起作用。

(3)备忘性。业务洽谈纪要需要全面记录洽谈中的所有与洽谈目的相关的事项。例如,双方存在的分歧以及双方所表达的进一步接触的意愿。尤其是在那些未达成共识的事项上,企业洽谈纪要可充分体现出它的备忘性。

3. 业务洽谈纪要的格式与写作要点

(1)标题:在"企业洽谈纪要"的前面加上买卖双方的单位名称即可,如"××商场与××厂业务洽谈纪要"。

(2)正文:由两部分构成。

① 前言:介绍甲、乙双方简况及业务洽谈的缘起。

② 主体:是纪要的核心部分,需将洽谈的主要议程、议题、涉及的问题、达成的结论、存在的分歧以及双方提出的要求等,加以归纳总结。

(3)结尾:落上甲乙双方的单位全称或签字认可,并写上年月日及洽谈地点。

▶ **同步范例 8-2**

广州××贸易公司与上海××制造厂的购销业务洽谈纪要

广州××贸易公司(以下简称甲方)同上海××制造厂(以下简称乙方)就××产品的购销问题事宜,在上一次电话商谈的基础上进一步交换了意见,并达成以下结论:

······

××××年××月××日

甲方:	乙方:
广州××贸易公司	上海××制造厂
(签章)	(签章)

8.2.3.4　进货投标书的撰写

1. 进货投标书的含义

在竞争机制下的商贸活动中,生产厂家或个人在进行大宗商品交易时,往往先把有关标准(图样、材料、规格)、价格、条件、说明等以招标公告的形式对外公布,招人承买。企业如果需要购进这种大宗商品,往往按照招标公告的标准和条件,报出价格,填具标单,投函事主。也就是说,应招标者之邀,根据招标工作的要求,报出应招的具体条件,以求中标的文字材料,就是进货投标书。

投标书是对招标书的回答,往往采用报表的形式,内容与招标书相对应,一般包括承买商品的名称、购买日期、数量、价格、投标者的名称、联系人、地址、邮编、电话、传真、网址等。

2. 进货投标书的格式与写作要点

进货投标书的结构通常由标题、招标单位、正文和结尾四部分组成。

(1)标题:一般由投标者名称、投标事由、项目和文种(投标书)组成。

(2)招标单位:需要写明招标单位的地点和单位名称。

(3)正文:①投标书正文的开头一般开门见山,直接说明投标的意图。投标者及其授权代表的单位及姓名。②投标的各项文件材料及对投标文件的有关说明。③投标者的联系方式。

(4)结尾:投标书的签署与制发日期。

▶ **同步范例 8-3**

××公司投标书

中国××机械总公司产品销售招标部:

依照你们的××产品销售招标书,××(姓名,职务)经正式授权,代表投标者(上海××贸易公司),特此提交下列文件,正本一份、副本三份。

一、产品名称_____,数量_____,规格_____。

二、投标报价表(略)。

三、供货说明汇总表(略)。

四、此标定于××××年××月××日送达甲方。

五、资格审查文件(略)

六、××银行开具的金额为××的投标保函(略)

投标单位名称:_____

代表姓名:_____

职务:_____

代表签名:_____

××××年××月××日

8.2.3.5　索赔文书的撰写

1. 索赔文书的含义

索赔文书即索赔函,是买卖中的任何一方,以双方签订的合同条款为依据,具体指出对方违反合同的事实,提出要求赔偿损失或其他权利的书面材料。在贸易合同的履行过程中,由于受到各种主客观因素的影响,可能因一方的过错而导致合同不能很好地履行,给对方带来一定的经济损失。此时受损方有权根据合同规定要求责任方赔偿或采取补救措施,为此制作索赔书。

2. 索赔文书的分类

索赔有三大类,索赔文书也有三种不同类型:凡属承保范围内的货物损失,向保险公司索赔,称保险索赔书;凡属承运人的责任所造成的损失,向承运人索赔,称承运索赔书;如系合同当事人的责任造成的损失,则向责任方索赔,称××责任索赔书。在具体写作过程中可依据索赔对象和内容的不同冠以不同的名称。

3. 索赔文书的格式与写作要点

(1)标题:由索赔事由及文种组成。

(2)编号:编号是为了联系与备查用的,由年度、代字、顺序号组成。

(3)受书者:可受理索赔者的全称。

(4)正文:通常由三部分组成。

① 缘起:提出引起争议的合同及争议的原因。

② 索赔理由:具体指出合同项下的违约事实及依据。

③ 索赔要求和意见:根据合同及有关商法、惯例等,向违约一方提出要求赔偿的意见或其他权利。

(5)附件:为解决争议,将有关的说明材料、证明材料、来往的函电作为附件。

(6)签署:要写明索赔者全称(加盖公章)及致函的日期。

▶ **同步范例 8-4**

设备运输受损索赔函

(200×)×字第×号

北京××货运有限责任公司:

200×年××月××日,我公司委托贵公司将回流焊设备一台,通过公路运输至深圳,交付给收货人刘×(以下简称收货人),在深圳收货人验收时发现设备已经破损而拒绝接收。设备于200×年××月××日退回我公司,经贵公司和我公司双方查验,由于贵公司运输、装卸不当,造成设备和包装破损。

此次事件,不但使我公司设备损坏,遭受二次紧急调运设备的运费损失,而且使我公司对客户逾期交货,信誉受损并要承担逾期交货的违约责任。我公司向贵公司郑重要求立即赔偿以下设备修理费用和运输费损失。

破损部位及程度	费用(元)
上罩:两合页部分螺丝穿孔,严重掉漆	1 300.00
温室:合页部分及四个边角破裂	1 900.00
横梁:中间部分压损	800.00
电机上罩	50.00
包装箱	450.00
修理设备运输费	400.00

设备修理人工费	1 200.00
费用合计	6 100.00

以上是我公司的最低要求,请贵公司于7日内支付上述赔偿金额,或者贵公司自己将设备送去经我公司认可、有相应技术能力和修理设施、设备完善的修理厂修理,贵公司承担全部修理费用。7日后如果贵公司不支付赔偿金,又不将损坏设备送去修理、恢复设备完好,我公司将自己委托修理厂修理,并通过法律途径追偿全部损失,不再通知。

顺祝商祺!

北京××××有限责任公司
200×年××月××日

8.2.4 课堂活动演练

撰写某塑料公司的业务洽谈方案

背景资料

张军是某塑料制品公司(以下简称塑料公司)的营销人员。通过"信息收集及制订洽谈方案"的各项准备工作,张军对海口金盘饮料公司(以下简称金盘公司)已经有了一定的了解,并且已经与该公司采购部门负责人取得联系,向对方提交了相关的资料,并进行了前期的沟通。金盘公司表示对与张军的塑料公司合作很有兴趣,准备于下周与塑料公司进行首次洽谈。由于双方过去并没有合作过,彼此都不够了解,也为了使谈判有一个良好的开端,张军向对方建议派人到塑料公司考察,并进行洽谈。对方同意了张军的建议,但由于对方的管理流程的限制,他们的谈判代表没有最终的决策权,要求第一次洽谈并不签订合同,达成基本意向之后他们要向总公司汇报,听取总公司意见后下一轮洽谈要在金盘公司所在地海口进行。张军向老板进行了汇报,老板很高兴,指定张军为本次洽谈的组长。洽谈小组的成员也由张军组织。塑料公司技术部门已经对张军收集的"金盘"矿泉水瓶进行了技术分析。令张军欣慰的是塑料公司生产的PET材料完全可以满足金盘公司的技术要求,在"透明度"、"纯度"等一些指标上比他们过去使用的材料还要好一些。张军知道,现在需要制订一份完整的"业务洽谈方案",这关系到洽谈的结果,也直接影响塑料公司的利益及张军在公司的前途。

演练要求

(1) 学生根据背景资料独立撰写一份业务洽谈方案。

(2) 要求结构合理,有原则性,目标明确,长度适宜。

(3) 老师点评、总结,学生相互交流。

演练条件

(1) 教师对业务洽谈方案撰写步骤、内容、格式进行具体指导。

(2) 学生收集与业务洽谈文书写作有关的案例,了解撰写业务洽谈方案对业务洽谈工作的重要性。

(3) 具有可上网的实训室。

8.2.5 实例专栏与分析

与××服装厂洽谈服装进购协议方案

经双方协定,我部将于今年 3 月初前往××服装厂与其经销部洽谈进购冬季服装的协议。

××服装厂系我公司长期合作的友好厂家之一,专门生产四季服装,尤以冬装闻名,讲求质量和信誉,在以往的合作中,我们都获得了较好的经济效益。但最近服装出厂价有所提高,我部此次前往洽谈应力争在价格合适的基础上扩大服装进购量,增加花色品种。此次谈判的初步方案如下。

一、长期协议问题

这次拟与××服装厂签订明年进购冬装的长期协议,具体事项如下。

……

二、具体合同签订及价格问题

每年度协议规定数量和质量,最好每年都签订具体合同,价格按当时国内市场水平签订,对双方都较合理。若双方在价格问题上相持不下,还可另行商定时间和地点进行签约。

三、服装的质量及花色品种问题

……

以上妥否,请公司领导审批。

附件:我部前往洽谈进货人员名单(略)

××百货公司服装经营部
20××年 3 月××日

8.3 促销文书写作

8.3.1 成果展示与分析

某超市 2009 年中秋节促销方案

一、活动目的

以中秋月饼的消费来带动卖场的销售,以超市的形象激活月饼的销售。预计日均销量在促销期间增长 10%～20%。

二、活动时间

2009 年 9 月 30 日～10 月 8 日

三、活动主题

×××禧中秋

四、活动地点

××超市

五、活动准备工作

1. 媒体。在音乐交通频道,隔天滚动播出促销广告,时间9月10日～10月8日,每天播出16次,每次15秒。

2. 购物指南。在9月30日～10月8日的购物指南上,积极推出各类的促销信息。

3. 店内广播。从卖场的上午开业到打烊,每隔两个小时就播一次相关促销信息的广播。

4. 卖场布置。

(1) 场外:在免费寄包柜的上方,用万通板制作中秋宣传;在防护架上,对墙柱进行包装,贴一些节日的彩页来造势;在广场上,如果有可能悬挂气球,拉竖幅;在入口处,挂"×××禧中秋"的横幅。

(2) 场内:在主通道,斜坡的墙上,用自贴纸、万通板等来装饰增强节日的气氛。整个卖场的上空,悬挂可口可乐公司提供的挂旗。在月饼区,背景与两个柱上布"千禧月 送好礼"的宣传;两边贴上可口可乐的促销宣传;月饼区的上空挂大红灯笼。

六、活动内容

1. 把"月亮"带回家。促销期间(10月1～8日),凡在卖场购买月饼者,均可获赠一个挂有月亮形的钥匙扣,月亮钥匙扣形状多样,制作精美,上面刻有一些祝福语,如"中秋快乐"、"阖家欢乐"、"天天开心"等,以及一些描写中秋节和月亮的诗歌词句。

2. 买中秋月饼送可口可乐。

买90元以上中秋月饼送355ml可口可乐2听(价值3.6元)。

买200元以上中秋月饼送1 250ml可口可乐2瓶(价值9.2元)。

买300元以上中秋月饼送2 000ml可口可乐2瓶(价值13.6元)。

3. 在10月1日的"国庆节",进行面向军人的促销:凡10月1～2日两天在××超市购物与消费的军人,凭军人证可领取一份精美月饼或礼品(价值20元左右)。

七、费用预算

媒体广告费:1.2万元

可口可乐系列赠品:6万元

场内、场外的布置费:0.6万元

月饼费用:6万元

共计:13.8万元

八、活动注意事项及要求

1. 其他支持:①保健品进行让利15%的特价销售。②团体购满3 000元或购买月饼数量达20盒,可享受免费送货。

2. 具体操作。

(1) 交通频道的15秒广告,由公司委托奥华广告制作,在广告合同中应当明确不同阶段的广告内容,预定在9月9日完成。

(2) 购物指南由采购部负责拟出商品清单,市场部负责与福州晚报印刷厂联系制作,具体见该期的制作时间安排。

（3）场内广播的广播稿由市场部来提供，共三份促销广播稿，每份均应提前两天交到广播室。

（4）场内、外布置的具体设计由市场部、美工组负责。公司可以制作的由美工组负责；无能力制作的由美工组联系外单位制作，最终的布置由美工组来完成。行政部做好采购协调工作。预定场内布置在 9 月 12 日完成。

（5）采购部负责引进月饼厂家，每个厂家收取 500 元以上的促销费。同时负责制订月饼价格及市场调查计划，在 9 月 2 日前完成相关计划。

（6）工程部安排人员负责对现场相关电源安排及灯光的安装，要求于 9 月 10 日前完成。

（7）防损部负责卖场防损及防盗工作。

（8）生鲜部负责精美月饼的制作。

3. 注意事项。

（1）若场外促销的布置与市容委在协调上有困难的，场外就仅选择在免费寄包柜的上方，用万通板制作中秋宣传。

（2）若在交通频道上的宣传不能达到效果时，可选择在报纸等其他媒体上进行补充宣传。

（3）市场部应进行严格的跟踪，对出现的任何异常及时进行纠正。

一份系统全面的活动方案是促销活动成功的保障。一个合适的促销活动方案，能避免促销工作的随意性和盲目性，提高工作的效率和效果。撰写促销活动方案时，必须对市场进行分析与预测，不能只谈市场的优势而忽略对劣势方面的分析。也只有一份经过严格论证、结构完整的促销方案才可能得到上级的批准。

● 8.3.2 任务工作流程

第一步 明确促销目的，进行有针对性的市场调查；

第二步 明确促销主题，制订促销计划；

第三步 明确促销主题，制订促销策划活动方案；

第四步 促销计划和策划方案的实施。

● 8.3.3 基本知识和技能

8.3.3.1 促销活动方案的撰写

一份完善的促销活动方案主要包括以下几个方面：活动目的、活动对象、活动主题、活动时间和地点、前期准备、活动内容、费用预算、其他内容等。

1. 活动目的

确定促销活动的目的是为整个促销活动确定一个总体构想，为以后的工作计划、方案创意、实施和控制、评估促销效果提供一套标准和依据，也是衡量和判断一个促销方案是否可行的标准之一。促销的目的可以概括为以下几方面。

（1）扩大销售营业额，提高毛利率。

（2）稳定老顾客，培育忠诚度，增加新顾客。

（3）有效提高公司知名度，巩固并提升企业形象。

（4）及时清除库存的过时商品，加速资金周转。

（5）激发成熟商品的消费，引导消费者接受新商品。

（6）击败竞争对手。

2. 活动对象

活动对象即促销活动是针对哪一消费群体举办的，也就是促销活动所针对的目标顾客是哪些人。

具体包括：促销活动针对的是目标市场中的每一个人还是某一特定群体，如会员或 VIP 会员；活动控制的范围多大；哪些人是促销的主要目标，哪些人是促销的次要目标。这些选择的正确与否都会直接影响到促销的最终效果。

3. 活动主题

活动主题最好做到字数简练，朗朗上口，通俗易懂。主题必须具有创新性、话题性，兼具广告效果。重点要解决以下两个问题。

（1）确定活动主题。活动主题的确定，首先考虑到活动目标、竞争条件和竞争环境及促销的费用预算和分配等。

（2）包装活动主题。在确定活动主题后，要尽可能夸张地宣传，尽量艺术化，淡化促销的商业目的，使活动更接近消费者。

4. 活动时间和地点

须在促销方案中列明。因为促销时间和地点的选择非常重要，选择得当会事半功倍；选择不当则会费力不讨好，甚至得不偿失。

不仅发动促销活动的时机和地点的选择很重要，持续时间的长短也要进行仔细分析。持续时间过短会导致在这一时间内消费者无法实现重复购买；而持续时间过长，又会导致活动费用过高，并降低促销对消费者的刺激，导致消费者"购买疲劳"，使其购买欲降低。通常认为，理想的销售促销持续时间约为 20 天左右。当然，具体到每一次促销活动，还要根据商品的具体情况来决定。

5. 前期准备

促销的前期准备大致可分三项内容。

（1）媒体宣传。根据不同的促销活动目的以及争取来的资源，选择不同的广告创意及表现手法，选择不同程度的媒体炒作，进行合理媒体投放，这些都意味着不同的受众抵达率和费用投入。

（2）人员安排。人员安排上要做到现场"人人有事做，事事有人管"，无空白点，也无交叉点。比如谁负责与政府和媒体的沟通，谁负责顾客投诉，谁负责现场的管理，谁负责发放礼品等，都要做好仔细的安排，不能顾此失彼。

（3）物资准备。在物资准备上事无巨细，大到车辆，小到螺丝钉，要把每一个细节的物品都罗列出来,然后按照清单检查,确保万无一失,以免出现现场混乱的局面。

6. 活动内容

促销方案的主体内容包括活动的方式和现场实施。

(1)活动方式。该部分主要阐述活动开展的具体方式。活动的背景不同,促销活动的目的不同,促销的方式也不尽相同。

(2)现场实施。中期操作,指的是从活动开始到结束的整个过程,主要包括人员分工、维持活动秩序、进度和进行现场控制。

7. 费用预算

在促销方案中,应对促销活动的费用投入和产出做出预算。费用预算除了对整个活动有一个费用预算外,还要预留一部分作为意外防范资金。在促销方案中要将各项费用列明,最后计算出总的费用金额。具体来说,费用明细应包括这些项目:宣传费用、赠品费用和其他费用。

8. 其他内容

其他内容主要包括:突发事件应对、人员培训计划、督导检查工作和活动效果预估。

8.3.3.2 促销信的撰写

促销信分为两种:一种是直接推销产品的信;另一种是答复对方咨询产品的信。与其他推销方式相比较,促销信成本低廉,还可以传递更多、更详细的产品信息。

1. 写促销信应遵循的一些基本原则

(1)强调产品或服务给顾客带来的利益。
(2)用积极的语言让读者充分联想使用产品或服务得到的享受。
(3)有针对性地为顾客提供购买的理由。
(4)充分介绍产品的优点,不要急于谈论价格。
(5)利用附件来详细介绍产品或服务的细节。
(6)提供获取产品的方式。

2. 促销信的四步写法

(1)引起注意。促销信都是"不请自来",所以开头一定要有吸引力和诱惑力。

(2)产生兴趣和欲望。一旦抓住了读者的注意力,就该趁热打铁说服他们买自己的产品。介绍产品必须要紧紧围绕你在信的开头所提出的引人之处。光说"最好"、"最新"是没什么实际意义的。应该强调特性、质量、原材料,以及和同类产品相比最出彩的地方。

(3)加强读者购买的决心。通过产品介绍引起读者的购买欲望后,就该进一步加强读者购买的决心。你可以详细说明并保证产品会给读者带来许诺的好处。

(4)促使客户采取行动。到了这一步,所有的努力都指向一个目标:促使客户采取行动,购买产品。这时语气要礼貌坚决,并提供给客户如何购买产品的指示,以方便客户购买。

► **同步范例 8-5**

关于打印机的促销信

尊敬的××先生：

您好！

作为 ABC 个人电脑的使用者,您已经了解了它的功能范围是多么广大了。

现在我们可以向你提供一种高速激光打印机,它能使您的作品外观精美。信件、手册、说明书、目录、价单都能由您的电脑直接打印。

能否给我半个小时,让我向您展示一下这种新打印机的多种功能。下周初我将打电话给您,确定一下我们双方都方便的会面时间。

顺致良好的祝愿！

×××谨启

××公司市场部经理

××××年××月××日

8.3.3.3 推销演讲稿的撰写

1. 推销演讲的特点

推销演讲是企业销售部门推销员或经商人员在商品展销、订货、拍卖、甩卖等商品交易活动中推销商品所进行的演讲。它具有以下一些特点。

（1）灵活性。推销演讲方式比较多,使用手段很灵活,没有固定结构模式。只要在开头简单介绍商品的规格、成分、产地等相关内容,在主体中详细提供商品信息的细节,如商品的历史情况、制作方法、性质特点及用途等内容即可。

（2）真实性。推销演讲首先要求真实。要遵循"信誉第一,用户至上"的实事求是原则,这是一种职业道德,也决定了推销者的推销态度。

（3）鼓动性。推销演讲应具有鼓动性。没有鼓动性就不成为演讲。演讲都要让听众心有所动或有所感而有所为。推销演讲是一种宣传,对于传播商品信息,激发顾客购买欲望和行动,扩大销售,活跃经济,推动生产发展具有重要作用。

（4）通俗性。推销演讲语言要通俗化、口语化。推销演讲要面对不同年龄、不同职业、不同文化程度的顾客,要大家一听就懂,所以语言要尽量规范浅白,少用方言土语和冷僻字词及文言词语。另外要生动幽默,欢快灵活,出口成章,有韵律感,使人听起来舒畅入耳。还要注意节奏快捷,制造紧迫感,从心理上征服顾客。

2. 推销演讲稿的写作

在一次演讲中,真正能够给听众留下印象的只有以下几个地方,所以推销演讲稿一定要在这些地方做得与众不同才能获取听众的欢心并给听众留下深刻的印象:开场、结束、精彩的例子、故事和它们的意义、重要的指标和数字、新颖的观点和想法,以及不断重复的重点内容。

（1）推销演讲稿的开场。推销演讲的时间是非常珍贵的。不能在极短的时间内引起听众兴趣，就会丧失继续跟进的机会。精彩而有力的开头便显得非常重要。有经验的推销演讲者会想尽办法引起顾客的注意、兴趣。

（2）推销演讲稿的主体内容。推销演讲的目的，就是要把自己的产品或服务介绍给听众，让听众实施购买行动。

第一，把产品的特征准确地介绍给顾客，如产品的性能、构造、作用、使用的简易方便程度、耐久性、经济性、外观优点等。

第二，充分介绍产品的优点。

第三，尽数产品给顾客带来的利益。

第四，用真实的数字、案例、实物、解决顾客的疑虑。

（3）推销演讲的结尾方法。精彩的结束最能使听众留下难以忘怀的印象。用出奇制胜的办法和不同寻常的言语说出最精彩、最感人的要点，把推销演讲的主题或突出、或揭示、或象征、或呼吁地表现出来，形成说服和感染听众的强烈效果。

▶ 同步范例 8-6

关于××风筝的推销演讲稿

也许你们中的许多人都有在天高云淡的空中或在秋风习习的夕阳下放飞风筝的经历。可是，你们放过风筝中的佼佼者——××风筝吗？××风筝，在艺术上独具一格，在创作上精美别致，是我国出口风筝的大宗。

××风筝的特点是造型逼真，线条简练，色彩鲜明。它的骨架全用打眼扣榫，不用线绑，显得精尽灵活，轻盈逸秀。它的画着色浓重，色彩鲜艳，在两百米的高空也耀眼生辉。从个体仿形上，有人、物、字、花、鸟、虫、鱼、草等，其中最丰富多彩的是鸟类：老鹰、小燕、凤凰、大雁、彩鸡……形态各异，色彩万变。

××制作风筝的人很多，以"×记风筝"最负盛名，被称为"风筝×"。

"风筝×"的第一代人叫×××，他16岁学艺，出师后就在××鼓楼东"××扎彩铺"从事风筝创作。他扎工精细，绘画奇艳，形成了自己独特的风格。在1914年巴拿马世界博览会上，他的作品获得了金牌，为××风筝赢得了荣誉，他自己也从此得到了一个光荣绰号——"风筝×"。1959年，×××去世后，其侄×××继承了他的艺术，成了"风筝×"的第二代。1976年，×××退休，他的儿子×××继续从事风筝制作。他现在是××工艺美术厂的技术员，不但继承了"风筝×"的传统，还设计制作了许多新颖的风筝，如"中日友好"、"银球传友谊"、"百花齐放"和"百鸟朝凤"等。在"风筝×"等名制作艺人的影响下，××市的专业和业余风筝制作经常举行风筝比赛，互相观摩学习，推动了××风筝艺术的发展。目前，××风筝已经发展到两百多个品种。

放风筝是很好的体育活动，风筝作为艺术品，具有很高的观赏价值。因此，近年来，"风筝×"遍及欧美。许多到××旅游的人都要买几个××风筝带回去。

各位要有兴趣，不妨买一个回去试试。谢谢大家！

8.3.4 课堂活动演练

撰写办公用品的促销信

背景资料

××公司×品牌办公用品组合设备,是最新流行款式,按照国际标准设计,做工考究,质量上乘,曾获得××国际博览会金奖。

××集团公司正在开发公寓,该公寓属高档次花园式建筑,位于北京。××公司得知该公寓中欲配置办公用品组合设备。

演练要求

(1) 学生根据背景资料独立撰写一份促销信。

(2) 要求写作规范、篇幅适中,符合商务活动需求。

(3) 老师点评、总结,学生相互交流。

演练条件

(1) 教师对促销信撰写步骤、内容、格式进行具体指导。

(2) 学生应当提前做好与促销信写作相关的资料收集和学习工作。

(3) 具有可上网的实训室。

8.3.5 实例专栏与分析

某超市情人节促销方案

一、促销目的

情人节源自西方国家,现已被国人所接受和认可并近乎疯狂,通过"情人节"这一主题,紧紧抓住围绕"有情人"这一心理,展开商品促销和活动促销,以吸引客流,提高知名度,达到销售的目的。

大力推出"浓情朱古力花束",高毛利销售,力争创利润2万元以上。

二、促销时间

2014年2月6~14日(情人节)

三、快讯档期

2014年2月6~19日(14天)

四、促销主题

(1) 温馨浪漫,精彩无限。

(2) 浪漫情人节,把心交给你。

五、商品促销

"情人节"是一个特殊的节日,是有情人互赠礼品的节日,因此商品促销应以"情物礼品"为主题,食品有朱古力、巧克力、口香糖、奶糖、休闲小食品等,百货有塑胶鲜花、相册、公仔、饰物礼品、定情信物、金银首饰以及内衣、精品系列等。

各店应做好商品的创意陈列和突出重点陈列,以保证节日商品达到最高销售。

1. 商品特价

情人节期间,采购部支持情人节系列特价商品20个,快讯做1~2个版面。

2. 主题陈列

时间:2月6~14日

各店于正门口显眼位置做情人节系列商品主题陈列。

要求：

(1) 情人节主题陈列,各店根据自身情况自选商品。

(2) 各店必须包装至少两束11颗以上的"浓情朱古力花束"用于主题陈列。

六、活动促销

1. 情人气球对对碰

制作男生、女生气球各1万个,气球用于门店情人节气氛布置及购物赠送(门店自行安排),气球杯及杯口用于包装"浓情朱古力花束"。

费用:0.155元/套,费用3 100元。

2. 朱古力花束赠送

时间:2月13、14日两天。

(1) 凡购物满38元的顾客,免费赠送国产朱古力花束(一颗装)。

(2) 凡购物满68元的顾客,免费赠送进口朱古力花束(一颗装)。

预计费用:平均每店送240束,以均价1.4元/束计算,约需赠送5 000束,成本7 000元。请各店控制好赠送数量,大店不超过300束,小店不超过200束。

七、快讯宣传

为加强活动的影响力,在本期快讯封面做好相关宣传,以吸引更多的顾客积极地参与到活动节目当中来。

八、费用预算

(略)

8.4 营销传播文书写作

8.4.1 成果展示与分析

北京家居行业春季促销文书

随着京城房地产市场交易量的不断上升,给北京及其周边城市的家居业带来了新的增长点,据相关部门统计,3月份以来,北京家居业销售额有了显著的增长。同时,各家居厂家、卖场近段时间的促销活动以及多元化营销方式也起到了巨大的拉动消费作用。

1. 家居行业春季促销不断

2009年春节过后,意识到"危机"的家居企业并没有停止脚步,国际金融危机似乎给家居业带来了更多的发展意识,"危机其实就是商机"。东方家园家居广场副总经理殷玉新说。在京南玉泉营稳健经营12年之久的东方家园家居广场,在2008年12月迈出了扩张经营的第一步——东方家园立水桥店逆势开业,这几个月来,东方家园的促销活动就一直没有停顿,从3月份开始还加强了促销力度。

除了打折促销,北京家居市场营销活动也是层出不穷。有TATA木门全国视频签售,有闽龙以陶瓷文化节为主题的文化营销,也有红星美凯龙环保标签一周年庆典,更有各种不同规模、不同形式的团购集采活动,如东方家园立水桥店与焦点网合作,举办了"超级导购"

活动,带领消费者直接跟厂家"砍价"。活动形式的多元化有效地聚拢了人气,打折促销直接刺激了消费,给卖场和厂家也直接带来了巨大的销售额。

2. 主动营销带来市场回暖

经过众多商家的主动营销,不仅打开了销售市场,也促使整个家居行业回暖。建材行业活动不断,多家灯具卖场开始想方设法稳定商家,拉动销售,以降租或免租的方式来稳定商家。高力国际灯具港总经理何汕介绍说:"3 月份以来,销售一直呈上升趋势,与去年同期相比增长了 40% 左右,上周末,停车场的停车位都不够用了。因为灯具销售比照建材销售有个滞后期,销售旺季应该是在 4 月下旬到 5 月份。可是从目前的销售看,旺季提前到来了,就在各大卖场进行整改、降租或免租的时候,我们在 3 月 20 日已经提前完成第二季度的租金收缴工作,面对市场,商家的信心都很足。"

北京市场协会家居分会秘书长刘晨日前曾对媒体表示,要保证市场促销深受消费者欢迎,也需要品牌的知名度作为支撑。只有品牌得到了消费者的认可,促销时才会表现出"品牌＋低价"的特殊魅力,消费者更愿意埋单。

东方家园家居广场副总经理殷玉新提醒消费者:"'健康、安全、环保、绿色'是消费者对家居环境最基本的要求,为了能够选购到更放心的产品,消费者应该选择产品检验合格的、品牌大一些的知名品牌产品。同时,选择知名品牌,也可以享受到更细致,更贴心的服务。"

这是营销传播文书中的一种形式——营销新闻。营销新闻在营销活动中有效综合运用新闻报道传播手段,创造最佳传播效能。营销新闻通过新闻的形式和手法,多角度、多层面地诠释企业文化、品牌内涵、产品机理、利益承诺,传播行业资讯,引领消费时尚,指导购买决策。这种模式非常有利于引导市场消费,在较短时间内快速提升产品的知名度,塑造品牌的美誉度和公信力。

8.4.2　任务工作流程

第一步　明确营销传播文书的作用;
第二步　明确营销传播文书的写作要求和技巧;
第三步　搜集企业营销传播的背景资料;
第四步　撰写营销传播文书。

8.4.3　基本知识和技能

8.4.3.1　商情简报的撰写

1. 商情简报的含义

简报是国家机关、企事业单位、社会团体用来汇报工作、反映情况、沟通传递和交流经验而编发的一种内容比较简略的报道。简报只是一个统称,在实际工作中,它常以"工作简报"、"信息快报"、"情况反映"、"动态"、"内部参考"、"送阅件"等名称出现。

商情简报是简报的一个分支,指运用科学的方法,通过对国内外经济与贸易的现状、变化趋势以及对各国的商品市场行情、销售环境、竞争结构等进行广泛的调查研究的基础上而编发的报道。

2. 商情简报的特点

(1)针对性。商情简报具有很鲜明的针对性。因为撰写商情简报的根本目的是为了弄清国内外市场的行情以便指导企业的产、供、销。

(2) 时间性。商情简报具有特定的时间性。随着经济全球化的趋势加强,市场变化的节奏也明显加快,及时地通过商情简报了解国内外的经济技术情报,了解市场的价格、需求和同类产品的竞争能力,才能不失时机地在一定的范围内调整生产、销售,才能提高企业的经济效益。

(3) 实用性。商情简报具有较强的实用性。它在相当的程度上反映市场现状与趋势,这对于研制、生产和供应适销对路的产品,其实用价值是非常明显、直接的。

3. 商情简报的格式与写作要点

简报的种类尽管很多,但其结构却不无共同之处,一般都包括报头、报体和报尾三个部分。

商情简报的结构、格式和简报一样,但灵活多变,完全可以从实际出发,根据表达内容加以灵活变通处理,这样可以写出有特色的商情简报。

(1) 报头:简报一般都有固定的报头,包括简报的名称、期号、编发单位和发行日期。

① 简报名称,印在简报第一页上方的正中处,为了醒目起见,字号宜大,尽可能用套红印刷。

② 期号,位置在简报名称的正下方,一般按年度依次排列期号,有的还可以标出累计的总期号。属于"增刊"的期号,要单独编排,不能与"正刊"期号混编。

③ 编发单位,应标明全称,位置在期号的左下方。

④ 发行日期,以领导签发日期为准,应标明具体的年、月、日,位置在期号的右下方。

报头部分与标题和正文之间,一般都用一条粗线隔开。

有些简报根据需要,还应标明密级,如"内部参阅"、"秘密"、"机密"、"绝密"等,位置在简报名称的左上方。

(2) 报体:这是简报的主体和核心部分。包括标题、正文、作者或者供稿者。有的简报在转发材料或要强调内容时,在标题前面还要加上按语。是否需要按语,根据稿件的情况而定。

按语是表明办报单位的主张和意图的说明或评论性文字。一般写在标题之前,并注明"编者按"、"按语"或"按"等字样。

(3) 报尾:报尾部分应包括简报的报、送、发单位。报,指简报呈报的上级单位,送,指简报送往的同级单位或不相隶属的单位,发,指简报发放的下级单位。如果简报的报、送、发单位是固定的,而又要临时增加发放单位,一般还应注明"本期增发×××(单位)"。报尾还应包括本期简报的印刷份数,以便于管理、查对。报尾部分印在简报末页的下端。

▶ **同步范例 8-7**

商 情 简 报

第三十九期(总第 131 期)

镇江市工商业联合会编   2005 年 3 月 17 日

★

我国塑料建材产品内热外火

我国加入 WTO 后,伴随外贸进出口形式的日趋活跃,我国各类装修建材产品也纷纷走出国门,漂洋过海,在不少国家占有了相当的市场份额。近年来,我国生产的建筑装修用的各类塑料地板、厨卫设备、隔板吊顶材料、墙壁纸等塑料产品,不仅在美国、日本等发达国家受欢迎,而且在东欧诸国也颇有市场。

我国建材市场长期高热不下,经过多年的历练,特别是近些年由于政府有关部门的重视,社会舆论的加强,以及人们生活水平和环保意识的提高,加之装修建材业自身的不断整改,各类装修建材在数量上突飞猛进,在质量上也有了很大的改进。尤其是厨卫设备、塑钢门窗等塑料建材的兴起,在国内市场长盛不衰,出口到美国、日本、澳大利亚、南非以及俄罗斯、罗马尼亚、匈牙利、波兰等一些东欧国家,同样受到这些国家消费者的青睐。据统计,2002 年,我国各类塑料建材的出口共 5 亿多元,其中塑料制品、管材管件出口 1 亿元;塑料地板砖、地板革等块状塑料建材出口 1.8 亿元;其他类塑料建材出口 2.6 亿元。2003 年 1～10 月,塑料管材及配件产品出口 1.3 亿元,同比增长 42.3%;块状塑料铺地品出口近 2 亿元,同比增长 26.2%;其他类塑料建材出口 3.87 亿元,同比增长 70% 多。

中国五矿化工进出口商会五金和建材商品部主任美立华分析认为,在世界各主要工业国家,建筑业曾连续多年保持塑料消费量最大行业的地位。建筑用塑料的数量仅次于包装业。近年盛行环保和节能材料,对塑料建材市场的影响不小。

据了解,发达国家塑料建材市场的兴起和兴旺,至少比中国早 30 年。日前,国外市场塑料建材的主要应用领域是管线系统、包层异型材、墙板、保温隔热防噪和绝缘材料以及软片部件等。姜立华介绍说,虽然我国塑料建材出口在整个建材产品出口中所占比例很小,出口量也不大,但塑料建材出口从无到有,近年来是快速增长趋势,已经十分引人关注。中国实行大规模开放和高起点引进策略,连续多年卓有成效的工作,与世界先进水平的差距正日益缩小。

发:×××××
报:×××××
共印××份

8.4.3.2 营销新闻的撰写

1. 营销新闻的含义

新闻有广义和狭义两种含义。广义的新闻是指新闻媒体经常使用的文体总称,如消息、通讯、专访、答记者问、新闻述评、调查报告等;狭义的新闻指消息,是指对国内外新近发生的事情,具有一定社会价值的事实的简要而迅速的报道。

营销新闻是新闻的一个分支,特指来自商界、企业界的新闻报道稿,是有关市场动态、新产品开发、工商企业创业历程、经营举措、组织机构变动等有价值的新鲜事实的报道。

2. 营销新闻的特点

本质上,营销新闻还是新闻,在写作上具备一般新闻的所有基本要求。营销新闻和新闻一样具有下列特点。

(1) 真实性。营销新闻报道必须真实、准确,这是新闻的生命,也是新闻报道的基本要求。消息是"事实的报道"就得忠于事实,不能虚构、夸张。

(2) 时效性。由于营销活动和市场需求都处于不断变化之中,因此,营销新闻的写作必须注重时效性,最迅速地把最新信息传递给读者。营销新闻的时效性越强,它的价值也就越大。

(3) 事实说话。营销新闻是事实的报道,必须忠于事实,客观地叙述事实,让事实说明问题,因为事实是客观的,最有说服力的。营销新闻用事实说话,就要交代清楚新闻的五个"W",即新闻的五个要素:When(时间)、Where(地点)、Who(人物)、What(事件)、Why(为什么)。因为这五个要素的第一个英文字母都是"W",所以西方新闻界称之为五个"W"。只有交代清楚五个"W",新闻事实才清楚可见。虽然一些简讯、快讯有省略个别"W"的情况,但其中一些基本要素如时间、地点、人物、事件还是要有的,否则,就不能清楚地反映营销新闻的全貌。

(4) 诱导性。任何宣传都是为了诱导,营销新闻也是一种宣传活动,自然也要有意识地诱导公众,使公众自觉地按宣传者的意图行动。这就需要在撰写营销新闻时下不仅要告诉人们一个事实,还要有一定的思想倾向性。这种倾向性不一定直接表达出来,但在字里行间要有所流露。如报道一个新产品,将产品的功能、优点、经济有效性说清楚,说透彻了,实际上就是在倡导人们去购买。在报道一种不好的消费倾向,指出其危害,实际上就是在反对和禁止它。

(5) 篇幅短小精练。营销新闻要迅速、及时地报道出米,就不允许消息的篇幅太长。短,才能快,才能新。这就要求营销新闻尽可能写得短小、精练,没有繁杂的话、冗长的篇幅。

3. 营销新闻的要素与基本结构

营销新闻,它和一般新闻的写作格式一样,通常由标题、导语、主体、背景、结尾五个部分组成。写作时常常是先拟标题,写导语,接着展开主体,交代背景,最后结尾,各部分的写作都很有讲究。

(1) 标题:精心制作。多行标题,容量较大;虚实相间,相得益彰。对于重大题材的头版新闻可采用多层标题;重要新闻采用两层标题;短新闻或一般新闻可采用单行标题。营销新闻更多的是单行标题。如《2008 年看好非贸易品部门关注银行地产等行业》、《2007 年天津市商务经济继续保持健康较快的增长态势》等。

无论用什么标题,都要做到准确、鲜明、生动、简洁。标题的制作要生动活泼,引人入胜,具有鲜明的个性。在此,可借助诗词名句和比喻、对偶、排比、借代、双关等多种修辞手法,把标题写得既新鲜活泼,又寓意深刻,能对读者产生先睹为快的吸引力。

(2) 导语:明重点,抓特点,求新意。导语是新闻独特的开头方式。在文章一开始,就用一两句话或一个自然段,以简明、生动的文字,写出新闻中最重要、最新鲜、最引人注目的事实,揭示全文的主题思想,引起读者的兴趣和注意。一般来说,文学作品的高潮在后部或结尾。而新闻却与此相反,为了吸引读者,必须把最重要的事实放在最前面,愈重要的,愈放在前头。

(3) 主体:鲜明充实,通俗耐看。主体是新闻的主要部分,要求用充实、典型的具体材料印证导语中的提示,回答导语提出的问题,给读者留下新鲜、深刻的印象。

(4) 背景:新闻事实的历史条件、产生环境。背景材料有对比性、说明性、注释性三种,包括历史、人物、地理等不同内容。背景不是新闻的独立组成部分,它融入全篇新闻之中,没有固定的"背景段落"。运用背景材料要简明扼要,恰到好处。新闻缺乏必要的背景材料,就可能使受众感到索然寡味,甚至不知所云;反之,充分交代背景,则常常令人觉得喧宾夺主。

(5) 结尾:如撞钟,令人长思。结尾要避免一般化,要打破固定的框式。多数新闻也不必有结尾,有结尾的,要有新闻的个性。

8.4.3.3 商务评论的撰写

1. 商务评论的含义

商务评论就形式而言,属于评论的一种,是针对当前商务领域中出现的问题或现象,以及广为人们关注的商务方面的事实发表议论、表明观点、做出评价,带有鲜明的思想性和导向性。

2. 商务评论的特点

(1)针对性。商务评论的写作首先必须针对商务领域中所发生的事实而发,如某种经济现象、某些服务观念、某些经济问题、某些金融政策等。不能脱离事实而空发议论、空谈道理。

(2)现实性。注重商务领域的现实性,善于抓住热点、难点和焦点问题。从市场经济角度关注商务活动,准确把握新闻价值,扩大报道领域。

(3)简洁、生动性。简洁是针对商务评论文章的篇幅而言,生动是针对商务评论文章所用的语言而言。评论文章要做到简洁,首先选用事例要精,真正能说明问题即可,而不在于事例的多;其次要精,抓住问题的实质而发,不求面面俱到。做到文短而意深,而不要高谈阔论,言之无物。

3. 商务评论的写作结构和基本内容

商务评论,它和新闻评论的写作格式一样,通常由标题、导语、本论、结尾四个部分组成。

(1)标题:商务评论的标题写法类似消息,但它更注重将所论的观点在标题中直接或间接地揭示出来。

(2)导语:导语是文章的开头。导语部分主要是引出所要评论的事或问题,让人明白因何事而评论。导语的写法多样,常用的有以下几种。

① 引述式。这种开头常简要地引用在媒介上所报道的新闻事实。如新华网 2009 年 3 月19 日的一篇评论《让反垄断成为中国改革新支点》的导语为:"据 3 月 18 日新华网报道,商务部宣布,可口可乐收购汇源案将对竞争产生不利影响,因此未通过反垄断审查……"即以这种方式的开头,为下文的评论提供事实依据。

② 设问式。即先提出问题,然后再引出事实依据,展开评议。如《新华每日电讯》2009 年3 月9 日的一篇评论《时髦消费券未必是扩内需特效药》的导语为:"在特殊的经济背景下,我国很多城市近来纷纷发放消费券,尽管消费券的种类、发放办法、使用办法各有不同,但刺激消费、拉动内需的目的却是一致的。消费券发放究竟能拉动消费几何?"提问式的开头,很容易引起人们的关注。

③ 论辩式。这种开头常先引出某种错误的说法或观点,以此树立靶子,展开针锋相对的辩论。如《解放日报》2009 年 3 月 17 日的一篇评论《外汇储备能否作为财富分配》的导语为:"有一位经济学家日前提出,可以把近 2 万亿美元的国家外汇储备,拿出一半来分给居民。他认为,这不仅短期可以引起财富效应,长期也可以让收入分配的差距大大缩小。但

是,外汇储备的所有权比较复杂。外汇储备能否作为财富分配呢?"然后在下文展开事实,进行批驳。

④ 结论式。结论式的开头是直接提出自己的观点,如《广西日报》2009 年 3 月 10 日的一篇评论《观察:解决中小企业融资难的可行途径》的导语为:"当前,国际金融危机还在蔓延、仍未见底,使得本来资金就匮乏的广西中小企业雪上加霜。探索利用有限责任公司股权质押,是解决广西中小企业融资难问题的可行途径。"接着在下文,提出事实根据,证明以上观点。

导语的写法不限于以上几种,无论采用何种方式,都应开门见山,直接入题,避免用公式化的套话或空话。

(3) 本论:本论是文章的主体部分。本论的写作主要是根据导语的内容,展开事实依据,进行评价议论。在评议中首先应就事论理,不能脱离事实,空发议论;其次评议要有深度,有新意,透过现象看本质,而不能表面化、雷同化,泛泛而谈;再次评议应恰如其分,适可而止,不能随意发挥,也不能过分吹捧或过分丑化他人。

(4) 结尾:商务评论结尾的写法也多样,有的是对全文作归结,再次强调所论的观点,给人深刻印象;有的则就如何解决存在的问题提出建议,希望有关方面给予重视和采纳;有的就如何改进工作、服务态度等,提出希望和要求等。也有的不分结尾,直接在本论末结束。如要结尾,则当简短有力,当行则行,当止则止,不可拖泥带水,硬凑字数。

▶ **同步范例 8-8**

商 务 评 论

让反垄断成为中国改革新支点

据 2009 年 3 月 18 日新华网报道,商务部宣布,可口可乐收购汇源案将对竞争产生不利影响,因此未通过反垄断审查。这一从 2008 年 9 月以来引发各方高度关注和舆论激烈争议的收购案,权威部门终于给出了明确说法。

尽管自 2008 年 8 月 1 日《反垄断法》实施以来,商务部已经收到 40 起经营者集中申报,其中依照法律规定立案审查了 29 起,审结 24 起,但直到可口可乐收购汇源案出现,并被贴上外资企业吞并民族知名品牌的标签,引发舆论和市场的广泛关注后,《反垄断法》如何发挥作用才真正走入公众视野。

"击退外资品牌的进攻,捍卫民族知名品牌",无疑是具有较高炒作价值的新闻点,很多眼球因此被吸引,很多感慨因此生发。但热闹的表象背后,隐含着中国市场经济发展演进、走向成熟的轨迹,昭示着未来深化经济体制改革的目标追求。

纵观其他市场经济成熟国家的发展历程,先后都出现了从初期自由市场竞争到逐步形成集中垄断的现象。这是市场经济自身的发展规律,任何国家概莫能外。为了维护公平竞争,保持市场活力,反垄断法的出台成为一种必然。自 1890 年美国国会通过《谢尔曼法》,日本、法国、英国和德国等市场经济国家,相继制定了反垄断法。在过去的一百年时间里,各国反垄断组织与垄断企业进行了艰苦卓绝的斗争,并强行分拆了一些著名的超级垄断企业。

　　基于对我国《反垄断法》宗旨的准确把握,商务部在阐述对可口可乐收购汇源案的审查理由时认定:"此项集中将对竞争产生不利影响。"这一审查结果不仅将对维护国内饮料行业公平竞争的市场环境,促进行业健康发展产生重大影响,而且会激发公众对进一步打破垄断、推动市场化改革的无限憧憬。

　　当前,建构在行政垄断基础上的一些行业垄断壁垒,已经严重影响到我国深化经济体制改革的进程。成本居高难降、劳动效率低下、管理粗放松懈的积弊,让垄断行业的产品和服务越来越难以适应我国经济社会发展的要求,难以满足消费者的要求。国际金融危机和社会全面转型的双重压力,让中国保增长、调结构的任务变得更加急迫。没有市场化改革的进一步推进,缺少市场活力的进一步激发,经济增长、结构调整都将成为无源之水、无本之木。应对国际金融危机的一项重要任务,就是要在扩大投资的同时加大《反垄断法》的执行力度,着力在关键领域和重点行业推进垄断行业改革。以反垄断的法律武器打破垄断格局,既是提振经济增长信心、扩大社会投资的关键举措,也是深化市场经济体制改革促进科学发展的战略选择。

　　可口可乐并购汇源案的审查结果表明,市场经济是法制经济,正常商业行为理应在法律轨道上进行考量。反垄断法在美国被称为"自由企业的大宪章"、在德国被称为"经济宪法",在日本被认为是"经济法的核心",在世界各国的经济法中正发挥着越来越重要的作用。我国反垄断之剑已经出鞘,必将在弥补市场机制本身不足,促进我国市场经济良性发展中扮演越来越重要的角色,也会为维持合理市场结构、提高资源配置效率提供重要的法律保障。有了完善的市场经济法制体系的保驾护航,中国的民族品牌会不断发展壮大,我国国民经济也会乘势而上、扬帆远航。

○ 8.4.4　课堂活动演练

撰写商务评论

背景资料

中华服装网发表了一篇题为《我国服装行业的新经济亮点》的行业新闻,其原文摘要如下:

据报喜鸟集团职业装销售部经理胡呈介绍,早在 1996 年,报喜鸟集团开始陆续接到电信、金融等部门的职业装订单,1998 年集团率先在上海专门成立报喜鸟职业装办事处,到 2000 年发展到在全国 17 个省份设办事处,全面铺开职业装市场。如今,报喜鸟集团的"宝鸟"成为专门针对职业服装团体定制的品牌,是国内职业装市场一支主力军,为国家行政部门、邮电、金融以及工商企业机构等 9 000 家单位所选用。据悉,目前报喜鸟职业装已占到集团总产值的 1/3。

与此同时,温州许多服装企业也纷纷将视线瞄准了职业服装这一特殊的专业领域,庄吉、法派、乔顿、乔治白以及好日子等都加入了职业装市场。庄吉职业装曾在中国职业装博览会亮相,以全新的面貌打出品牌,并推出全新的女性职业装,受到广泛好评。正是由于一批企业的率先推动,带动温州市职业服装水平的提高,从而开发了一个特殊的职业装市场。

职业装更多意味着职业人士特有的着装风采,各大生产职业装的企业都着力于在职业装上开发时尚设计,新潮流已经改变了传统职业装单调的现象。

由于过去人们在认识上的误区,认为职业装就是工作服,因此,面料单一,款式陈旧,而眼下,新潮流多品种精纺呢绒面料层出不穷,如新开发的高支花呢类、轻薄型面料、新型莱卡弹力系列,再赋予国际流行色,极具时代风采。此外,中高档不同比例配比,中高档产品齐全,适应不同行业、职业、中高档不同需求,为丰富职业装市场,开拓出了一条新路子。

短短几年,温州众多西服企业纷纷亮出职业装品牌,如报喜鸟的"宝鸟"、庄吉的"庄吉制服"、法派的"法派伊时代"等,令人耳目一新,也预示着温州市职业装品牌成长的春天的到来。

据业内人士介绍,我国目前从事职业装生产的企业已达两万多家。在职业装领域,至今还没有知名的品牌,大部分职业装尚处在探索阶段。这种形势为职业装发展注入了无限的生存活力,也为品牌发展提供了广阔空间。

报喜鸟集团职业装销售部经理胡昱称,集团亮出"宝鸟"职业装品牌,一是区别于"报喜鸟"品牌,主攻专业高档的职业装市场;二是树立职业装品牌化优势,使职业装顺利地朝着质量、品牌、信誉、服务一体化领域发展。

演练要求

(1) 学生根据背景资料独立撰写一份商务评论。

(2) 要求结构合理,有原则性,目标明确,长度适宜。

(3) 老师点评、总结,学生相互交流。

演练条件

(1) 学生应当提前做好与商务评论写作相关的资料收集和学习工作。

(2) 教师对商务评论撰写步骤、内容、格式进行具体指导。

(3) 具有可上网的实训室。

● 8.4.5 实例专栏与分析

房地产广告:精彩人生 精品锦城

精品是一场百分之百专业的演出

精品,不论音响、名贵钢琴或名宅,给人印象最深之处就在于其自始至终的专业水准。锦城花苑从选址开始,到方案论证、规划设计、建筑施工,再到园林规划、会所布置,以及选材用料的细致考究,无不体现出100%的专业精神和态度。

精品是一种不会过时的气质

精品,无论名车、名表或名宅,一如有品位、有身份的人,自有一份不凡气质。这种气质,不会随时间而悄然流逝。锦城花苑,自两年前翩然进入××人视野,一直以其作为精品住宅的典范令眼光独到的人心仪、追逐。

精品是一份对细节的坚持

精品,无论时装、家私或名宅,源于对每一处细节的不妥协。要缔造精品住宅,除了精湛的技艺,还需要建设者们有一种理想主义的热情,对品质有一份近乎偏执的坚持。锦城花苑,之所以两年多来一直稳居××市精品住宅之首席,再一次证明它的细节之精,已得到人们普遍认可。

锦城花苑最后一次展销活动于12月25日开始,同日举行"精彩人生 精品锦城"活动,敬请光临品鉴。

这则广告标题醒目,能使人产生丰富的联想,拥有精品锦城,享受丰富人生。广告主体部分强调锦城花苑从设计到施工的专业水准和严谨态度;强调锦城花苑的不凡气质;告知消费者促销活动时间和活动内容。消费者了解了广告产品的特点，自然会产生一种强烈的购买欲望。

✅ 重点概括

- 营销实务文书是在营销活动和营销工作中形成、使用，用以处理营销活动中的各种业务工作，具有特定的营销内容和惯用或规定格式的各种应用文章的总称。写作时应明确写作目的、制定写作提纲、突出体现文章的主旨、挑选并处理书面材料、利用合理的布局吸引读者、增加文字的可读性、灵活使用图表。

- 企业的有关部门准备怎样做好接待的安排日程、活动内容、参加者、次数、规格等的书面材料，呈报单位主管领导，经审批同意后，即安排进行。这样的书面材料就是接待工作方案，简称接待方案。接待方案包括标题、正文、附件和落款四个部分。

- 业务洽谈方案，是指商业企业（买方）为与卖方（生产者）达成某项交易，事先对洽谈的项目，交易条件，谈判的方式、方法、步骤，可能出现的问题，详细的措施等做出具体准备的书面材料。洽谈方案由标题、正文及落款三部分构成。

- 业务洽谈纪要又叫"商谈纪要"、"会谈纪要"等。按照业务洽谈的实际情况，将洽谈的主要议程、议题、涉及的问题、达成的结论及存在的分歧等加以归纳总结，整理成书面材料，经双方代表签字确认后，便成为正式的业务洽谈纪要。业务洽谈纪要一般包括标题、正文和结尾三部分。

- 在贸易合同的履行过程中，受损方根据合同规定要求责任方赔偿或采取补救措施，为此制作的文书称为索赔书或索赔函。它是受损方维护自身利益所采用的重要手段之一。索赔书一般包括：信头、正文、结尾三个部分。

- 一份完善的促销活动方案主要包括以下几个方面：活动目的、活动对象、活动主题、活动时间、活动地点、前期准备、活动内容、费用预算、其他内容等。

- 促销信分为两种：一种是直接推销产品的信；另一种是答复对方咨询产品的信。促销信的写作采取四步法进行，即引起注意、产生兴趣和欲望、加强读者购买的决心、促使客户采取行动。

- 推销演讲稿一定要在这些地方做得与众不同才能获取听众的欢心并给听众留下深刻的印象：开场、结束、精彩的例子、故事和它们的意义、重要的指标和数字、新颖的观点和想法，以及不断重复的重点内容。

- 商情简报是简报的一个分支，它的结构、格式和简报一样，一般都包括报头、报体和报尾三个部分。但灵活多变，完全可以从实际出发，根据表达内容加以灵活变通处理，这样可以写出有特色的商情简报。

- 营销新闻是新闻的一个分支，特指来自商界、企业界的新闻报道稿，是有关市场动态、新产品开发、工商企业创业历程、经营举措、组织机构变动等有价值的新鲜事实的报道。营销新闻，它和一般新闻的写作格式一样，通常由标题、导语、主体、背景、结尾五个部分组成。

- 商务评论就形式而言，属于评论的一种，是针对当前商务领域中出现的问题或现象，以及广为人们关注的商务方面的事实发表议论、表明观点、做出评价。带有鲜明的思想性和导向性。商务评论，它和新闻评论的写作格式一样，通常由标题、导语、本论、结尾四个部分组成。

综合实训

▪ 案例技能题 ▪

案例分析	一筹莫展的王明

一天早上5:00,熟睡中的王明被电话铃声吵醒。电话是王明的一位顾客——张女士打来的。对于这么早打扰王明,她表示十分抱歉,不过她说她有非常重要的事情需要马上出差到广州去。所以她打电话给王明,看王明能否帮她安排×货物的进货。而这时王明根本不知道自己能否应付得了这个任务。他必须先查看库存、配给,以及其他诸多方面的情况后才能答复她。于是,睡眼惺忪的王明在电话里向她解释了一番,可她很着急已经没有时间等王明确认了。她再次询问王明是否能够帮忙。王明重申自己真的不清楚。最后,她说:"好吧,谢了你,我很感谢你的帮助。我已经到机场,现在得去登机了。"放下电话后王明认为张女士肯定以为他会帮她这个忙的(即使他根本没有答应过她)。王明打开计算机开始查资料。结果发现×货物的库存不够,他确实没有办法也没有可能去帮助她。王明试图与她联系,但电话一直无法接通,估计张女士已经在飞机上了。这样一来,王明联系她的唯一方式就是给她发一封电子邮件,让她一到广州就可以收到。

问题

(1) 大多数销售人员都会写出以下内容,你也是吗?

亲爱的张女士:

希望您已经顺利到达广州。我已经查看了库存,但正像我在电话里告诉您的那样,本周内我的确无法帮助您安排×货物的进货。非常抱歉!祝您一路顺风!

王明

(2) 假如王明真正意图如表8-1所示,小王应如何写这封邮件呢?

表 8-1　真正的邮件意图

问　　　题	回　　　答
写作的原因是什么	告诉张女士有什么解决办法可以供她选择
写作的主要内容是什么	告诉张女士可以将×货物的进货量减少一半,也可以安排其他供应商供应×货物,或者可以按同样价格提供Y商品和Z商品让张女士选择(可以适当给予一定的折扣)
写作要实现什么目的	维持客户关系,使客户满意
下一步应该采取什么行动,对方知道行动的内容吗	希望张女士能回邮件告知她的想法

分析要求

(1) 学生分析案例提出的问题,独立写出邮件。

(2) 小组讨论,班级交流,老师点评。

▪ 单元实训 ▪

实训题 1	"撰写促销活动方案"业务胜任力训练

【实训目标】

引导学生参加"'促销活动方案'业务胜任力"的实践训练;在切实体验《促销活动策划方案》的准备与撰写等有效率的活动中,培养相应专业能力与职业核心能力;通过践行职业道德规范,促进健全职业人格的塑造。

【实训内容】

在学校所在城市选择一家超市,了解超市经营规模、地理位置、周边环境及所处竞争态势。为迎接"五一"小长假,届时超市决定开展系列促销活动,请为该超市撰写"促销活动策划方案"。

【实训时间】

在讲授本实训时选择周末休息日。

【操作步骤】

(1)将班级每 10 位同学分成一组,每组确定 1～2 人负责。

(2)学生按组调查超市经营规模、地理位置、周边环境及所处竞争态势,并将调查情况详细记录。

(3)对调查的资料进行整理分析。

(4)每组撰写一份促销方案。

(5)各组在班级进行交流、讨论评选最佳方案。

【成果形式】

实训课业:撰写《促销活动策划方案》。

实训题 2	"撰写索赔文书"业务胜任力训练

【实训目标】

引导学生参加"'撰写索赔文书'业务胜任力"的实践训练;在切实体验《索赔书》的准备与撰写等有效率的活动中,培养相应专业能力与职业核心能力;通过践行职业道德规范,促进健全职业人格的塑造。

【实训内容】

依据所学内容,创造性地运用于撰写索赔文书的工作中。

【实训时间】

课堂与课外相结合。

【操作步骤】

(1)教师在课堂上布置实训任务,组织学生温习撰写索赔文书的相关理论与知识。

(2)组织学生深入企业收集"索赔"案例。

(3)将学生分成若干个学习小组,组织讨论撰写索赔文书注意事项。

【成果形式】

实训课业:撰写《索赔文书》。

实训考核	"活动过程考核"与"实训课业考核"相结合

【活动过程考核】

根据学生参与实训题 1 与实训题 2 全过程的表现,就表 8-2 中各项评估指标与评估标准,针对其职业核心能力培养与职业道德素质养成的训练效果,评出个人分项成绩与总成绩,并填写教师评语。

表 8-2　活动过程成绩考核表　　实训名称:实训题 1 和实训题 2

评估指标		评估标准	分项成绩
职业核心能力(70分)	自我学习(10分)	人力资源和社会保障部:《职业核心能力培训标准》中的相应规定,由授课教师结合本实训设计要求自行拟定	
	信息处理(10分)	人力资源和社会保障部:《职业核心能力培训标准》中的相应规定,由授课教师结合本实训设计要求自行拟定	
	数字应用(10分)	人力资源和社会保障部:《职业核心能力培训标准》中的相应规定,由授课教师结合本实训设计要求自行拟定	
	与人交流(10分)	人力资源和社会保障部:《职业核心能力培训标准》中的相应规定,由授课教师结合本实训设计要求自行拟定	
	与人合作(10分)	人力资源和社会保障部:《职业核心能力培训标准》中的相应规定,由授课教师结合本实训设计要求自行拟定	
	解决问题(10分)	人力资源和社会保障部:《职业核心能力培训标准》中的相应规定,由授课教师结合本实训设计要求自行拟定	
	革新创新(10分)	人力资源和社会保障部:《职业核心能力培训标准》中的相应规定,由授课教师结合本实训设计要求自行拟定	
职业道德素质(30分)	职业观念(5分)	对职业、职业选择、职业工作、营销人员职业道德和企业营销伦理等问题具有正确的看法	
	职业情感(5分)	对职业有愉快的主观体验、稳定的情绪表现、健康的心态、良好的心境,具有强烈的职业认同感、职业荣誉感和职业敬业感	
	职业理想(5分)	对将要从事的职业种类、职业方向与事业成就有积极的向往和执着的追求	
	职业态度(5分)	对职业选择有充分的认知和积极的倾向与行动	
	职业良心(5分)	在履行职业义务时具有强烈的道德责任感和较高的自我评价能力	
	职业作风(5分)	在职业实践和职业生活的自觉行动中,具有体现职业道德内涵的一贯表现	
总成绩(100分)			
教师评语		签名:　　　　　年　月　日	

【实训课业考核】

根据实训题 1 和实训题 2 所要求的学生实训课业完成情况,就表 8-3 和表 8-4 中各项课业评估指标与课业评估标准,评出个人和小组的分项成绩与总成绩,并填写教师评语与学生意见。

表 8-3   **实训课业成绩考核表**   课业名称:《促销活动策划方案》

课业评估指标	课业评估标准	分项成绩
1. 活动目的(10 分)	(1) 扩大销售营业额,提高毛利率 (2) 稳定老顾客,培育忠诚度,增加新顾客 (3) 提高公司知名度 (4) 清除库存的过时商品,加速资金周转 (5) 激发成熟商品的消费,引导消费者接受新商品 (6) 击败竞争对手	
2. 活动对象(10 分)	活动控制的范围	
3. 活动主题(10 分)	主题具有创新性、话题性,广告效果	
4. 前期准备(10 分)	(1) 媒体宣传 (2) 人员安排 (3) 物资准备	
5. 活动内容(20 分)	(1) 活动的方式 (2) 现场实施	
6. 活动时间和地点(10 分)	时间地点是否明确、合理	
7. 费用预算(10 分)	费用是否详细列出	
8. 促销活动策划方案(20 分)	(1) 格式的规范性 (2) 内容的完整性、科学性 (3) 结构的合理性 (4) 文理的通顺性	
总成绩(100 分)		

教师评语	签名: 年 月 日
学生意见	签名: 年 月 日

表 8-4   **实训课业成绩考核表**   课业名称:《索赔文书》

课业评估指标	课业评估标准	分项成绩
1. 索赔文书格式(30 分)	(1) 信头 (2) 正文 (3) 结尾	
2. 索赔文书内容(40 分)	(1) 依据性 (2) 节制性	
3. 索赔文书语言(30 分)	(1) 语言表达的准确性 (2) 语言表达的逻辑性 (3) 语言表达的流畅性	
总成绩(100 分)		

续表

教师评语		签名: 　年　月　日
学生意见		签名: 　年　月　日

思考练习

名词解释

营销实务文书　接待方案　促销信　商务评论　商情简报

选择题

单项选择题

1. 从市场营销工作的运作看,每一个环节都需要制作相应的(　　)。

　　A. 营销文书　　　　　　　　　　B. 商务谈判方案

　　C. 促销与推广文书　　　　　　　D. 营销价格文书

2. 企业的有关部门准备怎样做好接待的安排日程、活动内容、参加者、次数、规格等书面材料,呈报单位主管领导,经审批同意后,即安排进行。这样的书面材料就是(　　)。

　　A. 接待方案　　　　　　　　　　B. 促销信

　　C. 商情简报　　　　　　　　　　D. 商务评论

3. (　　)不是写促销信应遵循的基本原则。

　　A. 强调产品或服务给顾客带来的利益

　　B. 用积极的语言让读者充分联想使用产品或服务得到的享受

　　C. 有针对性地为顾客提供购买的理由

　　D. 充分介绍产品的优点,同时可以谈论价格

多项选择题

1. 营销传播文书主要包括(　　)。

　　A. 商情简报　　　　　　　　　　B. 营销新闻

　　C. 商务评论　　　　　　　　　　D. 市场调研报告

　　E. 市场策划方案

2. 营销实务文书写作的基本要求有(　　)。

　　A. 文采华丽　　　　　　　　　　B. 突出重点

　　C. 求真务实　　　　　　　　　　D. 行文简洁

　　E. 注重实用

3. 洽谈方案由(　　)部分构成。

A. 标题
B. 正文
C. 落款
D. 问候语
E. 导语

判断题

1. 写作时确定一个单一明确的目标,会比兼顾多个目标效率低。　　　　　　（　　）
2. 营销实务文书兼用叙述和议论表达形式,使观点和内容统一,理论和事实结合。

　　　　　　　　　　　　　　　　　　　　　　　　　　　　　　　　（　　）

3. 商务评论,它和新闻评论的写作格式一样,通常由标题、导语、结尾三个部分组成。

　　　　　　　　　　　　　　　　　　　　　　　　　　　　　　　　（　　）

4. 营销新闻尽可能写得短小、精练,没有繁杂的话、冗长的篇幅。　　　　（　　）
5. 在营销实务文书写作中可以使用表格和各种图形来更简洁地表达信息。　（　　）

简答题

1. 写作对营销工作的重要性是什么?
2. 简述业务洽谈纪要的写作格式。
3. 简述进货投标书的写作格式。

参 考 文 献

[1] [美]菲利普·科特勒,等.营销管理[M].13版.卢泰宏,高辉,译.北京:中国人民大学出版社,2009

[2] 郭国庆.市场营销学通论[M].4版.北京:中国人民大学出版社,2009

[3] 郝渊晓,张鸿.市场营销学[M].西安:西安交通大学出版社,2009

[4] [美]凯林,等.市场营销[M].董伊人,等译.北京:世界图书出版公司,2011

[5] 吕一林.市场营销学[M].4版.北京:中国人民大学出版社,2011

[6] [美]麦克·丹尼尔,[美]兰姆,[美]海尔.市场营销学:案例与实践[M].时启亮,译.上海:格致出版社,2010

[7] 梅建军.市场营销[M].北京:化学工业出版社,2011

[8] 彭石普.市场营销:理论、实务、案例、实训[M].2版.大连:东北财经大学出版社,2011

[9] 屈冠银.市场营销理论与实训教程[M].北京:机械工业出版社,2009

[10] 屈云波,张少辉.市场细分:市场取舍的方法与案例[M].北京:企业管理出版社,2010

[11] 束军意.市场营销——原理、工具与实务[M].北京:机械工业出版社,2011

[12] 孙艳丽.市场营销[M].哈尔滨:哈尔滨工业大学出版社,2011

[13] 杨勇.市场营销:理论、案例与实训[M].2版.北京:中国人民大学出版社,2011

[14] 闫彦.市场营销[M].北京:中国林业出版社,2009

[15] 姚小远.市场营销理论与实务[M].上海:立信会计出版社,2011

[16] 章斌.市场营销[M].合肥:安徽科学技术出版社,2012

[17] 张晋光,黄国辉.市场营销[M].2版.北京:机械工业出版社,2011